Wissenschaftliche Untersuchungen
zum Neuen Testament · 2. Reihe

Herausgegeben von
Martin Hengel und Otfried Hofius

90

Magnifikat und Benediktus

Die ältesten Zeugnisse
der judenchristlichen Tradition
von der Geburt des Messias

von

Ulrike Mittmann-Richert

J.C.B. Mohr (Paul Siebeck) Tübingen

Gefördert von der LG Stiftung Ausbildung, Fort- und Weiterbildung

Die Deutsche Bibliothek – CIP-Einheitsaufnahme

Mittmann-Richert, Ulrike:
Magnifikat und Benediktus: Die ältesten Zeugnisse der judenchristlichen
Tradition von der Geburt des Messias / von Ulrike Mittmann-Richert.
– Tübingen: Mohr, 1996
   (Wissenschaftliche Untersuchungen zum Neuen Testament : Reihe 2 ; 90)
   ISBN 3-16-146590-3

NE: Wissenschaftliche Untersuchungen zum Neuen Testament / 02

Das Buch wurde von Gulde-Druck in Tübingen auf alterungsbeständiges Werkdruckpapier der Papierfabrik Niefern gedruckt und von der Großbuchbinderei Heinr. Koch in Tübingen gebunden.

ISSN 0340-9570

Herrn Pfarrer Heinrich Kuttler

in Dankbarkeit gewidmet

Vorwort

Die vorliegende Untersuchung ist die nur wenig überarbeitete Fassung meiner im Jahre 1994 von der Evangelisch-theologischen Fakultät der Eberhard-Karls-Universität Tübingen angenommenen Dissertation, für deren Förderung und Begleitung Herrn Prof. Dr. Drs. h.c. Martin Hengel DD mein ganzer Dank gebührt. Zu danken habe ich ferner der Studienstiftung des deutschen Volkes, die über Jahre hinweg den Fortgang der Arbeit ermöglicht hat. Für die Durchsicht der Stellen- und Literaturangaben sowie die mühevolle Einrichtung des Manuskripts für den Druck danke ich Herrn Andreas Lehnardt MA, für die Unterstützung, die diese Hilfe möglich gemacht hat, der LG Stiftung Ausbildung, Fort- und Weiterbildung.

Tübingen, im Sommer 1996   Ulrike Mittmann-Richert

Inhaltsverzeichnis

Einführung

Das Magnifikat ist ein besonderer Text, der sogar Menschen in seinen Bann schlägt, die sonst der biblischen Botschaft fernstehen. Musiker und Dichter hat es inspiriert, und die Theologen wetteifern um seine Auslegung. Die Fülle der Literatur zu diesem Hymnus ist erdrückend und übersteigt die ebenfalls zahlreichen Abhandlungen zum Benediktus um ein Vielfaches. Und doch kommt R. Preul in einer als Predigtmeditation angelegten Bibelarbeit über das Magnifikat[1] zu dem ernüchternden Schluß, daß eine an der Sekundärliteratur ausgerichtete Exegese des Liedes "kein ... theologisch gehaltvolle(s) Ergebnis" liefere, welches als Grundlage einer Predigtkonzeption dienen könne[2]. Ist dieses Urteil, mit dem Preul allen exegetischen Bemühungen um die theologische Erhellung des Magnifikat eine Absage erteilt und den Text zu einer rein meditativen Verarbeitung freigibt, berechtigt?

Die Antwort sollte eigentlich "Nein!" lauten. Es fällt aber schwer, dieses "Nein" zu rechtfertigen, denn Preuls Eindruck von der theologischen Unergiebigkeit der exegetischen Arbeiten zum Magnifikat besteht nicht zu Unrecht. Wie soll man auch über einen Text predigen, den ein Großteil der Exegeten nicht einmal für christlich hält? Wie kann man seine inhaltliche Originalität herausstellen, wenn ihn die Exegese nahezu einmütig zu einem aus biblischen Versatzstücken zusammengefügten Epigonenwerk herabwürdigt? Wie läßt sich die Bedeutung des Liedes im Zusammenhang der Geburt Jesu und wie die Bedeutung der Mariengestalt erklären, wenn es nach wissenschaftlichem Urteil jenen Zusammenhang gar nicht gibt und der Bezug auf Maria sekundär ist? Die neutestamentliche Wissenschaft hat offenbar alles getan, um das Magnifikat seiner theologischen Bedeutung zu entkleiden, und damit dem unbefangenen Prediger und Bibelleser die persönliche Aneignung des Textes wenn nicht unmöglich, so doch äußerst schwer gemacht.

Nun folgt daraus nicht der methodische Verzicht auf die historische Kritik, auf deren Boden ein solches Dilemma allererst entstehen konnte. Und es verbietet sich auch, wissenschaftliche Erkenntnisse aus Rücksicht auf den theologischen Laien zurückzuhalten. Dennoch stimmt die skizzierte Lage nachdenklich und zwingt zur methodischen Selbstbesinnung. Die Überfülle der Literatur zum Magnifikat ist ja ein Indiz dafür, daß das letzte Wort über dieses

---

[1] Theologische Zugänge zum Magnificat. Eine Bibelarbeit über Lk 1,46-55, in: Unsere Bibel, Jahrbuch des Evangelischen Bundes 35, Göttingen 1992, 43-64.

[2] O.c., 46.

Lied noch längst nicht gesprochen ist und das Rad der Wissenschaft sich zwar unentwegt dreht, aber nicht mehr vorwärts rollt. Es ist daher an der Zeit, die Frage zu stellen, ob die moderne Hymnenforschung noch auf dem richtigen Wege ist.

Diese Frage hat insofern grundsätzlichen Charakter, als sie nicht nur auf die Anwendung bestimmter Methoden zielt, sondern vorrangig auch auf die gedanklichen Voraussetzungen, mit denen heutzutage Exegese betrieben wird. Die Art und Weise, in der die modernen Ausleger sich unserem alten Text nähern, erfüllt nämlich durchaus nicht immer den Tatbestand unvoreingenommener Objektivität, wie er für die sachgerechte Erfassung des Liedes zu fordern wäre. Oder ist wissenschaftliche Kritik auch dann noch objektiv, wenn sie bestimmte Interpretationsmöglichkeiten von vornherein ausschließt? Hat sich das Methode gewordene Mißtrauen nicht schon verselbständigt, wenn es einem wissenschaftlichen Sakrileg gleichkommt, Lukas als Tradenten ernst zu nehmen? Wenn nicht einmal daran zu denken ist, daß der Evangelist uns im Magnifikat ein altes Marienlied überliefert? Einen Elisabethhymnus - ja! Ein Marienlied - ausgeschlossen! Unmöglich gar, daß dieses Lied thematisch in seinen jetzigen Zusammenhang hineingehört und inhaltlich mit ihm verknüpft ist!

Was allerdings Lukas bewogen haben sollte, ein wildfremdes, nichtchristliches Stück, das inhaltlich überhaupt nichts mit der Geburtsthematik zu tun hat, in den jetzigen Erzählzusammenhang einzustellen, wird desto weniger beantwortet, je größer das Bemühen ist, die lukanische Überlieferung logischer wie theologischer Ungereimtheiten zu überführen. Und doch ist dies die entscheidende Frage, deren Beantwortung Preul aus der Sackgasse hätte herausführen können, in welche er auf der Suche nach dem theologischen Gehalt des Magnifikat geraten war. Sie nicht zu stellen, bedeutet, auf jegliche Selbstkritik zu verzichten. Eine Kritik aber, die der Selbstkritik nicht fähig ist, versagt auf ihrem ureigenen Feld.

Dieses Versagen hat eine tiefe Wurzel. Es entspringt einer generell verbreiteten Haltung, die von mangelndem Zutrauen in die theologischen Fähigkeiten der biblischen Autoren und speziell des Lukas geprägt ist. Es gibt wenige Exegeten, die von einer gewissen theologischen Naivität des Lukas und von einem laienhaften Dilettantismus bei der Komposition seines Stoffes nicht überzeugt sind.[3] Wer sollte bei einer solchen Einschätzung des Lukas noch damit rechnen, daß sich der Evangelist in der Auswahl des Liedes von anderen Gründen als seinem persönlichen Gefallen leiten ließ und daß er mit ihm mehr wollte,

---

[3] Eine Ausnahme ist *P. S. Minear*, Luke's Use of the Birth Stories, in: L. E. Keck - J. L. Martyn (Hg.), Studies in Luke-Acts. Essays presented in honor of Paul Schubert, Nashville - New York 1966, 130, der im Hinblick auf die Kindheitsgeschichte konstatiert, "that many of our analyses . . . have started from wrong assumptions, have raised the wrong questions, have moved in directions which can lead only to unsupported conjectures and ultimate frustration", und der dazu drängt, Lukas als Autor und Theologe ernster zu nehmen, als es gemeinhin geschieht.

als einen erzählerischen Höhepunkt schaffen? Die Frage nach dem theologischen Sinn der kompositorischen Einbettung des Hymnus erübrigt sich da beinahe von selbst.

Kaum anders ergeht es dem unbekannten Hymnendichter. Da das Magnifikat nahezu vollständig aus alttestamentlichen Schriftanspielungen zusammengesetzt ist, gilt es allgemein als künstlerisch qualitätloses Machwerk, als von einer naiven Frömmigkeit getragenes Stückwerk ohne Originalität und Tiefgang, das viele der modernen Exegeten theologisch nur dort ernstnehmen, wo ihnen selbst das Herz schlägt, nämlich in seiner sozialen, wenn nicht gar revolutionären Ausrichtung. Um so eifriger wird der vermißte Tiefsinn durch wissenschaftliche Tiefsinnigkeit ersetzt, welche die inhaltliche Unergiebigkeit des Hymnus durch die minutiöse Analyse seines äußeren Bezugsrahmens ausgleicht.

Ähnlich ist die Lage beim Benediktus, dem einen inhaltlichen Kontextbezug viele nur deshalb eher als dem Magnifikat zugestehen, weil es im Munde des *Täufer*vaters erklingt!

Nach 100 Jahren moderner Hymneninterpretation stehen wir daher vor der erstaunlichen Erkenntnis, daß, wollen wir etwas über die Herkunft und die theologische Zielrichtung der lukanischen Hymnen erfahren, wir uns offenbar nicht an die Texte selbst wenden dürfen, sondern alle Informationen aus ihrem erzählerischen und historischen Kontext gewinnen müssen, der seinerseits auch erst nach wissenschaftlicher Aufbereitung für die Interpretation als tauglich erscheint. Diese Entwicklung erreicht ihren Höhepunkt in der letzten großen monographischen Veröffentlichung zum Magnifikat und Benediktus, der Arbeit von Thomas Kaut aus dem Jahre 1990[4], in welcher sich der Verfasser erst nach 172 Seiten kontextueller Voruntersuchungen imstande sieht, zur Interpretation der Lieder selbst zu schreiten.

Eine methodische Neuorientierung tut offensichtlich not! Sie zu leisten, ist das Ziel dieser Arbeit. Es wäre allerdings - und dies sei nochmals betont - ein Irrtum zu meinen, dieses Ziel könne unter Verzicht auf die historische Kritik erreicht werden. Im Gegenteil, sie ist und bleibt das einzige Mittel einer in die Tiefe dringenden Textinterpretation. Aber sie muß von den Vorbehalten gegenüber den biblischen Verfassern, ihrem Weltbild und ihrer Denkweise, befreit werden und sich einer wissenschaftlichen Selbstkritik aussetzen, die den interpretatorischen Mangel nicht im Text, sondern in den eigenen Voraussetzungen entdeckt. *Wir* sind es ja, denen die gedanklichen Voraussetzungen für das unmittelbare Verständnis alter Texte fehlen. *Wir* sind es, denen der lebendige Umgang mit der Fülle biblischen Textmaterials verlorengegangen ist, ohne den ein aus Schriftanspielungen komponiertes Stück gar nicht verständ-

---

[4] Befreier und befreites Volk. Traditions- und redaktionsgeschichtliche Untersuchung zu Magnifikat und Benediktus im Kontext der vorlukanischen Kindheitsgeschichte, Frankfurt 1990.

lich ist. *Wir* verstehen die assoziative Kraft nicht mehr, welche einer Einzel-
anspielung aus ihrem ursprünglichen Kontext zufließt. Wie könnten *wir* gar
aus der Kombination solcher Anspielungen ein theologisches Bild gewinnen?

Die Aufgabe, welche sich hier der Exegese stellt, ist deutlich: Sie muß den
heutigen Menschen in den Stand setzen, die lukanischen Lieder so zu hören,
wie sie der antike Mensch gehört hat.[5] Daß dies einfach sei, wird nur meinen,
wer die Tiefe antiken Denkens verkennt. Im Gegenteil, um zu ihr vorzudringen und das Vorwissen bereitzustellen, das den ersten Hörern unserer Lieder
selbstverständliches Glaubensgut war, bedarf es des ganzen Apparates wissenschaftlicher Methodik. Bei ihrer Anwendung lautet die oberste Maxime - und
sie ist es im Grunde, die diese Arbeit von ihren Vorgängerarbeiten unterscheidet -, daß die zu interpretierenden Texte in der Weise ernst zu nehmen sind,
daß allem, was in ihnen enthalten ist, bis zum Erweis des Gegenteils ein
theologischer Sinn zu unterstellen ist.[6] Das heißt konkret: Die äußere Zusammenhanglosigkeit der in den Liedern verarbeiteten Schriftstellen ist nicht von
vornherein der kompositorischen Unfähigkeit des Verfassers oder einem
willkürlichen Auswahlprinzip zuzuschreiben, sondern es ist nach dem Pro-
gramm zu fragen, das möglicherweise hinter einer solchen Kompilation steht.
Gleiches gilt für die Stellung von Magnifikat und Benediktus innerhalb der
Geburtserzählungen, für die ein in den Hymnen selbst liegender Grund vorauszusetzen ist, der nicht schon mit dem Hinweis auf die allgemeinen Heilsaussa-
gen in den Hymnen umschrieben ist. Es wird zu zeigen sein, daß allein diese
veränderte Einstellung zu unseren Texten Einsichten eröffnet, die bislang als
undenkbar galten, und der lukanischen Hymnenforschung das theologische
Fundament schafft, dessen sie so lange entbehrt hat.

So hochgesteckt dieser Anspruch auch erscheinen mag, ist er es doch, der
dazu nötigt, noch eine Arbeit über die beiden ersten Hymnen des Lukasevangeliums vorzulegen, nachdem in jüngster Zeit nach Brown[7] auch Farris[8] und
Kaut[9] umfangreiche Untersuchungen zu diesem Thema veröffentlicht haben.
Nicht ohne Grund hielt schon Farris es für nötig, sich gegenüber dem Vorwurf
zu rechtfertigen, Brown habe zu den Hymnen alles Wichtige bereits gesagt[10].
Allerdings zeichnet sich seine Arbeit gegenüber der von Brown kaum durch
einen inhaltlichen Fortschritt aus. Beachtenswert ist allein die Gründlichkeit

---

[5] Vgl. dazu den programmatischen Aufsatz von *H. Gese*, Hermeneutische Grundsätze der
Exegese, in: Ders., Alttestamentliche Studien, Tübingen 1991, 249-265 (bes. 249.261f), und
P. Stuhlmacher, Vom Verstehen des Neuen Testaments. Eine Hermeneutik, 2. Aufl., Göttin-
gen 1986, 18.

[6] Zum Problem einer übereilten Sachkritik vgl. nochmals *Stuhlmacher*, o.c., 247.

[7] *R. E. Brown*, The Birth of the Messiah. A Commentary on the Infancy Narratives in
Matthew and Luke, Garden City, New York 1977.

[8] *S. Farris*, The Hymns of Luke's Infancy Narratives. Their Origin, Meaning and Significance, Sheffield 1985.

[9] Zum Titel vgl. bereits o. Anm. 4.

[10] O.c., 9f.

und Vollständigkeit, mit der Farris die mit den Hymnen verknüpften Probleme behandelt und durch die sein Werk zu einer umfassenden und unentbehrlichen Informationsquelle für jeden wird, der sich mit den lukanischen Liedern beschäftigt. Auch was den Überblick über die Forschungsgeschichte anbelangt, ist auf seine ausführlichen Darstellungen der Diskussionslage zu Beginn eines jeden Kapitels zu verweisen, die eine nochmalige Übersicht unnötig und für den kundigen Leser unergiebig machen.

Anders steht es mit der Arbeit Kauts, die, wie vielfältig zu zeigen sein wird, nicht nur durch ihre äußere Mangelhaftigkeit - Schreibfehler, Grammatikfehler, Zitationsfehler, einen durch Fremdwörter überfrachteten Stil - enttäuscht, sondern auch durch ihre inhaltlichen Mängel, nämlich die ungenügende Verarbeitung des verwendeten Quellenmaterials, die oft fehlerhafte Rezeption der Sekundärliteratur, die Großzügigkeit, mit der über bedeutsame Einwände hinweggegangen wird, vor allem aber die fehlende Einlösung des im Titel gegebenen Versprechens, eine *traditions*geschichtliche Untersuchung von Magnifikat und Benediktus vorzulegen. Hätte Kaut die beiden Lieder tatsächlich auf die in ihnen verarbeiteten Traditionen hin untersucht, wäre ihm mancher Irrweg auf seinem hypothesenfreudigen Gang durch die lukanische Kindheitsgeschichte erspart geblieben. Hier korrigierend das zu leisten, was Kaut versäumt hat, ist daher zu einer Nebenaufgabe der vorliegenden Arbeit geworden, die von Anfang an traditionsgeschichtlich ausgerichtet war und nun als Nachfolgearbeit das Amt der kritischen Revision zu übernehmen hat.

Ein letztes Wort gilt der in dieser Untersuchung verwendeten Terminologie. Wenn, wie bereits geschehen, Magnifikat und Benediktus als Hymnen bezeichnet werden, so bedeutet diese Klassifikation keine gattungsgeschichtliche Einordnung. Sie entspricht vielmehr dem gängigen, in der Begriffswahl großzügigen Sprachgebrauch, wie er sich in der Hymnendiskussion eingebürgert hat, auch wenn es sinnvoller wäre, von lukanischen Psalmen zu sprechen. Da jedoch die Forschung nach neutestamentlichem Vorbild (Kol 3,16; Eph 5,19) die beiden Begriffe gleichrangig verwendet, soll auch hier kein Sonderweg eingeschlagen, sondern der Gewohnheit gewordenen Redeweise Genüge getan werden. Bei der Behandlung der Gattungsfrage ist diese Problematik allerdings mitzubedenken.[11]

Was den Aufbau der Arbeit anbelangt, so geht sie bewußt den gewöhnlichen methodischen Weg rückwärts und setzt dort ein, wo man gemeinhin aufzuhören pflegt: bei der traditionsgeschichtlichen Frage nach der Herkunft des in den Texten verarbeiteten Gedankenguts. Dies entspricht der Forderung nach methodischer Neubesinnung insofern, als die Konzentration auf das augenfälligste Phänomen der Lieder, ihre Verwurzelung im alttestamentlichen Schrifttum, der Exegese ein Abweichen auf kontextuelle Fragen unmöglich macht und sie zwingt, die Texte selbst auszuloten, bevor sie sie zu anderen in Bezie-

---

[11] S. dazu u. S. 185-187.

hung setzt. Ein solcher Einsatzpunkt ist aber auch deshalb geboten, weil gerade die kompositorische Eigenart der Texte, die sie von allen anderen neutestamentlichen Hymnen abhebt, von der Forschung seit jeher nur mit Desinteresse zur Kenntnis genommen wurde und hier die einzige forschungsge-
schichtliche Lücke klafft, die es noch zu schließen gilt. Daß diese Lücke das
bislang verkannte Eingangstor zu einer theologisch gehaltvollen Interpretation
von Magnifikat und Benediktus ist, das alle anderen Eintrittswege zu Umwegen wenn nicht gar Irrwegen werden läßt und Antworten auch auf solche Fragen ermöglicht, die auf dem bisherigen Methodenweg immer nur als Hypothesen zurückgelassen werden mußten, wird sich dabei erweisen.

Es bleibt schließlich zu hoffen, daß diese Arbeit auch Predigern und Pre-
digthörern Magnifikat und Benediktus wieder als theologisch bedeutsame
Zeugnisse der ersten Zeit erschließt, die mit ihrer Botschaft auch den modernen Menschen noch zu berühren vermögen.

I. Der alttestamentliche Hintergrund der beiden ersten lukanischen Hymnen

Wer das Magnifikat und Benediktus unbefangen hört oder liest, muß erstaunt sein über die Welt des Alten Testaments, die sich hier, innerhalb des Neuen, auftut: Abraham - David - das Volk Israel und seine Feinde - sie alle sind versammelt in dem doppelten Jubel über die machtvolle Erlösungstat Gottes. Nur einer scheint in diesem heilsgeschichtlichen Jubelreigen zu fehlen: der Messias, הַמָּשִׁיחַ bzw. ὁ χριστός. Und dies, obwohl er das Bindeglied zwischen den Testamenten darstellt, das allein, wenn man danach fragte, die Aufnahme zweier Hymnen in den vorliegenden Kontext erklären würde. Diese äußerliche Diskrepanz macht stutzig und kann nicht einfach durch den Hinweis auf den angeblich sekundären Charakter und die fremde Herkunft der Hymnen erklärt werden oder durch die Annahme, Lukas habe der Kindheitsgeschichte einen alttestamentlichen Anstrich geben wollen. Solche Scheinlösungen, von denen die Literatur zu den Hymnen voll ist, verbauen nur den Weg zu einer theologischen Deutung des Sachverhalts, die allein aus der Auseinandersetzung mit der Tradition erwächst, aus der das Magnifikat und Benediktus schöpfen.

Wie aber sieht eine derartige Auseinandersetzung aus? Scheitert sie nicht an der äußerlichen Zusammenhanglosigkeit der in den einzelnen Verszeilen verarbeiteten Textstellen, von deren Vielfalt der Verweisstellenapparat in Nestle-Aland, Novum Testamentum Graece[1] zeugt? Kam es dem Verfasser bei der Zusammenstellung der alttestamentlichen Anspielungen tatsächlich auf mehr an als auf ihre zufällige Brauchbarkeit, das auszudrücken, wofür ihm eigene Worte fehlten?

Eine Anwort auf diese Fragen finden wir nur, wenn wir uns die Mühe machen, den Text der Hymnen Zeile für Zeile abzuschreiten und das darin verarbeitete Traditionsmaterial zu untersuchen. Dabei kommt es entscheidend darauf an, nicht bei der Identifikation der Einzelanspielungen stehenzubleiben, sondern auch den Kontext einer jeden Textstelle mitheranzuziehen, da nur er die theologische Bedeutung derselben erhellen kann. Mag dieser Weg auch

---

[1] 27. Aufl., Stuttgart 1993, 153-156.

trocken und spröde anmuten, so ist er doch der einzige, der uns das biblische Gesamtmaterial vor Augen führt, das unseren Hymnen zugrunde liegt.

Der dokumentarischen Vollständigkeit halber wird im Folgenden der masoretische Text der zitierten Stellen immer mitangegeben[2], da die vorliegende Untersuchung in ihrem Verlauf zum Ergebnis einer ursprünglich hebräischen Abfassung der Hymnen kommt, was die Bereitstellung des gesamten zu berücksichtigenden Materials wünschenswert macht - zumindest in der Form, wie es sich bei einem ersten Durchgang durch den Text unserer Hymnen darbietet. Für die Diskussion abweichender Textüberlieferungen sei auf die ausführliche Sprachanalyse[3] verwiesen, in der auch die in einigen Zitaten hervortretenden Überlieferungsunterschiede zwischen der LXX und dem masoretischen Text in ihrer Bedeutung für die Interpretation von Magnifikat und Benediktus erläutert werden.

Es sei noch darauf hingewiesen, daß, wenn im Folgenden zunächst nur auf der Basis des griechischen Textes die für die Interpretation entscheidenden Weichen gestellt werden, dies nicht nur aus Gründen der größeren Anschaulichkeit geschieht, die der unmittelbare und eben nur im Griechischen mögliche Textvergleich mit sich bringt, sondern auch, um der Gefahr einer allzu großen Hypothesenfreudigkeit zu entgehen, die man speziell bei denjenigen Vertretern eines semitischen Originals der Hymnen findet, die den von ihnen selbst rekonstruierten Originaltext zum Ausgangspunkt ihrer Textauslegung machen. Daß die am griechischen Text gewonnenen Ergebnisse dem Postulat einer hebräischen Verfasserschaft standhalten müssen, ist selbstverständlich.

1. Herkunft und Eigenart der alttestamentlichen Textparallelen im Magnifikat

Daß die Frage nach der Herkunft des im Magnifikat verarbeiteten Materials weniger leicht zu beantworten ist, als man auf den ersten Blick annehmen möchte, zeigt bereits der Eingangsvers des Hymnus[4]:

---

[2] Die Zitation erfolgt nach *K. Elliger - W. Rudolph* (Hg.), Biblia Hebraica Stuttgartensia. Editio funditus renovata, 4. Aufl., Stuttgart 1990.

[3] Kap. III.4.

[4] Die Verszählung der in der Arbeit aufgeführten LXX-Stellen erfolgt nach der Ausgabe von *A. Rahlfs*, Septuaginta. Id est Vetus Testamentum graece iuxta LXX interpretes, 9. Aufl., Stuttgart 1987. Zu abweichenden Lesarten vgl. auch die Göttinger LXX-Ausgabe: Septuaginta. Vetus Testamentum Graecum, Auctoritate Academiae Scientiarum Gottingensis editum, Göttingen 1931-1991, v.a. die Bände 1 und 13.

V.46b.47: Μεγαλύνει ἡ ψυχή μου τὸν κύριον,
καὶ ἠγαλλίασεν τὸ πνεῦμά μου ἐπὶ τῷ θεῷ τῷ σωτῆρί μου.

Strukturell scheinen die Anfangszeilen mit ihrer zweimaligen substantivischen Umschreibung des "Ich" der Sprecherin denen des Hannaliedes nachgebildet zu sein:

1. Sam 2,1: Ἐστερεώθη ἡ καρδία μου ἐν κυρίῳ,
ὑψώθη κέρας μου ἐν θεῷ μου.

MT: עָלַץ לִבִּי בַּיהוָה רָמָה קַרְנִי בַּיהוָה

Inhaltlich sind die Verse jedoch eine Kombination von Hab 3,18 und Jes 61,10:

Hab 3,18: ἐγὼ δὲ ἐν[5] τῷ κυρίῳ ἀγαλλιάσομαι,
χαρήσομαι ἐπὶ τῷ θεῷ τῷ σωτῆρί μου.

MT: וַאֲנִי בַּיהוָה אֶעְלוֹזָה אָגִילָה בֵּאלֹהֵי יִשְׁעִי

Jes 61,10: ἀγαλλιάσθω ἡ ψυχή μου ἐπὶ τῷ κυρίῳ.

MT: תָּגֵל נַפְשִׁי בֵּאלֹהַי

Dabei wird die Schwierigkeit, zwischen direkter Übernahme von Textmaterial, freier Zitation und entfernter Anlehnung zu unterscheiden, in diesen Zeilen noch dadurch erschwert, daß wegen der Häufigkeit von ἀγαλλιᾶσθαι[6] in den alttestamentlichen Psalmen weitere Anklänge an V.46b.47 über den ganzen Psalter verstreut zu finden sind. Man vergleiche etwa Ψ 34,9 oder Ψ 19,6.[7]

Ähnlich sind die Probleme in der folgenden, den Eingangsjubel begründenden Zeile:

V.48a: ὅτι ἐπέβλεψεν ἐπὶ τὴν ταπείνωσιν τῆς δούλης αὐτοῦ.

Als Hauptparallele ist hier die syntaktisch funktionsgleiche Stelle Gen 29,32 zu nennen, der dankbare Ausruf Leas nach der Geburt ihres ersten Sohnes. Das Magnifikat führt diese Anspielung jedoch weiter mit der aus 1.Sam 1,11 ent-

---

[5] Die für die Stelle in Frage kommenden Hauptzeugen des alexandrinischen Textes, Cod. Alex. (A) und Cod. Marchalianus (Q), lesen hier ebenfalls ἐπί, entsprechend dem Wortlaut der zweiten Vershälfte.

[6] Zu den hebräischen Äquivalenten s. u. S. 110f.

[7] Vgl. weiter Ψ 33,3f; 34,27; 39,17; 68,31; 69,5; 83,3; 88,17; 94,1; 97,4; 103,1; vgl. auch Tob 13,9. - Das Nebeneinander von ψυχή und πνεῦμα, hebr. נֶפֶשׁ und רוּחַ, wird v.a. in späten Texten geläufig, vgl. Jes 26,9; Hi 12,10; Dan 3,39; SapSal 15,11; 16,14. Zu σωτήρ μου vgl. zusätzlich Ψ 24,5; Jes 17,10; PsSal 17,3. Häufig begegnet auch die Anrede Gottes als θεὸς σωτηρίας μου, vgl. z.B. Ψ 17,47.

nommenen Selbstbezeichnung der Sängerin als Magd des auf sie blickenden Gottes:

Gen 29,32:   Διότι εἶδέν μου κύριος τὴν ταπείνωσιν.

MT: כִּי־רָאָה יְהוָה בְּעָנְיִי

1.Sam 1,11:   ἐὰν ἐπιβλέπων ἐπιβλέψῃς ἐπὶ τὴν ταπείνωσιν τῆς δούλης

σου . . .

MT: . . . אִם־רָאֹה תִרְאֶה בָּעֳנִי אֲמָתֶךָ[8]

Mit dem Begründungssatz V.48a scheint, äußerlich betrachtet, die zweite Vershälfte nichts zu tun zu haben:

V.48b: ἰδοὺ γὰρ ἀπὸ τοῦ νῦν μακαριοῦσίν με πᾶσαι αἱ γενεαί.

Dennoch erweist sich bereits an ihr, daß es sich beim Magnifikat kaum um eine rein zufällige Zusammenstellung von Traditionsmaterial handelt. Wieder ist es nämlich ein Lea-Ausruf, den diese Komplementärzeile zu V.48a, leicht verändert, zitiert, und wieder stammt er aus dem Kontext der Geburt und Benennung eines Sohnes, ein Tatbestand, der erstaunlicherweise beharrlich übersehen wird[9]:

Gen 30,13:   Μακαρία ἐγώ, ὅτι μακαρίζουσίν με αἱ γυναῖκες.[10]

MT: בְּאָשְׁרִי כִּי אִשְּׁרוּנִי בָּנוֹת

Wie diese doppelte Bezugnahme auf Lea zu deuten ist, wird an anderer Stelle zu erörtern sein.[11] Man hat die Bedeutung der Doppelanspielung wohl deshalb

---

[8] Vgl. aber auch Ψ 24,16.18; weiter Ψ 30,8; 101,18; 135,23; Jes 66,2; 1.Sam 9,16.

[9] Die einzige Ausnahme sind *M. D. Goulder* und *M. L. Sanderson*, St. Luke's Genesis, JThS N.F. 8 (1957), 21, während in der übrigen Literatur die Stelle zwar genannt wird, aber immer unter Absehung von ihrem Kontext; vgl. *A. v. Harnack*, Das Magnificat der Elisabeth (Luk 1,46-55) nebst einigen Bemerkungen zu Luk. 1 und 2, in: Studien zur Geschichte des Neuen Testaments und der Alten Kirche I, Berlin 1931, 68; *A. Plummer*, Critical and Exegetical Commentary on the Gospel according to St. Luke, ICC 3, 5. Aufl., Edinburgh 1922, 8. Nachdr. 1964, 32; *E. Klostermann*, Das Lukasevangelium, HNT 5, 3. Aufl., Tübingen 1975 (= Nachdruck der 2. Aufl. von 1929), 18.20; *J. M. Creed*, The Gospel According to St. Luke, London - New York 1930, 4. Nachdr. 1957, 23; *J. T. Forestell*, Old Testament Background of the Magnificat, MarSt 12 (1961), 210 Anm. 15; *D. Jones*, The Background and Character of the Lukan Psalms, JThS N.F. 19 (1968), 23; *H. Schürmann*, Das Lukasevangelium. Erster Teil, HThK 3/1, 3. Aufl., Freiburg - Basel - Wien 1984, 74 Anm. 221; *I. H. Marshall*, Commentary on Luke, NIC 3, Grand Rapids 1978, 82f; *J. A. Fitzmyer*, The Gospel According to Luke I-IX, AncB 28/1, Garden City, New York 1981, 367.

[10] Parallel zum Wortlaut von Lk 1,48b findet sich als spätere Lesart in zahlreichen Minuskeln und Minuskelgruppen - um nur die wichtigste Textgruppe zu nennen - das Futur μακαριουσι(ν) für μακαριζουσιν und, allerdings weniger häufig, dafür aber auch von A bezeugt, die Ergänzung von πασαι vor γυναικες. Vgl. näher *J. W. Wevers*, Göttinger LXX, Bd. 1, 1974, 285.

[11] S. u. S. 142f.

bis heute nicht erkannt, weil auch in V.48b noch weitere Paralleltexte anklingen, nämlich Mal 3,12 und Ψ 71,17:

Mal 3,12:　καὶ μακαριοῦσιν ὑμᾶς πάντα τὰ ἔθνη.

MT: וְאִשְּׁרוּ אֶתְכֶם כָּל־הַגּוֹיִם

Ψ 71,17:　πάντα τὰ ἔθνη μακαριοῦσιν αὐτόν.

MT: כָּל־גּוֹיִם יְאַשְּׁרוּהוּ

Eine eigene Bewandtnis hat es mit dem zweiten Kausalsatz dieses Hymnusabschnitts:

V.49a:　ὅτι ἐποίησέν μοι μεγάλα ὁ δυνατός.

Für ihn läßt sich schlechterdings keine syntaktische Parallele anführen. In der Regel bezeichnet ποιεῖν μεγάλα Gottes Rettungshandeln an (ἐν) Israel beim Exodus, so in Dt 10,21 und Ψ 105,21, oder es meint, im absoluten Sinne, das machtvolle Heilshandeln Gottes an sich, wie es beispielsweise in Hi 37,5 der Fall ist[12]; an keiner Stelle aber findet sich der Objektbezug auf eine Einzelperson oder auf Israel. Die Redeweise Lk 1,49a ist sowohl innerhalb des biblischen als auch innerhalb des außerbiblisch-jüdischen Schrifttums einzigartig und bedarf der besonderen Erklärung.[13]

Auffällig ist auch die Bezeichnung Gottes als δυνατός, hebr. גִּבּוֹר, die das Bild des kämpferischen Sieges Gottes über alle gottfeindlichen Mächte beschwört und für deren Kombination mit der Wendung ποιεῖν μεγάλα es ebenfalls keine alttestamentliche Parallele gibt. Dennoch sei hier als nächste Vergleichsstelle Zeph 3,17 aufgeführt, denn der prophetische Kontext, der Israel zum Jubel auffordert und ihm die Aufrichtung der Elenden und die Sammlung der Zerstreuten als Konkretionen der göttlichen σωτηρία, hebr. יְשׁוּעָה, verheißt, bildet ein Geschehen ähnlich dem im Magnifikat ab und hat die Wahl der Gottesbezeichnung offensichtlich beeinflußt:

Zeph 3,17:　κύριος ὁ θεός σου ἐν σοί, δυνατὸς σώσει σε.

MT: יְהוָה אֱלֹהַיִךְ בְּקִרְבֵּךְ גִּבּוֹר יוֹשִׁיעַ[14]

Es folgt, indem sich der Blick von der Person der Sängerin weg- und dem so mächtig an ihr Handelnden zuwendet, der Preis des heiligen Gottesnamens,

---

[12] Vgl. auch Sir 50,22 und Ψ 135,4.

[13] Ihr ist das gesamte Kapitel IV.1 gewidmet.

[14] Zur Bezeichnung Gottes als δυνατός, hebr. גִּבּוֹר, vgl. noch Ψ 23,8; daneben auch Jes 42,13 (LXX: κύριος ὁ θεὸς τῶν δυνάμεων); 9,5 MT und schließlich Dt 10,17 und Jer 32,18 = 39,18 LXX (beidemal jedoch griech. ἰσχυρός für hebr. גִּבּוֹר; vgl. aber Jer 39,19 LXX).

wie er häufig in den Psalmen, aber auch im prophetischen Schrifttum begegnet:

V.49b: καὶ ἅγιον τὸ ὄνομα αὐτοῦ.

Am stärksten ist der Anklang an Ψ 110,9:

Ψ 110,9:   ἅγιον καὶ φοβερὸν τὸ ὄνομα αὐτοῦ.
            MT: קָדוֹשׁ וְנוֹרָא שְׁמוֹ[15]

Doch ist auch hier wieder auf das Hannalied hinzuweisen, in welchem die Betonung der Heiligkeit Gottes gleich nach dem Eingangslobpreis auffällt:

1.Sam 2,2:   ὅτι οὐκ ἔστιν ἅγιος ὡς κύριος.
              MT: אֵין־קָדוֹשׁ כַּיהוָה[16]

Ein ebenfalls typisches Psalmenmotiv ist der Preis des nicht endenden Erbarmens Gottes in der syntaktisch gleichgebauten Anschlußzeile[17]:

V.50:   καὶ τὸ ἔλεος αὐτοῦ εἰς γενεὰς καὶ γενεὰς τοῖς φοβουμένοις
         αὐτόν.

Dabei besteht eine große wörtliche Übereinstimmung mit Ψ 102,17, wo der Preis in gleicher Weise mit der Erwähnung der Gottesfürchtigen kombiniert ist:

Ψ 102,17:   τὸ δὲ ἔλεος τοῦ κυρίου ἀπὸ τοῦ αἰῶνος καὶ ἕως τοῦ αἰῶνος ἐπὶ τοὺς
             φοβουμένους αὐτόν.
             MT: וְחֶסֶד יְהוָה מֵעוֹלָם וְעַד־עוֹלָם עַל־יְרֵאָיו[18]

---

[15] Vgl. weiter Ψ 98,3.5.9; 102,1; 104,3; Jes 47,4; 57,15; Ez 20,39; 36,20-22; 39,25; Sir 47,10; SapSal 10,20. Zum Preis des Namens überhaupt vgl. Ψ 17,50; 71,17; 88,17; 104,1; PsSal 6 (4mal in 6 Versen).

[16] In der LXX ist durch Wiederholung der Zeile das Heiligkeitsmotiv gegenüber dem MT sogar noch verstärkt.

[17] Zur Diskussion der grammatikalischen Struktur von V.49b.50 s. ausführlich u. S. 162f und 203.

[18] Da die Verszeile im Hebräischen überlang erscheint, lösen einige Kommentatoren die Wendung עַל־יְרֵאָיו aus ihrem jetzigen Zusammenhang und machen sie zum Anfang des nachfolgenden Verses 18; vgl. *H.-J. Kraus*, Psalmen, Bd. 2, BK.AT 15/2, 6. Aufl., Neukirchen-Vluyn 1989, 870f. Für die antike Rezeption der Stelle, die offenbar vom oben zitierten Wortlaut ausgeht, spielt diese textkritische Umgruppierung, die auch der handschriftlich nicht belegten Zufügung eines ו bedarf, keine Rolle.

Man braucht aber auch hier nur auf Ψ 88,2f; 99,5 und den Refrain in Ψ 135 oder auf PsSal 13,12 zu verweisen, um die Häufigkeit der Wendung vor Augen zu führen.[19]

Mit dem Hinweis auf die Gottesfürchtigen ist nun schon Israel im Blick, dessen Erlösung und Heil das Thema der folgenden Zeilen ist:

V.51:   Ἐποίησεν κράτος ἐν βραχίονι αὐτοῦ,
          διεσκόρπισεν ὑπερηφάνους διανοίᾳ καρδίας αὐτῶν.

Den unmittelbaren Hintergrund dieses Verses bildet zweifellos Ψ 88,11[20], der alle Elemente des lukanischen Verses in sich vereinigt:

Ψ 88,11:   σὺ ἐταπείνωσας ὡς τραυματίαν ὑπερήφανον
             καὶ ἐν τῷ βραχίονι τῆς δυνάμεώς σου διεσκόρπισας τοὺς ἐχθρούς σου.
MT: ‎[21]אַתָּה דִכִּאתָ כֶחָלָל רָהַב בִּזְרוֹעַ עֻזְּךָ פִּזַּרְתָּ אוֹיְבֶיךָ

Allerdings gilt auch für diesen Vers, daß sowohl das διασκορπίζειν der Feinde durch den erhobenen Arm oder die Hand Gottes als auch die Erniedrigung der ὑπερήφανοι häufige Motive der alttestamentlichen Hymnen, vor allem aber der Klage- und Danklieder sind. Als Beispiele seien hier Ψ 117,15f; 58,12f und 67,2 genannt.[22]

Es folgen unter Aufnahme der in V.51 vorgegebenen Thematik zwei antithetische Parallelismen, die von der Umkehrung der politischen und sozialen Verhältnisse handeln:

V.52f: καθεῖλεν δυνάστας ἀπὸ θρόνων
           καὶ ὕψωσεν ταπεινούς,
           πεινῶντας ἐνέπλησεν ἀγαθῶν
           καὶ πλουτοῦντας ἐξαπέστειλεν κενούς.

Ihre motivische Entsprechung finden diese Zeilen zunächst wieder im Hannalied, und zwar in den Versen 7 und 8, welche die Hauptvorlage für die lukanischen Verse darstellen:

---

[19] Vgl. daneben noch PsSal 2,33 und 15,13.

[20] Vgl. auch V.14 dieses Psalmes.

[21] Der MT weicht hier stark vom Text der LXX ab, ein Tatbestand, der ausführlich zu diskutieren sein wird; vgl. u. S. 117f.

[22] Vgl. weiter Ψ 91,10; 97,1; daneben auch Ψ 100,5.7; Prov 3,34 (LXX); Hi 38,15; Sir 10,7.9.12f.18 (vgl. auch V.14f.19.24); Jes 2,12; 13,11; Ob 3. - Der Ausdruck διάνοια καρδίας begegnet in der LXX nur in 1.Chr 29,18. Zum Problem der hebräischen Vorlage vgl. u. S. 112-115.

1.Sam 2,7f: κύριος πτωχίζει καὶ πλουτίζει,
ταπεινοῖ καὶ ἀνυψοῖ.
ἀνιστᾷ ἀπὸ γῆς πένητα
καὶ ἀπὸ κοπρίας ἐγείρει πτωχὸν
καθίσαι μετὰ δυναστῶν λαῶν
καὶ θρόνον δόξης κατακληρονομῶν αὐτοῖς.
MT: יְהוָה מוֹרִישׁ וּמַעֲשִׁיר מַשְׁפִּיל אַף־מְרוֹמֵם
מֵקִים מֵעָפָר דָּל מֵאַשְׁפֹּת יָרִים אֶבְיוֹן
לְהוֹשִׁיב עִם־נְדִיבִים וְכִסֵּא כָבוֹד יַנְחִלֵם

Wie in V.46b.47 steht jedoch auch hier der Wortlaut der einzelnen Verse und
Halbverse anderen Stellen erheblich näher. Man vergleiche etwa Sir 10,14 mit
V.52a oder Ψ 106,9 mit V.53:

Sir 10,14: θρόνους ἀρχόντων καθεῖλεν ὁ κύριος.[23]
Hebr. Text[24]: כסא גאים הפך אלהים
Ψ 106,9: ὅτι ἐχόρτασεν ψυχὴν κενὴν
καὶ ψυχὴν πεινῶσαν ἐνέπλησεν ἀγαθῶν.
MT: [25]כִּי־הִשְׂבִּיעַ נֶפֶשׁ שֹׁקֵקָה וְנֶפֶשׁ רְעֵבָה מִלֵּא־טוֹב

Das Magnifikat schließt ab mit dem Preis der Erfüllung der göttlichen
Heilsverheißungen an Israel:

V.54: ἀντελάβετο Ἰσραὴλ παιδὸς αὐτοῦ,
μνησθῆναι ἐλέους.

Was die Herkunft des ersten Halbverses angeht, so besteht kaum ein Zweifel daran, daß es sich um eine Paraphrase der Einleitung des Heilsorakels Jes
41,8-13 handelt:

Jes 41,8f: Σὺ δέ, Ισραηλ, παῖς μου Ιακωβ, ὃν ἐξελεξάμην, σπέρμα Αβρααμ, ὃν
ἠγάπησα, οὗ ἀντελαβόμην ἀπ' ἄκρων τῆς γῆς καὶ ἐκ τῶν σκοπιῶν
αὐτῆς ἐκάλησά σε καὶ εἶπά σοι Παῖς μου εἶ . . .[26]
MT: וְאַתָּה יִשְׂרָאֵל עַבְדִּי יַעֲקֹב אֲשֶׁר בְּחַרְתִּיךָ זֶרַע אַבְרָהָם אֹהֲבִי אֲשֶׁר
הֶחֱזַקְתִּיךָ מִקְצוֹת הָאָרֶץ וּמֵאֲצִילֶיהָ קְרָאתִיךָ וָאֹמַר לְךָ עַבְדִּי־אַתָּה בְּחַרְתִּיךָ
וְלֹא מְאַסְתִּיךָ

Daneben begegnet uns in der Wendung μνησθῆναι ἐλέους, welche auf die

---

[23] Vgl. aber auch Hi 12,18f und für V.52b Hi 5,11; ferner Ψ 17,28; 74,8; 87,16; 112,7;
146,6; Jes 2,11; 10,33.

[24] Nach F. Vattioni (Hg.), Ecclesiastico. Testo ebraico con apparato critico e versio greca,
latina e siriaca, Neapel 1968, 51.

[25] Vgl. auch Ψ 33,11; 71,4.12f; 102,5.

[26] Vgl. auch Jes 42,1 und 44,21. Auf Israel bezogen erscheint in der griechischen Überlieferung die Wendung παῖς μου innerhalb des Alten Testaments nur noch in Jer 26,28 (LXX)
und Bar 3,37. - Zu ἀντιλαμβάνειν vgl. noch Ψ 17,3.36; 83,6; 88,19.22.27.

Erfüllung der göttlichen Bundesverheißung zielt[27], ein letztes zentrales theologisches Motiv, das nicht nur dem Psalter eigentümlich ist, sondern das ganze alttestamentliche Schrifttum bis in nachkanonische Zeit durchzieht[28]. Für den Wortlaut im Magnifikat dürfte Ψ 97,3 das Vorbild geliefert haben:

Ψ 97,3:   ἐμνήσθη τοῦ ἐλέους αὐτοῦ τῷ Ιακωβ[29]
            καὶ τῆς ἀληθείας αὐτοῦ τῷ οἴκῳ Ισραηλ.

MT: זָכַר חַסְדּוֹ וֶאֱמוּנָתוֹ לְבֵית יִשְׂרָאֵל

Gerade bei den Abschlußversen V.54 und 55 des Magnifikat gilt es jedoch zu bedenken, daß die hinter den Einzelzeilen stehenden Textparallelen, die in diesem Teil des Hymnus besonders klar zu erkennen sind, in anderer Weise verarbeitet sind, als es sich sonst im Hymnus beobachten läßt: Deutlich wird hier zitiert, doch so, daß die grundlegenden Zitate ineinandergearbeitet werden, wodurch nicht nur ein völlig neues Satzgebilde entsteht, dessen grammatikalische Schwierigkeiten sich aus ebendieser Kompositionsweise ergeben, sondern auch ein theologisch neues Beziehungsgeflecht, welches den Horizont der verarbeiteten Textstellen erheblich weitet.

Bereits in der Fortsetzung von V.54 tritt dieses Beziehungsgeflecht zutage:

---

[27] Die Eingrenzung der Wortbedeutung von ἔλεος auf die im Bundesverhältnis gesetzte Treueverpflichtung Gottes ergibt sich an unserer Stelle aus dem Kontext, der in V.55a von der Selbstverpflichtung Gottes den Vätern gegenüber redet und mit dem Begriff des Gedenkens auf die im Bundesverhältnis festgeschriebene Rechtsverpflichtung anspielt, deren Inhalt auf seiten Gottes der Erweis von ἔλεος, hebr. חֶסֶד, auf seiten des Menschen die Bewahrung des Bundes ist. - Zu der in späterer alttestamentlicher Zeit immer größeren gegenseitigen Annäherung der Begriffe חֶסֶד und בְּרִית, griech. ἔλεος und διαθήκη, vgl. *H.-J. Stoebe*, Die Bedeutung des Wortes ḥäsäd im Alten Testament, VT 2 (1952), 251-253; *H.-J. Zobel*, Art. חֶסֶד ḥæsæd, ThWAT 3, Stuttgart - Berlin - Köln - Mainz 1982, Sp. 48-71, bes. 64-69, und *R. Bultmann*, Art. ἔλεος, ἐλεέω, ThWNT 2, Stuttgart 1935, Nachdr. 1967, 474-482, dem mit *Zobel*, o.c., 69, allerdings dahingehend zu widersprechen ist, daß der im Bundesverhältnis festgeschriebene חֶסֶד-Erweis kein gegenseitiger, auch vom Menschen Gott gegenüber zu leistender ist, sondern ein Gott vorbehaltener Gnadenakt bleibt, dem der Mensch nur in der dankbaren und freudigen bzw. ehrfürchtigen Annahme des göttlichen Erbarmens und dem Festhalten am Bund entsprechen kann. Zu den genannten Begriffen vgl. weiter auch *H.-J. Kraus*, Psalmen, Bd.1, BK.AT 15/1, 6. Aufl., Neukirchen-Vluyn 1989, 785. Die Zusammengehörigkeit von ἔλεος und διαθήκη wird besonders deutlich in Ψ 88, wo das dem Davididen erwiesene gnädige Erbarmen Komplementärbegriff zu der an ihn ergangenen Bundesverheißung ist; vgl. Ψ 88,29.34f (auch V.25); vgl. weiter Ψ 24,6f.10; Dt 7,9.12; Jes 54,10; Neh 1,5 cj.; 9,32; Dan 9,4, und nicht zuletzt auch Lk 1,72. S. daneben auch 1QM XIV 4. Einen punktierten Text der Kriegsrolle mit deutscher Übersetzung bietet *E. Lohse* (Hg.), Die Texte aus Qumran, 4. Aufl., Darmstadt 1986, 177-225. Die Zitation der Qumranstellen wie in den weiteren Anmerkungen erfolgt nach dem Abkürzungsverzeichnis in: *J. H. Charlesworth*, Graphic Concordance to the Dead Sea Scrolls, Tübingen - Louisville 1991, XXII-XXVIII.

[28] Vgl. Gen 9,15f; Ex 2,24; 6,5; Ψ 104,8f; 105,45; Sir 28,7; Ez 16,60; 1.Makk 4,10; 2.Makk 1,2; vgl. auch Ψ 104,42.

[29] Die Einfügung von τῷ Ιακωβ hat gegenüber dem Wortlaut des MT sekundären Charakter.

V.55a: καθὼς ἐλάλησεν πρὸς τοὺς πατέρας ἡμῶν.

Was den Kontext des zitierten Halbverses betrifft, kommt für die Herkunft der Zeile nur Mi 7,20 in Frage:

Mi 7,20:   δώσεις ἀλήθειαν τῷ Ιακωβ, ἔλεον τῷ Αβρααμ, καθότι ὤμοσας τοῖς πατράσιν ἡμῶν κατὰ τὰς ἡμέρας τὰς ἔμπροσθεν.

MT: תִּתֵּן אֱמֶת לְיַעֲקֹב חֶסֶד לְאַבְרָהָם אֲשֶׁר־נִשְׁבַּעְתָּ לַאֲבֹתֵינוּ מִימֵי קֶדֶם׃

Dabei wird deutlich, daß der Hinweis auf die Väterverheißung in Lk 1,55a inhaltlich auf den Abraham geltenden Bundesschwur (ἔλεος τῷ 'Αβραάμ) zielt. Die Tradition, aus welcher der Schlußabschnitt des Magnifikat geschöpft ist, erweist somit V.55a grammatikalisch eindeutig als Parenthese und V.55b als eigentliche Fortsetzung von V.54b[30]:

V.55b: τῷ 'Αβραὰμ καὶ τῷ σπέρματι αὐτοῦ εἰς τὸν αἰῶνα.

Daß das Magnifikat nicht zufällig mit diesen auf die Ewigkeit der Abrahams-verheißung weisenden Worten endet, zeigt schließlich auch hier der Kontext, aus dem die Zeile beinahe wörtlich entnommen ist und der die grammatikali-sche Zusammengehörigkeit der Zeilen 54b und 55b gleichfalls bestätigt: Ge-meint ist Ψ 17,51 = 2.Sam 22,51, wo die zitierten Worte ebenfalls den Psalmabschluß bilden:

Ψ 17,51:   . . . καὶ ποιῶν ἔλεος τῷ χριστῷ αὐτοῦ,
              τῷ Δαυιδ καὶ τῷ σπέρματι αὐτοῦ ἕως αἰῶνος.[31]
       MT: . . . וְעֹשֶׂה חֶסֶד לִמְשִׁיחוֹ
              לְדָוִד וּלְזַרְעוֹ עַד־עוֹלָם

Einzige inhaltliche Änderung ist die Ersetzung Davids durch Abraham nach Mi 7,20, ein Befund, der in anderem Zusammenhang zu klären ist[32]. Die Be-deutung, welche der messianologisch gefüllten Abschlußzeile für das Verständ-nis des Magnifikat zukommt, muß aber schon an dieser Stelle ins Auge fal-len.[33]

---

[30] Mit *F. Godet*, Kommentar zu dem Evangelium des Lukas, 2. Aufl., Hannover 1890, 75; *v. Harnack*, Magnificat, 72; *Plummer*, ICC 3, 34; *Marshall*, NIC 3, 85; gegen *Creed*, Luke, 24; *Klostermann*, HNT 5, 21; *P. Joüon*, L'Évangile de Notre Seigneur Jésus-Christ, VSal 5, Paris 1930, 290; *Schürmann*, HThK 3/1, 77 Anm. 252.

[31] Daß tatsächlich Ψ 17,51 = 2.Sam 22,51 die Vorlage für Lk 1,55b geliefert hat, bestä-tigt die textkritische Variante zur Stelle: C und die Minuskelgruppen f1 und f13 als Hauptzeu-gen der abweichenden Lesart lesen am Schluß der Zeile ἕως αἰῶνος statt εἰς τὸν αἰῶνα - un-bestreitbar in Kenntnis der in V.55 zitierten Stelle Ψ 17,51.

[32] S. dazu u. S. 24f.

[33] Eine inhaltliche Parallele zu V.54f insgesamt bilden auch Ψ 88,4f (vgl. auch V.30 und 37) und Ψ 104,8-10.

Was ist nach diesem Durchgang gewonnen? Wenig oder nichts, möchte man meinen. Die Fülle der Einzelbelege[34] scheint letztlich doch das gängige Urteil über das Magnifikat als einer mehr oder minder wahllosen Kompilation alttestamentlichen Materials zu bestätigen. Daß diese Annahme irrig ist, wurde bereits mehrfach angedeutet und wäre nun endgültig zu erweisen. Wir hätten allerdings an dieser Stelle nur einen Teil des zugrunde liegenden Materials an der Hand, nämlich denjenigen, welcher die unmittelbaren Textparallelen umfaßt. Da jedoch, wie sich mehrfach zeigte, nur schwer zu unterscheiden ist zwischen direkter Zitation, freier Anspielung und der Übernahme bestimmter Motive, die in ähnlichem Wortlaut an mehr als einer Stelle begegnen, müssen wir uns auch den Einzelmotiven im Magnifikat und ihrem Vorkommen im alttestamentlichen Schrifttum zuwenden. Nötigt doch gerade das Verschwimmen der Grenzen zu der Frage, welche Bedeutung die Motivik für die Wahl des Textmaterials hat. Anders gefragt: Erscheint das im Magnifikat verwendete Bildmaterial zufällig in seiner für diesen Hymnus charakteristischen Kombination, oder ist es aus einem ganz bestimmten Texthintergrund geschöpft, dessen Konturen sich deutlich abzeichnen?

2. Der Motivhintergrund des Magnifikat

Der einzige Text, der im Hinblick auf unsere Frage nach der motivischen Vergleichbarkeit in der Forschung ausreichend Beachtung gefunden hat, ist das Hannalied 1.Sam 2,1-10, wo der syntaktisch ähnlich wie im Magnifikat gestaltete Liedeingang mit seinem Jubel über das von Gott kommende Heil und dem Preis seiner Heiligkeit sich fortsetzt in der Schilderung der durch Gott gewirkten Umkehrung der menschlichen Verhältnisse. Da jedoch bei diesem Lied die fiktive Sängerin stets größeres Interesse geweckt hat als das motivische Material, ist die Frage nach der Existenz ähnlich gearteter Texte so gut wie nie gestellt worden.[35] Dabei gibt es, vor allem unter den Psalmen, Texte, die in der Kombination der für das Magnifikat typischen Motive diesem weit näher stehen als das Hannalied.

Dies gilt in besonderem Maße für Ψ 88 (89), auf den Lk 1,51 ja ausdrücklich Bezug nimmt, einen Königspsalm, der in seiner ganzen Länge um das eine Thema der göttlichen Bundesverheißung an den davidischen König kreist[36]. Entsprechend stoßen wir auf die charakteristische Gedankenverbindung der David, dem Knecht Gottes (δοῦλος V.4.21), und seinen Nachkommen

---

[34] Ein Gesamtüberblick über die im Magnifikat verarbeiteten Texte findet sich u. S. 21.

[35] Zu den wenigen Ausnahmen gehört *Forestell*, MarSt 12, 205-244, dem die Kombination des motivischen Materials Zeugnis einer bestimmten Frömmigkeitsrichtung ist. Vgl. dazu u. S. 99f Anm. 176.

[36] Vgl. *Kraus*, BK.AT 15/1, 783.785f.788-792.793.

(σπέρμα V.5.30) auf ewig (εἰς γενεὰν καὶ γενεάν V.3.5; ἕως τοῦ αἰῶνος V.5 bzw. εἰς τὸν αἰῶνα V.29.37; vgl. auch V.30) zugeschworenen Bundesgnade (ἔλεος V.3.25.29.34.50; διαθήκη V.4.29.35.40) und deren Durchsetzung durch Gottes starken Arm (βραχίων V.11.14.22) bzw. seine Rechte (ἡ δεξιὰ oder auch ἡ χεὶρ θεοῦ V.14.22), wie sie in der Zerschlagung der Feinde (διασκορπίζειν τοὺς ἐχθρούς V.11; vgl. V.23f) und der Erhöhung des Davididen (ὑψοῦν V.20.25) bzw. der Erhaltung *seines* Thrones (θρόνος V.5. 15.30.37, negativ V.45) zur Geltung kommt. Die leitmotivischen Parallelen zum Magnifikat reichen weiter über den Hinweis auf Gott als den, der sich des Heils seines Königs annimmt (ἀντιλήμπτωρ τῆς σωτηρίας μου V.27; vgl. V.19 und 22) und seine Bezeichnung als δυνατός (V.9) bis hin zum universalen Jubel über den Namen Gottes (ἀγαλλιᾶσθαι ἐν τῷ ὀνόματι (θεοῦ) V.13.17; vgl. V.2). Kaum ein Motiv im Magnifikat, das nicht auch in diesem Psalm begegnete!

In diesem Zusammenhang sind auch Ψ 19 (20) und Ψ 131 (132) zu nennen, ebenfalls Königspsalmen, welche ähnliche dem Magnifikat entsprechende Motivkombinationen aufweisen, wenn auch nicht in der gedrängten Dichte von Ψ 88: Während in Ψ 19, in Form der Ankündigung, der Jubel über das durch Gottes Rechte für seinen König gewirkte Heil und der Lobpreis seines Namens vorherrschen (V.6-8), verbunden mit dem Hinweis auf den Fall der Feinde und die Aufrichtung des zu Gottes König gehörenden Volkes (V.9)[37], hat das Wallfahrtslied Ψ 131 wieder die Bundesverheißung Gottes (V.12) an seinen Knecht David (V.10) zum Thema und die dieser Verheißung entsprechende Bewahrung des Thrones (V.11f) der Davididen (οἱ υἱοί V.12 statt σπέρμα) für alle Ewigkeit (V.12), wobei in diesem Psalm das wörtliche Zitat der Bundesverheißung dazu dient, von Gott das Gedenken (V.1) seines Schwures (V.11) einzufordern. Daneben begegnet uns auch hier der Jubel (V.9.16) über das durch den Bundesschluß mit David gesetzte Heil (V.16).[38]

Von etwas anderem Charakter ist der letzte hier vorzustellende Königspsalm. Es handelt sich um Ψ 71 (72), einen Psalm, an den, wie bereits nachgewiesen[39], V.48b des Magnifikat anklingt und der sich von den anderen Psalmen seiner Gattung dadurch unterscheidet, daß er nicht explizit das davidische Verheißungsgeschehen besingt, sondern auf einen als Friedefürst herrschenden Heilskönig blickt, dessen Kommen die Aufrichtung der Elenden und Armen herbeiführt (V.2-4.12-14), wie es dem in Lk 1,52f geschilderten Geschehen entspricht - mit dem einzigen Unterschied, daß im Magnifikat perfektisch formuliert ist, was in Ψ 71 für die Zukunft geschaut wird.

Neben diesen Königspsalmen bedürfen auch zwei weisheitliche Geschichts-

---

[37] Zu den Begriffen ἀντιλαμβάνειν und μιμνήσκεσθαι vgl. außerdem V.3 und 4.
[38] Auch das Motiv der Armenspeisung klingt in diesem Psalm an, vgl. V.15b.
[39] Vgl. o. S. 11.

psalmen der Erwähnung, in denen nun nicht die davidische Bundesverheißung im Mittelpunkt steht, sondern die Väterverheißung. In einem dieser Psalmen, Ψ 104 (105), wird die Abrahamsverheißung sogar ausdrücklich als ewiger Bundesschluß gekennzeichnet, dem das ewige Gedenken auf seiten Gottes entspricht:

Ψ 104,8-10: ἐμνήσθη εἰς τὸν αἰῶνα διαθήκης αὐτοῦ,
λόγου, οὗ ἐνετείλατο εἰς χιλίας γενεάς,
ὃν διέθετο τῷ Αβρααμ,
καὶ τοῦ ὅρκου αὐτοῦ τῷ Ισαακ
καὶ ἔστησεν αὐτὴν τῷ Ιακωβ εἰς πρόσταγμα
καὶ τῷ Ισραηλ διαθήκην αἰώνιον.

MT: זָכַר לְעוֹלָם בְּרִיתוֹ דָּבָר צִוָּה לְאֶלֶף דּוֹר
אֲשֶׁר כָּרַת אֶת־אַבְרָהָם וּשְׁבוּעָתוֹ לְיִשְׂחָק
וַיַּעֲמִידֶהָ לְיַעֲקֹב לְחֹק לְיִשְׂרָאֵל בְּרִית עוֹלָם

Dieses Thema wird wiederaufgenommen in V. 42 mit der zusätzlichen Bezeichnung Abrahams als Knecht (δοῦλος) Gottes.[40] Der Psalm selbst beginnt mit dem Aufruf zum Lobpreis des heiligen Namens Gottes (V.1-3), wie er dem Jubel (ἀγαλλίασις V.43) des Volkes bei der Heilstat der Heraufführung Israels aus Ägypten entspricht, derer zu gedenken der Same Abrahams (σπέρμα Αβρααμ V.6) ausdrücklich ermahnt wird unter Verweis auf das heilsgeschichtliche Wirken (μνήσθητε τῶν θαυμασίων αὐτοῦ, ὧν ἐποίησεν V.5) und die nicht endende Bundestreue Gottes (vgl. V.42 und die oben zitierten Verse).

In dem ähnlich strukturierten Ψ 105 (106) wird diese Heilstat dann ausdrücklich mit der Lk 1,49a parallelen Wendung ποιεῖν μεγάλα umschrieben (V.21; vgl. auch V.7). Und auch hier begegnen wir wieder dem Motiv, daß Gott der Bundesverheißung gedenkt (V.45), verbunden mit dem Hinweis auf das in Ewigkeit[41] geltende Erbarmen Gottes, dem aller Lobpreis gebührt, weil er wahrhaftig und alleiniger Inhaber der δυναστεία (V.2 und 8) ist und um seines heiligen Namens willen (V.8 und 47) auch dann seines Bundes gedenkt, wenn die Väter (οἱ πατέρες ἡμῶν V.6f) ihn verlassen. Daß dabei auch ihnen und ihrem Samen (V.27) das διασκορπίζειν (V.27) und ταπεινοῦν (V.43) als Strafe Gottes an Israel gelten kann, indem es eine Scheidung in Israel bewirkt, entspricht ganz dem Vorstellungsrahmen des Magnifikat[42].

Dem Kreis der bislang nur dem Psalter entstammenden Texte ist schließlich noch ein letzter, jedoch nicht minder gewichtiger Text an die Seite zu stellen, der seine Sonderrolle schon dadurch gewinnt, daß er prophetischer Natur ist.

---

[40] Im MT erscheint auch in V.6 die Bezeichnung Abrahams als Knecht Gottes (Sg. עַבְדּוֹ statt Pl. δοῦλοι). Vgl. ferner auch die Verwendung des Titels für Mose in V.26.

[41] Vgl. auch die Wendung εἰς γενεὰν καὶ γενεάν, hebr. לְדֹר וָדֹר, in V.31.

[42] S. dazu u. S. 201f.

Es handelt sich um das nur aus sechs Versen bestehende Kapitel Jes 12, die prophetische Ankündigung des Jubels der Heilsgemeinde beim Anbruch des messianischen Friedensreiches, die in ganz eigentümlicher Weise die Anfangsverse bis V.50 des Magnifikat bestimmt: Wir stoßen hier auf eine geradezu gedrängte Fülle der den Anfangsteil des Magnifikat konstituierenden Leitbegriffe und Leitmotive. Dabei liegt der Haupttenor auf dem enthusiastischen Jubel ($\dot{\alpha}\gamma\alpha\lambda\lambda\iota\hat{\alpha}\sigma\theta\alpha\iota$ V.6 neben $\varepsilon\dot{\nu}\phi\rho\alpha\dot{\iota}\nu\varepsilon\sigma\theta\alpha\iota$ V.6/$\varepsilon\dot{\nu}\phi\rho\sigma\dot{\nu}\nu\eta$ V.3) und dem gleichsam ekstatischen, im $\dot{\nu}\mu\nu\varepsilon\hat{\iota}\nu$ (V.4 und 5) und $\beta\sigma\hat{\alpha}\nu$ (V.4) vorgetragenen Lobpreis Gottes des Retters ($\sigma\omega\tau\dot{\eta}\rho$ $\mu\sigma\nu$ V.2) und des von ihm gewirkten Heils ($\sigma\omega\tau\eta\rho\dot{\iota}\alpha$ V.2), das als Großtat Gottes ($\dot{\nu}\psi\eta\lambda\dot{\alpha}$ $\dot{\varepsilon}\pi\sigma\dot{\iota}\eta\sigma\varepsilon\nu$ V.5) besungen wird, da es Gottes Erbarmen über Israel bedeutet ($\dot{\eta}\lambda\dot{\varepsilon}\eta\sigma\dot{\alpha}\varsigma$ $\mu\varepsilon$ V.1) und Gott als den Heiligen Israels ($\dot{\sigma}$ $\dot{\alpha}\gamma\iota\sigma\varsigma$ $\tau\sigma\hat{\nu}$ $I\sigma\rho\alpha\eta\lambda$ V.6) erweist, dessen Namen ($\dot{\sigma}\nu\sigma\mu\alpha$ V.4) der jubelnde Dank Israels gilt. Erstaunlicherweise hat die Forschung auch diesen Text bis heute übergangen, und es wird zu zeigen sein, daß sie damit einen wichtigen Schlüssel zum Verständnis des Magnifikat aus der Hand gegeben hat.[43]

Mit dem Hinweis auf die jesajanische Weissagung soll die Untersuchung des motivischen Texthintergrunds beendet sein. Es könnten noch Texte vorgestellt werden, in denen die eine oder andere Motivkombination erscheint, doch keine, die eine derartige Kombinationsfülle aufweisen wie die genannten. Bereits das vorgeführte Material jedoch zeigt zur Genüge, daß das alttestamentliche Repertoire, aus dem das Magnifikat schöpft, doch nicht so zusammenhanglos ist, wie es manchem beim Anblick der im ersten Abschnitt zusammengestellten Textbelege scheinen mochte. Oder will man es als Zufall bezeichnen, daß wir vor einem Ensemble der wichtigsten Königs- und Geschichtspsalmen stehen?

Als Ergebnis kann dies aber nicht genügen, denn es bleibt die Frage, was neben den Gattungsübereinstimmungen vieler Psalmen, auf die unser Hymnus Bezug nimmt, das Verbindende auch der Einzelstellen ist, die sich in den eben gesteckten Rahmen nicht einordnen lassen. Pointiert gefragt: Was hat etwa Hab 3,18 mit Ψ 17,51 oder Jes 61,10 mit Ψ 88,11 zu tun? Und wie fügen sich die Lea-Anspielungen in dieses Bild? Wer hier zu einer Antwort gelangt, darf sicher sein, den theologischen Skopus des sog. Marienhymnus in Händen zu halten!

Der Übersicht halber seien hier alle für die Interpretation des Magnifikat bedeutsamen Texte nochmals zusammengestellt, wobei allerdings nur diejenigen Erwähnung finden, auf die in Lk 1,46b-55 direkt Bezug genommen wird,

---

[43] S. dazu Kap. IV.2.

oder deren Einfluß auf die Motivik des Hymnus wahrscheinlich gemacht werden konnte. Es sind dies zunächst die Einzelstellen.

Gen 29,32; 30,13
1.Sam 1,11; 2,1.2.7f
Ψ 17 (18),51 (=2.Sam 22,51); 71 (72),17; 88 (89),11; 97 (98),3;
102 (103),17; 106 (107),9; 110 (111),9
Sir 10,14
Mi 7,20
Hab 3,18
Zeph 3,17
Mal 3,12
Jes 41,8f; 61,10.

An zusammenhängenden Texten, deren motivisches Material zu großen Teilen dem des Magnifikat entspricht, sind daneben zu nennen:

Ψ 19 (20); 71 (72); 88 (89); 104 (105); 105 (106); 131 (132)
Jes 12.

Und auch das Hannalied 1.Sam 2,1-10 wäre hier nochmals zu nennen.

3. Der theologische Skopus des Hymnus

Was verbindet diese Fülle von Texten und Textanspielungen? Die Anwort ist ebenso einfach wie überraschend. Es ist der versteckte, aber für jeden in der Schrift bewanderten Hörer offenkundige Hinweis auf den χριστὸς κυρίου, den Gesalbten Jahwes, wie er der späteren Erwartung das Fundament der Messiashoffnung lieferte! Ja, bis auf drei Ausnahmen, deren Erklärung sich aus dem theologischen Zusammenhang ergibt[44], verarbeitet das Magnifikat alle alttestamentlichen Textstellen, in denen die Erwähnung des χριστὸς κυρίου, hebr. מְשִׁיחַ יְהוָה, auch nur von ferne messianisch gedeutet werden konnte; und auch die übrigen der im Hintergrund stehenden Texte fügen sich ganz diesem messianischen Duktus ein. Dies zu zeigen bedarf es allerdings nochmals des Blicks auf alle genannten Texte, wobei dem Hannalied 1.Sam 2,1-10, schon wegen seiner Rolle, die es in der theologischen Diskussion spielt, der Vorrang eingeräumt sei.

Daß dieses Lied in V.10 mit den Worten καὶ ὑψώσει κέρας χριστοῦ αὐτοῦ abschließt, wurde bereits 1896 von Völter gesehen, jedoch als belanglose Beobachtung rasch wieder abgetan, und zwar mit der Begründung, daß der

---

[44] S. dazu u. S. 27f und 152.

Verfasser des Magnifikat die fragliche Zeile ja hätte zitieren müssen, wenn sie der Anlaß der engen Anlehnung des Hymnus an das Hannalied gewesen wäre[45]. Zweifellos steht die Frage nach dem Fehlen expliziter christologischer Hinweise im Raum und verlangt nach einer Antwort.[46] Sie steht jedoch der theologischen Auslegung des Magnifikat weit weniger im Wege als Völters Verweis auf die angebliche Parallelität der Geschicke der im Magnifikat und im Hannalied zu Wort kommenden Sängerinnen[47], der die inhaltliche Anlehnung des lukanischen Hymnus an das Hannalied nicht wirklich zu erklären vermag. Der alleinige Blick auf die Frauengestalten würde ja bedeuten, daß der aus Gründen der Typisierung funktionalisierte Inhalt des übernommenen Textes letztlich unwichtig und damit auch die Diskussion um die theologische Bedeutung des Magnifikat überflüssig ist.

Das Wichtigste am Hannalied ist der Ausblick auf den Gesalbten! Dies zeigt schon die - in den Untersuchungen zum Magnifikat allerdings regelmäßig unterlassene - Betrachtung des alttestamentlichen Textes für sich, wie er in die beginnende Samuelgeschichte eingebettet erscheint. Dabei fällt rasch ins Auge, daß zwischen Lied und Kontext keineswegs eine organische Verbindung besteht, sondern der Gesang Hannas erst im Nachhinein dem erzählerischen Zusammenhang eingefügt ist[48]. Es ist offensichtlich, daß diese Einfügung nicht zur Veranschaulichung der Situation Hannas vorgenommen wurde, sondern allein um ihrer theologischen Pointe willen, d.h. wegen ihres prophetischen Ausblicks auf den Gesalbten Jahwes, mit dem das Lied seinen Höhepunkt erreicht. Nicht Hanna als Person hat der Interpolator im Blick, nicht um das Wunder ihrer Fruchtbarkeit geht es, sondern um ihre Rolle bei der Entstehung des davidischen Königtums, auf dem, im Einklang mit dem Skopus der Samuelbücher, das eigentliche Augenmerk liegt.[49] Wollte man daher beim Ma-

---

[45] *D. Völter*, Die Apokalypse des Zacharias im Evangelium des Lucas., ThT 30 (1896), 255; vgl. auch Ders., Die evangelischen Erzählungen von der Geburt und Kindheit Jesu kritisch untersucht, Straßburg 1911, 23.

[46] Bereits an dieser Stelle sei jedoch die grundsätzliche Gegenfrage gestellt, ob das Fehlen eines Begriffs das Fehlen des entsprechenden Sachverhalts notwendigerweise impliziert.

[47] O.c., 24f; ähnlich auch *Creed*, Luke, 22, und *Plummer*, ICC 3, 30.

[48] Vgl. *H.-J. Stoebe*, Das erste Buch Samuelis, KAT 8/1, Gütersloh 1973, 107; *H. W. Hertzberg*, Die Samuelbücher, ATD 10, 7. Aufl., Göttingen 1986, 18; dazu aus jüngster Zeit den Aufsatz von *K. Koch*, Das apokalyptische Lied der Prophetin Hanna. 1 Sam 2,1-10 im Targum, in: W. Zwickel (Hg.), Biblische Welten, Festschrift für Martin Metzger zu seinem 65. Geburtstag, Freiburg Schweiz - Göttingen 1993, 61.

[49] Vgl. nochmals *Stoebe*, o. c., 106. Es verwundert, daß *P. Winter*, Magnificat and Benedictus - Maccabaean Psalms?, BJRL 37 (1954/55), 339f, der immerhin der einzige ist, der sich bei der Interpretation des Magnifikat auch über das Hannalied Gedanken macht, dem redaktionellen Schaffen des alttestamentlichen Autors kein theologisches Interesse zuzubilligen weiß, sondern als einzigen Sinn der Einfügung des Hannaliedes in seinen Kontext die Bewahrung vereinzelten hymnischen Materials durch die Anbindung an eine bedeutende Person erkennt, was einer willkürlichen Textkompilation gleichkommt. Damit gelangt er konsequenterweise zum Postulat einer völligen Zusammenhanglosigkeit von Psalm und Erzählung. Daß

gnifikat den Grund für die Anlehnung an 1.Sam 2,1-10 vornehmlich in der Parallelität des Wunders an der Unfruchtbaren sehen, auf welches das Hannalied selbst ja nicht einmal anspielt, würde man dem Verfasser des lukanischen Hymnus nur ein sehr geringes Maß an theologischer Einsicht zugestehen, und zwar nicht nur im Hinblick auf den alttestamentlichen Text, sondern auch hinsichtlich der eigenen Komposition. Es ist aber schon historisch gar nicht denkbar, daß in einem um die Zeitenwende verfaßten Hymnus die strukturelle und inhaltliche Anlehnung an einen Text, der den Gesalbten Gottes ankündigt, unter Ignorierung seines theologischen, und das heißt zum fraglichen Zeitpunkt: messianischen Skopus[50] erfolgt sei, in welchen Kreisen das Magnifikat auch immer entstanden sein mag.[51] Das der messianischen Frage untergeordnete Problem, wie die beiden Frauengestalten aufeinander bezogen sind, muß in diesem Zusammenhang noch zurückgestellt werden, bis entschieden ist, im Munde welcher Gestalt das Magnifikat erklingt.[52]

Die Vermutung, daß der im Sinne einer messianischen Verheißung gedeutete Schluß von 1.Sam 2,1-10 den entscheidenden Grund für die weitgehenden Übereinstimmungen in beiden Liedern bildet, erhärtet sich bei einer Betrachtung von Ψ 88, auf dessen enge Motivverwandtschaft mit dem Magnifikat bereits hingewiesen wurde[53] und der in den Versen 21, 39 und 52 sogar drei Anspielungen auf den Gesalbten Jahwes enthält. Es ist deutlich, daß hier die motivische Parallelität auch eine theologische ist. Denn daß das Magnifikat nahezu sein gesamtes Bildmaterial aus dem genannten Psalm schöpft, kann ja gar nichts anderes heißen, als daß es auch theologisch in dem Ψ 88 durchgängig bestimmenden Leitgedanken der davidischen Heils- und Bundesverheißung gründet und diese das eigentliche Thema des lukanischen Hymnus ist. Mit anderen Worten: Die Übernahme der durch den Davidsbund und das davidische Königtum geprägten Sprachform und Motivik erweist die dem Gesalbten Jahwes geltenden Heilsverheißungen, die zu einem späteren Zeitpunkt gar nicht anders verstanden werden konnten denn als messianische Verheißungen, als den theologischen Skopus des Magnifikat. An seinem durch und durch messianischen Charakter ist schwer noch zu zweifeln.

---

hier der Skopus des Hannaliedes verfehlt wird, liegt auf der Hand, abgesehen davon, daß den antiken Autoren einmal mehr eine große Naivität im Umgang mit der Tradition unterstellt wird. So ist es auch nicht erstaunlich, daß Winter mangels Einsicht in die theologische Bedeutung des Hannaliedes auch den theologischen Skopus des Magnifikat verfehlt. - Zur weiteren Auseinandersetzung mit Winter s. u. S. 70-72.

[50] Vgl. *Koch*, Das apokalyptische Lied, 62.75. *Hertzberg*, o.c., 19, weist darauf hin, daß schon im Hannalied selbst der Schluß durchaus im Sinne eines messianischen Ausblicks auf den "Heilskönig der letzten Zukunft" verstanden werden könnte.

[51] Dies ist auch *M. Karrer*, Der Gesalbte. Die Grundlagen des Christustitels, Göttingen 1991, 121, entgegenzuhalten, der aufgrund seiner rein äußerlichen Fixierung auf den Begriff "Gesalbter" dem Verfasser des Magnifikat vorwirft, er ignoriere die herrscherliche Gesalbtenaussage im Hannalied, obwohl er sich an dieses anlehne, und der gleichzeitig noch darüber klagt (a.a.O. Anm. 113), daß die Sekundärliteratur zum Magnifikat keine Erklärung für dieses

Es ist deshalb nur folgerichtig, wenn wir bei der Untersuchung des motivischen Hintergrunds des Magnifikat immer wieder auf die Königspsalmen stießen, eben das Korpus von Texten, denen eine spätere Zeit den Hinweis auf den erwarteten Gesalbten Jahwes, den χριστὸς κυρίου, auch begrifflich entnehmen konnte. In den oben genannten Psalmen finden sich die entsprechenden Belegstellen in Ψ 19,7 und Ψ 131,10.17. Daß ferner im Magnifikat eine Anspielung auch auf einen Königspsalm begegnet, der keinen ausdrücklichen Hinweis auf den χριστὸς κυρίου enthält, nämlich Ψ 71, bestätigt nur die These von der Relevanz der dem davidischen Königtum geltenden Bundesverheißung, und dies um so mehr, als Ψ 71, der nicht umsonst das Ende der zweiten Davidsammlung im Psalter markiert[54], bereits den Davidismus mit der Vision eines Heilskönigs verbindet[55].

Wie grundlegend die messianische Verheißung für den Duktus des Magnifikat aber tatsächlich ist, zeigt ein letzter Blick auf Ψ 17, ein wegen seines Bezugs auf David in gewisser Weise auch den Königspsalmen zugehöriges Danklied, dessen Schlußvers, mit einer einzigen Abweichung, auch den Abschluß des Magnifikat bildet. Der Deutlichkeit halber seien die Verse 50 und 51 dieses Psalms nochmals zitiert:

Ψ 17,50f: διὰ τοῦτο ἐξομολογήσομαί σοι ἐν ἔθνεσιν, κύριε,
              καὶ τῷ ὀνόματί σου ψαλῶ,
              μεγαλύνων τὰς σωτηρίας τοῦ βασιλέως αὐτοῦ
              καὶ ποιῶν ἔλεος τῷ χριστῷ αὐτοῦ,
              τῷ Δαυιδ καὶ τῷ σπέρματι αὐτοῦ ἕως αἰῶνος.

Lk 1,54b.55b: μνησθῆναι ἐλέους, . . .
              τῷ Ἀβραὰμ καὶ τῷ σπέρματι αὐτοῦ εἰς τὸν αἰῶνα.

Schon der Blick auf diesen Text hätte eigentlich vor der Behauptung bewahren können, das Magnifikat sei frei von messianischen Anspielungen. Im Gegenteil, der Rückgriff auf die Schlußverse des zitierten Psalms mit ihrem ausdrücklichen Hinweis auf den Gesalbten Gottes markiert einen messianologischen Höhepunkt im Hymnus. Allerdings erscheint hier als Exponent der messianischen Heilsverheißung nicht David, sondern Abraham, und dies aus gutem Grund. Denn die im Magnifikat besungene Erfüllung der Bundesverheißung durch die Ankunft des endzeitlichen davidischen Gesalbten schließt diesen als Empfänger der verheißenen Bundesgnade, wie sie dem Wortlaut des zitierten Textes entspräche, ja aus, wodurch auch dem etwaigen Einwand ge-

---

ihm unverständliche Phänomen biete.

[52] S. Kap. IV.1.

[53] Vgl. o. S. 13.

[54] Vgl. *H. Gese*, Die Entstehung der Büchereinteilung des Psalters, in: Ders., Vom Sinai zum Zion. Alttestamentliche Beiträge zur biblischen Theologie, 3. Aufl., München 1990, 161.

[55] Vgl. *Kraus*, BK.AT 15/1, 657–662.

wehrt ist, der Verfasser des Magnifikat hätte wenigstens hier, am Schluß des Hymnus, den Messiastitel mitzitieren können, wenn es die messianische Ankunft ist, die er besingt. Die Nennung Abrahams hat aber auch theologische Gründe. Sie entspringt dem Bewußtsein, daß in der Geschichte Gottes mit seinem Volk auch das davidische Verheißungsgeschehen nur ein Glied in der Kette des göttlichen Heilsplanes ist, der das Schicksal Israels von seinen Anfängen bis zu seiner eschatologischen Vollendung bestimmt. In diesem Heilsplan sind die Gestalten Abrahams und Davids dadurch zusammengeschlossen, daß beide in der Kontinuität des göttlichen Bundesgeschehens stehen und diese repräsentieren.[56] Das Magnifikat weitet mit der Nennung des ersten Verheißungsträgers Israels bewußt den davidischen Rahmen des Bundeshandelns Gottes und enthüllt, indem es auf den Urbeginn der Geschichte Israels weist, zeichenhaft den Endzeitcharakter des im Magnifikat besungenen messianischen Handelns Gottes, durch das die mit Abraham beginnende Geschichte des Volkes ihrem eschatologischen Ende zugeführt wird.

An dieser Stelle offenbart sich auch die Bedeutung und Funktion der ebenfalls im Hintergrund stehenden Geschichtspsalmen Ψ 104 und 105: Sie lassen das Ganze der Heilsgeschichte Israels als den Horizont erkennen, den das Magnifikat im Blick hat und aus dem es sein Material schöpft[57], eine Geschichte, die mit Abraham, dem Stammvater Israels, ihren Anfang nimmt und durch die Sendung eines Messias aus davidischem Geschlecht ihr erfülltes Ende findet.[58] Daß daneben auch die im Psalter an die beiden Geschichtspsalmen anschließende "Dankfestliturgie für die Befreiten" Ψ 106[59] im Hintergrund des Magnifikat erscheint[60], gibt dem hier gezeichneten Bild nur eine weitere Bestätigung. Und auch die Lea-Anspielungen Gen 29,32 und 30,13 gehören in diesen Rahmen, da ihre Bedeutung nicht zuletzt im heilsgeschichtlichen Hinweis auf die Geburt der Israelsöhne, den Beginn der Volkswerdung, liegt.

Diesem messianisch-heilsgeschichtlichen Zusammenhang der bisher genannten Texte fügen sich schließlich auch die vermeintlichen Einzelzitate ein. Ganz besonders deutlich wird dies bei den in V.46b und 47 kombinierten Zitaten Hab 3,18 und Jes 61,10, da beide aus einem Zusammenhang stammen, der auf den χριστὸς κυρίου explizit Bezug nimmt: Im Habakukpsalm Hab 3 findet sich

---

[56] Vgl. dazu noch ausführlicher u. S. 30.

[57] *P. Vielhauer*, Das Benedictus des Zacharias (Lk 1,68-79), in: Ders., Aufsätze zum Neuen Testament, Bd. 1, München 1985, 34 Anm. 30, bestätigt indirekt diese enge Zusammengehörigkeit der Geschichtspsalmen zu den übrigen messianischen Texten, wenn er das in diesen Psalmen aus Ex 2,24 übernommene Motiv des göttlichen Gedenkens an den Abrahambund als "Typos der endzeitlichen Errettung" bezeichnet.

[58] Zu dem ungewöhnlichen Pl. מְשִׁיחָי, meine Gesalbten, in Ps 105,15 vgl. *Kraus*, BK.AT 15/2, 894.

[59] Vgl. *Kraus*, BK.AT 15/2, 907.910.

[60] Vgl. o. S. 14 zu V.53.

der entsprechende Hinweis in V.13[61], in der tritojesajanischen Ankündigung der Heilszeit Jes 61 gleich im Eingangsvers V.1.

Was die in V.55a und 48b anklingenden Prophetenstellen Mi 7,20 und Mal 3,12 angeht, so gewinnen diese ihre besondere Bedeutung aus der Stellung, die sie in den Schlußkapiteln der beiden Prophetenbücher einnehmen: Während sich Mal 3,12 im Zusammenhang des großen Ausblicks des Maleachibuches auf die Ankunft des Propheten Elia als der am Tag Jahwes zur Rettung Israels gesandten Erlösergestalt findet, bildet Mi 7,20 sogar selbst den auf die verheißene Heilszeit des Gottesvolkes blickenden Abschlußvers des ganzen Michabuches. Die prophetische Endzeitvision wird hier zum Deutungsrahmen für das messianisch-eschatologische Handeln Gottes. Gleichzeitig schließt sich der mit Abraham beginnende Kreis der göttlichen Verheißungsgeschichte, die in diesem visionären Ausblick nicht nur ihr Ziel, sondern auch ihren Höhepunkt erreicht. Und wer bislang am Einfluß von Zeph 3,17 auf die Wahl der Gottesbezeichnung in V.49a gezweifelt hat[62], muß dieser Stelle ihre Zugehörigkeit zu den eben genannten Anspielungen einräumen; denn auch sie hat ihren Platz in der das Buch des Propheten Zephanja abschließenden eschatologischen Ankündigung des Tags des Herrn, welche Israel bzw. dem glaubenstreuen Rest die Erlösung von aller Knechtschaft und Bedrückung und die Erhöhung vor allen Völkern verheißt.

Auch kompositorisch findet diese verheißungsgeschichtliche Entwicklung, die in der prophetischen Endzeitankündigung einen deutlichen Höhepunkt erreicht, ihren Niederschlag. Denn der die Erfüllung preisende *Schluß* des Magnifikat kombiniert kunstvoll den prophetischen *Schluß*vers des Michabuches mit dem messianologisch gefüllten *Schluß*vers von Ψ 17 und zeichnet so die Entwicklung, die im Inneren des Liedes stattfindet, auch äußerlich nach. Daß hier ein willkürlich kompilierender Autor am Werke ist, wird man kaum mehr behaupten wollen.

Es bleiben noch Jes 41,8f und die Psalmenstellen Ψ 97,3; 102,17 und 110,9 zu behandeln. Da mit den bisher betrachteten Belegen das alttestamentliche Textmaterial, das ausdrückliche Hinweise auf den Gesalbten Jahwes im messianisch ausdeutbaren Sinne enthält, ausgeschöpft ist[63], wundert das

---

61 Die Textüberlieferung zur Stelle ist gespalten: Cod. Alex. liest statt des Singulars im MT den Pl. χριστούς. Der Singular wird vom Cod. Vat. und Cod. Sin. bezeugt. Die Lesart χριστόν ist aufgrund der besseren äußeren Bezeugung als die ursprüngliche anzusehen.

62 Vgl. o. S. 11.

63 Nicht messianisch ausgedeutet werden kann der Hinweis auf den Gesalbten Jahwes in 1.Sam 12,3.5 (Saul); 16,6 (Eliab); 24,7.11; 26,9.11.16.23 (Saul); 2.Sam 1,14.16; 2,5 LXX (Saul); 19,22; 23,1 (David); 2.Chr 22,7 (Jehu); Jes 45,1 (Kyros); Dan 9,26 (nach *O. Plöger*, Das Buch Daniel, KAT 18, Gütersloh 1965, 141, und *J. A. Montgomery*, A Critical and Exegetical Commentary on the Book of Daniel, ICC 24, Edinburgh 1964 (=Nachdr. der 1. Aufl. von 1927), 381, Onias III.), Sir 46,19 (Saul). Am 4,13 LXX stellt eine Verschreibung dar, vgl. *H. W. Wolff*, Dodekapropheton 2: Joel und Amos, BK.AT 14/2, 3. Aufl, Gütersloh 1985, 249. Somit sind außer den drei auf S. 27 und 152 behandelten Texten tatsächlich alle mes-

Fehlen des entsprechenden Begriffs im Kontext der letztgenannten Stellen nicht. Dafür stoßen wir auf einen weiteren theologisch gewichtigen Begriff, der gewissermaßen einen Komplementärbegriff zu dem des Messias darstellt: die λύτρωσις Israels bzw. des Einzelnen, die sich zum Teil auch mit dem dazugehörigen Verb umschrieben findet. Das Theologumenon von der Erlösung Israels bzw. der Erlösung der Frommen verbindet nicht nur das Heilsorakel Jes 41,8ff (vgl. V.14) mit den Psalmen Ψ 102 (V.4) und 110 (V.9), zwei Hymnen, die gemeinsam mit Ψ 97 einen einzigen Preis der göttlichen Gnade darstellen, welche in Ψ 102,18 und Ψ 110,5 und 9 sogar ausdrücklich als Bundesgnade bezeichnet wird, sondern es schlägt auch die Brücke zu den oben genannten Geschichtspsalmen Ψ 105 (V.10) und 106 (V.2), die ja in ganz besonderer Weise von der Erlösung des Volkes handeln.

Lassen wir die beiden Lea-Stellen Gen 29,32 und 30,13 zunächst beiseite, da ihre eigentliche Funktion innerhalb des umrissenen Rahmens erst ans Licht treten kann, wenn die Person der Sängerin identifiziert ist, so stehen wir vor einem Textzusammenhang von eindrücklicher Geschlossenheit[64]. Das theologische Rückgrat dieses Zusammenhangs bildet die davidische Bundesverheißung, die ja schon innerhalb des alttestamentlichen Traditionsstromes selbst mehr und mehr als messianische Heilsverheißung verstanden wurde[65], und die ihr entsprechende Verheißung der Erlösung Israels als Erfüllung der Heilsgeschichte dieses Volkes.

In diesem Kreis der im weitesten Sinne messianisch deutbaren Texte und Belegstellen für den χριστὸς κυρίου fehlen, wie schon angedeutet, nur drei, die nicht in irgendeiner Weise im Magnifikat anklingen: Ψ 2, Ψ 27 und Ψ 83; und es bedarf dies der Erklärung. Was die beiden letztgenannten Psalmen betrifft, so ist eine Zitation derselben im Magnifikat schon deshalb nicht zu erwarten, weil in ihnen der Hinweis auf den gesalbten Davididen nur ein untergeordnetes Einzelelement innerhalb eines das Davidkönigtum nicht weiter behandelnden Themenkreises ist - was andererseits auch wieder die Bedeutung dieses Themenkreises für das Magnifikat bestätigt. Anders verhält es sich mit dem christologisch so bedeutsamen Königspsalm 2, dessen Vernachlässigung durch den Autor in der Tat zunächst verwundert. Daß dieses Fehlen weniger erstaunlich ist, als man auf den ersten Blick annehmen möchte, ja, daß es sogar einen be-

---

sianisch deutbaren Belege für den χριστὸς κυρίου oder מְשִׁיחַ יְהוָה im Magnifikat verarbeitet! Von 2.Chr 6,41f ist abzusehen, weil es sich dabei nur um eine Zitation von Ψ 131,8-10 handelt.

[64] Allein die in Lk 1,52a anklingende Stelle Sir 10,14 fällt dabei etwas aus dem Rahmen. Es sei aber doch angemerkt, daß wir sie gerade in *dem* Kapitel des Sirachbuches finden, welches vom wahren und vom falschen Königtum handelt, wie es aus Demut bzw. Hochmut erwächst.

[65] Vgl. *W. Zimmerli*, Grundriß der alttestamentlichen Theologie, 6. Aufl., Stuttgart - Berlin - Köln - Mainz 1989, 78: "Die Zusage an das Davidhaus . . . wird so zum Mutterboden der messianischen Erwartung"; vgl. auch 173 und *G. v. Rad*, Theologie des Alten Testaments, Bd. 1, 9. Aufl., München 1987, 323 und 356. Zur Entwicklung der Messianologie im Ganzen

sonderen theologischen Grund hat, kann an dieser Stelle allerdings noch nicht erwiesen werden.[66] Denn trotz der bisher gewonnenen Einsichten in die theologischen bzw. messianologischen Grundlagen des Magnifikat haben wir seine letzten Tiefen noch nicht erreicht. Dies hängt damit zusammen, daß bei unseren bisherigen Betrachtungen ein letzter, aber für das Verständnis des Hymnus besonders wichtiger Text ganz außer acht geblieben ist: die prophetische Heilsverheißung Jes 12.

Nun erschließt sich die messianologische Bedeutung dieses prophetischen Kapitels nicht unmittelbar. Sie wird aber hervortreten, wenn wir uns der Betrachtung eines weiteren lukanischen Hymnus zuwenden, welcher nicht nur die These von der bewußten und alles andere als willkürlichen Kombination messianischen Materials bestätigt, sondern auch durch seine besondere Verwendung jesajanischen Materials das Rätsel lösen hilft, das die lukanischen Hymnen als Teil der Kindheitsgeschichte umgibt. Es handelt sich um das Benediktus, Lk 1,68-79, dessen Nähe zum Magnifikat man in der Regel bereitwillig zugesteht, dessen Verwandtschaft mit Lk 1,46-55 man jedoch nie anders zu begründen weiß als mit dem allgemeinen Hinweis auf den gemeinsamen jüdischen Charakter. Sie kann aber kaum mehr zweifelhaft sein, wenn der Nachweis gelingt, daß dem Benediktus dasselbe Kompositionsschema und dieselben Quellen zugrunde liegen wie dem Magnifikat.

4. Die Bedeutung der alttestamentlichen Textparallelen im Benediktus

Betrachtet man das Benediktus zunächst unter rein formalen Gesichtspunkten, so scheint es zunächst, in syntaktischer Hinsicht, dem Magnifikat kaum vergleichbar zu sein: Während für dieses, mit wenigen Ausnahmen, die parataktische Anordnung der einzelnen Verszeilen charakteristisch ist, besteht das Benediktus aus nur zwei, jeweils in loser Hypotaxe verbundenen Satzgebilden, deren Länge für poetische Texte außergewöhnlich ist. Dennoch hat man immer wieder die Ähnlichkeiten in der Kompositionsweise und Motivik zwischen den beiden Hymnen betont, und die Zuweisung beider zu demselben Verfasserkreis oder gar demselben Verfasser ist beinahe die Regel.[67]

In der Tat ergibt sich, wenn man beim Benediktus eine Analyse des alttestamentlichen Hintergrunds vornimmt, ein ähnliches Bild wie im Magnifikat: Auch hier sind nahezu alle das Magnifikat prägenden Texte durch Anklänge

---

vgl. *H. Gese*, Der Messias, in: Ders., Zur biblischen Theologie. Alttestamentliche Vorträge, 3. Aufl., Tübingen 1989, 128-151.

[66] Dazu ausführlich u. S. 152.

[67] Vgl. z.B. *v. Harnack*, Magnificat, 84; *H. Gunkel*, Die Lieder in der Kindheitsgeschichte Jesu bei Lukas, in: Festgabe für A. von Harnack zum 70. Geburtstag, Tübingen

und Zitatanspielungen vertreten, besonders aber 1.Sam 2,1-10 und die Psalmen Ψ 88, 131 und 17, um zunächst die Texte zu nennen, die gleichsam das theologische Rückgrat des Magnifikat bilden. Was dabei das Hannalied betrifft, so hätte bereits ein Blick auf Lk 1,69, wo die messianologisch gefüllte Abschlußzeile des Liedes ausdrücklich zitiert ist, genügen müssen, die These von der Bedeutungslosigkeit dieser Zeile für das theologische Verständnis des Magnifikat[68] in Frage zu stellen. Bezeichnenderweise begegnet uns das durch und durch messianische Motiv der Aufrichtung bzw. Erhöhung des davidischen Horns aber auch in dem für das Magnifikat theologisch grundlegenden Ψ 88 (V.18), hier sogar ausgeführt durch den Bericht von der Erhöhung des erwählten Davididen selbst (V.20f).[69] Schreitet man das Benediktus weiter ab, so stößt man in V.71 und nochmals in V.74 auf das aus Ψ 88,23 aufgenommene Thema der Abwehr der Feinde (ἐχθροί) und Hasser (μισοῦντες) des von Gott eingesetzten Königs und seines Volkes[70], ein Motiv, welches in Lk 1,72 fortgeführt wird mit dem Hinweis auf den Davidbund nach Ψ 88,3f.25.29.34f und 40. Dabei tritt im Benediktus die im Begriff ἔλεος mitschwingende Bundesthematik durch seine Parallelisierung mit διαθήκη sogar deutlicher zutage als im Magnifikat.[71] Wie in diesem ist jedoch auch in Lk 1,73 die Bundesverheißung mit dem Schwurmotiv gekoppelt, ganz in Entsprechung zu Ψ 88,4.36 und 50. Und schließlich erscheint in V.75 unseres Hymnus sogar der Ψ 88,17 aufnehmende Hinweis auf den im Zustand des Heils möglich gewordenen Lebensvollzug ἐν δικαιοσύνῃ.

In dem ähnlich bedeutsamen Königspsalm Ψ 131 finden sich die entsprechenden Belege zu Lk 1,69.71-75 in den Versen 9-12 und 16-18.

Der Text, der die meisten der das Benediktus konstituierenden Motive in sich vereinigt, ist allerdings nicht Ψ 88, sondern Ψ 17, ein Psalm, der als Danklied des aus den Händen seiner Feinde erretteten Gottesknechts (παῖς κυρίου, hebr. עֶבֶד יְהוָה; vgl. Lk 1,69) David geprägt ist von der Schilderung der durch die Gottesfeinde und Gotteshasser (V.1.4.18.38.41.49) heraufgeführten, aber durch Gottes Rettungshandeln ἐξ ὕψους (V.17) beendeten Finsternis und Todesnot (V.5f.12.29), wie sie pointiert auch in den beiden Schlußversen des Benediktus anklingt. Leitbegriffe für diesen Akt der Errettung sind das in Lk 1,74 aufgenommene Verb ῥύεσθαι samt seiner titularen Übertragung auf Gott als den ῥύστης[72] (V.1.18.20.30[73].44.49bis) sowie das

---

1921, 53; *Jones*, JThS N.F. 19, 43f; *F. Gryglewicz*, Die Herkunft der Hymnen des Kindheitsevangeliums des Lucas, NTS 21 (1975), 267; *Farris*, Hymns, 97.

[68] Vgl. o. S. 21-23.

[69] Zu V.69 vgl. weiter Ψ 88,4.27.36.50.

[70] Vgl. auch Ψ 88,11 und 43.

[71] Vgl. o. S. 15 Anm. 27.

[72] Wobei der eine griechische Stamm ῥυ- drei verschiedene hebräische Wurzeln wiedergibt: נצל hif. (V.1.18.49), חלץ pi. (V.20) und פלט pi. (V.44 und 49).

[73] Jedoch ohne Entsprechung im MT.

Begriffspaar σωτηρία/σώζειν, hebr. יֵשַׁע, davon יָשַׁע und יְשׁוּעָה (V.3f.28.47.
51; vgl. Lk 1,69.71); und die Wortverbindung κέρας σωτηρίας begegnet uns
in V.3 dieses Psalmes sogar explizit. Bleibt nur noch, darauf hinzuweisen, daß
auch das Benediktus in V.72 mit ποιεῖν ἔλεος die Wendung zitiert, die den
messianologisch bedeutsamen Abschluß des Dankliedes einleitet, und daß es
sie ebenfalls nicht auf David, sondern auf Abraham bezieht. Dadurch erscheint
auch im Lobgesang des Zacharias das messianische Handeln Gottes ἐν οἴκῳ
Δαυίδ als Erfüllung der Verheißung, die Israel an seinem Uranfang in Abraham zugesprochen wurde.[74]

Das Benediktus führt uns an diesem Punkt jedoch weiter als das Magnifikat.
Denn es stellt uns, wenn es die Neuaufrichtung des davidischen Königtums in
V.69 ausdrücklich als Erfüllung des Abraham*bundes* (V.72b.73a) versteht,
nicht nur eine bestimmte heilsgeschichtliche Konzeption vor Augen, welche
wir schon im Magnifikat angedeutet fanden, sondern weist mit dem Stichwort
"Bund" auch auf die Schriftstelle zurück, die eine solche Konzeption entstehen
lassen konnte. Es ist Gen 17,6, der Vers aus dem großen Bundeskapitel der
Genesis, in dem Abraham in einer Mehrungsverheißung, welche den Bundesschluß besiegelt, ein aus ihm entstehendes *Königtum* in Aussicht gestellt
wird (vgl. auch Gen 17,16). Wir dürfen sicher sein, hier den entscheidenden
traditionsbildenden Vers vor uns zu haben, der wie kein anderer die heilsgeschichtliche Brücke zwischen der Abrahamsverheißung und der Davidsverheißung zu schlagen vermochte und die Abrahamsfigur mit den messianischen
Ereignissen verband, um die Magnifikat und Benediktus kreisen.[75] Die Ausweitung des messianischen Verheißungsgeschehens auf den ersten Verhei-
ßungsträger Israels bedeutet also keinen Bruch in der Messiaskonzeption, und
sie ist weniger künstlich, als es im Magnifikat noch scheinen mochte.[76]

In diesen Rahmen fügt es sich, daß auch im Benediktus neben den bisher
betrachteten Texten die Geschichtspsalmen Ψ 104 und 105 sowie das Danklied
der Erlösten Ψ 106 als Bezugstexte hervortreten, wobei in den Versen 68, 71
und 79 des Hymnus sogar der direkte Wortlaut der Psalmenstellen Ψ 105,48;

---

[74] Vgl. schließlich auch noch Ψ 17,47 mit V.68 des Benediktus.

[75] Auch in PsSal 18,3-5 stoßen wir auf die heilsgeschichtliche Verbindung der Abrahamsfigur mit der des Messias, allerdings ohne Hinweis auf die Bundesverheißung. Dennoch wird
man dies als Indiz dafür werten dürfen, daß wir es hier mit einem traditionsgeschichtlich
geprägten Motiv zu tun haben und nicht mit einer gedanklichen Neuschöpfung des Hymnen-
verfassers. Dafür spricht auch schon die Entwicklung im Alten Testament selbst, wo in Ps
72,17, im Segenswunsch für den König, der hier bereits die Züge eines Heilskönigs trägt, die
Worte des Abrahamssegens Gen 12,3 aufgenommen sind - in der LXX sogar noch deutlicher
als im MT, der verkürzt redet, während die LXX nach dem Wortlaut von Gen 12,3 auffüllt.

[76] Unter den Kommentatoren weist jedoch einzig A. *Stöger*, Das Evangelium nach Lukas.
I. Teil, Geistliche Schriftlesung. Erläuterungen zum Neuen Testament für die Geistliche Lesung 3/1, 3. Aufl., Düsseldorf 1967, 67, auf die Bedeutung von Gen 17,6 für das Verständnis
des Magnifikat hin.

105,10; 104,8f bzw. 105,45 und 106,10.14 durchscheint, weit deutlicher noch als im Magnifikat.[77]

Von den übrigen Texten, die das Mosaik des Magnifikat bilden, finden sich im Benediktus folgende Verse auch noch zitiert: in V.68a Ψ 71,18, in V.68b Ψ 110,9[78]; und in Lk 1,72f ist der Anklang an die Prophetenstelle Mi 7,20 ebenfalls nicht zu überhören.[79]

Bei dieser Durchsicht der das Magnifikat und Benediktus gleichermaßen prägenden Texte ist ein für das Benediktus ähnlich bedeutsamer Text, wie ihn Jes 12 für Lk 1,46-55 darstellt, bisher übergangen worden, da er uns in der Liste der im Magnifikat zutage tretenden Texte und Traditionen nicht begegnet ist. Und doch entscheidet sich an ihm die theologisch sachgemäße Interpretation beider Hymnen. Es handelt sich um die messianische Geburtsverheißung Jes 9,1-6, welche die Ankündigung der Geburt des messianischen Kindes verbindet mit der Schau der durch diese Geburt heraufgeführten Heilszeit, deren Signum der Gerechtigkeit ($\delta\iota\kappa\alpha\iota\sigma\sigma\acute{v}\nu\eta$) stiftende Friede ($\varepsilon\iota\rho\acute{\eta}\nu\eta$) für die im Todesschatten ($\sigma\kappa\iota\grave{\alpha}$ $\theta\alpha\nu\acute{\alpha}\tau\sigma\upsilon$) Wohnenden und die Erhellung ($\phi\tilde{\omega}\varsigma$) des Todesdunkels ($\sigma\kappa\acute{\sigma}\tau\sigma\varsigma$) ist. Wie beim messianologisch gefüllten Schlußakkord des Magnifikat wird man in der Interpretation auch des zweiten lukanischen Hymnus fehlgehen, wenn man die pointierte Zitation des Eröffnungsverses der jesajanischen Weissagung am Schluß und Höhepunkt des Benediktus, wo der Hymnus das Bild des endzeitlichen Friedens entwirft, kompositorischer Zufälligkeit zuschreibt. Bedeutsam ist daneben, daß die Grundlage des so geschilderten Friedensreiches bei Jesaja wie im Benediktus (V.69) der Davidismus ist und die Verwirklichung dieses Reiches unauflöslich mit dem Erstehen des davidischen Sprosses[80] verbunden bleibt, wobei die Tatsache, daß das Benediktus in der Aufnahme der Themen dem Gedankengang der jesajanischen Prophezeiung in umgekehrter Reihenfolge nachgeht, noch gesonderte Beachtung erfahren muß[81], ebenso wie das Problem der mit der Frage des Davidismus auftauchenden Integrität des Benediktus[82]. Im Hinblick auf das Magnifikat sei schließlich noch erwähnt, daß auch nach Jes 9,2 die Aufrichtung des messianischen Heils untrennbar mit der Reaktion des Jubels und der Freude (hebr. גִּילָה

---

[77] Vgl. weiter: zu V.68 Ψ 104,43; 105,4; 106,2; zu V.71 und 74 Ψ 104,24; 105,41; 106,2; zu V.72 Ψ 104,10.42; 105,1.4.7; 106,43; zu V.73 Ψ 104,42; zu V.74 vgl. außer den genannten Stellen noch Ψ 105,43; 106,6.20; zu V.75 Ψ 105,3; zu V.78 Ψ 105,4 und zu V.79 Ψ 106,7.10.14.18f. Zur Zitation von Ψ 105 im Benediktus vgl. auch *Kraus*, BK.AT 15/2, 906.

[78] Vgl. auch Ψ 110,5.

[79] Vgl. weiter zu V.68 des Benediktus Ex 4,31 und Ruth 1,6; zu V.69 Ez 29,21 und 1.Chr 17,24; zu V.73-75 Lev 26,42; Ex 2,24; Gen 26,3; Jer 11,5; Ψ 96,10; Mi 4,10; Dt 9,5 und SapSal 9,3 und zu V.79 Jes 60,1f und 42,7.

[80] Vgl. auch u. S. 121-127 zum Begriff $\dot{\alpha}\nu\alpha\tau\sigma\lambda\acute{\eta}$.

[81] S. u. S. 145f.

[82] S. dazu Kap. II.1.

und שִׂמְחָה, griech. εὐφροσύνη) verbunden ist, mit welcher jener Hymnus anhebt; und auch die auffällige Gottesbezeichnung ὁ δυνατός, hebr. הַגִּבּוֹר, begegnet uns, allerdings nur im hebräischen Text[83], in Jes 9,5 wieder.

Überblicken wir so das gesamte Vergleichsmaterial, stehen wir vor der
Tatsache, daß das Benediktus textlich und theologisch den gleichen messianischen Hintergrund aufweist wie das Magnifikat, ein Befund, der die bislang
von der Forschung nur vorsichtig geäußerte Vermutung, daß beide Hymnen
eng zusammengehören, zur Gewißheit werden läßt. Beide Hymnen bedienen
sich in der gleichen schriftgelehrt kunstvollen Weise all der traditionellen
Texte und Motive, die das Bild des Israel heimsuchenden Erlösers und
Heilsbringers, des Messias aus dem Hause David, entstehen lassen, zugleich
das Bild des durch ihn erlösten Volkes, wie es im ewigen Reich des Friedens
mit ihm verbunden ist. Das Besondere an dieser Art von Schriftauslegung ist,
daß es ihr nicht in erster Linie um die Interpretation der Einzeltexte zu tun ist,
sondern um die Deutung eines bestimmten Ereignisses mittels passender Texte,
nämlich solcher, die auf das im Blick stehende Geschehen weisen. Man könnte
hier von kombinatorischer Exegese sprechen und hätte damit die Kreativität
des Auslegungsvorganges erfaßt, in welchem Aktuelles und Überkommenes
zusammengeschaut und dabei in ihrem eigentlichen Sinn erfaßt werden. Um
diesen theologischen Skopus, in dem die von Hause aus tatsächlich völlig
unabhängigen Einzelzitate und -anspielungen ihren Bezugspunkt gewinnen,
geht es. Und er wäre nicht bis heute verborgen geblieben, hätte man nicht
immer nur nach dem äußeren Wortlaut der Textanspielungen gefragt. Den ersten Hörern, denen die Schrift inniger vertraut war als uns modernen Menschen und die daher die assoziative Kraft einer Schriftstelle unmittelbar berührte, stand das theologisch-messianische Gesamtbild unserer Hymnen selbstverständlich vor Augen.[84]

---

[83] Die LXX, die an den Thronnamen offensichtlich Anstoß nimmt - wahrscheinlich wegen
der Prädikation des zukünftigen Herrschers als Gott (אֵל גִּבּוֹר) - fährt nach Nennung des ersten
Thronnamens verbal fort: ἐγὼ γὰρ ἄξω εἰρήνην ἐπὶ τοὺς ἄρχοντας, εἰρήνην καὶ ὑγίειαν
αὐτῷ. Vgl. dazu *Wildberger*, BK.AT 10/1, 365, wo auch die übrigen griechischen Textvarianten besprochen werden.

[84] *N. Lohfink*, Lobgesänge der Armen. Studien zum Mangifikat, den Hodajot von Qumran
und einigen späten Psalmen, Stuttgart 1990, 19, ist - ein Alttestamentler! - der einzige, der für
die Interpretation des Magnifikat diese Vertrautheit mit der Schrift beim antiken Hörer voraussetzt und auf die "hochentwickelte Zitationskultur" in der damaligen Zeit hinweist. Daß er
selbst die Bedeutung der davidisch-messianischen Texte für den Hymnus verkennt und damit
den Skopus des Magnifikat verfehlt (vgl. v.a. o.c., 21), liegt zum einen daran, daß er sich im
Grunde doch nicht von den im Magnifikat zitierten Einzelstellen löst (was beispielsweise zu
der Behauptung führt, der Sinn der Anspielung auf den Königspsalm 89 liege im Hinweis auf
das Meerwunder und das Schöpfungshandeln Gottes), zum anderen aber liegt es an seinem von
vornherein einseitigen Zugang zum Hymnus, der ihm im Rahmen seiner Untersuchung der
spätalttestamentlichen bzw. nachalttestamentlichen Armenfrömmigkeit nur als Einstieg in das
Thema dient, das seinerseits in die Frage nach dem modernen Umgang mit einer Armenspiritualität eingebettet ist, wie sie v.a. die Befreiungstheologie prägt (vgl. o.c., 9 und 11).

Damit aber nicht genug. Denn so beeindruckend das messianische Mosaik sich auch präsentiert und das Fehlurteil von der Kunst-, Phantasie- und Theologielosigkeit der Komposition auf seine Verfechter zurückwirft, sollte es nicht dazu verleiten, stehenzubleiben, bevor die letzte Tiefe der Lieder erreicht ist. Kreisen doch die im Wortlaut der Hymnen verborgenen Texte nicht allein um den allgemeinen Preis des messianischen Heilsereignisses, vielmehr weisen sie auf einen bestimmten Punkt der in der Schrift niedergelegten Messias-Verheißungen, der sich vor allen anderen als das Hauptthema von Magnifikat und Benediktus herauskristallisiert und ihnen überdies auch ihren Platz im jetzigen Textzusammenhang zuweist. Diesen eigentlichen Kernpunkt des messianischen Heilsereignisses fassen wir, wenn wir nochmals den beiden Texten Beachtung schenken, die eine Sonderrolle im Kreis der das Magnifikat und Benediktus konstituierenden Texte zu spielen scheinen, indem sie, je für sich, den beiden Hymnen ihre ganz spezielle thematische Ausrichtung geben. Es handelt sich um die beiden Verheißungen aus dem Anfangsteil des Jesajabuches, Jes 12 und Jes 9,1-6, deren Herkunft aus demselben Textzusammenhang man kaum dem Zufall zuschreiben kann. Ihre gemeinsame Schlüsselrolle für das Verständnis der lukanischen Hymnen wird deutlich, wenn man erkennt, daß beide Teil eines Textzyklus sind, der, einzig im Jesajabuch, in immer neuer Weise das eine Thema moduliert: die Geburt des messianischen Kindes!

Die These, die mit dieser Erkenntnis im Raum steht, die Vermutung, daß Magnifikat und Benedikuts nicht ohne Grund ihren Platz im Rahmen der jesuanischen Geburtsgeschichte haben, hat für die gesamte Forschung an den lukanischen Hymnen wie auch für die traditionsgeschichtliche Beurteilung der Kindheitsgeschichte insgesamt umwälzende Konsequenzen, da sie sich allen bisherigen Erkenntnissen über das literarische Werden der neutestamentlichen Geburtstraditionen entgegenstellt. Um so gründlicher ist diese These zu prüfen. Die Beweislast wird nicht allein die nochmalige, detailliertere Untersuchung des jesajanischen Geburtszyklus und seiner Verarbeitung in den beiden Hymnen zu tragen haben[85], sondern auch, und zwar in erster Linie, die genaue Analyse aller bisher von der Forschung vorgelegten Erkenntnisse zum Magnifikat und Benediktus, welche vorurteilsfrei und ohne Rücksicht auf die eben formulierte Vermutung wahr- und ernstzunehmen sind. Denn erst wenn über die literarische Integrität der Hymnen, ihre Herkunft und ihre Sprache entschieden ist, kann überhaupt ein gültiges Urteil über ihre Kontextzugehörigkeit gefällt werden.

---

[85] S. Kap. IV.2.

II. Der literarische Grundbestand der beiden Hymnen

Bislang haben sich Magnifikat und Benediktus als Hymnen präsentiert, deren kompositorische[1] und theologische Geschlossenheit beeindruckt. Dennoch ist die Literatur voll von Teilungshypothesen, die diese Geschlossenheit in Frage stellen. Zu Recht zunächst, denn die Kontextbezüge des Magnifikat und das eigentümliche Kreisen des Benediktus um zwei unterschiedliche Heilsgestalten sowie der abrupte Perspektivenwechsel in beiden Hymnen, der in Lk 1,76 noch augenfälliger ist als in Lk 1,51, sind in der Tat erklärungsbedürftig. Die Frage ist allerdings, ob hier die Literarkritik alle Rätsel löst. Mit Blick auf das Kompositionsmuster unserer Hymnen ist dies sicher zu verneinen.

Damit stehen wir, bevor noch die Texte selbst in den Blick kommen, vor der grundsätzlichen Frage der literarkritischen Kriterienfindung. Ihr gilt das Hauptaugenmerk der nachfolgenden Untersuchung, die zunächst beim Benediktus ansetzt. Denn während sich beim Magnifikat das literarkritische Problem im Grunde darauf reduzieren läßt, wie die begrifflichen Übereinstimmungen zwischen Hymnus und Erzählrahmen zu beurteilen sind, sind die inhaltlichen Probleme im Benediktus vielschichtig und verworren und setzen der Literarkritik den größten Widerstand entgegen. Diesen Widerstand methodisch zu überwinden und der Konfusion in der Benediktusforschung ein Ende zu bereiten, soll das Ziel unserer literarkritischen Bemühungen sein. Wieweit bei der Methodendiskussion die traditionsgeschichtlichen Beobachtungen zum Texthintergrund der lukanischen Lieder Einfluß gewinnen, bleibt abzuwarten. Unabdingbar aber ist, daß die am Benediktus gewonnenen literarkritischen Erkenntnisse, wenn sie denn richtungsweisend sein sollen, sich auch am Magnifikat bewähren müssen.

---

[1] Wenn im Folgenden der Begriff "Komposition" verwendet wird, so nicht, wie man es häufig findet, als Synonym für "Aufbau", was im Grunde eine Begriffsverengung ist, sondern als Bezeichnung für die im traditionsgeschichtlichen Gestaltungsprozeß aus vorgegebenen Motiven und Textanspielungen neugeschaffene Texteinheit. Entsprechend zielen die Begriffe "Kompositionsmuster" und "Kompositionsschema" nicht auf die Form der Hymnen, sondern auf die besondere Art der Auswahl und Verarbeitung von Traditionsmaterial.

1. Das Benediktus

Wie wichtig es ist, für die Lösung des Problems der Einheitlichkeit des zweiten lukanischen Hymnus ein methodisch eindeutig anwendbares äußeres Kriterium zu gewinnen, zeigt bereits ein erster Blick auf die in der Sekundärliteratur angebotenen Antworten auf die literarkritische Frage. Denn so zahlreich die Vorschläge sind, die vom Postulat der Einheitlichkeit des Hymnus über die Herauslösung kleinerer sekundärer Einschübe bis hin zur Zweiteilung des Textes reichen[2], eines ist den meisten dieser Ansätze gemeinsam: die Subjektivität der Kriterien. Besonders fällt auf, daß die grundsätzliche Entscheidung, die hier zu treffen ist im Hinblick auf die Vereinbarkeit oder Unvereinbarkeit bestimmter theologischer bzw. messianologischer Vorstellungen des Hymnus, in der Mehrzahl der Fälle nicht der unvoreingenommenen Betrachtung des Liedtextes selbst entspringt[3], sondern bereits abhängig ist von Vorentscheidungen, die den Kontext und die Quellenfrage generell betreffen. Es ist geradezu die Regel, daß der eigentlichen Untersuchung des Hymnus die Erörterung der Quellenproblematik der Kindheitsgeschichte als Ganzer vorangeht und das Benediktus gar nicht mehr anders als in dem dadurch vorgegebenen Rahmen zur Geltung kommt[4], ja daß die literarischen Verhältnisse als geklärt gelten, bevor sie analytisch überhaupt in den Blick genommen sind[5]. Einzige methodische Grundlegung ist häufig allein der unkritische Rückgriff auf die Ergebnisse der älteren Gattungsforschung[6], speziell derjenigen Gunkels und Erd-

---

[2] Wobei nochmals unterschieden wird zwischen zwei ursprünglich eigenständigen Traditionsstücken und der Erweiterung eines Psalmes durch den Verfasser der Rahmenhandlung.

[3] Eine Ausnahme bilden hier die französischen Strukturalisten *A. Vanhoye*, Structure du 'Benedictus', NTS 12 (1965/66), 382-389, *P. Auffret*, Note sur la structure littéraire de Lc I. 68-79, NTS 24 (1978), 248-258, und *F. Rousseau*, Les structures du Benedictus (Luc 1.68-79), NTS 32 (1986), 268-282, welche allein mittels minutiös ausgeführter Aufbauanalysen die Einheit des Benediktus zu erweisen suchen. S. dazu ausführlich u. S. 172-175.

[4] Vgl. z.B. *M. Lambertz*, Sprachliches aus Septuaginta und Neuem Testament, WZ(L) Jg. 1952/53, 79-81; *J. Gnilka*, Der Hymnus des Zacharias, BZ N.F. 6 (1962), 217-221. S. aber auch *Völter*, Erzählungen, 27-29. Auf das Beispiel Kauts, der einen 172 Seiten langen Anlauf braucht, um sich dem eigentlichen Thema seiner Arbeit, dem Liedtext von Magnifikat und Benediktus, zu nähern, wurde o. S. 3 bereits hingewiesen.

[5] So ganz besonders bei *Vielhauer*, Benedictus, 28-31; vgl. aber auch die in der folgenden Anmerkung genannten Exegeten.

[6] Vgl. nochmals *Vielhauer*, o.c., 30 und 35; daneben *Klostermann*, HNT 5, 24; *M. Dibelius*, Zur Formgeschichte des Neuen Testaments (außerhalb der Evangelien), ThR N.F. 3 (1931), 223; *F. Hauck*, Das Evangelium des Lukas, ThHK 3, Leipzig 1934, 30f; *K. H. Rengstorf*, Das Evangelium nach Lukas, NTD 3, 17. Aufl., Göttingen 1978, 34; *W. Grundmann*, Das Evangelium nach Lukas, ThHk 3, 10. Aufl., Berlin 1984, 69f; *F. Hahn*, Christologische Hoheitstitel. Ihre Geschichte im frühen Christentum, 5. erw. Aufl., Göttingen 1995, 246f.373; *A. Stöger*, Das Evangelium nach Lukas. I. Teil, Geistliche Schriftlesung. Erläuterungen zum Neuen Testament für die Geistliche Schriftlesung 3/1, 5. Aufl., Düsseldorf 1990, 65, und *W. Wiefel*, Das Evangelium nach Lukas, ThHK 3, 1. Aufl. der Neubearbeitung, Berlin 1988.

manns, die V.68-75 des Benediktus als jüdischen eschatologischen Hymnus[7] bzw. V.76-79 als Geneathlikon, als Preislied auf die Geburt des Täuferkindes[8], klassifiziert haben. Dabei wird im allgemeinen übersehen, daß Erdmann selbst diese Gattungsbestimmung nicht zum Grund literarkritischer Scheidung erhebt, sondern im Gegenteil von der Einheit des Hymnus überzeugt ist[9], was ihn zum besten Zeugen dafür macht, daß literarkritische Entscheidungen nicht von Gattungsbestimmungen abhängig gemacht werden können[10]. Hier wird die Analyse schon dadurch verfälscht, daß ein Einzeltext einem an anderen und häufig älteren Texten erhobenen Schema, dessen Reinheit ohnehin umstritten ist, untergeordnet wird, bevor seine literarischen Eigenheiten wahrgenommen sind.[11]

Nun sind diese Hinweise nicht dazu angetan, die Gültigkeit vieler literarkritischer Beobachtungen und Ergebnisse, welche die Forschungsdiskussion zutage gefördert hat, in Zweifel zu ziehen. An der Naht in V.76 führt kein Weg vorbei, wie immer sie zu erklären ist; und auch das Nebeneinander verschieden geprägter Heilserwartungen bedarf einer Deutung. Aber es gilt, gerade angesichts der Tatsache, daß auch die Einheit des Hymnus für möglich gehalten wird, ein methodisch überzeugendes Kriterium für Textausscheidungen zu finden, welches dem rein subjektiven Empfinden enthoben ist und des Blickes auf den Kontext nicht bedarf, sondern sich allein am Wortlaut des Hymnus selbst bewährt.

Es wird nicht überraschen, wenn hier behauptet wird, daß mit der Einsicht in die Kompositionsstruktur ein solches Kriterium gewonnen ist. Nicht allein, daß die Erkenntnisse über die Art der Traditionsverarbeitung in Magnifikat und Benediktus an der Existenz eines bestimmten kompositorischen Schemas keinen Zweifel mehr erlauben, ja zur Erklärung etwaiger Unterbrechungen dieses Schemas zwingen; sie machen die Literarkritik auch unabhängig von allen Vorentscheidungen kontextueller Art und damit unabhängig von der Subjektivität des einzelnen Exegeten. Ein objektiveres literarkritisches Instrument der Texterfassung ließe sich kaum denken. Einzig der Einwand, daß auch redaktionelle Eingriffe in den Text auf der Grundlage des vorgefundenen Kompositionsmusters erfolgt sein können, macht Zweifel an der Anwendbarkeit des genannten Kriteriums berechtigt, da in diesem Falle die verschiedenen Schichten kompositorisch eventuell nicht zu unterscheiden wären. Hier gälte es, da

---

[7] *Gunkel*, Lieder, 53-56.60.

[8] G. *Erdmann*, Die Vorgeschichten des Lukas= und Matthäus=Evangeliums und Vergils vierte Ekloge, Göttingen 1932, 10.32.41f.

[9] O.c., 32f.

[10] Darauf weist auch D. *Daube*, The New Testament and Rabbinic Judaism, London 1956, 200f, mit Blick auf das Benediktus hin.

[11] Daß zudem ein solches Verfahren die Gefahr des Zirkelschlusses in sich birgt, wird noch am Beispiel Gunkels zu zeigen sein; vgl. u. S. 76f.

nachträgliche Textergänzungen, und seien sie noch so kunstvoll, sich nie spannungsfrei in die ursprüngliche Texteinheit einfügen, nach weiteren literarkritischen Kriterien zu suchen. Bevor aber ein solcher Ausnahmefall kunstgerechter Redaktion, welche die assoziative Verknüpfung des vorgegebenen Textmaterials fortführt, zu diskutieren wäre, ist erst einmal zu prüfen, wie sich die Verhältnisse im Magnifikat und Benediktus überhaupt darstellen. Haben wir es, nach Maßgabe des oben erhobenen Kompositionsschemas, in Lk 1,46-55 und Lk 1,68-79 mit in sich geschlossenen Hymnen zu tun oder sind die Texte uneinheitlich?

Beim Benediktus präsentiert sich die Antwort mit bemerkenswerter Deutlichkeit, entgegen den eben beschworenen Zweifeln, die ein diffuses und schwer deutbares Bild vermuten ließen. Der auf das messianische Heilsgeschehen zielende Textzusammenhang tritt unübersehbar in den Versen 68-75 und 78f ans Licht, und zwar, abgesehen von V.70[12], in der gleichen Geschlossenheit wie im Magnifikat; in den Versen 76 und 77 findet sich dagegen nicht einmal die Andeutung einer entsprechenden Textanspielung. Ja, ein Blick auf die Paralleltexte zu diesen beiden Versen zeigt, daß in Lk 1,76 und 77 außer den in allen synoptischen Evangelien einhellig auf Johannes den Täufer bezogenen alttestamentlichen Zitaten Mal 3,1 und Jes 40,3[13], welche dem davidischen Messianismus, wie er aus den meisten der übrigen Textanspielungen spricht, fern stehen, überhaupt keine alttestamentlichen Anspielungen verarbeitet sind! Das Kompositionsschema ist hier in eigenartiger Weise aufgebrochen[14], was in Anbetracht seiner regelmäßigen Anwendung in allen übrigen Versen des Benediktus verwunderlich erscheint. Wir haben daher mit der Tatsache zu rechnen, daß der Zachariashymnus Lk 1,68-79 nur in den Versen 68-75 und 78f ursprüngliches Gut enthält, die Verse 76 und 77 dagegen redaktioneller Natur sind und der Kontextverklammerung dienen.

Nun wird sich gerade am Magnifikat zeigen, daß Kontextbezüge an sich noch kein Indiz für redaktionelle Eingriffe sind[15], zumal immer auch dies mit-

---

[12] S. dazu u. S. 48f.

[13] Vgl. Mt 3,3; 11,10; Mk 2,1; Lk 3,4; 7,27.

[14] Bereits ein Blick auf den Verweisstellenapparat zur Stelle in *Nestle-Aland*, Novum Testamentum Graece, 155, hätte einen optischen Eindruck von den traditionsgeschichtlichen Verhältnissen vermitteln können. - Wenn *Jones*, JThS N.F. 19, 34-37, dennoch ein auch die Verse 76 und 77 umfassendes einheitlich alttestamentlich geprägtes Kompositionsmuster für den ganzen Hymnus proklamiert, so kann er das für Lk 1,76f nur im Rückgriff auf reine *Begriffs*parallelen ("Erkenntnis", "Sündenvergebung" etc.) tun. Solche gibt es im Alten Testament zweifellos. Jones vermag aber außer Mal 3,1 und Jes 40,3 keine weiteren alttestamentlichen Stellen anzugeben, die für die fraglichen Zeilen im Benediktus Pate gestanden hätten, und sei es auch nur im Hinblick auf die in Lk 1,76f zutage tretenden Motivkombinationen; und es hätte dabei auch ihm auffallen müssen, daß sein Vergleichsmaterial für diesen Teil des Benediktus sehr viel dünner ausfällt als für die übrigen Verse. Es ist ihm daher kaum gelungen, auf diesem Wege die Einheit des Benediktus zu erweisen, zumal er dem Problem der Gedankenführung im Hymnus keine weitere Beachtung schenkt.

[15] Vgl. u. S. 54-56.

zubedenken ist, daß Textparallelen und -bezüge, sofern sie nicht von einer Hand stammen, zunächst nichts über die Richtung der literarischen Abhängigkeit aussagen. Dennoch läßt sich für die Verse 76 und 77 des Benediktus auch anderweitig nachweisen, daß sie kein ursprünglicher Bestandteil des Hymnus sind. Betrachtet man nämlich die fraglichen Zeilen näher, so fällt auf, daß die in diesem davidisch-messianischen Hymnus um das Täuferkind kreisenden Verse nicht nur als prononcierte theologische Zusammenfassung all dessen erscheinen, was im Lukasevangelium, speziell in Lk 1,13-17 und 3,3-6, über die soteriologische Funktion des Täufers gesagt wird, sondern daß sie dabei gerade auch solche Stoffe verarbeiten, die das Lukasevangelium über das bei Markus und Matthäus Gebotene hinaus enthält:

Lk 1,15a
(ἔσται γὰρ μέγας ἐνώπιον [τοῦ] κυρίου)

Lk 1,76f
Καὶ σὺ δέ, παιδίον, προφήτης ὑψίστου κληθήσῃ.

Lk 1,17a
καὶ αὐτὸς προελεύσεται ἐνώπιον αὐτοῦ

προπορεύσῃ γὰρ ἐνώπιον κυρίου

Lk 3,4b
ἑτοιμάσατε τὴν ὁδὸν κυρίου
(=Jes 40,3)

ἑτοιμάσαι ὁδοὺς αὐτοῦ,

Lk 3,6
καὶ ὄψεται πᾶσα σὰρξ τὸ σωτήριον τοῦ θεοῦ (=Jes 40,5)

τοῦ δοῦναι γνῶσιν σωτηρίας τῷ λαῷ αὐτοῦ

Lk 3,3b
κηρύσσων βάπτισμα μετανοίας εἰς ἄφεσιν ἁμαρτιῶν

ἐν ἀφέσει ἁμαρτιῶν αὐτῶν.

Es ist die Stelle Lk 3,6, der, wenn auch bisher nur von Benoit beachtet[16], für die literarkritische Zuordnung besonderes Gewicht zukommt. Nicht allein, weil ihr Skopus, die durch den Täufer bei seinem Volk gewirkte Heilswahrnehmung, deckungsgleich mit dem der Zeile Lk 1,77a ist, sondern weil sie im Kontext von Lk 3 eindeutig auf den Evangelisten selbst zurückgeht, der das von allen Synoptikern auf den Täufer bezogene Schriftzitat Jes 40,3 ausdrücklich um zwei Verse erweitert, und zwar offensichtlich wegen der theologischen Bedeutung der Zeile Jes 40,5. Wenn sich daher ausgerechnet im Benediktus der Gedanke der durch die Person des Täufers vermittelten Heils*erkenntnis* findet, welcher in den traditionellen Täuferdarstellungen keine besondere Betonung erfährt, kann dies als deutliches Zeichen lukanischer Redaktion

---

16 *P. Benoit*, L'enfance de Jean-Baptiste selon Luc 1, NTS 3 (1956/57), 189f.

gewertet werden[17], wobei die Verwendung des Begriffs σωτηρία anstelle des in Jes 40,5 und Lk 3,6 verwandten σωτήριον unschwer als Anlehnung an den Sprachgebrauch des Benediktus (V.69 und 71) zu erklären ist.

Mancher wird einwenden, daß wir es bei den in Lk 3,6 und Lk 1,77 verwandten Begriffen "Sehen" und "Erkennen" nicht mit identischen oder gar vergleichbaren Ausdrücken zu tun hätten und eine inhaltliche Parallelität der beiden Zeilen daher nicht gegeben ist. Es bedarf aber nur eines Blicks auf das Ganze des Lukasevangeliums, um die Zusammengehörigkeit der Begriffe bis hin zu ihrer Gleichsetzung zu demonstrieren. Denn nicht nur das Evangelium, sondern auch die Apostelgeschichte durchzieht leitmotivisch der Hinweis auf die der Heilserkenntnis der Menschen im Wege stehende Blindheit, welche nichts mit physischer Blindheit zu tun hat, sondern ein geistiges Unvermögen ist. Und es hat geradezu programmatischen Charakter, wenn Lukas dieses Motiv in den beiden Rahmenperikopen Lk 4,16-30 und Lk 24,13-35 entfaltet, die den Bericht vom irdischen Wirken Jesu einführen bzw. beschließen. Denn die erkenntnishemmende Blindheit der Jesus begegnenden Menschen, die auch seine Jünger einschließt, erscheint hier als das Jesu Sendung unabwendbar begleitende und auf das Kreuz zuführende Schicksal[18]: In Lk 4 blicken die Nazarener als die ersten, denen Jesus sich offenbart, zwar in gespannter Erwartung auf die Person (Lk 4,20), weigern sich aber, Jesu Heilsbedeutung zu erkennen und in ihm den von Gott gesandten Erlöser zu sehen (Lk 4,22-24), womit sie den aus mangelnder Erkenntnis, aus Erkenntnisblindheit folgenden Verwerfungsprozeß in Gang setzen (Lk 4,28f), den Lukas bis ans Ende der Apostelgeschichte hin ausgestaltet (vgl. Apg 28,26f). Ebenso sind auch die Emmausjünger in Lk 24 mit Blindheit gegenüber Jesus geschlagen (Lk 24,16),

---

[17] Die theologische Bedeutung der Zitaterweiterung in Lk 3,4-6 wird allerdings in der Regel verkannt, obwohl gerade sie den Schlüssel zum Täuferbild des Lukas abgibt. Die meisten Arbeiten zur lukanischen Täuferdarstellung übergehen sie ganz; vgl. z.B. *O. Böcher*, Lukas und Johannes der Täufer, Studien zum Neuen Testament und seiner Umwelt (SNTU), Serie A, Bd. 4, Linz 1979, 27-44, und *M. Bachmann*, Johannes der Täufer bei Lukas: Nachzügler oder Vorläufer?, in: W. Haubeck - M. Bachmann (Hg.), Wort in der Zeit. Neutestamentliche Studien. Festgabe für Karl Heinrich Rengstorf zum 75. Geburtstag, Leiden 1980, 124-155. Bovon, EKK 3/1, 167, weist auf die Zitaterweiterung zwar hin, vermag sich aber nur darüber zu wundern, warum Lukas Jes 40,5 nicht vollständig zitiert, sondern die Worte καὶ ὀφθήσεται ἡ δόξα κυρίου übergeht. Die Antwort ist eindeutig: Weil es Lukas in der Frage des Heilsempfangs auf den *Erkenntnis*akt ankommt, der im lukanischen Zusammenhang nicht durch die Selbstoffenbarung Gottes, sondern durch die Verkündigung des Täufers gewirkt wird, die - gegen *B. Reicke*, Die Verkündigung des Täufers nach Lukas, SNTU, Serie A, Bd. 1, Linz 1976, 54f - vom Taufakt selbst zu trennen ist. Wie sehr Lukas mit dem Problem der Heils*erkenntnis* ringt, zeigt sich auch daran, daß er es zum dynamischen Prinzip seines gesamten Doppelwerkes macht; vgl. dazu die folgenden Ausführungen im obigen Text.

[18] Wobei die Frage nach menschlicher Schuld und göttlicher Fügung, wie sie u.a. in den häufigen passiva divina zum Ausdruck kommt (vgl. neben Lk 24,16.31 auch die Reaktion auf die Leidensankündigungen Lk 9,45 und Lk 18,34), aber auch im δεῖ des Kreuzes beschlossen liegt (vgl. v.a. Lk 9,22; 17,25; 22,37; 24,7.26), für Lukas ein theologisches Problem ersten

die so lange anhält, bis sie in ihm den Messias zu erkennen vermögen (Lk 24, 31 und 35). Deutlicher könnte Lukas gar nicht demonstrieren, daß für ihn im Hinblick auf die Heilswahrnehmung "Sehen" und "Erkennen" identische Akte sind.[19] An der sachlichen Deckungsgleichheit der Aussagen in Lk 3,6 und Lk 1,77 besteht kein Zweifel.[20]

Daß im Hinblick auf den Täufer das Erkenntnismotiv eine *lukanische* Zutat ist, muß man schließlich auch in Lk 1,17 vermuten, wo entgegen der hier aufgenommenen Tradition (Mal 3,23; Sir 48,10) die Bekehrung Israels zur *Einsicht* ($\phi\rho\acute{o}\nu\eta\sigma\iota\varsigma$) als Aufgabe des wiederkehrenden Elia herausgestellt wird.[21]

Damit verdichtet sich der Eindruck einer lukanischen Ergänzung des Benediktus durch V.76 und 77. Er wird noch verstärkt durch die Tatsache, daß im Hinblick auf die Heilsfunktion des Täufers in diesen Versen ausgerechnet die Taufe keine Erwähnung findet[22]. Dieser Umstand steht im Einklang mit dem Bestreben, das Lukas von den anderen Synoptikern unterscheidet, weniger die Bedeutung des Taufaktes zu unterstreichen als vielmehr den zuvor im Menschen gewirkten Erkenntniswandel, welcher allein das Verhältnis von Gott und Mensch zurechtbringt.[23] Nur dieser Erkenntniswandel ist für Lukas Voraussetzung und Grund der Sündenvergebung, was sich besonders schön in Apg 26,18 zeigt, wo die Paulus verheißene Sündenvergebung der Heiden als Öffnen ihrer Augen umschrieben wird, das auch hier nichts anderes ist als die gottgewirkte Erkenntnis des durch Christus in der Welt aufgerichteten Heils[24].

Ranges ist. Vgl. dazu u. S. 234f Anm. 25.

[19] Nicht umsonst sind ja auch die griechischen Begriffe $o\hat{\iota}\delta\alpha$ und $\varepsilon\hat{\iota}\delta o\nu$ von demselben Stamm abgeleitet.

[20] In diesem Zusammenhang kann auch *Bovons* Einwand (EKK 3/1, 108), der Begriff $\gamma\nu\hat{\omega}\sigma\iota\varsigma$ sei kein lukanischer Begriff, nicht bestehen. Denn wenn auch das Substantiv im Lukasevangelium nur zweimal begegnet (Lk 1,77 und 11,52), so das Verb $\gamma\iota\nu\acute{\omega}\sigma\kappa\varepsilon\iota\nu$ um so häufiger, welches für Lukas zentraler Begriff für das ist, was in der Begegnung mit Jesus und seinem Werk dem Menschen zukommt (vgl. nochmal besonders Lk 24,35). Entsprechend verweist dann *Bovon*, a.a.O., doch auch auf die für Lukas grundlegende Bedeutung dessen, was der Begriff $\gamma\nu\hat{\omega}\sigma\iota\varsigma$ inhaltlich umschließt. Und wer dennoch den Begriff in Lk 1,77 für unlukanisch hält, muß sich auch fragen lassen, wie Lukas oder ein anderer in diesem Vers den Sachverhalt der durch Johannes gewirkten Heilserkenntnis anders als substantivisch hätte ausdrükken sollen, da die verbale Umschreibung ein komplizierteres Subordinationsgefüge erfordert hätte, welches der Prägnanz der Prophetie geschadet hätte.

[21] Grundlage des lukanischen Verses ist v.a. Sir 48,10: . . . $\grave{\varepsilon}\pi\iota\sigma\tau\rho\acute{\varepsilon}\psi\alpha\iota$ $\kappa\alpha\rho\delta\acute{\iota}\alpha\nu$ $\pi\alpha\tau\rho\grave{o}\varsigma$ $\pi\rho\grave{o}\varsigma$ $\upsilon\acute{\iota}\grave{o}\nu$ $\kappa\alpha\grave{\iota}$ $\kappa\alpha\tau\alpha\sigma\tau\hat{\eta}\sigma\alpha\iota$ $\phi\upsilon\lambda\grave{\alpha}\varsigma$ $I\alpha\kappa\omega\beta$, hebr. (nach *Vattioni*, Ecclesiastico, 263): להשיב לב אבות על בנים . . . ולהכין ש[בטי ישרא[ל.

[22] Und man sollte sie nicht mit *Schürmann*, HThK 3/1, 91, vorschnell in den vorliegenden Text eintragen. Passender wäre es, mit *Benoit*, NTS 3, 190, zu fragen, warum im Falle der so gerne propagierten täuferischen Herkunft von Lk 1,76f gerade der Hauptaspekt des Wirkens Johannes', die Tauftätigkeit, welche ihm den Titel "Täufer" eingetragen hat, in einer Johannes-Prophezeiung nicht ausdrücklich erwähnt wird.

[23] Daher wird Lukas auch die von Markus und Matthäus breit ausgeführte Taufe Jesu zum Problem, das er nur durch erzählerische Verkürzung zu lösen weiß; vgl. Lk 3,21f.

Die Betrachtung von Lk 1,76 und 77 führt zu folgendem Ergebnis: Wenn auch die erste der oben genannten Parallelstellen, Lk 1,17, aufgrund der schwierigen quellenkritischen Lage, die hier nicht zu diskutieren ist, nicht in gleichem Maße zur redaktionellen Identifizierung der Verse 76 und 77 dienen kann wie die Parallele Lk 3,6, die an der redaktionellen Zuordnung von Lk 1,77 wenig Zweifel läßt, ist doch die Tatsache, daß sich in Lk 1,76 und 77 das wichtigste Material über die soteriologische Funktion des Täufers aus den *verschiedensten* Teilen des Lukasevangliums zusammengefaßt findet, und dies in deutlich *individueller* Ausrichtung, eindeutig als Zeichen für ein die beiden Verse gleichermaßen umfassendes redaktionelles Wirken zu werten, welches nach Lage der Dinge allein Lukas zugeschrieben werden kann.[25] Die offensichtlich antithetische Stellung der vom Täuferkind handelnden Zeile Lk 1,76a gegenüber dem in Lk 1,32 über Jesus Gesagten kann daneben, ohne daß auch hier die Quellenfrage gestellt sei, als Beobachtung gelten, die das Gesamtbild abrundet:

Lk 1,32:   οὗτος ἔσται μέγας καὶ υἱὸς ὑψίστου κληθήσεται.

Lk 1,76a: Καὶ σὺ δέ, παιδίον, προφήτης ὑψίστου κληθήσῃ.

Es ließe sich noch entgegnen, daß ein Redaktor oder Lukas selbst aus einem vorliegenden alten Traditionsstück, dem Benediktus, Gedanken übernommen und den Kontext im Blick auf dieses Stück gestaltet haben könnte, womit sich die Richtung des Traditionsflusses umkehren würde. Diesem Einwand steht jedoch die für die Ausgestaltung der Szene in Lk 3 eindeutig greifbare Quellengrundlage Jes 40,3-5 entgegen, welche offensichtlich den Haftpunkt für das Erkenntnismotiv darstellt und die Existenz eines zweiten Haftpunktes unwahrscheinlich macht, abgesehen davon, daß die konzentrierte Zusammenfassung verstreuter Motive schriftstellerisch schon per se wahrscheinlicher ist als die motivische Zersplitterung. Und schließlich verliert der Einwand auch dadurch an Bedeutung, daß im Hinblick auf den zur Debatte stehenden redaktionellen

---

[24] Daß das Motiv der Heilserkenntnis, welches das gesamte Doppelwerk des Lukas durchzieht, eng mit dem lukanischen Verständnis der βασιλεία τοῦ θεοῦ zusammenhängt, hat in jüngster Zeit A. *Prieur*, Die Verkündigung der Gottesherrschaft. Exegetische Studien zum lukanischen Verständnis von βασιλεία τοῦ θεοῦ, noch unveröffentlichte Dissertation zur Erlangung der Doktorwürde der Evangelisch-theologischen Fakultät an der Eberhard-Karls-Universität Tübingen, Tübingen 1992, überzeugend herausgearbeitet. Prieur bestimmt βασιλεία τοῦ θεοῦ als den sich in der Geschichte gemäß der Schrift realisierenden Heilsplan Gottes, dem die schrittweise Erkenntnis auf seiten der Menschen korrespondiert; vgl. bes. die Zusammenfassung o.c., 232-234.

[25] Warum *Schürmann*, der HThK 3/1, 93f ausdrücklich die Verwendung des synoptischen Traditionsgutes in Lk 1,76f betont und daneben, o.c., 90f, auf die Parallelen in den Geburtsankündigungen der Kindheitsgeschichte verweist, sich so vehement gegen eine lukanische Redaktion sträubt, bleibt unklar, auch wenn er die Bedeutung von Lk 3,6 für V.72 des Benediktus verkennt.

Charakter von Lk 1,76 und 77 die inhaltliche Analyse der Verse die Hauptbeweislast gar nicht zu tragen hatte, sondern nur der Bestätigung dessen diente, was die Beobachtungen zur Kompositionsstruktur des Benediktus bereits zutage gefördert hatten.

So ist es die vor allem von Benoit[26] mit Nachdruck vertretene und lange Zeit unpopuläre These von einem nur in V.76f erweiterten, ursprünglich die Verse 68-75 und 78f umfassenden Hymnus, der durch die Einsicht in das Kompositionsschema von Magnifikat und Benediktus neues Recht widerfährt[27], eine These, die erst in jüngerer Zeit in Brown, Fitzmyer und Farris[28] wieder namhafte Verfechter gefunden hat.[29] Diese neuerliche Hinwendung zur Benoitschen These ist auch als Zeichen eines grundsätzlichen Umschwungs zu werten, der sich im Hinblick auf die religionsgeschichtliche Zuordnung in der Benediktusinterpretation anbahnt, die bislang weitgehend von der Täuferhypothese bestimmt war.

Die jüngste monographische Veröffentlichung zum Magnifikat und Benediktus, die Arbeit von Kaut[30], greift allerdings doch wieder auf die These der Erweiterung eines aus Täuferkreisen stammenden Täuferliedes durch einen vorchristlichen Psalm zurück[31], was weiter nicht bemerkenswert wäre, wenn Kaut sie nicht zum Sprungbrett für weitere literarkritische Maßnahmen machte, deren interpretatorische Konsequenzen in jeder Hinsicht neu sind. Kaut unterscheidet nämlich nicht nur zwischen zwei voneinander unabhängigen Traditionsstücken mit verschiedenem Hintergrund, sondern er zergliedert auch noch das erste Teilstück Lk 1,68-75 literarkritisch, dergestalt, daß ein die

---

[26] NTS 3, 182.184-190. Vgl. aber auch *M. Dibelius*, Die urchristliche Überlieferung von Johannes dem Täufer, Göttingen 1911, 74.

[27] Die hier vorgelegten Erkenntnisse über die Kompositionsstruktur gleichen auch die Schwäche der Benoitschen Argumentation aus, die zwar in der Zuweisung der Verse 76f zur lukanischen Redaktionsschicht überzeugt, aber kaum in der vorausgehenden Analyse der inhaltlichen Struktur des Liedtextes, auf die Benoit die literarkritische Ausscheidung von Lk 1,76f zunächst stützt. Zur Diskussion des Benoitschen Strophenschemas vgl. ausführlich u. S. 176f.

[28] *Brown*, Birth, 379-381, *Fitzmyer*, AncB 28/1, 378f, und *Farris*, Hymns, 26-28.131f. Vgl. auch *Grelot, P. - Rochais, G.*, Psaumes, hymns et cantiques chretiens, in: P. Grelot u.a., La Liturgie dans le Nouveau Testament, Introduction à la Bible. Édition nouvelles 9, Paris 1991, 252-254.

[29] Wenn *R. Bultmann*, Die Geschichte der synoptischen Tradition, 9. Aufl., Göttingen 1979, 323, nur V.76 als Zusatz ausscheidet, so geht auch das am kompositorischen Duktus des Benediktus vorbei. Es ist dabei auch unverständlich, warum Bultmann die inhaltlich vom Täufer kaum zu trennende Zeile Lk 1,77 einer anderen Redaktionsschicht zuweist als die das Täuferkind anredende Zeile Lk 1,76. Allerdings erwägt *Bultmann*, a.a.O., auch die Zusammengehörigkeit des ganzen Abschnitts Lk 1,76-79.

[30] Befreier und befreites Volk, Traditions- und redaktionsgeschichtliche Untersuchung zu Magnifikat und Benediktus im Kontext der vorlukanischen Kindheitsgeschichte, Frankfurt 1990.

[31] O.c., 201. Vgl. auch die literarkritischen Thesen in der Zusammenfassung, o.c., 263-265.

Verse 68.71-75 umfassender priesterlich-zelotischer Psalm[32] durch den christlichen, aber mit Lukas nicht identischen Endredaktor in den Versen 69 und 70 erweitert worden wäre[33]. Eine eigenwillige Texteinteilung mit einer noch eigenwilligeren Begründung, deren Standbein die angeblich gestörte Logik des Gedankenflusses ist. Dieser widerspricht, wenn man das Benediktus mit Kauts Augen betrachtet, nicht allein die mangelnde "aktive Funktion" des in V.69 besungenen Messias "im Befreiungsgeschehen", sondern überhaupt die Verlagerung "des Skopus des theozentrischen Gedankengangs auf den Messias" in V.70 (gemeint ist wohl V.69). Kaut stört außerdem die Unterbrechung des "ansonsten stetigen Subordinationsgefälle(s)" durch V.69-71, die in V.71 zu beobachtende akkusativische Aufnahme des Heilsbegriffs aus V.69, wo er im Genitiv erscheint, und schließlich die mangelnde Parallelität der Verszeilen, die er bis in die Hemistichen hinein als Strukturprinzip voraussetzen zu müssen meint.[34]

Leider wird man nicht behaupten können, daß wir es hier in der Mehrzahl mit ernstzunehmenden oder gar objektiven literarkritischen Kriterien zu tun haben. Es ist daher müßig zu fragen, ob Aktivität oder Nichtaktivität des Messias Grund literarkritischer Ausscheidungen sein können oder ob nach zwei einführenden Zeilen schon von einer Unterbrechung des Gedankengangs die Rede sein kann. Auch die Behauptung einer durch V.69-71 gestörten grammatikalischen Struktur zeugt mehr vom Formempfinden des modernen Exegeten als von dem des antiken Autors, der sich in seiner dreigliedrigen Gedankenentwicklung (V. 68b.69 und 71[35] strukturgleich zu V.72-73a) von Kaut durchaus mißverstanden fühlen würde. Der akkusativische Satzanschluß, wie er außer in V.71 in ähnlicher Form auch in V.73 begegnet, liegt im Rahmen der grammatikalischen Möglichkeiten des Griechischen, die hier zu diskutieren nicht der Platz ist[36]. Ebenso wird die Fragwürdigkeit, einen strengen Parallelismus zum Grund literarkritischer Maßnahmen zu machen, noch ausführlich zu erörtern sein.[37] Bereits diese Einwände aber machen deutlich, daß die Forderung einer zwingend logischen Gedankenführung - wenn Kauts Bemühen um eine solche denn überzeugt - der gedanklichen Eigendynamik des alten Textes keinen Raum mehr läßt und, was noch folgenschwerer ist, den Zugang zum theologischen und poetischen Aussage- und Formwillen des Hymnus versperrt. Im Grunde aber verdeckt Kaut mit seinen ungewöhnlichen literarkritischen Bemühungen nur dies, daß er inhaltlich die Abrahamthematik nicht mit dem Thema der davidisch-messianischen Heilsaufrichtung zu vereinen vermag, ein Un-

---

[32] Zur Diskussion der Herkunftsfrage vgl. u. S. 72-76.

[33] O.c., 213.214-216.

[34] Alle Zitate o.c., 213.

[35] Zur Ausscheidung von V.70 s. u. S. 48f.

[36] Vgl. dazu u. S. 212 Anm. 75.

[37] S. u. S. 53f und das diesem Thema eigens gewidmete Kap. V.1.

vermögen, von dem ihn ein Blick in die alttestamentlich-jüdischen Quellen rasch hätte befreien können[38].

Nicht nur dem Neuansatz Kauts, sondern überhaupt der Annahme zweier im Benediktus zusammengefügter Traditionsstücke gegenüber bleibt daher das Benoitsche Postulat von der Erweiterung des Hymnus durch die Verse 76 und 77 diejenige These, durch welche sich die formalen und inhaltlichen Spannungen im Lied am besten erklären lassen. Denn während die Verse 68-75 und 78f einen theologisch und messianologisch geschlossenen Zusammenhang bilden[39], läßt sich für die Verse 76-79 das Nebeneinander von prophetischen (V.76) und messianischen (V.78) Heilserwartungen im Hinblick auf die Person des Täufers nur künstlich vereinen, sei es, daß man mit Gnilka[40] die - von Haus aus nicht selbstverständliche - hymnische Verehrung des Täufers auch in christlichen Kreisen für möglich hält[41], sei es, daß man, im Gefolge

---

[38] S. dazu bereits o. S. 30 mit Anm. 75.

[39] Selbst in Unkenntnis des Magnifikat und Benediktus gleichermaßen konstituierenden Traditionszusammenhanges hätte ein Blick auf die unübersehbar im Schluß des zweiten lukanischen Hymnus verarbeitete Stelle Jes 9,1 *Hahn*, Hoheitstitel, 372f, an seiner These zweifeln lassen müssen, V.79b gehöre ursprünglich nicht mit V.79a zusammen, sondern bilde mit V.76f eine eigene Traditionseinheit, zu der neben V.68-75 auch V.78-79a hinzugefügt worden sei, eine These, zu der ihn vor allem der Wunsch nach einer glatten grammatikalischen Konstruktion drängt, wie ihn die Parallelität der Infinitivsätze V.77 und V.79b offenbar erfüllt. Die Zertrennung der beiden den Heilszustand exemplarisch umschreibenden Zeilen, wie sie die jesajanische Anspielung in ihrem Kontext ausdrücklich als Zeichen der messianischen Zeit deutet, erscheint gar zu künstlich und hat auch keine Befürworter gefunden. Man möchte Hahn nicht nur fragen, was denn Frieden in seinem eigentlichen Sinn anderes sei als die Befreiung von den Mächten der Dunkelheit, wie immer sie sich darstellen, sondern vor allem auch dies, warum er, da er V.68-75 *und* V.78.79a als Zusätze christlicher Redaktion qualifiziert, nicht die gesamte Passage als das ursprüngliche Benediktus erkennt. Die Schuld muß man wohl Gunkel geben, dessen Überzeugungskraft hinsichtlich der Selbständigkeit und jüdischen Herkunft des Stückes Lk 1,68-75 sich auch Hahn nicht zu entziehen weiß, vgl. o.c., 246f.373. Man wird sich allerdings angesichts des Hahnschen Konstrukts der Erweiterung eines täuferischen Liedes durch christliche Kreise unter Übernahme adaptierten jüdischen Materials fragen, ob hier nicht die Grenzen der Traditionsbildung erreicht sind, genauer, ob wir hier tatsächlich noch mit historischen und literarischen Gegebenheiten zu rechnen haben oder ob hier nicht ein Text zum Opfer wissenschaftlicher Spielerei wird, die mit der Lebendigkeit des alttestamentlich-jüdisch-christlichen Traditionsprozesses nichts mehr zu tun hat. Wenn auch der Rückgriff auf Traditionsmaterial verschiedenster Provenienz denkbar ist, so doch in freiem Umgang mit der Tradition und nicht in mechanischer Aneinanderreihung von Einzelstücken!

[40] BZ N.F. 6, 237f.

[41] Auch E. *Schweizer*, Zum Aufbau von Lukas 1 und 2, in: Dikran Y. Hadidian (Hg.), Intergerini Parietis Septum (Eph. 2:14). Essays presented to Markus Barth on his sixty-fifth birthday, Pittsburgh 1981, vertritt S. 319 die juden*christliche* Herkunft des Stückes Lk 1,76-79, versteht dieses jedoch als Erweiterung des vermutlich täuferischen Hymnus Lk 1,68-75. Das Quellenproblem verwirrt sich hier zusehends, und dies um so mehr, als Schweizer mit seiner Untersuchung den Nachweis erbringen will, daß in Lk 1 und 2 täuferische Traditionen verarbeitet sind; vgl. o.c., 324. Die ursprüngliche textliche Verankerung der Verse Lk 1,68-75 in einem täuferischen Erzählrahmen bleibt jedoch reine Spekulation. Wenn *Schweizer*, o.c., 318f,

Vielhauers[42], die Verse als Zeugnis einer besonderen Johannes-Messianologie versteht, was allerdings im Hinblick auf das Benediktus nicht nur historisch fragwürdig ist[43]. Denn die hierfür vorausgesetzte Identifizierung des προφήτης ὑψίστου in V.76a mit der ἀνατολὴ ἐξ ὕψους ist nicht nur ein theologisches Problem, sondern auch eines der logischen Gedankenentwicklung. Von dem bereits geborenen und in direkter Anrede besungenen Täuferkind sein zukünftiges Erscheinen als ἀνατολὴ ἐξ ὕψους vorauszusagen, ist nämlich insofern widersinnig, als dieses Erscheinen ebenfalls einen Akt des Auf-die-Welt-Kommens oder zumindest des In-der-Welt-sichtbar-Werdens bezeichnet und darin ausdrücklich unterschieden ist von der Verheißung des zukünftigen Tuns des Heilsmittlers in V.76b.77, das der angeblichen Verheißung seines Erscheinens zudem noch vorgeordnet ist. In jedem Fall bleibt die generell unbeachtete Frage nach dem ungewöhnlichen Anfang eines selbständigen Traditionsstückes mit καί und der nicht weniger ungewöhnlichen Verwendung der Partikel δέ im Eingang desselben. Auch das Problem des in V.78f mit V.68-75 deckungsgleichen Traditionshintergrundes darf nicht einfach übergangen werden. Gnilka hat es zwar wahrgenommen[44], aber keiner wirklich befriedigenden Lösung zugeführt, es sei denn, man wolle seine Hinweise auf die Herkunft beider Teile aus einem von ähnlichen jüdischen Vorstellungen geprägten Milieu als solche bewerten[45]. Aber was stünde angesichts solcher Milieugleichheit dann der Annahme eines ursprünglich einheitlichen Traditionsstückes entgegen, zumal Gnilka die Frage des Verhältnisses der beiden im Benediktus besungenen Figuren für geklärt hält[46]?

Es ist der Wechsel der Tempora, der es in der Tat schwer macht, einen Hymnus als Einheit zu verstehen, der in seinem Anfang das Kommen des Messias als bereits geschehen besingt (V.69), um dann diese Ankunft am Schluß als Zukunftsereignis vorauszusagen (V.78b). Dieser Schwierigkeit hat sich auch die hier vertretene Benoitsche These zu stellen.

---

weiterhin die literarkritische Zweiteilung des Benediktus sogar damit begründen will, daß im Gegensatz zu V.68-75 "die Verse 76-79 . . . nur solche alttestamentlichen Formulierungen übernehmen, die schon christlich (oder sogar lukanisch) adaptiert worden sind", und dem in seinem Kommentar, Das Evangelium nach Lukas, NTD 3, 19. Aufl. (2. Aufl. der neuen Fassung), Zürich - Göttingen 1986, 27, noch hinzufügt, daß es sich in V.68-75 um davidische Tradition handelt, so beweist das einmal mehr die mangelnde Gründlichkeit, mit welcher der alttestamentliche Hintergrund der lukanischen Hymnen im allgemeinen untersucht wird, abgesehen davon, daß ein Unterschied in der Rezeption des in V.68-75 verarbeiteten Textmaterials und der in V.78 und 79 anklingenden Zeilen für die Zeit der Entstehung des Lukasevangeliums nicht mehr nachweisbar ist und es ja gerade die davidisch-messianischen Traditionen sind, die christlich adaptiert worden sind!

[42] Benedictus, 37-41.

[43] S. dazu ausführlich u. S. 93f.

[44] O.c., 222.

[45] O.c., 227 und 237.

[46] O.c., 238. Tatsächlich betont Gnilka selbst immer wieder, daß er den Text im Grunde als Einheit verstanden haben will, vgl. o.c., 219.

Benoit selbst löst das Problem auf der textkritischen Ebene.[47] Dies ist insofern legitim, als tatsächlich Grund besteht, an der Ursprünglichkeit der Zeitform in V.78b zu zweifeln. Betrachtet man nämlich die textkritischen Varianten zur Stelle, so stößt man auf eine durchaus beträchtliche Anzahl von Textzeugen, welche statt des Futurs ἐπισκέψεται den Aorist ἐπεσκέψατο bieten,
darunter die Codices Alexandrinus (A), Ephraemi (C) und Bezae (D)[48]. Das
Futur stellt die weitaus seltener bezeugte Form dar, wenn ihren Hauptzeugen
Codex Sinaiticus (‏‎) und Codex Vaticanus (B) auch beträchtliches Gewicht
zukommt.[49] Die verbreitete Bezeugung des Aorists ist um so erstaunlicher, als
die Lesart ἐπεσκέψατο ohne Zweifel im jetzigen Gesamtzusammenhang die
lectio difficilior darstellt; denn die nachträgliche Unterbrechung des im lukanischen Hymnus mit V.76 beginnenden futurischen Zusammenhangs durch ein
Vergangenheitstempus kann als unwahrscheinlich gelten, während die Harmo-
nisierung der Tempora einen verständlichen Eingriff in den Text darstellt.[50]

Es bereitet aber auch keine Schwierigkeit, auf der Ebene des uns jetzt
vorliegenden lukanischen Textes die futurische Form als die ursprüngliche anzusehen und Lukas selbst, wenn man ihm schon die Einfügung der Verse 76
und 77 zuschreibt, auch die Umwandlung eines ihm vorliegenden Tempus zuzutrauen, wie es die jetzt bestehende Gedankenführung erfordert. Diese
Lösung des Tempusproblems ist auch deshalb die wahrscheinlichere, weil sie
in Einklang steht mit dem redaktionellen Konzept, das Lukas bei der Gestaltung der Kindheitsgeschichte verfolgt[51]. Die nachträgliche Umwandlung des
Futurs in einen Aorist wäre dann - und dies ist die einzige Deutungsmöglich-
keit für die textkritische Variante[52] - durch das beim verantwortlichen Schreiber noch vorhandene Wissen um den alten, erst durch Lukas veränderten
Hymnus zu erklären. Für welche Lösung immer man sich entscheidet, festzu-

---

[47] NTS 3, 185.

[48] Weiter der korrigierte Text von Cod. Sinaiticus, die Majuskeln R, Ξ, Ψ, 053, 0130,
0135 und die Minuskelgruppen f1 und f13, abgesehen davon, daß der Aorist die Lesart des
Mehrheitstextes (*M*) darstellt. Unter den Übersetzungen ist besonders die altlateinische zu nennen.

[49] Daneben findet sich das Futur nur noch von den Majuskeln L, W, Θ und 0177 bezeugt
und von einigen wenigen Übersetzungen.

[50] So oder ähnlich auch *T. Zahn*, Das Evangelium nach Lukas, KNT 3, 3. und 4. Aufl.,
Leipzig 1920, 118 Anm. 86; *Benoit*, NTS 3, 185; *Jones*, JThS N.F. 19, 38, und *Brown*,
Birth, 373; gegen *A. Jacoby*, ΑΝΑΤΟΛΗ ΕΞ ΥΨΟΤΣ, ZNW 20 (1921), 214; *Vielhauer*, Be-
nedictus, 38; *Gnilka*, BZ N.F. 6, 219 Anm. 23, und *Schürmann*, HThK 3/1, 91 Anm. 76. Sie
alle interpretieren - allerdings kommentarlos - die Lesart ἐπεσκέψατο als Angleichung an die
Tempora der Anfangszeilen. Rätselhaft bleibt dabei jedoch der Sinn einer solchen Anglei-
chung, welche die Vorläuferfunktion des Täufers mit der bereits geschehenen Ankunft des
Messias verbände.

[51] S. dazu u. S. 235-238.

[52] Eine Deutung, derer sich Vielhauer und Gnilka wegen der andersgearteten literarkritischen Voraussetzungen jedoch nicht bedienen können.

halten ist dies: Der Hinweis auf das Futur in V.78 kann nicht mit ausreichendem Gewicht gegen die These von der Zusammengehörigkeit der Abschnitte Lk 1,68-75 und Lk 1,78f geltend gemacht werden![53]

Anders steht es mit der These von der Einheitlichkeit des Hymnus, die in jüngerer Zeit von Jones[54] und Marshall[55] und - mit ganz anderem Akzent - von Vanhoye, Auffret und Rousseau[56] vertreten wird.[57] Hier läßt sich der Gegensatz der Zeiten, der im Falle einer futurischen Form in V.78b zwischen Anfang und Schluß des Hymnus, im Falle einer perfektischen zwischen V.76f und V.78f besteht, nicht mehr verständlich machen, nicht einmal mit Hilfe der für die Schlußverse des Benediktus in Frage kommenden Parusievorstellung.[58] Die textkritische Methode versagt hier völlig. Wie die Zeitenfolge im redaktionell umgestalteten Hymnus erklärt werden kann, der in seiner lukanischen Form auch als Einheit verstanden werden will, ist eine Frage des Redak-

---

[53] So auch *Farris*, Hymns, 132.

[54] JThS N.F. 19, 19-50.

[55] NIC 3, 78.

[56] Vgl. o. S. 35 Anm. 3.

[57] Ganz aus dem Rahmen fällt hier die These von *Lambertz*, WZ(L) Jg. 1952/53, 81-84, der das ganze Benediktus als *täuferischen* Psalm ansieht, in welchem die Wendung ἀνατολὴ ἐξ ὕψους spätere Zutat sei. Im ursprünglich hebräischen Hymnus habe an dieser Stelle סֶלָה gestanden, das den Vortragenden für die Schlußzeilen zum Anheben der Stimme auffordern sollte. Der griechische Übersetzer habe von der Bedeutung des Begriffs nur noch eine unklare Vorstellung gehabt, sich daher bei der Übertragung an סָלַל "emporheben" gehalten und mit ἐξ ὕψους die Höhenlage der Stimme oder der Instrumente bezeichnen wollen. Der Begriff ἀνατολή sei dagegen spätere Glosse und Kommentierung zu φῶς, das sich in D in V.79 eingefügt findet, und habe, nachdem es einmal in den Text hineingeglitten war, zusammen mit ἐξ ὕψους als Subjekt zu ἐπεσκέψατο aufgefaßt werden können, was die messianische Deutung des Verses ermöglichte. Es erübrigt sich von selbst, diesen phantasievollen Interpretationsversuch von Lk 1,78b zu kommentieren. Angemerkt sei nur, daß weder Lambertz noch die beiden anderen Kommentatoren, die wie er, unter Voraussetzung einer Johannes-Messianologie, von der einheitlichen *täuferischen* Herkunft des Benediktus überzeugt sind, nämlich W. *Staerk*, Soter. Die biblische Erlösererwartung als religionsgeschichtliches Problem. Eine biblisch-theologische Untersuchung. 1. Teil: Der biblische Christus, Gütersloh 1933, 65, und *M. Hengel*, Das Christuslied im frühesten Gottesdienst, in: Weisheit Gottes - Weisheit der Welt, Festschrift für Joseph Kardinal Ratzinger zum 60. Geburtstag, Bd. 1, St. Ottilien 1987, 362, auf das Problem von V.69 eingehen, der das messianische Ereignis eindeutig in *königlich-davidische* Kategorien faßt. Eine offensichtliche Notlösung stellt schließlich auch der Versuch von *G. H. P. Thompson* dar (The Gospel According to Luke, The New Clarendon Bible (New Testament), Oxford 1972, 60f), das Benediktus als Lied aus der Zeit *vor* Jesu Kreuzigung zu verstehen und als Niederschlag der Spekulationen, die sich um Jesu und Johannes' zukünftige heilsgeschichtliche Rolle gerankt hätten.

[58] Auch *J. Ernsts* (Das Evangelium nach Lukas, RNT, Regensburg 1977, 94) historische Konstruktion einer zwischen Christentum und Täufertum stehenden, Jesus und den Täufer als Heilsfiguren gleichermaßen schätzenden galiläischen Randgruppe, welche für den gesamten Hymnus verantwortlich sei, ist wohl eher das Produkt exegetischer Phantasie als ein Spiegel der wirklichen historischen und literarischen Verhältnisse.

tionsprozesses, bei der die Antwort vom erzählerischen Kontext gegeben wird. Auf ihn ist erst später einzugehen.[59]

Ein letztes literarkritisches Problem bedarf dagegen noch der Erwähnung, die Frage, ob V.70 zum alten Grundbestand des Hymnus gehört oder ob auch diese Zeile auf Lukas zurückzuführen ist. Sie ist in der Tat schwer zu beantworten, da V.70 zwar den in V.71 weitergeführten Satzfluß unterbricht, aber doch nicht so gravierend, daß man den vorliegenden Text nicht auch als ursprüngliche Einheit verstehen könnte, innerhalb derer V.70 einen parenthetisch eingeschobenen Nebengedanken darstellen würde. Denn auch sein alttestamentliches Gepräge hebt sich zunächst nicht von dem des Kontextes ab, wenn es auch für den exakten Wortlaut der Zeile keine alttestamentliche Parallele gibt, die als Vergleichsstelle zu Lk 1,70 in Frage käme.[60] Anders ist es im Neuen Testament, wo wir in Apg 3,21 den Vers beinahe wörtlich wiederfinden, was allerdings nicht ausschließt, daß Lukas den ihm aus dem Benediktus geläufigen Satz dorthin übertragen haben könnte.

Eine literarkritische Gewichtung der Beobachtungen fällt schwer, und entsprechend unentschieden zeigen sich die Forscher. Dennoch sei wegen der Unterbrechung des Kompositionsmusters durch diesen Vers und der Existenz einer beinahe wörtlichen lukanischen Parallele der Zuordnung von Lk 1,70 zur lukanischen Redaktionsschicht das Wort geredet[61]. Das Zusammentreffen dieser beiden Indizien wird man um so weniger als Zufall bewerten können, als mit V.70 das Stichwort "Prophet" in den Hymnus eingetragen wird, welches im Benediktus erst in dem auf Lukas zurückgehenden Abschnitt 1,76f wieder erscheint. Und schließlich spricht auch dies für die Einfügung der Zeile durch Lukas, daß nach ihrer Ausscheidung der oben erwähnte gedankliche Dreischritt der Verse V.68b.69 und 71 offenliegt, wie er sich ohne Unterbrechung und in ähnlicher grammatikalischer Struktur in den direkt anschließenden Satzgliedern wiederholt. Literarkritisch zwingend ist diese Beobachtung jedoch nicht. Allerdings wird die Ausscheidung von V.70 auch bestätigt durch die

---

[59] Vgl. ausführlich u. S. 235-238.

[60] Auch was die außertestamentarischen Belegstellen betrifft, ist es mehr als zweifelhaft, ob man mit *Fitzmyer*, AncB 28/1, 384, 1QS I 3 überhaupt als solche bezeichnen kann, so fern steht sie dem Wortlaut in Lk 1,70. Für die Wendung "heilige Propheten" kann man noch auf 2.Bar 85,1 verweisen; der Zusammenhang ist jedoch auch hier ein ganz anderer.

[61] Mit *Gnilka*, BZ N.F. 6, 220; *Hahn*, Hoheitstitel, 247 Anm. 1; *Schweizer*, Aufbau, 318, und NTD 3, 27; *Schürmann*, HThK 3/1, 87, und *Fitzmyer*, AncB 28/1, 378f.384; gegen die Vertreter der Einheitlichkeit des Hymnus, vgl. o. S. 47, aber auch die meisten derer, die die Zweiteilung des Benediktus befürworten und im Gefolge der Gunkelschen Gattungszuordnung für Lk 1,68-75 die literarkritische Frage gar nicht mehr stellen, vgl. o. S. 35 Anm. 6. - Da sich die Bezeichnung "heilig" auch in Qumran auf die Propheten angewendet findet, ist auch *D. Flusser*, The Magnificat, the Benedictus and the War Scroll, in: Ders., Judaism and the Origins of Christianity, Jerusalem 1988, 130f, von der Zugehörigkeit von Lk 1,70 zum ursprünglichen Benediktus überzeugt, dessen Verwurzelung in der Tradition Qumrans ihm außer Frage steht. Die Frage eines essenisch-lukanischen Traditionszusammenhangs wird u. S. 81-90 ausführlich erörtert werden.

Aufbauanalyse, auf die an dieser Stelle nur verwiesen werden kann. Sie wird uns zeigen, daß in dem um V.76 und 77 reduzierten Benediktus eine äußerst kunstvoll gestaltete Gedankenabfolge vorliegt, innerhalb derer allein V.70 überschießt.[62]

Wenn wir daher im Folgenden von "Benediktus" reden, ist immer der nach V.68f.71-75 mit V.78 perfektisch fortgeführte Hymnus gemeint[63], der zumindest äußerlich keine faßbare Beziehung zur Gestalt des Täufers aufweist. Vor einer allzu raschen Anwendung quellenkritischer Theorien bei der Interpretation der beiden ersten lukanischen Hymnen sei daher gewarnt. Auf der anderen Seite enthebt die Herauslösung von Versen nicht der Aufgabe, die Frage nach dem jetzigen Textzusammenhang und nach der lukanischen Absicht bei der Umwandlung des messianischen Hymnus in ein Täuferlied zu beantworten. Dies kann jedoch erst geschehen, wenn die überlieferungsgeschichtlichen und redaktionellen Verhältnisse innerhalb der lukanischen Kindheitsgeschichte offenliegen, welche sich am Ende der traditionsgeschichtlichen Analyse von Magnifikat und Benediktus in einem ganz neuen Licht präsentieren werden.

---

[62] Vgl. dazu u. S. 178.

[63] Es sei, außerhalb der wissenschaftlichen Diskussion, erlaubt, am Schluß der auf die Texteinheit zielenden Untersuchung auch auf den Dichter Jochen Klepper zu verweisen, dem man wie nur wenigen ein Empfinden für textliche und theologische Zusammenhänge und Hintergründe nachsagen darf, erwachsen aus einem bewußt unter dem Bibelwort gelebten Leben. Dieses Bibelwort ist dem Dichter am 3. Dezember des Jahres 1936 das Benediktus, welches er, seiner Gewohnheit nach, aus dem Losungsbüchlein der Brüdergemeine, das allerdings nur Lk 1,73-75 zitiert, übernimmt und den Tagebucheintragungen zu diesem Tag voranstellt. Dabei ist bemerkenswert, daß Klepper aus Lk 1,68-79 nur die Verse 68-75 und 78f in sein Tagebuch überträgt! Offensichtlich bereitete es ihm, im Gegensatz zu den meisten Exegeten, keine Schwierigkeiten, in diesen Versen den ursprünglichen und christologisch wie theologisch bedeutsamen Zusammenhang zu erkennen, wenn vermutlich auch nur intuitiv. Vgl. *J. Klepper*, Unter dem Schatten deiner Flügel, Aus den Tagebüchern der Jahre 1932-1942, Stuttgart 1983 (1. Aufl. 1956), 398. Aber diese aus gründlichster Schriftkenntnis gespeiste Intuition ist es ja, die wir beim antiken Hörer vorauszusetzen haben, eine Intuition, die beim unmittelbaren Hören den theologischen Skopus wahrnimmt, welchen sich die moderne Exegese erst so mühsam erarbeiten muß.

2. Das Magnifikat

Wie bereits im Eingang dieses Kapitels angedeutet, geht die literarkritische Diskussion beim Magnifikat in eine andere Richtung als beim Benediktus. Daß sie aber mit ganz anderen Mitteln geführt wird, ist erstaunlich, da doch in großer Eintracht immer wieder die Zusammengehörigkeit beider Lieder betont wird und daher eine im Grundansatz einheitliche Methodik bei der Behandlung der literarkritischen Probleme zu erwarten wäre. Eine solche findet sich - wenn man absieht von Kauts konsequent durchgeführtem linguistischen Ansatz[64], der allerdings für alle Problemfelder sein einziger zu sein scheint - nur bei Jones[65], welcher die Beobachtungen zum Traditionsgeflecht in beiden Hymnen zum Kriterium literarkritischer Entscheidungen macht, wenn er dabei auch versäumt, seine Methodik der Prüfung und Bestätigung durch andere Kriterien zu unterziehen, die ja ihr Recht nicht automatisch durch die Anwendung neuer Beobachtungen verlieren[66]. Ob daneben auch, analog zum Benediktus, die kritiklose Übernahme der Gunkelschen Gattungsbestimmung "eschatologischer Hymnus"[67], welche die Ausscheidung von V.48 voraussetzt, als einheitliches literarkritisches Kriterium zu werten ist, sei dahingestellt.

So uneins sich die Exegeten bei der Wahl der literarkritischen Methode sind, so einig sind sie sich statt dessen in der Überzeugung, daß auch beim Magnifikat die literarischen Verhältnisse nicht unter Absehung von der Quellenfrage zu lösen seien. Daher geht auch beim ersten lukanischen Hymnus die Kontext- und Quellenbetrachtung in aller Regel der eigentlichen Textbetrachtung voran[68] und beraubt so die Literarkritik ihrer Funktion als einer selbständigen Methode der Textinterpretation. Beim Magnifikat steht das Problem der Kontextverknüpfung sogar derart stark im Mittelpunkt des literarkritischen Interesses, daß man einmütig mit der Diskussion des einzigen kontextuell bedeutsamen Verses die Frage nach der literarischen Einheit des Liedes für erledigt hält, ohne die textlichen Probleme am Schluß des Hymnus überhaupt einer Betrachtung zu würdigen. Ja, obwohl in formaler Hinsicht V.54 und 55 die eigentlich problematischen Verse des Hymnus sind, deren grammatikalische Unebenheiten durchaus als Folge eines redaktionellen Eingriffs in den

---

[64] Zum Magnifikat vgl. Befreier, 286-308. S. dazu u. S. 60f.

[65] JThS N.F. 19, 19-50.

[66] Darauf, daß Jones durch die Vereinseitigung der Methodik in seinem literarkritischen Urteil fehlgeleitet wird, ist bereits hingewiesen worden; vgl. o. S. 37 Anm. 14.

[67] Vgl. *Klostermann*, HNT 5, 18; *Hauck*, ThHK 3, 29; daneben auch *Bovon*, EKK 3/1, 92, der im versteckten Rückgriff auf Gunkel von einem von Lukas "nur wenig christianisiert(en)" Psalm spricht, es dabei jedoch der Phantasie seiner Leser überläßt, sich auszumalen, welche Verszeilen oder Wendungen seiner Ansicht nach dem Evangelisten zuzuschreiben seien. - Zum Problem der Anwendung gattungsgeschichtlicher Einsichten zur Lösung der die Texteinheit betreffenden Probleme vgl. bereits o. S. 35f.

[68] Vgl. z.B. *Grundmann*, ThHK 3, 63f; *Schürmann*, HThK 3/1, 77f, und vor allem wieder *Kaut*, Befreier, 32-172.

Text erklärt werden könnten[69], steht im Brennpunkt aller literarkritischen Untersuchungen ausschließlich V.48, da nur er einen deutlichen Bezug zu dem Geschehen und den Personen des Erzählrahmens aufweist.

Um so dringlicher ist es, auch beim ersten lukanischen Hymnus die Literarkritik von der Kontext- und Quellenproblematik zu befreien und den Liedtext selbst sprechen zu lassen. Ihn gilt es, auf inhaltliche und kompositorische Spannungen und Brüche hin zu prüfen. Und was wäre dabei als Prüfstein wiederum besser geeignet als die besondere Kompositionsstruktur des Liedes, ein literarkritisches Kriterium, das wie kein anderes Kontextunabhängigkeit und Textnähe in sich vereint und seinen Verwendungswert bereits beim Benediktus unter Beweis gestellt hat? Ob es allerdings beim Magnifikat ebenso eindeutig zur Geltung kommt wie beim Benediktus, bleibt abzuwarten.

Tatsächlich stellt sich in Lk 1,46-55 die Lage entscheidend anders dar als im Zachariashymnus. Im Unterschied zu diesem ist nämlich beim Magnifikat das Kompositionsmuster an keiner Stelle aufgebrochen, sondern von Anfang bis Ende durchgehalten. Vers für Vers ist in ihm der einheitliche Rückgriff auf den in Kapitel I umrissenen Textzusammenhang nachzuweisen.[70] Ein Grund für literarkritische Ausscheidungen besteht daher nach Maßgabe des Traditionsgefüges nicht!

Haben wir es im Magnifikat also, wie eingangs befürchtet[71], mit einem sich kunstvoll der Tradition bedienenden und in ihr lebenden Redaktor zu tun, der die traditionsgeschichtlichen Konturen so nivelliert, daß unser auf der Kompositionsstruktur basierendes Kriterium in diesem Fall versagt? Oder kann die Frage der Einheit des Magnifikat mit obiger Feststellung als gelöst gelten? Hier mit Ja zu antworten, bedeutet, dem Gros der Forschungsmeinungen entschieden zu widersprechen. Wer daher eine so ungeliebte und oft bestrittene These wie die von der ursprünglichen Einheit des Liedes vertreten will, muß den gegnerischen Argumenten immerhin so viel Recht widerfahren lassen, daß er sie gründlich prüft. Denn nicht alle verlieren durch ihre Abhängigkeit von falschen Voraussetzungen automatisch ihre Gültigkeit. Solch eine Prüfung ist aber auch deshalb notwendig, weil, wie sich bei Jones gezeigt hat[72], kein Kriterium, auch das hier vorgestellte nicht, vor der Gefahr seiner falschen Anwendung gefeit ist. Dazu kommt, daß oben[73] im Benediktus das, was den Hymnus in den großen Rahmen des Lukasevangeliums einbindet, mittels des genannten Kriteriums als sekundär ausgeschieden wurde, während mit seiner Hilfe im Magnifikat die Kontextbezüge als zum ursprünglichen Textbestand gehörig ausgewiesen werden - nicht unbedingt ein Widerspruch, da auch Kon-

---

[69] Analog zu Lk 1,70 könnte man beispielsweise den thematisch ähnlichen V.55a als parenthetischen lukanischen Einschub verstehen.

[70] Vgl. den Gang durch das Traditionsmaterial in Kap. I.1

[71] S. o. S. 36f.

[72] Vgl. o. S. 50 Anm. 66.

[73] S. 37-42.

textübereinstimmungen von verschiedener Art sein können, aber Grund genug, die Möglichkeit der Ausscheidung von Textmaterial im Magnifikat nochmals zu überprüfen.

Tatsächlich gibt es Anhaltspunkte, die eine solche Ausscheidung zu rechtfertigen scheinen. Über die Beobachtung von Kontextbezügen hinaus kommen in der Forschung nämlich noch zwei weitere Kriterien zur Anwendung, welche die literarkritische Zerteilung unseres Hymnus nahelegen: das Auftreten typisch lukanischer Floskeln in V.48b und die durch eine Verszeile gestörte Parallelstruktur im Anfangsteil des Magnifikat.

Damit stehen wir aber auch schon vor dem Hauptproblem der Literarkritik am Magnifikat, das ein grundsätzlich methodisches ist. Denn die Überzeugungskraft, die den drei genannten Kriterien in ihrer Einzelanwendung auf V.48 zukommt oder zumindest zuerkannt wird, verliert sich angesichts der Unmöglichkeit, sie zu einem geschlossenen Argumentationsgebäude zu vereinen. Man mag das für V.48a gültige Argument begrifflicher Übereinstimmungen zwischen dieser Zeile und dem Erzählrahmen mit dem sogenannter Lukanismen in V.48b kombinieren, um V.48 als Ganzen auszuscheiden - übrigens die beliebteste literarkritische Entscheidung[74] -, oder eines dieser beiden Argumente zur Wiederherstellung des Parallelismus im Hymnus verwenden, indem man V.48a oder V.48b eliminiert; doch die Einbeziehung des jeweils dritten Kriteriums ist in keinem der Fälle möglich.

Nun sollte man meinen, daß diejenigen, welche sich - notwendigerweise - zur Vernachlässigung eines dieser Kriterien entschließen, ihr Vorgehen einer methodischen Begründung unterwerfen. Aber auch hier wird man enttäuscht, was allerdings kaum verwunderlich ist. Denn die Beliebigkeit der Kriterienwahl ist ja im Grunde die logische Konsequenz, wenn man die Quellenkritik der Literarkritik vorordnet, da eine solche Vorordnung die methodische Reflexion überflüssig macht und nur zum Rückgriff auf die Kriterien zwingt, die der jeweiligen Auffassung vom Wachstum der Kindheitsgeschichte dienlich sind. Diese argumentative Willkür wird auch dadurch nicht gemildert, daß sie auf das Feld der Stilistik verlagert wird, die man angesichts des doppelten ὅτι in V.48 und 49 meint bemühen zu müssen. Ihr als Kriterium den Boden zu entziehen, mag es genügen, auf die Differenzen des individuellen Sprachgefühls aufmerksam zu machen, das einen Ausleger wie Hauck die Doppelung

---

[74] Vgl. z.B. *Bultmann*, Geschichte, 322; *Grundmann*, ThHK 3, 63; *J. McHugh*, The Mother of Jesus in the New Testament, London 1975, 74; *Brown*, Birth, 356f; *Fitzmyer*, AncB 28/1, 360; *Farris*, Hymns, 21-26; *Grelot-Rochais*, Psaumes, 246; vorsichtig *C. F. Evans*, Saint Luke, PTI New Testament Commentaries, London - Philadelphia 1990, 174. Die Ausscheidung des ganzen Verses 48 wird immer auch getragen durch *Gunkels* gattungsgeschichtliche Einordnung des Hymnus in die alttestamentlich-jüdischen eschatologischen Hymnen (Lieder, 57f). Einen Hinweis darauf, daß bei der Vorordnung der Gattungskritik vor die Literarkritik ein Zirkelschluß entsteht, in welchem die zu beweisende Ausscheidung der fraglichen Zeilen als Voraussetzung der nachfolgenden Argumentation dient, sucht man bei denen, die Gunkel hier folgen, allerdings vergeblich.

als Zeichen eingreifender Erweiterung verstehen läßt[75], während es Ramaroson zur Ausscheidung der Zwischenzeile führt mit dem Ziel, die verlorenge-
gangene grammatikalische Parallelität wiederherzustellen[76]. Welche der anderen Kriterien aber haben wirklich literarkritisches Gewicht?

Am wenigsten sicherlich die Beobachtungen zur poetischen Struktur des
Hymnus, die viele als deutlich gestört empfinden. Zwar ist der Parallelismus
membrorum im Anfangsteil des Magnifikat tatsächlich unterbrochen - wie es ja
auch am Schluß des Hymnus, von den meisten jedoch unbeachtet, der Fall
ist! -, aber offensichtlich nicht so, daß man ein eindeutig überschießendes
Satzglied isolieren könnte, dessen Eliminierung alle inhaltlichen Probleme löst.
Dies zeigt schon die Uneinigkeit der Forschung darüber, wie der Text zu rekonstruieren sei. Mowinckel beispielsweise scheidet V.48a aus wegen seiner
kontextverknüpfenden und den Psalm gleichzeitig in den Rahmen der christlichen Tradition einbindenden Funktion, was zu einem Parallelismus der Zeilen
V.46b+47; 48b+49 und 50a+50b führt.[77] Schweizer dagegen sieht die Parallelität der Zeilen V.46b+47; 48a+49a und 49b+50 durch V.48b gestört,
kann aber nicht verhehlen, daß dieser Vers im Rahmen der von ihm vertretenen Täuferthese größere Schwierigkeiten bereitet als V.48a.[78] Beide Beispiele
zeigen nicht nur, daß der Hinweis auf den Parallelismus eigentlich nur der
Legitimation der vorangehenden religionsgeschichtlichen Einordnung des Textes dient, deren Vehikel er bestenfalls ist, sondern daß es, wenn man die Re-
konstruktionsversuche einander gegenüberstellt, anscheinend wirklich unmöglich ist, innerhalb der fraglichen Verse eine deutlich zusammengehörende
zweizeilige Gedankeneinheit zu identifizieren, was doch der inhaltliche Min-
destanspruch an einen Parallelismus ist. Im Gegenteil, es bereitet offensichtlich
keinerlei Schwierigkeiten, sowohl V.48a als auch V.48b als integralen Bestandteil des Hymnus und als Komplementärzeile zu V.49a zu verstehen, was
schon grundsätzlich Zweifel daran erweckt, ob die freie Gedankenabfolge in
diesen Zeilen sich überhaupt mit der Vorstellung eines auch inhaltlich streng
durchgeführten Parallelismus verträgt, der auch in der Form des synthetischen
Parallelismus nicht der gedanklichen Beliebigkeit offensteht. Äußerer und innerer Anspruch der Exegeten an den Parallelismus membrorum klaffen hier
weit auseinander.

Aber auch ohne diese Diskrepanz wäre der formale Anspruch der mit dem
Parallelismus argumentierenden Exegeten an den Text künstlich. Denn es ist

---

[75] ThHK 3, 27.

[76] VD 45, 43-45.

[77] *S. Mowinckel*, The Psalms in Israel's Worship, übers. von D. R. Ap-Thomas, Bd. 2,
Oxford 1962, 123 Anm. 51 und 124 Anm. 54.

[78] Aufbau, 321f, und NTD 3, 22. Ähnlich wie Schweizer gliedern den ersten Hymnusteil
auch *Kaut*, Befreier, 298f, und *Ramaroson*, VD 45, 46, letzterer allerdings nicht aus quellenkritischen Gründen, sondern, wie oben bereits erwähnt, aus Gründen des eigenen Stilge-
fühls.

eine - wenn auch von allen ignorierte - Tatsache, daß wir zur Abfassungszeit unserer Hymnen gar nicht mehr von einer strengen poetischen Form ausgehen dürfen. Der Parallelismus membrorum bleibt zwar auch in der Spätzeit als wichtiges Stilmittel erhalten, er erscheint aber nicht mehr vorwiegend in der klassischen zweigliedrigen Gestalt, sondern häufig zum Trikolon oder zum Vierzeiler ausgebaut oder gar im losen Wechsel mit Zeilen, die sich keiner Parallelstruktur einordnen lassen, ein Phänomen, das bei der strukturalen Analyse der Hymnen noch ausführlich zu diskutieren sein wird.[79] Hier genügt es, festzustellen, daß das Magnifikat in seiner jetzigen, etwas unregelmäßigen Form genau dem poetischen Standard der damaligen Zeit entspricht und die Regeln der alttestamentlichen Poesie damit für die lukanischen Hymnen ihre Gültigkeit als objektiver Maßstab der literarkritischen Urteilsfindung verlieren. Die nicht durchgehaltene Parallelstruktur im Anfangsteil des Magnifikat berechtigt, für sich genommen, nicht zu Textausscheidungen, dies um so weniger, als inhaltlich das Lied durchaus als Einheit verstanden werden kann. Diese mit Hilfe poetischer Strukturierungsmaßnahmen zu erweisen[80], verbietet sich allerdings ebenso wie der auf gleicher Grundlage vollzogene umgekehrte Nachweis redaktioneller Texteingriffe. Beim Benediktus, dessen poetische Strukturen denen des Magnifikat ähnlich sind, ist denn auch der Parallelismus membrorum als literarkritisches Kriterium erst gar nicht zur Anwendung gekommen[81], obwohl man gerade in ihm ein textverbindendes einheitliches Mittel der Textbeurteilung hätte finden können.

Mit der Abweisung des Parallelismus membrorum als eines für das Magnifikat gültigen literarkritischen Kriteriums ist jedoch noch nicht über den ursprünglichen Textbestand von Lk 1,46-55 entschieden bzw. über die Richtigkeit mancher der auf methodisch falschem Wege gewonnenen literarkritischen Ergebnisse. Wie die Beispiele von Schweizer und Mowinckel zeigen, ist ja der Parallelismus in der Regel nur ein Standbein der Literarkritik, das die Beobachtungen zu angeblich kontextangleichenden Texteinschüben zusätzlich unterstützt. Daher muß nun doch einmal gefragt werden, ob man den im Ma-

---

[79] S. u. S. 158f. Dort auch die entsprechenden Literaturhinweise.

[80] Dies geschieht häufig auf der Grundlage einer hebräischen Textrekonstruktion, bei der schon deswegen ein anderes poetisches Gesamtbild entsteht, weil die hebräischen Zeilen sehr viel kürzer ausfallen als die entsprechenden griechischen und daher in anderer Weise zusammengeordnet werden können; vgl. etwa *F. Zorell*, Das Magnificat ein Kunstwerk hebräischer oder aramäischer Poesie?, ZKTh 29 (1905), 754f, oder *P. Haupt*, Magnificat and Benedictus, AJP 40 (1919), 754f, der sogar so weit geht, durch Zeilenvertauschung einen völlig neuen Hymnus zu rekonstruieren, welcher allerdings mit dem ursprünglichen Magnifikat nur noch wenig gemein hat. Zum Problem einer hebräischen Textrekonstruktion generell s. u. S. 157f.

[81] Dies gilt wieder abgesehen von den eben Anm. 80 erwähnten Bemühungen am rekonstruierten hebräischen Text. Eine Ausnahme unter denen, die eine griechische Abfassung voraussetzen, ist allein Kaut, dessen Anforderungen an den Parallelismus allerdings selbst die strengen Regeln der alttestamentlichen Poesie nicht genügen; s. dazu u. S. 160.

gnifikat nicht zu leugnenden Kontextbezügen wirklich jedes literarkritische Gewicht absprechen kann.

Ohne Zweifel entspricht die Tatsache, daß in der genannten Zeile eine weibliche Gestalt sich zu Worte meldet, ganz dem Fortlauf der Rahmenhandlung von Lk 1. Daß diese Beobachtung zu literarkritischen Konsequenzen nötigt, wird man allerdings schon hier verneinen müssen, wenn man bedenkt, wie widersprüchlich sie bei den die Texteinheit betreffenden Entscheidungen verwandt wird. Denn während gerade diese Zeile Vertretern der Täuferthese zum Nachweis einer genuin täuferischen Herkunft des Hymnus dient, der sich durch die inhaltliche Bezugnahme auf die in Lk 1,25 geschilderte Situation der Täufermutter von selbst als Elisabethhymnus ausweise[82], sind solche den Hymnus und seinen Kontext verbindenden Indizien denjenigen, die dem Magnifikat einen vorchristlich-jüdischen, und seltsamerweise grundsätzlich auch denen, die ihm einen christlichen Ursprung zubilligen, verdächtig und Grund zur literarkritischen Ausscheidung[83]. Mit anderen Worten, die alleinige Basis der jeweiligen Entscheidung über Zugehörigkeit oder Nichtzugehörigkeit der Zeile zum Textganzen ist auch hier eine exegetische Vorentscheidung über Ursprung und Herkunft des Hymnus, nicht ein Bruch im Gedankengang des Textes selbst, wobei es forschungsgeschichtlich rätselhaft bleibt, warum im Rahmen der Täuferhypothese Elisabeth wie selbstverständlich als Heldin des Liedes gelten kann, von Vertretern einer christlichen Autorschaft dagegen die Abfassung eines Marienhymnus von vornherein abgelehnt, ja nicht einmal ins Auge gefaßt wird. Im Gegenteil, jeder Bezug, den das Magnifikat zur Mutter des Messias aufweist, wird dem Gros der Exegeten automatisch zum Beweis nachträglicher Texterweiterung, und zwar allein deshalb, weil die Selbstbezeichnung δούλη im Munde Marias bereits in Lk 1,38 auftaucht. Dies ist allerdings auch die einzige begriffliche Parallele. Mit der ταπείνωσις Marias tut man sich schon schwerer. Und schließlich ist bei begrifflicher Doppelung ja auch der umgekehrte Weg denkbar, daß ein Redaktor bei der Gestaltung der Erzählung aus dem Bildmaterial des Hymnus schöpfte, eine Möglichkeit, die ebenfalls von der Forschung erst gar nicht erwogen wird; zu eindeutig scheinen sich die redaktionellen Verhältnisse in Lk 1 zu präsentieren. Um so nachdrücklicher bleibt festzuhalten, daß im jetzigen Gedankengang des Hym-

---

[82] Vgl. z.B. *Völter*, Erzählungen, 24-26; *Klostermann*, HNT 5, 18f; *Creed*, Luke, 22f; vorsichtig *Schweizer*, NTD 3, 23.

[83] Vgl. neben *Mowinckel*, Psalms, Bd. 2, 123 Anm. 51; *Bultmann*, Geschichte, 322; *Brown*, Birth, 356f; *Fitzmyer*, AncB 28/1, 360, und *Grelot-Rochais*, Psaumes, 246. Daß außer Mowinckel die genannten Autoren auf der Grundlage weiterer Beobachtungen auch noch V.48b ausscheiden, wurde o. S. 52 (mit Anm. 74) bereits erwähnt. Ausnahmen von der eben formulierten Regel gibt es erstaunlicherweise unter den Vertretern einer vorchristlich-jüdischen Herkunft des Magnifikat. Es sind all diejenigen, die in der δούλη das nach gewonnener Schlacht dankend seinen Gott erhöhende Israel, die Tochter Zion, erkennen; vgl. z.B. *H. Sahlin*, Der Messias und das Gottesvolk. Studien zur protolukanischen Theologie, Uppsala 1945, 164f, und *Forestell*, MarSt 12, 209, aber auch *Winter*, BJRL 37, 341.

nus V.48a sich spannungsfrei an das Vorhergehende anschließt, ja, die notwendige Begründung für den in V.46b und 47 Gott dargebrachten Jubel ist.

Kontextbezüge allein, zumal wenn diese im Grunde nur das weibliche Geschlecht der Sprecherin betreffen - und darin unterscheiden sie sich grundlegend von denen des Benediktus! -, sind offensichtlich ebenfalls noch keine ausreichende Basis für eine literarkritische Scheidung. Als solche können sie erst gelten, wenn alle weiteren Bezugsmöglichkeiten von Text und Kontext, die bis ins vorliterarische Stadium zurückreichen können, geprüft worden sind oder wenn andere Kriterien der Textausscheidung hinzutreten.

Ein solches Kriterium wären zum Beispiel stilistische Eigenheiten, die eindeutig einen bestimmten Redaktor charakterisieren und seine Hand von der des ursprünglichen Verfassers abheben. Tatsächlich weiß man im Magnifikat solche sogenannten Lukanismen zu benennen, allerdings gerade nicht in der vom kontextuellen Standpunkt aus redaktionell so verdächtigen Zeile V.48a, sondern in der ihr nachfolgenden. Hier finden sich in ἰδοὺ γάρ und ἀπὸ τοῦ νῦν gleich zwei Wendungen, die, mit jeweils einer Ausnahme, innerhalb des Neuen Testaments sonst nur im lukanischen Doppelwerk begegnen.[84]

Doch auch hier gilt es, vorsichtig zu sein. Denn wir haben es im Magnifikat mit einem der alttestamentlichen Tradition verpflichteten Text zu tun, bei dem der stilistische Vergleich sich nicht nur im engen Rahmen des Neuen Testaments bewegen darf. Geht man nämlich über die Grenzen des Neuen Testaments hinaus, dann verliert das, was innerhalb des Neuen Testaments als typisch lukanisch erscheint, seine Besonderheit. Sowohl die Einleitung eines Verses mit ἰδοὺ γάρ als auch die Wendung ἀπὸ τοῦ νῦν findet sich in der LXX-Übertragung der kanonischen Psalmen, und zwar als Übersetzung eines einfachen הֵן oder הִנֵּה, wie beispielsweise in Ψ 50,7f und 53,6, bzw. eines מֵעַתָּה, so etwa in Ψ 112,2; 113,26 (=Ps 115,18); 120,8; 124,2 oder 130,3.[85] Nicht von ungefähr kommt daher auch J. Jeremias, der wohl beste Kenner der lukanischen Sprache, zu dem Schluß, daß sich im Magnifikat, obwohl die Vorliebe des Lukas für die genannten Wendungen unbestreitbar sei, "an keiner Stelle mit Sicherheit ein . . . Eingriff der Redaktion erkennen" lasse, da alles, was man im neutestamentlichen Vergleich als lukanische Eigentümlichkeit qualifizieren könnte, auch der LXX geläufig sei[86]. Auf rein sprachlicher Ebene muß das Problem also offen bleiben.

---

[84] Zu ἰδοὺ γάρ vgl. Lk 1,44; 2,10; 6,23; 17,21; Apg 9,11; daneben 2.Kor 7,11. Zu ἀπὸ τοῦ νῦν vgl. Lk 5,10; 12,52; 22,18.69; Apg 18,6; daneben 2.Kor 5,16.

[85] Zu ἰδοὺ γάρ als Übersetzung von הִנֵּה/הֵן vgl. weiter 2.Sam 17,9; Jes 13,9; 32,1; 62,11 (in Jes 26,21 und 66,15 als Übersetzung von כִּי־הִנֵּה; in Hi 33,2 als Übersetzung von הִנֵּה־נָא). Unverhältnismäßig oft findet sich die Wendung auch im Juditbuch: Jdt 5,23; 9,7; 12,12. Zu ἀπὸ τοῦ νῦν als Übersetzung von מֵעַתָּה vgl. weiter 2.Chr 16,9; Mi 4,7; Jes 9,6; 48,6; 59,21; vgl. auch Jes 18,7 LXX; Dan 4,37a LXX; 10,17 θ'; Tob 8,21 S; 10,13 S; 11,9; 1.Makk 10,41; 11,36.

[86] *J. Jeremias*, Die Sprache des Lukasevangeliums. Redaktion und Tradition im Nicht-Markusstoff des dritten Evangeliums, Göttingen 1980, 60 und 63 mit Anm. 72.

Wer Lukas dennoch aufgrund seiner immerhin doch erkennbaren Vorliebe für die genannten Formeln die Einfügung der fraglichen Zeile V.48b zuschreiben möchte, muß Antwort auf eine weitere Frage geben, welche die literarkritische Forschung jedoch umgeht: die Frage nach der Absicht, die Lukas mit der Einfügung dieses Halbverses, der ein Sinn doch wohl zu unterstellen ist, verfolgt hätte. Welche inhaltliche Bedeutung kommt im Fortgang der lukanischen Komposition dieser Maria angeblich bewußt in den Mund gelegten Weissagung zu? Offensichtlich keine! Zumindest keine nennenswerte. Das Lukasevangelium enthält in seiner Fortsetzung - und darin stimmt es mit den anderen Evangelien überein - keine dezidierte Hervorhebung der Messiasmutter, wie sie zu erwarten wäre, wenn Lukas den Hymnus bewußt um V.48b erweitert hätte. Im Gegenteil, gerade in der Schilderung der nachösterlichen Ereignisse, die geprägt sind von der sich verbreitenden Erkenntnis von Jesu Messianität, erachtet Lukas Maria kaum einer Erwähnung wert. Sie erscheint nur in der trockenen Liste der zur ersten Jerusalemer Gemeinde gehörenden Personen in Apg 1,14. Mehr Interesse vermag Lukas ihr nicht entgegenzubringen, wie er auch den Konflikt zwischen Jesus und seiner Familie, welcher das irdische Leben Jesu kennzeichnet, in seinem Evangelium ebensowenig verschweigt wie Markus und Matthäus[87]. Allenfalls in der nur von Lukas überlieferten Szene Lk 11,27, die eine - von Jesus allerdings selbst erheblich relativierte - Seligpreisung seiner Mutter enthält, mag man eine versteckte Aufnahme des in Lk 1,48b angekündigten Geschehens sehen. Man wird aber kaum annehmen dürfen, daß Lukas aus der kurzen Seligpreisung, die Jesus zudem von sich weist, eine universale Weissagung extrahiert hätte; vielmehr hat er uns die kurze Episode wohl nur deswegen überliefert, weil er um der inneren Stringenz seines Evangeliums willen mit ihrer Hilfe der ihm im Magnifikat vorgegebenen Weissagung V.48b wenigstens andeutungsweise Genüge tun konnte.[88]

Die Ausscheidung von V.48b aus stilistischen Gründen bleibt somit im höchsten Grade fraglich und wäre noch unverständlicher, wenn man annehmen wollte, Lukas hätte das Magnifikat als ein Lied der Elisabeth angesehen, da er unmittelbar zuvor die antizipierende Seligpreisung nicht Elisabeths, sondern Marias, und zwar ausgerechnet durch Elisabeth, berichtet.

Wir stehen damit vor der Tatsache, daß weder die Analyse von Stil und Struktur des Magnifikat noch die Beobachtung von Kontextbezügen die lite-

---

[87] Vgl. Lk 8,19-21 par. Mk 3,31-35 und Mt 12,46-50 und das scharfe Wort Lk 14,26, das in Mt 10,37 nur in abgeschwächter Form erscheint. Allerdings war die Szene Mk 3,21f Lukas und Matthäus wohl doch zu anstößig, als daß sie sie hätten übernehmen können. Den Konflikt spiegelt nicht zuletzt auch Mk 6,4 par. Mt 13,57 (par. Lk 4,24) wider. Vgl. auch Joh 7,5.

[88] Lukas ist hier offensichtlich um einen Ausgleich der verschiedenen ihm vorliegenden Traditionen und Nachrichten bemüht. Wenn *J. A. Fitzmyer*, Luke the Theologian. Aspects of His Teaching, New York 1989, 75-78, allerdings behauptet, daß Maria in Lk 11,27f und 8,19-21 als Idealbild der gläubigen Jesus-Nachfolgerin gezeichnet wird, so nimmt er den Szenen ihre eindeutig kritische Ausrichtung.

rarkritische Frage einer endgültigen Antwort zuzuführen vermögen, da ihre
Anwendung in jedem Falle abhängt von quellenkritischen und religionsgeschichtlichen Vorentscheidungen, die man nicht als am Text gewonnene Evidenz werten kann. Mehr noch, ihre Prüfung hat den Eindruck verstärkt, daß,
unvoreingenommen betrachtet, die Gedankenführung des Magnifikat in der
uns vorliegenden Form kaum Zweifel an der Einheitlichkeit des Liedes
erlaubt, wie sie beim Benediktus auch dem unbefangenen Leser wie von selbst
entstehen. Im Gegenteil, das Magnifikat als Lied einer Sängerin, die sich mit
ihrem Schicksal in die Geschicke ihres Volkes Israel verflochten weiß, verlöre
durch Kürzungen nur an Schönheit und Tiefe. So drängt sich die Vermutung
auf, daß sich wohl kaum jemand zu den Ausscheidungsmaßnahmen gezwungen
sähe, die im jetzigen Falle unumgänglich scheinen, wenn im Hymnus statt
einer Sängerin ein Sänger zu Worte käme - ein Einwurf, dem man vordergrün-
dig den Vorwurf der Subjektivität machen kann, der seine Berechtigung aber
durch die Sachinhalte gewinnt, welche die kompositionelle Analyse des Hymnus aufgedeckt hat. Sie allein bleibt nach unserem Durchgang durch die von
der Forschung angebotenen literarkritischen Argumente als unabhängiges, nur
dem Text verpflichtetes Kriterium der Literarkritik übrig!

Führen wir uns daher das Ergebnis der Untersuchung zum Texthintergrund
des Magnifikat nochmals vor Augen, das der allgemeinen Überzeugung von
der literarischen Uneinheitlichkeit des Liedes gegenübersteht: An keiner Stelle
ist das besondere Traditionsgeflecht des Hymnus unterbrochen, weder am Anfang noch am Schluß[89]. Die Integrität des Textes ist in keiner Zeile gestört.[90]
Dies ist im Hinblick auf das Benediktus um so auffälliger, als dort die Unterbrechung des anspielenden und zitierenden Rückgriffs auf alttestamentliches
Textmaterial in den Versen 76 und 77 geradezu ins Auge springt. Im Magnifikat aber umfaßt das Kompositionsgefüge gerade auch die literarkritisch so
umstrittenen Zeilen V.48a und 48b. Und nicht nur das. Der in ihnen verarbeitete Texthintergrund bindet beide Vershälften auch aufs engste zusammen. Es
ist ja kein Zufall und theologisch bedeutsamer, als es jetzt noch scheinen mag,
daß sowohl in V.48a als auch in V.48b ein Ausruf Leas, der Frau Jakobs,
anklingt, und zwar jeweils ein die Namensgebung begründender Jubelruf an-
läßlich der Geburt eines ihrer Söhne (Gen 29,32 und 30,13).[91] Was uns hier,

---

[89] Hier besteht ein auffälliger Unterschied zwischen Lk 1,55a und Lk 1,70!

[90] Vgl. auch *Marshall*, NIC 3, 79, der im Hinblick auf den alttestamentlichen Hintergrund
betont, "that we have no means to distinguish between tradition and redaction". Zur weiteren
Begründung der Einheit des Hymnus ist jedoch sein Rückgriff auf *Schürmanns* gattungsgeschichtliche Thesen zum Magnifikat, HThK 3/1, 71, wenig hilfreich, nicht nur, weil die Gattungszuordnung ein für literarkritische Fragen nur bedingt gültiges Kriterium darstellt, sondern vor allem auch deshalb, weil Schürmanns Schlußfolgerungen auf einem grundsätzlichen
Mißverständnis und einer falschen Anwendung der Westermannschen Gattungskategorien (*C.
Westermann*, Lob und Klage in den Psalmen, 6. erw. Aufl. von "Das Loben Gottes in den
Psalmen", Göttingen 1983) beruht. Vgl. dazu u. S. 184f Anm. 115.

[91] Zur ausführlichen Deutung dieses Sachverhalts s. u. S. 142f.

in V.48 insgesamt, entgegentritt, ist der kompositionelle Wille *eines* Dichters und nicht das Flickwerk einer Redaktion! Wer daher eine der beiden Zeilen als redaktionelle Zutat ausscheidet, zerstört das hintergründig kunstvolle Gefüge textlicher Anspielungen, das den ganzen Hymnus auszeichnet. Der Parallelismus membrorum erweist sich hier ein weiteres Mal als ein für das Magnifikat ungültiges Kriterium literarkritischer Urteilsfindung.

Nun könnte man wiederum einwenden, daß, wenn die beiden Vershälften denn so eng zusammengehören, eben der ganze Vers auszuscheiden sei als Zutat eines Redaktors, der die Kontextverklammerung so kunstgerecht zu bewerkstelligen wußte, daß sie dem Stil des Hymnus entsprach. Diese Argumentation, wie sie in ähnlicher Form allerdings nur bei Brown und Farris begegnet[92], käme immerhin einer positiven Würdigung des vermuteten Redaktors gleich, dem man sonst nur vorzuwerfen weiß, daß er - im Gegensatz zu uns - nicht sah, daß er den Parallelismus zerstörte, durch doppeltes ὅτι schlechten Stil bewies und, ohne es zu merken, dem erzählerischen Kontext einen Hymnus einfügte, der mit der Geburtsgeschichte an sich nichts zu tun hatte. Selbst eine solche das redaktionelle Schaffen positiv würdigende These kann sich jedoch nicht der Frage entziehen, ob das, was nach der literarkritischen Ausscheidung noch übrig bleibt, tatsächlich ein in sich geschlossenes Ganzes ergibt oder ob nicht die Einheit des Textes verlorengeht.

Auch diese Frage ist viel zu selten gestellt worden, zu groß war die Überzeugung, daß die Ausrichtung des Hymnus auf das Geschick einer bestimmten Frauengestalt sekundär sein müsse. Nun geht aber der individuelle Ton des Liedes durch die Ausscheidung des gesamten Verses 48 gar nicht verloren! Die Schilderung des Rettungswiderfahrnisses des Sängers oder der Sängerin wirkt nur merkwürdig verknappt, weil dem umfassenden Lobpreis des Rettergottes am Anfang jetzt nur noch eine kurze, einzeilige Begründung folgt, die zudem jeglicher Konkretion entbehrt. Man hat, um dieses Problem zu lösen, auch das μοι in V.49a redaktioneller Überarbeitung zuschreiben wollen[93], dabei jedoch die nun auftauchende Frage nicht beantwortet, warum ein allgemein die Großtaten Gottes preisender Psalm in so individuell geprägten Wendungen anhebt, wie sie den Eingang des Magnifikat kennzeichnen, in welchem Gott immerhin als der *persönliche* Retter der sprechenden Person vorgestellt wird - es sei denn, man wollte auch das τῷ σωτῆρί μου in V.47 ausscheiden, was jedoch nur noch ein Akt der Willkür wäre.

So bleibt festzuhalten, daß durch die Ausscheidung des gesamten Verses 48 die innere Stringenz des Liedes formal und inhaltlich leidet, was auch die Aufbauanalyse bestätigen wird[94]. Es ist aber nur Gunkel, der, obwohl er auf der Ausscheidung beider Versteile beharrt, Schwierigkeiten innerhalb des verblei-

---

[92] *Brown*, Birth, 357; *Farris*, Hymns, 25.

[93] So z.B. *A. Loisy*, L'Évangile selon Luc, Paris 1924, 96; *Grundmann*, ThHK 3, 63, und, wenn auch vorsichtig, *Bultmann*, Geschichte, 322f.

[94] S. u. S. 166.

benden Gedankenganges zugibt und bereit ist, das Rätsel der Zeile V.49a, welche sich durch das den Hymnus individualisierende μοι letztlich seiner Argumentation entzieht, wenigstens zu benennen, ohne allerdings eine befriedigende Erklärung anbieten zu können.[95]

Es sei noch erwähnt, daß Kaut den angeblichen Widerspruch von "Individualismus" und "Nationalismus" im Magnifikat dadurch zu lösen versucht, daß er V.51-55 als sekundär hinzugewachsenes Hymnusfragment vom Anfangsteil des Liedes abtrennt.[96] Der moderne Exeget, dem die untrennbare Verknüpfung des Individuums mit seinem Volk nicht mehr vorstellbar ist, macht sich auch hier zum Meister des alten Textes. Ihm wird im Rahmen der Aufbauanalyse noch zu widersprechen sein.[97] Kauts Postulat zweier ursprünglich voneinander unabhängiger Lieder ist auch schon deshalb künstlich, weil es ein kompliziertes Parallelenschema voraussetzt, das nicht nur seinesgleichen in der Dichtung der damaligen Zeit sucht[98], sondern auch noch der Aufteilung des Verses 50 auf die beiden Einzelstücke bedarf. V.50b wird so zum Anfang des sog. Magnifikat II, was unvereinbar ist mit der im Magnifikat selbst verwendeten Tradition, die Kaut im Untertitel seines Werkes immerhin zu berücksichtigen vorgibt und die den Ausdruck τοῖς φοβουμένοις αὐτόν eindeutig als *Schluß*wendung ausweist[99]. Ein geschärfter Blick für die Tradition wie überhaupt für das jüdische Vergleichsmaterial[100] hätte Kaut auch davor bewahrt, von einem "je eigenen Gestaltungswillen"[101] im Anfangs- und im Schlußabschnitt zu sprechen. Angesichts der Künstlichkeit seiner Argumentation[102]

---

[95] Lieder, 57.

[96] Befreier, 286-310. Daß er auch das sog. Magnifikat I noch um V.48b verkürzt, wurde o. S. 53 Anm. 78 bereits erwähnt.

[97] S. u. S. 166-168.

[98] Dazu u. S. 155f mit 159f.

[99] Vgl. besonders Ψ 102,11, auf den in Lk 1,50 deutlich angespielt wird.

[100] Hier ist v.a. auf die Psalmen Salomos zu verweisen, in deren Nähe *Kaut*, o.c., 315 und 317, das Magnifikat ja ausdrücklich rückt und die belegen, daß der Wechsel vom Ich zum Wir innerhalb eines Psalmes durchaus nicht ungewöhnlich ist und keineswegs vorschnelle literarkritische Abtrennungen rechtfertigt. Vgl. dazu *S. Holm-Nielsen*, Die Psalmen Salomos, Jüdische Schriften aus hellenistisch-römischer Zeit 4/2, Gütersloh 1977, 56, und Erwägungen zu dem Verhältnis zwischen den Hodajot und den Psalmen Salomos, in: S. Wagner (Hg.), Bibel und Qumran. Beiträge zur Erforschung der Beziehungen zwischen Bibel- und Qumranwissenschaft. Hans Bardtke zum 22.9.1966, Berlin 1968, 127f.

[101] O.c., 307.

[102] Man kann sich des Eindrucks nicht erwehren, daß es die von Kaut zur Grundlage all seiner Betrachtungen gemachte linguistische Methodik ist, die, um ihre Daseinsberechtigung zu erweisen, zur literarkritischen Zerteilung von Textmaterial nötigt. Denn die Erkenntnis, daß unsere alten Lieder sprachliche und sachliche Unebenheiten aufweisen, würde den übergroßen Aufwand, mit dem die Linguistik sie gewinnt, kaum rechtfertigen, wenn aus ihr nicht interpretatorische Konsequenzen zu ziehen wären. Diese können, da die linguistischen Prinzipien einem Dichter die Abkehr von der einmal gewählten poetischen Norm oder die Unterbrechung eines regelmäßigen Grundschemas nicht gestatten, nur in der Filetierung des Stoffes bestehen, die Kaut vor allem im Benediktus mustergültig vorexerziert.

dürfte Kaut denn auch kaum Anhänger für seine These finden, zumal diese in der Vergangenheit nie ernsthaft diskutiert worden ist.[103]

Kehren wir aber zu V.48 zurück, dessen individuelle Ausrichtung hier vor allem zur Debatte steht, so hat sich gezeigt, daß die literarkritische Ausscheidung, und beträfe sie nur Teile, mit zu vielen Problemen behaftet ist, als daß man aufgrund so geringfügiger Indizien, wie sie das Auftauchen der auch im Kontext gebrauchten Selbstbezeichnung δούλη oder die sog. Lukanismen ἰδοὺ γάρ und ἀπὸ τοῦ νῦν darstellen, die Einheit des Hymnus zerstören dürfte. Beide Versteile, wie in besonders kunstvoller Weise auch die äußerlich unebenen Zeilen V.54f[104], ordnen sich bruchlos dem im Hymnus vorfindlichen Kompositionsschema ein, welches sich beim Magnifikat wie beim Benediktus als objektives und kontextunabhängiges Kriterium bewährt und die Zweifel bestätigt, welche die kritische Überprüfung der übrigen von der Forschung verwandten Kriterien ergab. Wer dennoch die sogenannten Lukanismen in V.48b weiterhin Lukas zuerkennen möchte, mag dies auf der Grundlage der Einsicht tun, daß dem Evangelisten auch kleinere stilistische Eingriffe zuzutrauen sind, ohne daß ihm deshalb gleich die Einfügung der ganzen Zeile oder des ganzen Verses zur Last gelegt werden müßte.[105]

Da es aber tatsächlich gar nicht so sehr die genannten äußeren Kriterien sind, welche die Exegeten zu Ausscheidungen im Textbestand veranlassen, sondern allzu häufig Vorentscheidungen über die Herkunftsfrage, soll nun diese im Folgenden erörtert werden. Daß auch sie allein auf der Grundlage des Liedtextes beantwortet werden kann und nicht einer das Ganze der Kindheitsgeschichte erfassenden redaktions- und quellenkritischen Hypothese bedarf, mag überraschen, liegt aber in der Konsequenz des hier vertretenen Ansatzes und seiner Kritik an der gängigen Vermengung verschiedenster interpretatori-

---

[103] Allein *Schürmann*, HThK 3/1, 77f, und im Anschluß an ihn *F. W. Horn*, Glaube und Handeln in der Theologie des Lukas, 2. Aufl., Göttingen 1986, 138f, erwägen, ob nicht die Verse 51-55 erst später dem Hymnus hinzugewachsen seien, jedoch ohne auf Resonanz in der Forschung zu stoßen, zumal *Horn*, o.c., 139, selbst zugibt, daß für eine Abtrennung der fraglichen Verse vom Anfangsteil "nicht durchschlagende literarkritische Gründe beigebracht werden können". Daß er dennoch auf ihr beharrt, hat seinen Grund vornehmlich darin, daß der Anfangsteil des Magnifikat sich dem Charakter der sog. ebionitischen Traditionen widersetzt, die Horn an mehreren Stellen des Lukasevangeliums, darunter im Magnifikat, zu entdecken vermeint; vgl. o.c., 121-188.

[104] S. nochmals o. S. 15f.

[105] Die Einheit des Hymnus vertreten neben *Marshall* - vgl. o. S. 58 Anm. 90 - auch *Ernst*, Lukas, 84, und *L. Schottroff*, Das Magnificat und die älteste Tradition über Jesus von Nazareth, EvTh 38 (1978), 302-305, die als einzige auch auf die Möglichkeit einer rein stilistischen Bearbeitung des Magnifikat, etwa in V.48b, hinweist, welche die literarische Einheit nicht tangiert. *Wiefel*, ThHK 3, 57f, scheint von ihr ebenfalls überzeugt zu sein, wenn auch nicht klar wird, wie sich seine Behauptung, es handle sich beim Magnifikat um ein selbständiges Gemeindedanklied, welches im Prozeß der Redaktion der lukanischen Kindheitsgeschichte der Maria in den Mund gelegt worden sei, mit der Annahme verträgt, V.48 sei integraler Bestandteil des Hymnus.

scher Aspekte. Die Erkenntnis, daß mit der Existenz eines ursprünglichen und traditionsgeschichtlich selbständigen Frauenliedes, innerhalb dessen *alle* Zeilen zum Grundbestand gehören, ein Teil der Vorentscheidungen über den Traditions- und auch über den Redaktionsprozeß in den Kindheitsgeschichten dahinfällt, ist dabei noch gar nicht im Blick!

III. Der Entstehungskreis

Wohl kaum eine Frage ist in der Forschung an den lukanischen Hymnen so eingehend diskutiert worden wie die ihrer ursprünglichen Herkunft und geistigen Heimat. Und doch ist kaum eine Frage so offen geblieben wie gerade diese, welche bis heute die Forscher in drei unversöhnliche Lager teilt: die Vertreter einer allgemeinjüdischen[1], die Verfechter einer täuferisch-jüdischen und die Anhänger einer christlichen, meist judenchristlichen Herkunft der Hymnen.[2] Nur in einem Punkt schließen sie sich alle einträchtig wieder zusammen: Sie bevorzugen das äußere Umfeld der Hymnen als entscheidendes Untersuchungsterrain vor dem Text der Lieder selbst. Dabei mag dahingestellt bleiben, ob den ausführlichen Kontextanalysen, die wir vorwiegend bei Vertretern der Täuferhypothese finden, oder den von Vertretern einer vorchristlich-jüdischen aber auch judenchristlichen Herkunft bevorzugten historischen Betrachtungen größeres Gewicht bei der Lösung der Herkunftsfrage zuzumessen ist; es bleibt der Vorwurf, daß die eigentliche Textinterpretation bei weitem der Gründlichkeit entbehrt, mit der man kontextuelle und historische Indizien zusammenzutragen weiß.

Es liegt in der Natur dieses vornehmlich auf das Äußere der Hymnen gerichteten Vorgehens, daß die so erzielten Forschungsergebnisse fast durchweg in Vermutungen bestehen, in Hypothesen, die als solche zum Teil sogar ausdrücklich gekennzeichnet sind[3] und sich sprachlich durch ein Beiwerk von Wahrscheinlichkeitspartikeln verraten.[4] Was könnte deutlicher dokumentieren, daß man sich letztlich außerstande sieht, die Frage nach der geistigen Heimat von Magnifikat und Benediktus mit Sicherheit zu beantworten? Auch die am

---

[1] Zur Problematik des Begriffs s. u. S. 68f.

[2] Wenn im Folgenden die beiden letztgenannten Gruppen verkürzt mit den Begriffen "täuferisch" und "christlich" bezeichnet weden, so geschieht das im Bewußtsein, daß, was die Frühzeit betrifft, auch diese beiden Gruppen in den großen Rahmen des Judentums gehören und es bei der Frage des Entstehungskreises letztlich um eine nur verschieden nuancierte "jüdische" Herkunft geht. Diese Einengung des Begriffs "christlich" gilt allein für die wenigen Exegeten nicht, die Magnifikat und Benediktus auf den Hellenisten Lukas selbst zurückführen, allen voran *v. Harnack*, Magnificat, 72f.75, und Lukas der Arzt, 150-152.

[3] Vgl. z.B. *Farris*, Hymns, 88.98, und *Brown*, Birth, 353.

[4] Vgl. z.B. *Grundmann*, ThHK 3, 63; *Vielhauer*, Benedictus, 41; *Ernst*, Lukas, 85 und 94; *Schweizer*, Aufbau, 319 und 322; *Fitzmyer*, AncB 28/1, 378; *Schürmann*, HThK 3/1, 93; *Wiefel*, ThHK 3, 57 und 63; *Bovon*, EKK 3/1, 92f.

häufigsten geäußerte Überzeugung, daß beide Lieder christlichen Ursprungs sind, entbehrt dieses hypothetischen Charakters nicht. Denn auch sie stützt sich, aus scheinbarem Mangel an innerer, textlicher Evidenz, nicht auf den Wortlaut der Hymnen selbst, sondern allein auf die Situation des Judentums um die Zeitenwende, in welcher sich für einen so unangefochtenen Lobpreis des erfahrenen Heilshandelns Gottes, wie er unsere Hymnen durchzieht, kein konkreter Anlaß finden läßt.[5]

Um so dringlicher stellt sich auch für die Herkunftsanalyse die Aufgabe, die Texte selbst sprechen zu lassen und die Argumentation auf textliche Fakten und nicht auf äußere Indizien zu gründen. Dabei gewinnt das Wissen um die besondere Kompositionsweise von Magnifikat und Benediktus schon im Vorfeld der Diskussion grundsätzliche Bedeutung; denn es entzieht einem geradezu apodiktischen Argument den Boden, dessen sich mit Vorliebe diejenigen bedienen, welche die nichtchristliche Herkunft der Hymnen zu erweisen suchen, das kritiklos aber auch von Vertretern einer christlichen Herkunft anerkannt wird, obwohl es den größten Stolperstein für ihre Beweisführung darstellt. Es handelt sich um die Überzeugung, daß zumindest das Magnifikat keinerlei christologische oder auch nur im weitesten Sinne messianologische Anspielungen enthalte und somit aus dem Rahmen christlicher Hymnodik herausfalle[6]. Diese Ansicht wirkt sich, da man in der Regel von der Zusammengehörigkeit beider Hymnen überzeugt ist, auch auf das Benediktus aus, dessen gesamten zweiten Teil man nicht zuletzt deshalb leichten Herzens als nachträgliche Zufügung abtrennt, weil die in Lk 1,76-79 so unverhüllt geäußerte Erwartung einer endzeitlichen Erlösergestalt mit dem angeblichen Desinteresse des Magnifikat an diesen Dingen nicht recht zusammenpassen will.[7] Man sollte zwar annehmen, daß gerade die messianologischen Anspielungen im Benediktus den Vertretern einer gemeinsamen christlichen Herkunft beider Hymnen einen Grund geliefert hätten, ihr nur dem ersten Augenschein entsprungenes Vorurteil über das Magnifikat zu überdenken; aber so unumstößlich ist dieses Vorurteil, daß es sogar dem Widersinn der Behauptung trotzt, die frühen Christen hätten Hymnen ohne Bezug zum Christusereignis verfaßt. Gegen diese interpretatorische Unmöglichkeit kann gar nicht energisch genug die Grunderkenntnis der vorliegenden Untersuchung in den Vordergrund gerückt werden, daß der Texthintergrund *beider* Hymnen ein durch und durch messianisches Gepräge hat und Magnifikat wie Benediktus thematisch allein um das Ereignis der messianischen Ankunft kreisen, wie immer diese Erwartung auch näher zu bestimmen ist. Es verbietet sich daher, unsere

---

[5] Vgl. nochmals *Farris*, o.c., 86.88.96f.

[6] Da sich die Überzeugung von dem im Magnifikat fehlenden Messianismus in nahezu jeder Veröffentlichung zum Hymnus findet, seien hier als Eckpunkte der Forschung nur *J. Hillmann*, Die Kindheitsgeschichte Jesu nach Lucas. Kritisch untersucht, Jahrbücher für protestantische Theologie 17 (1891), 199.203f, und *Bovon*, EKK 3/1, 93, genannt.

[7] Vgl. nochmals *Hillmann*, o.c., 210f; dazu die ausführliche literarkritische Diskussion in

Lieder einfach deshalb als nichtchristlich zu klassifizieren, weil sie nicht *explizit* auf den Messias bzw. Christus verweisen.

Allerdings ist mit der Abweisung jenes Vorurteils noch keine positive religionsgeschichtliche Einordnung der Hymnen erfolgt und mit der Einsicht in ihre theologische Zielrichtung noch nicht über ihr religiöses Umfeld entschieden. Zwar legt der pointiert davidisch ausgerichtete Messianismus beider Hymnen nicht unbedingt deren Verknüpfung mit der prophetischen Gestalt des Täufers nahe, und die perfektische Redeweise, welche Magnifikat und Benediktus in gleicher Weise kennzeichnet, unterscheidet sie auch grundsätzlich von thematisch ähnlichen Liedern und Gebeten jüdischer Herkunft[8]; dennoch müssen alle Beobachtungen, welche zur These einer täuferischen oder einer vorchristlich-jüdischen Herkunft der Hymnen geführt haben, genau geprüft werden, vornehmlich deshalb, weil die Verwandtschaft zwischen den lukanischen Hymnen und der zeitgenössisch jüdischen Poesie nicht von der Hand zu weisen ist, ja weil sie dieser in Sprachgebrauch und Kompositionsweise sehr viel näher stehen als den übrigen Hymnen des Neuen Testaments oder auch dem, was uns außerhalb des neutestamentlichen Schrifttums an christlicher Hymnodik begegnet.

Bei der Untersuchung möglicher Abhängigkeiten und Zugehörigkeiten kann freilich kein Abriß der gesamten jüdischen Hymnodik des in Frage kommenden Zeitraums geboten werden, da ein Eingehen auf die Vielfalt und Vielgestaltigkeit des Materials den Rahmen dieser Arbeit sprengen würde.[9] Daher wird das Material vorwiegend auf diejenigen poetischen Stücke begrenzt, welche zum Erweis der jüdischen Herkunft von Magnifikat und Benediktus gemeinhin herangezogen werden. Dabei soll nicht allzu scharf getrennt werden zwischen Hymnen- und Gebetsmaterial, denn die Grenze verschwimmt nicht nur in formaler Hinsicht, sondern auch im Hinblick auf den liturgischen

---

Kap. II.1.

[8] Dazu ausführlich in Kap. III.1.c.

[9] Einen Überblick über das frühjüdische poetische Material gibt *J. H. Charlesworth*, A Prolegomenon to a New Study of the Jewish Background of the Hymns and Prayers in the New Testament, JJS 33 (1982), 265-285, bes. 274-277, und Jewish Hymns, Odes, and Prayers (ca. 167 B.C.E. - 135 C.E.), in: R. A. Kraft - G. W. E. Nickelsburg (Hg.), Early Judaism and its modern Interpreters, Atlanta 1986, 411-436, bes. 424f (mit ausführlicher Lit.-Liste); *D. Flusser*, Psalms, Hymns and Prayers, in: M. E. Stone (Hg.), Jewish Writings of the Second Temple Period. Apocrypha, Pseudepigrapha, Qumran Sectarian Writings, Philo, Josephus, Philadelphia 1984, 551-577. Hier wird, über Charlesworth hinausgehend, auch das gesamte liturgische Material aus Qumran vorgestellt. Vgl. weiter *M. Lattke*, Hymnus. Materialien zu einer Geschichte der antiken Hymnologie, Freiburg, Schweiz - Göttingen 1991, 105-128, und schließlich auch *S. Holm-Nielsen*, Religiöse Poesie des Spätjudentums, in: H. Temporini - W. Haase (Hg.), Aufstieg und Niedergang der Römischen Welt. Geschichte und Kultur im Spiegel der neueren Forschung II: Principat, Bd.19.1, Berlin - New York 1979, 152-186. Holm-Nielsens Auswahl der Texte ist allerdings zu sehr auf die beiden von ihm bereits anderweitig bearbeiteten Psalmsammlungen der Hodajot und der Psalmen Salomos beschränkt und in keiner Weise umfassend.

Gebrauch. Dazu kommt, daß die terminologische Frage, was denn als hymnischer Text zu gelten habe, in der Forschung alles andere als geklärt ist, ein Problem, von dem auch die lukanischen Lieder mitbetroffen sind und das deshalb wenigstens am Rande Beachtung erfahren soll.

Exkurs: Das terminologische Dilemma

Daß in der Forschung zur frühjüdischen Poesie bis heute die Frage nach der Klassifizierung hymnischer Texte[10] nicht eindeutig beantwortet wurde, liegt vor allem an der Vermengung inhaltlicher und formaler Kriterien und an der indifferenten Verwendung kategorisierender Begriffe. Charlesworth[11] beispielsweise trennt allein aufgrund des Textinhalts Hymnen von Gebeten, ohne jedoch die nicht immer durchschaubaren Kriterien seiner Einteilung darzulegen. Da er die formale Gestaltung der von ihm genannten Texte nicht berücksichtigt, erscheinen unter derselben Kategorie poetische neben nichtpoetischen Texten, während andererseits zusammengehöriges Material, wie die Psalmen in den LXX-Zusätzen zu Daniel oder die Gottesanrufungen im 1. Makkabäerbuch, auseinandergerissen werden. Macht man dagegen mit Eileen Schuller[12], die ebenfalls auf eine Begriffsklärung dringt, allein die äußere Form zur maßgeblichen Kategorie, fällt jegliche inhaltliche Differenzierung dahin, was sich bei der Autorin in der Ausgrenzung der von Baillet herausgegebenen Gebetstexte aus Höhle 4[13], 4Q503, Prières quotidiennes, 4Q504-506, Paroles des Luminaires, und 4Q507-509, Prières pour les fêtes, äußert, wohingegen andere Gebete, wie z.B. Tob 13,1-18, das Gebet Asarias Dan 3,26-45 LXX, das Gebet Manasses oder auch 2.Bar 48,2-24, als "psalmic-type material"[14] selbstverständlich zum Vergleichsmaterial ihrer Untersuchung gehören. Bilhah Nitzan schließlich, der wir die jüngste Monographie über die Gebete und Hymnen in Qumran verdanken[15], erstellt zwar einen auf die erkennbare liturgische Funktion zielenden Kriterienkatalog für "texts which were intended for prayer"[16], verwischt aber dadurch alle terminologischen Grenzen, daß sie den Begriff "Gebet" im Ganzen uneinheitlich und in verschiedener Abgrenzung verwendet. Denn er erscheint innerhalb der das Gebet ausweisenden Kriterien zwar als Gegenbegriff zu den "poems" in 4Q510-511 und 11QPsAp-a[17], scheint aber dann doch die genannten Texte mitzuumgreifen, wenn Nitzan diese anschließend dem hymnischen Material mit seinen Hauptvertretern, den Hodayot, entgegenstellt[18]. Daß sie an anderen Stellen auch diese in eine mit "prayer" überschriebene Liste einordnet[19], verwirrt das Bild noch mehr.

---

[10] Zum Problem vgl. auch *Hengel*, Christuslied, 362f.

[11] Jewish Hymns (vgl. Anm. 9).

[12] *E. M. Schuller*, Non-Canonical Psalms from Qumran. A Pseudepigraphic Collection, Atlanta 1986, 16 Anm. 10 und 14.

[13] *M. Baillet*, Qumrân Grotte 4 III (4Q482-4Q520), DJD 7, Oxford 1982.

[14] O.c., 6.

[15] *B. Nitzan*, Qumran Prayer and Religious Poetry, übers. v. J. Chipman, STDJ 12, Leiden - New York - Köln 1994.

[16] O.c., 20. Die Kriterien im einzelnen sind 1. die spezifische, außerhalb des Gebets in der Überschrift definierte Funktion, 2. die Redaktion in bestimmten "Ordnungen", 3. die innerhalb einer Ordnung feste formale Struktur, 4. die Verwurzelung in einer bestimmten Praxis, 5. die an einen Bibeltext gebundene Textform.

[17] O.c., 21.

[18] A.a.O.

[19] O.c., 12.

Diese in der Forschung allenthalben herrschende Unklarheit und Uneinigkeit darüber, nach welchen Kriterien die Fülle der fraglichen Texte einzuteilen sei, wird noch verstärkt durch die willkürliche Anwendung klassifizierender Begriffe, die das Bild endgültig verwirrt. Denn wenn schon der Leser von Charlesworths Abhandlung "Jewish Hymns, Odes and Prayers" darüber im dunkeln gelassen wird, was er sich, neben Hymnen und Gebeten, unter dem Oberbegriff "Oden" vorzustellen habe, so müssen ihm bei Flussers Gliederung der Texte in "Psalms, Hymns and Prayers"[20] gänzlich alle Begriffe verschwimmen, da diese Unterteilung eigentlich nur im Sinne sich ausschließender Kategorien verständlich ist. Die Lage ist zum gegenwärtigen Zeitpunkt so konfus, daß die praktikabelste Lösung tatsächlich die Schullers bleibt, das formal als poetisch identifizierbare Material unter dem Oberbegriff "Psalm" zusammenzufassen und die inhaltliche Differenzierung, die auch die Brücke zum nichtpoetischen Material schlägt, einer künftigen formkritischen Arbeit anheimzustellen, deren Ziel nicht zuletzt die dringend benötigte terminologische Systematisierung wäre.

Daß bei alledem in der Forschung die gattungsgeschichtlich nicht unerhebliche Frage, ob ein Traditionsstück ursprüngliche liturgische Eigenständigkeit besaß oder für einen literarischen Kontext verfaßt wurde, bisher nicht einmal ins Blickfeld getreten ist, sei hier nur am Rande erwähnt, ganz abgesehen davon, daß auch hier keine Einigkeit darüber besteht, was unter einem liturgischen Text denn zu verstehen sei. Zumindest zwischen der englischen Neuauflage von E. Schürers Darstellung der Geschichte des Judentums zur Zeit Jesu[21], wo im Hinblick auf die Qumran-Texte zwischen "Poetry" und "Liturgical Texts" unterschieden wird, Nitzan, die hymnisches und liturgisches, Poesie und Prosa gleichermaßen umfassendes Material voneinander abgrenzt[22], und Flusser[23], der neben anderen hymnischen Stücken auch die Hodajot den "Qumran Liturgical Textes" zuordnet, besteht ein deutlicher Gegensatz im Verständnis des Begriffs, der einmal mehr die Verwirrung nicht klären, sondern nur vergrößern hilft.

Die lukanischen Lieder haben in jeder Hinsicht teil an der allgemeinen terminologischen Verwirrung. Darauf näher einzugehen, muß jedoch der formgeschichtlichen Betrachtung der Texte vorbehalten bleiben, bei der auch die Diskussion um die jüdischen Vergleichstexte nochmals zur Sprache kommen wird.[24] Hier galt es nur, die *Probleme* zu benennen, denen der Versuch, die lukanischen Hymnen mit den poetischen Texten des Frühjudentums zu vergleichen, gegenübersteht.

---

[20] So die Überschrift seines Aufsatzes; vgl. o. S. 65 Anm. 9.

[21] *E. Schürer*, The history of the Jewish people in the age of Jesus Christ (175 B.C.-A.D. 135). A new English version, revised and edited by G. Vermes, F. Millar, M. Goodman, Bd. 3/1, Edinburgh 1986, 451-464.

[22] O.c., 20 und 31.

[23] O.c., 566-570.

[24] S. Kap. V.3.

1. Das Postulat einer vorchristlich-jüdischen Herkunft
von Magnifikat und Benediktus

Betrachten wir die vielfältigen Versuche einer religionsgeschichtlichen Einordnung von Magnifikat und Benediktus, die beinahe so zahlreich sind wie die Veröffentlichungen zu unseren Hymnen selbst, so bilden die Anhänger einer vorchristlich-jüdischen Herkunft der Lieder merkwürdigerweise die kleinste Gruppe der auf diesem Gebiet mit Vehemenz streitenden Exegeten. Der Grund für diese zahlenmäßige Unterlegenheit liegt in der Beliebtheit und Attraktivität der Täuferthese. Und doch wird jeder zugeben, daß vor allem das literarkritisch unproblematische Magnifikat, außerhalb seines Kontextes betrachtet, kaum jemanden zur Annahme eines täuferischen Ursprungs verleitet hätte.[25] Blicken wir aber auf die zahlreichen hymnischen Texte und Psalmsammlungen aus vorchristlicher Zeit, so fallen die formalen und motivischen Parallelen ins Auge.

Damit stehen wir bereits vor dem Hauptproblem der nichtchristlich-jüdischen oder, wie man auch sagt[26], rein jüdischen Herleitung der Hymnen: Was ist unter einer global als jüdisch bezeichneten Herkunft überhaupt zu verstehen? Der Begriff ist ja so weit gefaßt, daß man ihm auch die Täufersekte und die frühen Christen unterordnen müßte.[27] Infolgedessen haben wir es bei dem Versuch einer wie immer gearteten jüdischen Zuordnung der lukanischen Hymnen, anders als bei den anderen Herleitungsmodellen, mit dem Phänomen sich gegenseitig ausschließender Argumentationsfiguren zu tun, die nicht im Sinne einer zunehmend geschlosseneren Widerlegung der Gegenthesen addierbar sind. Und wie sollte dies bei der Vielfalt der jüdischen Gruppierungen in damaliger Zeit auch der Fall sein? Lieder der Makkabäerzeit können nicht qumranischen Ursprungs sein, Danklieder nach erfahrenem Heil in siegreicher Schlacht können nicht aus der Not geborene und in die Zukunft blickende eschatologische Hymnen sein, das Schlachtfeld als Entstehungsort schließt die gottesdienstliche Liturgie als Haftpunkt aus. Kurz, der Begriff der "rein jüdischen Herkunft" der lukanischen Hymnen, wie er pauschal vor allem den Vertretern einer christlichen Herleitung, in falscher Frontstellung, als Angriffsziel dient, hat an sich keinerlei Aussagekraft.[28] Wollen wir daher die verschiedenen Zuordnungsversuche in angemessener Weise würdigen, so

---

[25] So auch L. *Gaston*, No Stone on Another. Studies in the Significance of the Fall of Jerusalem in the Synoptic Gospels, Leiden 1970, 261.

[26] Vgl. z.B. A. *Hilgenfeld*, Die Geburts- und Kindheitsgeschichte Jesu Luc. I,5-II,52., ZWTh 44 (1901), 214.

[27] S. bereits o. S. 63 Anm. 2.

[28] Er bezeichnet genaugenommen, auch wenn die meisten Ausleger ihn so verstehen, nicht einmal die zeitliche Zäsur, die mit dem Christusereignis gesetzt wird, und kann daher nicht einfach mit dem Begriff "vorchristlich" gleichgesetzt werden, da auch eine jüdisch-*nach*christliche Gruppierung als Trägerkreis der lukanischen Hymnen denkbar ist, eine These, die allerdings nur Kaut vertritt; vgl. dazu ausführlich u. S. 72-76.

bleibt nur der beschwerliche Weg, jede unter dem Stichwort "jüdisch" subsumierte Einzelthese für sich zu betrachten. Nur so gewinnen wir einen Eindruck von den Möglichkeiten einer nichtchristlichen Zuordnung des Magnifikat und Benediktus, deren Überzeugungskraft in weit mehr als dem pauschalen Hinweis auf das Fehlen christologischer Anspielungen liegt.

Die Untersuchung wird dadurch erleichtert, daß man trotz der auf den ersten Blick verwirrenden Vielfalt von Zuordnungsversuchen einige von ihnen zu Gruppen zusammenschließen kann. Die größte von ihnen kennzeichnet das gemeinsame Interesse an einer historischen Verankerung der Hymnen, meist in einem zunächst nicht näher definierten Kriegsgeschehen. Sie gilt es, als erste zu betrachten.

a. Das Bemühen um eine historische Verankerung der Hymnen

Es ist vor allem das Magnifikat, das beim Versuch, die Hymnen in den historischen Rahmen ihrer Zeit einzuordnen, im Vordergrund steht. Größter Beliebtheit erfreut sich dabei die These, das Magnifikat sei ein Danklied nach errungenem Schlachtensieg. Wer allerdings fragt, welchem Umstand es gerade dieses Lied zu verdanken hat, in den Rang eines Schlachtliedes erhoben zu werden - dem Hannalied ist dies trotz der großen formalen und motivischen Übereinstimmungen nicht zuteil geworden[29] -, erhält kaum eine befriedigende Antwort. Man bleibt auf die vermeintliche Notwendigkeit verwiesen, im Bereich des vorchristlichen Judentums einen historischen Anlaß zu finden, der einen so uneingeschränkten Lobpreis des geschehenen Heilshandelns Gottes, wie er im Magnifikat erklingt, rechtfertigt. Da sich vor allem in der Makkabäerzeit Beispiele für das Schlachtenglück der Juden finden, selbst in Fällen, wo nach militärischem Ermessen nur die vernichtende Niederlage gegen die seleukidische Heeresmacht zu erwarten gewesen wäre[30], verwundert es nicht, wenn die Ausleger in der historischen Frage bis ins 2. Jh. v. Chr. zurückgehen. Aber welchen *textlichen* Anhalt gibt es, Magnifikat und Benediktus in den geschichtlichen und literarischen Rahmen dieser Zeit einzuorden?

Der älteste Versuch einer zeitgeschichtlichen Einordnung in ein wie immer geartetes Schlachtgeschehen vermag hier nur vage Antwort zu geben. Denn

---

[29] Wenn man absieht von der eigenwilligen Interpretation *C. Desplanques*, Le Cantique d'Anne: un dossier à rouvrir, Hokhma 23 (1983), 37, der in 1.Sam 2,1-10 ein Lied "composée à l'occasion d'une victoire militaire" erkennt.

[30] So besonders 166/65 v. Chr. in den Anfangsschlachten der makkabäischen Erhebung, in denen Judas Makkabäus nach einer ersten großen siegreichen Schlacht gegen den seleukidischen General Seron bei Beth-Horon und einem zweiten Sieg bei Emmaus über die drei vom königlichen Statthalter Lysias eingesetzten Generäle Ptolemaios Makron und Gorgias schließlich bei Beth-Zur sogar das Heer des Lysias selbst zu schlagen vermochte; vgl. 1.Makk 3,10-4,35 und Jos, Ant XII 7,1-5 (287-315), zum Text vgl. *B. Niese* (Hg.), Flavii Iosephi opera, Bd. 3: Antiquitatum Iudaicarum libri XI-XV, 2. Aufl., Berlin 1955, 121-126.

Hillmann, der bereits im Jahre 1891 mit Vehemenz die These einer nichtchristlich-jüdischen Herkunft des Magnifikat wie der Verse 68-75 des Benediktus vertrat[31], fügte seiner Vermutung, das sog. Marienlied sei ursprünglich ein "Danklied einer Mutter gedichtet auf die glückliche Heimkehr ihres Sohnes aus einem siegreichen Kriege gegen Unterdrücker Israels"[32] keine historischen Erläuterungen hinzu.

Konkreteres erfahren wir erst von Hilgenfeld, der 1901 das Magnifikat als Juditlied identifizierte[33] und damit unausgesprochen auf die Makkabäerkämpfe verwies, welche den geschichtlichen Entstehungsrahmen des Juditbuches abgeben[34]. Hier fragt sich allerdings, warum das Magnifikat als Schlachtlied - selbst wenn mit der Juditanspielung weniger die Heldin selbst als das durch sie repräsentierte Judäa gemeint sein sollte[35] - so wenig mit dem als Juditlied ausgewiesenen Text Jdt 16,1-17 gemein hat, von dem es sich gerade darin unterscheidet, daß es jeder Schlachtschilderung entbehrt. Auch die wörtlichen Übereinstimmungen reduzieren sich auf wenige gängige Begriffe[36]; und die drei von Hilgenfeld aus der das Juditlied umrahmenden Prosaerzählung entnommenen Begriffs- und Motivanalogien[37] können kaum die Beweislast der Behauptung tragen, das Magnifikat lehne sich bewußt an die Judittradition an. Bei der Deutung der Sängerin als Schlachtheldin nach dem Vorbild Judits ist ihm denn auch niemand gefolgt.[38]

Überzeugender ist dagegen der aus der Mitte des Jahrhunderts stammende Versuch von Winter, nicht nur das Magnifikat, sondern auch das Benediktus als Kampflied der Makkabäerzeit zu bestimmen.[39] Sein Bemühen um eine

---

[31] JPTh 17, 197.202.204.206.210.213.

[32] O.c., 200.

[33] ZWTh 44, 213-215.

[34] Vgl. *E. Jenni*, Art. Judithbuch, RGG 3, 3. Aufl., Tübingen 1959, Sp. 1001.

[35] Vgl. *Hilgenfeld*, ZWTh 44, 215.

[36] Zu nennen wäre im Grunde nur die Erhebung des göttlichen Namens in Jdt 16,1: ὑψοῦτε καὶ ἐπικαλεῖσθε τὸ ὄνομα αὐτοῦ, die Verwendung des Begriffs ταπεινοί für die im Krieg Bedrückten in Jdt 16,11 und die Erwähnung des bzw. der Gottesfürchtigen in Jdt 16,15.16. So fern steht das Magnifikat begrifflich und motivisch kaum einem alttestamentlichen Psalm! Dies ist ausdrücklich auch gegen *P. Winter*, Lukanische Miszellen, ZNW 49 (1958), 66f, zu sagen, der in den genannten Begriffsparallelen einen Beweis dafür findet, daß das Magnifikat ein Kriegslied sei. S. dazu im obigen Text das Folgende.

[37] Jdt 9,11 σωτήρ als Parallele zu Lk 1,47; Jdt 8,4f die Situation der Erniedrigung in der Witwenschaft als Parallele zu Lk 1,48a, daneben die Stellen, die von der ταπείνωσις des Volkes reden: Jdt 6,17; 7,32 und 13,20, und schließlich Jdt 9,3.11 die Umkehrung der Herrschaftsverhältnisse als Parallele zu Lk 1,52; vgl. o.c., 212f.

[38] Hinzuweisen wäre höchstens auf *I. Gomá Civit*, El Magnificat. Cántico de la salvación, Madrid 1982, 31.35f, dem in Lk 1,42 die Anspielung auf Jdt 13,18 zum Anlaß wird, Maria mit den Zügen der siegreichen Judit auszustatten und sie als Befreierin Israels bzw. der Armen und Unterdrückten des Volkes in das Haus der Elisabeth eintreten zu lassen.

[39] BJRL 37, 328-347, und ZNW 49, 66f. Vor Winter findet sich eine ähnliche These bei *Haupt*, AJP 40, 65.

zeitliche Zuordnung der Texte unterscheidet sich schon dadurch von den vorgenannten Versuchen, daß er das Ergebnis gründlicher Quellenstudien ist. Drei Beobachtungen gewinnen dabei für Winter besonderes Gewicht: zum einen die in 1.Makk 4,24.30, 2.Makk 15,22.29 und 1QM[40] erhaltenen Nachrichten über Bittgebete und Lobgesänge vor und nach der Schlacht[41], sodann die in 1.Makk 4,30-33 und 2.Makk 15,22-24 überlieferten Gebete selbst[42] und schließlich das Hymnenbeispiel 1.Chr 16,8-36, das wegen seiner dem Magnifikat ähnlichen Kompositionsweise einen Anhalt für die Frühdatierung der lukanischen Hymnen zu geben scheint[43]. Das Benediktus sei im Lichte dieser Nachrichten als Weihgebet vor der Schlacht, das Magnifikat als Danklied nach errungenem Sieg zu bestimmen.[44]

Nun ist allerdings, so faszinierend die These in ihrer den neutestamentlichen Horizont sprengenden Stoßrichtung auch ist, das textliche Beweismaterial bei weitem nicht so stichhaltig, wie Winter glauben machen möchte. Gerade das Weihgebet des Judas Makkabäus 1.Makk 4,30-33, dem Winter seiner Anfangszeile wegen das um V.76-79 verkürzte[45] Benediktus als gattungsgleich an die Seite stellt, unterscheidet sich von letzterem grundlegend. Nicht nur fehlt im Benediktus jegliche Konkretion der Bedrohung - abgesehen vom alttestamentlichen Topos ἐχθρός für den Gottesfeind ist von einer Schlacht nicht die Rede -, auch die jeweils verwandten Tempora machen den Vergleich unmöglich. Ja, Winter geht geradezu gewaltsam vor, wenn er die Vergangenheitsformen des Benediktus im Sinne imperativischer Bitten um göttliche Heilserweise interpretiert, wie sie 1.Makk 4,31-33 kennzeichnen. Ganz außer acht bleibt zudem die Frage nach der Abfassungszeit und dem literarischen Charakter der Gebets- und Liedstücke im 1. Makkabäerbuch selbst, bei denen es mehr als zweifelhaft ist, daß sie im tatsächlichen Schlachtgeschehen der Makkabäerzeit entstanden sind[46]. Was schließlich die kompositionelle Struktur von 1.Chr 16,8-36 angeht, so hätte eine gründlichere Untersuchung der Kompositionsweise Winter davor bewahren müssen, sie mit der des Magnifikat zu vergleichen. Denn während der lukanische Hymnus eine Komposition im Stil der alttestamentlichen Psalmen ist, präsentiert sich der Chronikpsalm als bloße Zusammenstellung längerer, dem Psalter im Wortlaut entnommener Psalmpassagen, die genau identifiziert werden können (Ps 105,1-15 + Ps 96,1-13a + Ps 106,1.47f). Abgesehen davon ist überhaupt schon der Versuch, die lukani-

---

[40] Vgl. z.B. 1QM XIII 1f; XIV 3f; XV 4f und XVIII 6.

[41] O.c., 332f; vgl. auch 3.Makk 6,32 das Danklied nach wunderbarer Rettung.

[42] O.c., 342f.

[43] O.c., 333f.

[44] O.c., 328.340.342-347.

[45] O.c., 338; vgl. 345.

[46] Vgl. *H. L. Jansen*, Die spätjüdische Psalmendichtung. Ihr Entstehungsort und ihr »Sitz im Leben«. Eine literaturgeschichtlich-soziologische Untersuchung, Oslo 1937, 125, und *G. O. Neuhaus*, Studien zu den poetischen Stücken im 1. Makkabäerbuch, Würzburg 1974, 110.

schen Hymnen mittels der Chronikstelle in die Makkabäerzeit datieren zu wollen, als mißglückt anzusehen. Völlig unerklärt läßt Winter schließlich den im
Benediktus auch äußerlich faßbaren *davidischen* Grundtenor, der einen Bezug
des Hymnus auf die Makkabäer und dessen historische Einordnung in die
Kämpfe der Makkabäerzeit unmöglich macht, selbst wenn man den Hymnen
mit Winter jegliche messianische Ausrichtung aberkennen wollte.[47]

Es ist offensichtlich, daß bei dem Versuch einer vorchristlich-jüdischen
Herleitung der lukanischen Hymnen der historische Ansatz methodisch vor
allem an der Notwendigkeit scheitert, die Verankerung von Magnifikat und
Benediktus in einem bestimmten geschichtlichen Geschehen, welches den
Heilsjubel hinreichend rechtfertigte, *textlich* zu begründen, ohne die philologi-
schen und theologischen Widersprüche einzuebnen, die sich für den in Frage
kommenden Zeitraum ergeben. Auch Winter hat daher nur wenige Anhänger
gefunden.[48]

Erst in jüngster Zeit stoßen wir bei Kaut wieder auf den Versuch, Magnifikat und Benediktus einer militanten jüdischen Gruppe zuzuordnen. Daß dieser
Versuch hier in aller Ausführlichkeit diskutiert wird, liegt allerdings nicht an
seiner Überzeugungskraft, welche die der Winterschen Hypothese nicht übersteigt, sondern allein daran, daß er der letzte monographische Beitrag zur Her-
kunftsdiskussion ist und daher noch keine Erwiderung erfahren hat.

Kauts These zum Benediktus, dem er im Hinblick auf seine Herkunft mehr
Aufmerksamkeit widmet als dem Magnifikat, lautet folgendermaßen: Das Benediktus, genauer der Teil, den Kaut nach literarkritischer Sektion[49] als
ursprünglich bestehen läßt und welcher nicht mehr als die Verse 68 und 71-75
umfaßt, sei ein Hymnus, welcher aus der am antirömischen Aufstand beteilig-
ten priesterlich-zelotischen Gruppe um Eleazar ben Simon stamme und die
Anfangserfolge der zwischen 66 und 70 n. Chr. wirksamen Bewegung besinge.[50] Ein erstaunlicher Einblick in die Herkunftsverhältnisse des Benediktus! Erstaunlich auch deshalb, weil er unter völligem Verzicht auf das eigene
Studium der zugrunde gelegten jüdischen Quellen gewonnen wurde. Kauts
Erkenntnisweg führt gerade nicht über die vergleichende Lektüre spätjüdischer
Hymnenbeispiele, sondern beginnt mit der Einordnung des Hymnus in den
Strom deuteronomistischer Geschichtstheologie, deren Hauptthema für ihn
nach der in Lk 1,75 anklingenden Stelle Dt 9,5 die Landnahme ist[51], geht fort
über die Bestimmung des Leitbegriffs λύτρωσις als eines ausschließlich zeloti-

---

[47] Zur Widerlegung der Winterschen These vgl. auch *Farris*, Hymns, 86-88, und *Kaut*,
Befreier, 237-239.

[48] Darunter *C. S. Mann*, The Historicity of the Birth Narratives, in: Ders., Historicity and
Chronology in the New Testament, London 1965, 54, und *E. Flood*, The Magnificat and the
Benedictus, CleR 51 (1966), 207f.

[49] Vgl. dazu bereits o. S. 42-44.

[50] Befreier, 245.

[51] O.c., 232-236.

schen und allein auf die Rückgewinnung des Landes zielenden Kampfwortes[52] und gipfelt in der Ausscheidung aller zelotischen Führungspersönlichkeiten mit messianischem Anspruch, den das - von V.69f gereinigte! - unmessianische Benediktus angeblich ausschließt. Übrig bleibt, da messianisch unverdächtig, der Priester Eleazar ben Simon, dessen konservativ-priesterlichem Kreis Lk 1,68.71-75 entstammen soll![53]

Es ist offensichtlich, daß dieser Höhenflug exegetischer Phantasie, der ungeahnte Einblicke auch in die zelotisch-christliche Traditionsvermittlung gewährt[54], den Boden einer traditionsgeschichtlich sorgfältigen Argumentationsführung weit unter sich läßt. Schon das allgemeine Thema der Feindesvernichtung im Benediktus allein aufgrund der vagen Anspielung auf Dt 9,5 auf das Landnahmegeschehen zu reduzieren, ist bloße Willkür[55]; und ein reiner Gewaltakt ist es, die Landnahmeverheißung mit Hinweis auf den Abrahambund zum Hauptbestandteil deuteronomistischer Theologie zu erklären, wie sie angeblich auch in den übrigen deuteronomistischen Schriftbezügen des Benediktus ans Licht tritt, und zelotische Kreise zu den maßgeblichen Tradenten des deuteronomistischen Geschichtsbildes zu erklären. Denn selbst wenn man mit O. H. Steck[56] das Weiterleben eines solchen Geschichtsbildes noch über die

---

[52] Unter Verweis auf *M. Hengel*, Die Zeloten. Untersuchungen zur jüdischen Freiheitsbewegung in der Zeit von Herodes I. bis 70 n. Chr., 2.Aufl., Leiden - Köln 1976, 120-123, stützt er sich dabei auf Münzfunde aus der Zeit des ersten Aufstandes, welche die Aufschrift לגאלת ציון tragen; vgl. o.c., 224f; dazu *Y. Meshorer*, Jewish Coins of the Second Temple Period, übers. von I. H. Levine, Tel-Aviv 1967, 157.

[53] O.c., 241-243.

[54] O.c., 243-245. Das Geheimnis der zelotischen Herleitung speziell lukanischer Tradition ist dabei die Etikettierung all jener Stellen als zelotisch oder zumindest zelotischem Denken nahestehend, welche von der Befreiung Israels bzw. der Hoffnung auf eine solche reden. Dabei werden u.a. die Emmauserzählung Lk 24,13-35 und die Hanna-Episode Lk 2,36-38 in den entsprechenden Passagen zu Beweisstücken für das Vorhandensein vorlukanisch-zelotischen Gedankenguts im Lukasevangelium, das von der zelotischen Bewegung nahestehenden Jesusjüngern tradiert worden sei.

[55] Den ganzen Psalter durchzieht die Bitte um Vernichtung der Feinde, der persönlichen wie der Israels, ohne daß das Motiv jedesmal eine bestimmte theologische Denkrichtung repräsentierte oder allein die deuteronomistische. Besonders aber die konstitutive Bedeutung, die das Motiv in einem anderen, ganz eigenen Traditionszusammenhang hat, in der Konzeption des davidischen Königtums auf dem Zion, wo die Heilszusage an den König untrennbar verknüpft ist mit der Verheißung der Vernichtung seiner und des Volkes Feinde, hätte Kaut nicht nur mißtrauisch gegenüber einer allzu verengten Blickrichtung machen müssen, sondern ihn auch vor der Ausscheidung der Davidsanspielung in Lk 1,69 bewahren können, zumal der jetzige Begründungszusammenhang eindeutig die Befreiung von den Feinden auf die davidisch vermittelte Heilsaufrichtung bezieht. Wenn *Kaut*, o.c., 235, gegen diesen vom Text vorgegebenen Zusammenhang behauptet, das Benediktus spiele auf die den Abrahambund erfüllende Feindesvernichtung beim Schilfmeerwunder an und diese gebe wiederum die Folie für das Landnahmegeschehen ab, so ist auch diese phantasievolle Gedankenverbindung vor allem wieder ein Beispiel für die Gabe des Verfassers, alte Texte den eigenen Vorstellungen gefügig zu machen.

[56] Israel und das gewaltsame Geschick der Propheten. Untersuchungen zur Überlieferung

Zeitenwende hinaus für möglich hält, so sind seine Elemente ja nicht einfach deuteronomistische Einzeltexte oder -verse, die man mit Kaut in beliebiger Auswahl zu einem Gesamtbild zusammensetzen könnte. Vielmehr sind diese Elemente allein aus dem Nachweis bestimmter sich im Prozeß der Traditionsvermittlung stets wiederholender Motivkombinationen zu gewinnen; und es ist das Verdienst Stecks, diese minutiös herausgearbeitet zu haben[57]. Gerade der Steckschen Erkenntnisse aber bedient sich Kaut nicht, obwohl sie ihm bekannt sind.[58] Sie hätten wohl mit dem Gewicht, das sie auf den Ungehorsam Israels, die Abweisung der göttlichen Prophetenmahnung und das gerechte Strafgericht an ganz Israel als konstitutive Elemente des deuteronomistischen Geschichtsbildes legen, Kauts These von der schicksalwendenden Landnahme als Skopus dieses Geschichtsbildes allzu deutlich widersprochen.[59] Das heißt nicht, daß dem weiterlebenden deuteronomistischen Geschichtsbild nicht auch die Hoffnung auf die Heilsrestitution Israels eigen wäre, die ohne Bezug auf das Land gar nicht denkbar ist[60]; aber diese Hoffnung ist nicht auf den Deuteronomismus beschränkt und wird nicht nur von ihm gespeist, sondern hat ihre Wurzeln in den verschiedensten Schrifttraditionen, die dort, wo es um Erlösungserwartungen geht, zusammenfließen.[61]

Was zudem die Anspielung auf den Abrahambund angeht, so ist bereits gezeigt worden[62], daß das Benediktus hier weniger die deuteronomistische Stelle Gen 15,18 im Blick hat[63] als vielmehr Gen 17[64], den *priesterschriftli-*

---

des deuteronomistischen Geschichtsbildes im Alten Testament, Spätjudentum und Urchristentum, Neukirchen-Vluyn 1967.

[57] Vgl. o.c., 105-218, bes. 184-189, dazu das Abkürzungsschema 323 mit seinen Verweisen auf 62f und 123f.

[58] Immerhin weist er an anderer Stelle ausführlich auf ihn hin; vgl. Anm. 59.

[59] Erstaunlicherweise aber beruft sich *Kaut*, o.c., 240 Anm. 192, dort auf Steck, wo es um die zelotische Rezeption des deuteronomistischen Geschichtsbildes geht, welche *Steck*, o.c., 210f, mit Skepsis betrachtet, da den Übereinstimmungen im deuteronomistischen und zelotischen Geschichtsbild eine ebenso große Zahl an Divergenzen gegenübersteht, welche Kaut unterschlägt.

[60] Vgl. *Steck*, o.c., 186.

[61] Hier ist auch bei Steck der Rahmen für die spätere Zeit so weit gefaßt, das deuteronomistische Geschichtsbild zum Rezeptor nahezu aller anderen Traditionen geworden, daß diese höchstens noch als Weiterbildungen und Ausgestaltungen dieses Geschichtsentwurfs verstanden werden, aber nicht mehr als eigenständige Überlieferungsinhalte. Besonders im Hinblick auf den von Steck nicht berücksichtigten davidischen und messianischen Traditionsstrang, der ja ein Hauptelement der Hoffnung auf die Heilsrestitution ist, muß gefragt werden, ob man ihn einfach einem als deuteronomistisch bestimmten Geschichtsbild subsumieren darf, wie es in der Konsequenz des Steckschen Ansatzes läge.

[62] S. o. S. 30.

[63] Kaut erwähnt allerdings diese Stelle nicht einmal, obwohl sie ein weiteres Indiz in der Kette deuteronomistischer Belege hätte sein können, die er für seine These zusammenträgt.

[64] Auch in Dan 3,34-36 LXX steht beim Hinweis auf den Abrahambund eindeutig Gen 17 im Hintergrund, in dem die den Bundesschluß besiegelnde Mehrungsverheißung sehr viel größeres Gewicht hat als die Landgabeverheißung.

chen locus classicus der Bundesvorstellung, der das traditionsgeschichtliche Fundament bildet für die Verknüpfung der Abrahamsgestalt mit der des königlichen Messias. Auf diese Verknüpfung allein kommt es dem Benediktus an, wenn es die Neuaufrichtung des davidischen Königtums in V. 69 als Erfüllung der Abrahamsverheißung versteht. Daher bedeutet es eine Beugung des Textsinns, wenn Kaut hier die Landgabe, die explizit gar nicht erwähnt wird, zum Skopus nicht nur der Abrahamsverheißung, sondern des gesamten Hymnus macht - und dies, nachdem er den Text in der uns überlieferten Gestalt um die theologisch bedeutsamsten Zeilen gekürzt hat.

Davon abgesehen ist das Etikett "Deuteronomismus" für die lukanischen Hymnen auch schon deshalb falsch gewählt, weil der Überlieferungsort des deuteronomistischen Geschichtsbildes mit seinem pessimistischen Grundzug die Klagefeier und die dazugehörige Überlieferungsform das Bußlied ist[65], das den wohl stärksten Gegensatz zum lukanischen Jubellied darstellt. Und schließlich ist überhaupt fraglich, was Kaut mit seiner Etikettierung zu erweisen sucht, da Steck überzeugend deutlich gemacht hat, daß das Weiterleben des deuteronomistischen Geschichtsbildes nicht auf eine bestimmte jüdische Gruppe beschränkt war und daher umgekehrt der Nachweis desselben nicht auf eine genau benennbare Gruppe, wie etwa die Zeloten, zurückführt[66].

Genau diesen Rückbezug aber braucht Kaut, wenn er jetzt mit der historischen Konstruktion beginnt. Sie stützt sich allein auf den Begriff λύτρωσις, den Kaut als ein rein zelotisches, auf die Rückgewinnung des Landes zielendes politisches Leitwort vereinnahmt; und sie erledigt sich von selbst, wenn man auf die zentrale Bedeutung des Begriffs wie des dazugehörenden Verbs auch in nichtzelotischen Kreisen sieht[67]. Auf die Aussonderung

---

[65] Vgl. *Steck*, o.c., 110-122 (bes.121).133-137; zu den Bußliedern als Ausdruck der besonderen jüdischen Geisteshaltung in damaliger Zeit s. auch u. S. 80f.

[66] O.c., 192-215, bes. 208-212; vgl. auch 189.

[67] Nicht zuletzt auch bei den bewußt nicht politisch engagierten Essenern, vgl. z.B. 4Q158 14 I 5; 4Q185 1-2 II 10; 4Q381 24 5; 4Q504 5 II 4; 22 3; 4Q506 124 4. Das Spektrum erweitert sich beträchtlich, wenn man gegen Kaut hinter λύτρωσις nicht hebräisches גאלה, sondern פדות vermutet, vgl. 1QM I 12 (bis); XI 9; XIV 5.10; XV 1; XVII 6; XVIII 11; 4Q491 8-10 I 8; 11 II 14; 4Q503 1-6 III 8; 4Q511 63-64 II 1; zum verb. Gebrauch der Wurzel vgl. 1QH II 32.35; III 19; XVII 20; 1Q45 1 2; 4Q171 1-2 II 18; 4Q504 4 7; 11QT LIV 16; LIX 11; LXIII 6. Die zitierten Stellen finden sich in folgenden Editionen: *Lohse*, Texte (1QH und 1QM neben 1QS, 1Q28a=1QSa, 1Q28b=1QSb, CD u.a.); *D. Barthélemy - J. T. Milik*, Qumran Cave I, DJD 1, Oxford 1955; *J. M. Allegro*, Qumrân Cave 4. I (4Q158-4Q186), DJD 5, Oxford 1968; *Baillet*, DJD 7 (darin: 4Q491-496=4QM1-M6, 12-68; 4Q503: Prières quotidiennes, 105-136; 4Q504-506=4QDibHam^a-DibHam^c: Paroles des luminaires, 137-177; 4Q510-511=4QShir^a-Shir^b: Cantiques du Sage, 215-262); *Schuller*, Non-Canonical Psalms (4Q380 und 381), und *Y. Yadin*, The Temple Scroll, Bd.1-3, Jerusalem 1983, 1983 und 1977 (Text der Tempelrolle mit Einführung und Kommentar). - Was den verbreiteten Gebrauch von λύτρωσις/λυτροῦν angeht, so sei auch auf PsSal 8,30; 9,1; TSim 7,1; TLev 2,10; TSeb 9,8 und TJos 8,1 und 18,2 verwiesen. Zum griechischen Text der Zwölf-Patriarchen-Testamente vgl. *M. de Jonge*, The Testaments of the Twelve Patriarchs. A Critical Edition of the Greek

nichtmessianischer zelotischer Führerpersönlichkeiten einzugehen, erübrigt sich mit dem Hinweis auf die literarkritische Auseinandersetzung, welche der Ausscheidung des messianischen Verses V.69 aus dem Anfangsteil des Benediktus den Boden entzieht.

Es verwundert kaum, daß Kaut auch das Magnifikat bzw. seinen zweiten Teil (V.50b-55) der jüdischen Befreiungsbewegung einzuordnen weiß, allerdings auf Umwegen, da eine Verbindung der fraglichen Verse mit dem Zelotismus offensichtlich noch schwerer auszumachen ist als beim Benediktus. Kaut verweist statt dessen zunächst auf den im Magnifikat angeblich zutage tretenden Pharisäismus, den ihm die motivischen Parallelen zu den Psalmen Salomos zu belegen scheinen. Daß er von da aus mit dem Hinweis auf pharisäische Verbindungen zur zelotischen Bewegung mühelos zu seinem eigentlichen Thema, dem jüdischen Befreiungskampf, zurückgelangt, wird kaum noch überraschen.[68] Diesem zeitgeschichtlichen Einordnungsversuch, in dem alle theologischen Konturen verschwimmen, ist vollauf Genüge getan, wenn wir ihn mit Kauts eigenen Worten als "vage Hypothese"[69] beiseite legen.[70]

b. Der gattungsgeschichtliche Ansatz

Es war zweifellos Gunkels Verdienst, den Weg aus der historischen Sackgasse gewiesen zu haben, in welche die Vertreter einer rein jüdischen Herkunft der Hymnen geraten waren - und, wie das Beispiel Kauts zeigt, immer noch geraten -, als sie für die perfektischen Heilsformulierungen im Magnifikat und Benediktus einen zeitgeschichtlichen Anknüpfungspunkt meinten finden zu müssen. Denn Gunkel bot mit seinem Versuch, beide Lieder seiner alttestamentlichen Gattung der eschatologischen Hymnen zuzuordnen, welche in *perfektischen* Wendungen Gottes *zukünftiges* Heilshandeln besingen[71], nicht nur

---

Text, PVTG 1/2, Leiden 1978. Bedenkt man ferner, daß im Griechischen λυτροῦν und σῶζειν oft bedeutungsgleich verwandt werden, so ist es einem endgültig verwehrt, das alte und unumstößliche Glaubensgut von der Erlösung Israels bzw. des einzelnen Frommen auf eine bestimmte jüdische Gruppe einzuschränken und in verengter Bedeutung allein als Ausdruck für den politischen Akt der Befreiung von der Römerherrschaft zu verstehen.

[68] O.c., 317f. Unverständlich ist allein, warum er bei einer solchen Zusammenordnung der Hymnen von der geniun griechischen Abfassung des Magnifikat überzeugt ist, während er sich die Verfasser des sog. Benediktus I nur Hebräisch schreibend vorstellen kann (o.c., 280 bzw. 245). Daß dieses Urteil über die Abfassungssprache der Lieder nicht auf einer sprachkritischen Untersuchung beruht, sondern rein intuitiv gefällt ist, entspricht der Arbeitsweise des Verfassers.

[69] A.a.O., 318.

[70] Nur dies sei noch gefragt, warum nicht auch Kaut sich darüber wundert, daß alle wirklichen Kenner der den zelotischen Aufstand betreffenden Quellen, allen voran Hengel, auf den er sich immer wieder bezieht, es nicht vermocht haben, die entsprechenden Teile des Magnifikat und Benediktus als genuin zelotische Psalmen zu identifizieren.

[71] Die Lieder in der Kindheitsgeschichte Jesu bei Lukas, in: Festgabe für A. von Harnack

eine überzeugende Lösung des Tempusproblems, sondern sprengte auch die historisch engen Grenzen, in denen sich seine Vorgänger bewegten. Öffnete er sie doch für die das Judentum unserer Epoche besonders prägende Erfahrung erlittenen Unheils, welche nicht den Heilsjubel, sondern die aus der Not geborene Heils*hoffnung* aus sich heraussetzt. Damit verliert sich der Zwang, Magnifikat und Benediktus einer konkreten jüdischen Gruppierung[72] oder einem bestimmten Zeitgeschehen zuzuordnen. Und es ist nicht zuletzt diese zeitgeschichtliche Offenheit, der Gunkels These ihre anhaltende Akzeptanz verdankt.

Die crux des Gunkelschen Ansatzes liegt denn auch nicht in der Frage der geschichtlichen Einordnung der Hymnen, sondern in den literarischen Voraussetzungen der Gattungszuordnung. Gunkels Gattungsanalyse richtet sich ja von vornherein nicht auf die beiden Hymnentexte als Ganze, sondern setzt die Ausscheidung der Verse Lk 1,48 und 76-79 voraus[73], um hinterher die Notwendigkeit der Textverkürzung durch die Gattungsbestimmung zu erweisen[74]. Ein Zirkelschluß, wie er im Buche steht! Er schmälert die Überzeugungskraft der Gunkelschen Argumentation um so mehr, als gerade das Magnifikat - unabhängig von Gattungskriterien - keinen zwingenden Anlaß zu literarkritischen Ausscheidungen gibt.[75] Wollte man dennoch auf ihnen bestehen, stünde immer noch der rätselhafte Bezug des Gotteshandelns zur betenden Einzelperson in V.49a im Wege, der, wie Gunkel selbst zugeben muß[76], in das von ihm erhobene Gattungsmuster des eschatologischen Hymnus nicht hineinpaßt. Gunkels eigener - mit Vorbehalt versehener - Vorschlag, das Ich in Lk 1,49 kollektiv im Sinne einer Stellvertretung des Beters bzw. Liturgen für die Gemeinde zu deuten, ist gar zu künstlich, da er die Zeile ihrer Konkretion beraubt und damit letztlich doch einer Streichung des μοι gleichkommt. Daß Crüsemann in jüngerer Zeit die Existenz der Gattung "eschatologischer Hymnus" überhaupt in Zweifel gezogen hat[77], ist bei diesen Einwänden noch gar nicht berücksichtigt. Es ist daher in jedem Falle Vorsicht vor einer allzu schnellen Anwendung dieser Gattung auf die zeitlich dem Alten Testament fern stehenden lukanischen Hymnen geboten, auch dort, wo man der literarkritischen Ausscheidung und Abtrennung der Verse Lk 1,48 und 76-79 meint zustimmen zu müssen.[78]

So bleibt auch die zunächst attraktive Erklärung der perfektischen Tempora im Magnifikat und Benediktus als konstitutiver Elemente der Gattung "escha-

---

zum 70. Geburtstag, Tübingen 1921, 43-60. Zur Gattung der eschatologischen Hymnen allgemein vgl. auch *H. Gunkel - J. Begrich*, Einleitung in die Psalmen. Die Gattungen der religiösen Lyrik Israels, 4. Aufl., Göttingen 1985, 79 und 344f.

[72] Diesen Zwang beklagt auch *Charlesworth*, Jewish Hymns, 421, im Blick auf die Forschungsdiskussion zu den frühjüdischen Hymnen und Gebeten insgesamt, die aus dem breiten Strom jüdischer Überlieferung vor allem die sektiererischen Gruppen als Tradenten des auf uns gekommenen Materials in den Vordergrund zu rücken pflegt.

[73] Lieder, 46.

[74] O.c., 57-59.

[75] Vgl. o. S. 58f.

[76] O.c., 57.

tologischer Hymnus" unbefriedigend, was ihrer Beliebtheit, der sie sich erstaunlicherweise auch bei Vertretern einer christlichen Herkunft der Lieder erfreut[79], offensichtlich keinen Abbruch tut. Diese ihre vermeintliche Überzeugungskraft aber, die einerseits von Gunkels Namen zehrt, andererseits davon, daß alle anderen religionsgeschichtlichen Einordnungsversuche mit noch weniger Indizien aufwarten können als der Gunkelsche, trägt nicht zuletzt die Schuld daran, daß der Forschung an den lukanischen Hymnen lange Zeit ein wirklicher Fortschritt verwehrt war. Wenn aber selbst Gunkel nicht zu überzeugen vermag, welchen Weg gibt es dann, Magnifikat und Benediktus als jüdische Lieder zu verstehen? Oder scheitert die rein jüdische Herleitung der beiden ersten lukanischen Hymnen tatsächlich an den in ihnen verwandten Tempora?

c. Die Tempusfrage im Quellenvergleich

Zum gegenwärtigen Zeitpunkt müßte die eben gestellte Frage bejaht werden. Dennoch können wir es hierbei nicht bewenden lassen, wollen wir nicht demselben Vorwurf Vorschub leisten, der alle bisher genannten Versuche, die Hymnen als jüdisch zu klassifizieren, trifft: die Vernachlässigung des im weitesten Sinne zeitgenössischen poetischen Materials[80] und der Verzicht auf einen wirklichen Vergleich der Textformen. Ein solcher hätte nämlich rasch den Unterschied zutage gefördert, der zur Aussageform des Magnifikat und Benediktus gerade dort besteht, wo inhaltlich die engsten Parallelen vorliegen.

Am deutlichsten zeigt sich dies in den Psalmen Salomos, wo wir einerseits die größte Fülle motivischer Entsprechungen zu den lukanischen Hymnen finden[81], andererseits aber keinerlei Übereinstimmung in der Verwendung der Tempora. Das Heil, um das auch diese Psalmen kreisen, ist an keiner Stelle Gegenstand menschlichen Jubels, sondern allein Gegenstand menschlicher *Hoffnung*, der Hoffnung auf die göttliche Erlösungstat, der Hoffnung auf die Befreiung des frommen Israel, der Hoffnung auf die Errettung und Aufrichtung der Armen, der Hoffnung auf die Überwindung von Not und Unterdrük-

---

[77] *F. Crüsemann*, Studien zur Formgeschichte von Hymnus und Danklied in Israel, Neukirchen-Vluyn 1969, 47.

[78] Zur Gattungsproblematik generell vgl. Kap. V.3.

[79] Vgl. u. S. 182.

[80] Das gilt auch für Gunkel, dessen Vergleichsmaterial sich fast ausnahmslos aus dem alttestamentlichen Psalter rekrutiert.

[81] Vgl. neben den unten genannten Stellen zum Bekenntnis zu Gott als Erlöser Israels bzw. des einzelnen: PsSal 8,30.33; 10,8; 12,6; zum jubelnden Lobpreis des Gottesnamens: PsSal 5,1; 6,1.4; 10,5.7; 15,1f; zur Hervorhebung der Gottesfürchtigen als Zielgruppe des göttlichen Handelns: PsSal 3,3; 4,32; 5,18; 13,12; 15,13; zum Empfang der göttlichen Gnadenerweise: PsSal 6,6; 7,6.8; 9,11; 10,3; 11,9; 13,12; zur Rettung durch die rechte Hand bzw. den Arm Gottes: PsSal 13,1f; zum Hochmut der Gottesfeinde: PsSal 17,13 (antithetisch 17,41);

kung; und grammatikalisch schlägt sich dies in dem fast ausschließlichen Gebrauch *futurischer* Wendungen[82] oder der Anredeform der *Bitte* nieder[83]. Daß dieser grammatikalische Unterschied zu den lukanischen Hymnen auch ein inhaltlicher ist, zeigt sich besonders dort, wo die Erlösungshoffnung am brennendsten wird, wo sie sich mit der Erwartung des für die Tage der Endzeit[84] verheißenen davidischen Heilskönigs, des χριστὸς κυρίου[85], verbindet[86]:

PsSal 17,21:   Ἰδέ, κύριε, καὶ ἀνάστησον αὐτοῖς τὸν βασιλέα αὐτῶν υἱὸν Δαυιδ εἰς τὸν καιρόν, ὃν εἴλου σύ, ὁ θεός, τοῦ βασιλεῦσαι ἐπὶ Ισραηλ παῖδά σου.

Dies gilt auch für PsSal 18,3-7, wo die ersehnte Sendung des Gesalbten Gottes als *zukünftige* Erfüllung der Liebe Gottes zu Abraham besungen wird[87]. Die unterschiedlichen Tempora lassen keinen Zweifel, daß die von den Psalmen Salomos herbeigesehnte Zeit der Erfüllung für den Verfasser des Magnifikat und Benediktus bereits angebrochen ist.[88]

Ebenso steht es mit anderen Hymnenbeispielen der persisch-hellenistischen bzw. hellenistisch-römischen Zeit: Auf Vergangenheitsformen stoßen wir nur dort, wo die Erlösung aus individueller Not, meist im Sinne von Sündennot, im Mittelpunkt der Hinwendung zu Gott steht, so z.B. in Sir 51,1-12, im 5. der sog. syrischen Psalmen[89] oder auch in dem vermutlich vorqumranischen Psalm 11QPs^aPlea[90], der in den Versen 8-13 ein individuelles Danklied enthält[91]. Wo dagegen das eschatologische Thema der Befreiung Israels in den

---

zur Aufrichtung der Armen: PsSal 5,2; 15,1; zur Erwählung des Abrahamssamens und zum Väterbund: PsSal 9,9f; 18,3; zum Bundesschwur an David: PsSal 17,4 und zur Ebnung des Weges durch Gott: PsSal 6,2.

[82] Vgl. z.B. PsSal 4,23; 5,8.11; 10,6; 17,3; 18,2.

[83] Vgl. z.B. PsSal 8,27f und 12,1.

[84] Vgl. neben der im Folgenden zitierten Stelle auch PsSal 17,42.44 und 18,6.

[85] Vgl. PsSal 17,32 und 18,5.7.

[86] Diese Eindringlichkeit steigert sich bis zu der in PsSal 17,45 vorgetragenen Bitte um Eile bei der Heraufführung der Heilszeit.

[87] Vgl. dazu bereits o. S. 30 Anm. 75.

[88] Dagegen handelt es sich da, wo die Psalmen Salomos tatsächlich einmal perfektisch vom Rettungshandeln Gottes reden, entweder um die individuelle Erfahrung von Sündenbefreiung, etwa in PsSal 16,3-5, oder um die Wiedergabe von Schriftprophetie (PsSal 11,1-7), die folgerichtig in die Bitte um Erfüllung der Verheißung einmündet (PsSal 11,8).

[89] Zum Text vgl. W. Baars (Hg.), Apocryphal Psalms, in: Vetus Testamentum Syriace iuxta simplicem Syrorum versionem, hg. vom Peshiṭta Institute Leiden, Bd. 4/6, Leiden 1972, 6. Eine deutsche Übersetzung einschließlich einer kurzen Einführung bietet *A. S. van der Woude*, Die fünf syrischen Psalmen (einschließlich Psalm 151), JSHRZ 4/1, 2. Aufl., Gütersloh 1977, 29-47.

[90] Text mit englischer Übersetzung und Kommentar in: *J. A. Sanders*, The Psalms Scroll of Qumrân Cave 11 (11QPs^a), DJD 4, Oxford 1965, 40 und 76-79.

[91] Vgl. auch 4Q381 31 4-9 (bes. V.5f). - Verwiesen sei aber auch auf TIob 43,4-17, wo im Eingang und am Schluß des Liedes ebenfalls die geschehene Erlösung von der Sünde besungen wird (V.4 und 16f); zum Text s. *S. Brock*, Testamentum Iobi, PVTG 2, Leiden 1967,

Blick kommt, bestimmen, so verschiedenartig das Material auch ist, futurische Formen und Bitten das Bild, wie in Sir 36,1-16 (bes. V.7), in Tob 3,1-18 (bes. V.5.10 und 16) oder in dem ebenfalls vorqumranischen Apostrophe to Zion 11QPs[a]Zion[92] (bes. V.2.4 und 8f), um nur einige Beispiele zu nennen.[93] Etwas aus dem Rahmen fällt allein der weisheitliche, auch in Qumran erhaltene Psalm 154 = Syr. II[94], der in V.17-20 die Errettung durch Gott und ungewöhnlicherweise auch die Aufrichtung des Horns aus Jakob nicht in futurischen Formen, sondern im hymnischen Partizipialstil besingt. Dennoch wird auch hier das Partizipium die Zukünftigkeit des eschatologischen Geschehens einschließen.

Abgesehen davon aber ist es geradezu erstaunlich, daß wir auf das von Interpretatoren der lukanischen Hymnen so gern für das frühe Judentum reklamierte Jubellied mit seinem uneingeschränkten Lobpreis auf das Heilshandeln Gottes in der vom 2. Jh. v. Chr. bis ins 1. Jh. n. Chr. reichenden Epoche kaum einmal stoßen. Eine der wenigen Ausnahmen bildet neben Dan 3,52-90 LXX das Juditlied Jdt 16,1-17, das jedoch inhaltlich so wenig mit den lukanischen Liedern gemein hat[95], daß auch die hier zu Wort sich meldende Frauengestalt nicht ausreicht, eine Abhängigkeit zu konstruieren. Um so häufiger begegnet uns - nicht nur in Palästina - das Bußgebet[96], dessen wohl eindrücklichstes Beispiel das ausgesprochen persönlich gehaltene Gebet Manasses dar-

---

52f; Übersetzung von B. *Schaller*, Das Testament Hiobs, JSHRZ 3/3, Gütersloh 1979, 363-365.

[92] Text und Übersetzung ebenfalls in *Sanders*, o.c., 43 und 85-89. Eine frühere Fassung dieses Psalmes stellt 4QPs[f] VII 14-VIII 16 dar. Vgl. in diesem Zusammenhang auch Apostrophe to Juda 4QPs[f] X 3-15 (bes. V.11-13). Zu beiden Texten vgl. *J. Starcky*, Psaumes apocryphes de la Grotte 4 de Qumrân (4QPs[f] VII-X), RB 73 (1966), 355-357.358-366.368-371. - Hingewiesen sei daneben auch auf *C. E. L'Heureux*, The Biblical Sources of the "Apostrophe to Zion", CBQ 29 (1967), 60-74, der eine über Sanders hinausgehende Analyse des alttestamentlichen Hintergrunds des Liedes bietet, welche mit ähnlichen Methoden wie den hier angewandten ebenfalls belegt, daß der Schriftgebrauch in der jüdischen Hymnodik unserer Zeit alles andere als willkürlich ist.

[93] Vgl. weiter das Gebet Asarias Dan 3,26-45 LXX (bes. V.34f.42f), die Gebete Mardochais und Esthers in den Zusätzen zum Estherbuch (bes. Esth 4,17[f] und 4,17[t und z]) und das Gebet Manasses (bes. V.14); zur Übersetzung und Einführung vgl. *E. Oßwald*, Das Gebet Manasses, JSHRZ 4/1, 2. Aufl., Gütersloh 1977, 15-27. Daneben die individuellen Klagelieder Ps 152 = Syr. IV (bes. V.6) und Ps 155 = Syr. III (bes. V.21); zu Text und Übersetzung vgl. *Baars*, Apocryphal Psalms, 5 und 9f, und *v. d. Woude*, Syrische Psalmen, 41f und 45f. Erwähnt sei schließlich auch TMos 10,1-10 (bes. V.8-10); zum Text vgl. *E.-M. Laperrousaz*, Le testament de Moïse, Sem. 19, Paris 1970, 60 (franz. Übers. 129f). In 4Q381 46 ist der Gedankenfluß zwar unklar, doch tritt auch in diesem Fragment deutlich die Zukünftigkeit der geschilderten Heilsereignisse hervor.

[94] Zum hebräischen Text 11QPs[a] 154 vgl. *Sanders*, DJD 4, 39 und 64-70, zum syrischen Text *Baars*, o.c., 7.

[95] Zu den wenigen Begriffsparallelen vgl. bereits o. S. 70 mit Anm. 36.

[96] Vgl. auch *Nitzan*, Qumran Prayer, 6f.

stellt[97], das uns aber auch in Dan 3,26-45, dem Gebet Asarjas, in Dan 9,4b-19, Tob 3,2-6 und Bar 1,15-3,8 entgegentritt, weiter in 1QS I 24b-II 1; CD XX 28-30 und 4Q504 1-2 recto I-VII 2, aber auch in 3.Makk 2,2-20. Kann dies auch nicht als Beweis für die Unmöglichkeit der Entstehung von Magnifikat und Benediktus in nichtchristlich-jüdischen Kreisen dienen, so wirft es doch ein Licht auf das generelle religiöse Empfinden, das unsere Epoche prägt.[98]

Bei alledem ist eine Gruppe poetischer Texte noch unberücksichtigt geblieben, nicht weil ihr geringere Bedeutung zukäme als der übrigen jüdischen Hymnen- und Gebetsliteratur, sondern weil, im Gegenteil, die Fülle des Materials und die ihm nachgesagten Verbindungen zu den lukanischen Hymnen eine eingehendere Betrachtung nötig machen. Es handelt sich um die Texte aus Qumran, deren motivische und sprachliche Parallelen zu Magnifikat und Benediktus so zahlreich sind, daß neben Flusser[99], der eine von Qumran über die Täufersekte gehende Traditionsvermittlung postuliert, sogar Brown[100], der

---

[97] Vgl. auch das Manasse zugeschriebene Bußgebet 4Q381 33 8-11.

[98] An dieser Stelle sei auch das Achtzehnbittengebet erwähnt, das man als die vollkommene Zusammenfassung dessen verstehen kann, was das Judentum um die Zeitenwende von Gott als noch ausstehend erwartete und erbat - in z.T. großer motivischer Nähe zum Magnifikat und Benediktus: vgl. v.a. die 15. Benediktion der babylonischen Rezension: "Den Sproß Davids (=Messias) laß eilends aufsprossen u. sein Horn erhebe sich durch deine Hilfen. Gepriesen seist du, Jahve, der sprossen läßt d[as Horn der] Hilfe (מַצְמִיחַ קֶרֶן הַיְשׁוּעָה)", Übersetzung nach *H. L. Strack - P. Billerbeck*, Kommentar zum Neuen Testament aus Talmud und Midrasch, Bd. 4/1, 8. Aufl., München 1986, 213. Vgl. aber auch - immer in der babyl. Rez. - die 1. Ben., die Gott als den הַגִּבּוֹר . . . זוֹכֵר חַסְדֵי אָבוֹת besingt, die 2. Ben., die Gott als den preist, der aus übergroßem Erbarmen Heil sprossen läßt, die 3. Ben. mit ihrem exklamatorischen "heilig ist dein Name", die 5. Ben., welche die Bitte um Gewährung des Dienstes vor Gottes Angesicht enthält, die 7. Ben., die Gott auffordert, das Elend Israels anzusehen und Erlösung zu senden, und schließlich die letzte Ben. mit ihrer eindringlichen Bitte um Frieden im Lichte des Angesichts Gottes; zum hebräischen Text der palästinischen und der babylonischen Rezension des Sch^emone 'Esre vgl. *O. Holtzmann* (Hg.), Die Mischna. Text, Übersetzung und ausführliche Erklärung, I. Seder. Zeraim. 1. Traktat. Berakot., Gießen 1912, 10-27. Eine immer noch brauchbare Studienausgabe altjüdischer Gebete bietet *W. Staerk*, Altjüdische liturgische Gebete, 2. Aufl., Berlin 1930, 9-19. Es sind beim Achtzehnbittengebet gerade die terminologischen und motivischen Übereinstimmungen, die deutlich machen, wie groß der Graben ist, der sich zum Magnifikat und Benediktus durch die dortige Verwendung *perfektischer* Zeitformen auftut.

[99] Magnificat.

[100] Birth, 350-353. - Die Qumranforschung selbst ist heute allerdings beim Vergleich der lukanischen Hymnen mit der qumranischen Literatur sehr viel zurückhaltender, als sie es noch in den ersten Jahren nach der Entdeckung der Sektenschriften war, einer Zeit, in der oft unkritisch und gerade mit Verweis auf Magnifikat und Benediktus unmittelbare Zusammenhänge zwischen der essenischen und der urchristlichen oder auch der täuferischen Bewegung postuliert wurden; vgl. z.B. *W. Grossouw*, The Dead Sea Scrolls and the New Testament. A Preliminary Survey (III-V), StC 27 (1952), 5; *J. L. Teicher*, The Teaching of the pre-pauline Church in the Dead Sea Scrolls V, JThS 4 (1953), 100-103; *F. M. Braun*, L'arrière-fond judaïque du quatrième évangile et la Communauté de l'Alliance, RB 62 (1955), 41f, und *J.*

Magnifikat und Benediktus für christliche Lieder hält, von einem Traditionszusammenhang zwischen den lukanischen und den qumranischen Hymnen überzeugt ist.

Tatsächlich stoßen wir, vor allem in den Hodajot, aber auch in den Hymnen
der Kriegsrolle in 1QM X-XIV und XVIII-XIX[101], im Schlußhymnus der Sek-
tenregel, 1QS X 9-XI 22, und nicht zuletzt in den Cantiques du Sage 4Q510
und 511 und in den Sabbatliedern[102], um zunächst nur das genuin essenische Hymnenmaterial zu nennen[103], auf beinahe alle Motive, die für das
Magnifikat und Benediktus charakteristisch sind: Gottes Heil und Hilfe[104],
seinen hoch zu preisenden Namen[105], die Großtaten Gottes an seinem
Volk[106], konkretisiert als machtvolles Handeln Gottes durch seine starke

---

Daniélou, Les manuscrits de la mer Morte et les origines du christianisme, 2. Aufl., Paris
1974, 15f. Wie die einzelnen Autoren dabei das Abhängigkeitsverhältnis rekonstruieren, kann
hier außer Betracht bleiben.

[101] Auch hier zeigt sich wieder die Unsicherheit, die in der Klassifikation poetischen Materials besteht: Während beispielsweise in *Schürer*, History 3/1, 451, nur 1QM XII 10-18 und
XIX 2-8 als hymnisches Material betrachtet werden, zählt *Charlesworth*, Jewish Hymns, 424,
den gesamten Abschnitt 1QM X 8-XII 16 und weiter XIII 7-XIV 1 zu den hymnischen Stük-
ken. Aber auch er klammert 1QM XIV 4-15 aus, einen Text, der wiederum für *C.-H. Hunzinger*, Fragmente einer älteren Fassung des Buches Milḥamā aus Höhle 4 von Qumrān, ZAW 69
(1957), 133, und *Lattke*, Hymnus, 125, fraglos hymnischen Charakter hat.

[102] 4QShirShabb; 11QShirShabb und MasShirShabb, veröffentlicht von *C. Newsom*,
Songs of the Sabbath Sacrifice: A Critical Edition, Atlanta, Georgia 1985. Vgl. auch *A. M.
Schwemer*, Gott als König und seine Königsherrschaft in den Sabbatliedern aus Qumran, in:
M. Hengel - A. M. Schwemer (Hg.), Königsherrschaft Gottes und himmlischer Kult im Juden-
tum, Urchristentum und in der hellenistischen Welt, Tübingen 1991, 45-118.

[103] Als vorqumranisch gelten allgemein die bereits oben erwähnten und von *Sanders*
veröffentlichten apokryphen Psalmen der in Höhle 11 gefundenen Psalmenrolle: Ps 151, 154
und 155, Plea for Deliverance, Apostrophe to Zion und der bisher noch nicht genannte Schöp-
fungshymnus 11QPs[a]Creat., vgl. DJD 4, 47 und 89-91, weiter die Psalmfragmente
11QPsAp[a], vgl. *J. P. M. van der Ploeg*, Un petit rouleau de psaumes apocryphes
(11QPsAp[a]), in: G. Jeremias - H.-W. Kuhn - H. Stegemann (Hg.), Tradition und Glaube. Das
frühe Christentum in seiner Umwelt, FS K. G. Kuhn zum 65. Geburtstag, Göttingen 1971,
128-139, sowie die in 4QPs[f] neben der etwas abweichenden Fassung des Apostrophe to Zion
enthaltenen Psalmen Apostrophe to Juda und der unbenannte Psalm 4QPs[f] IX 1-15; zu letzterem vgl. *Starcky*, RB 73, 356f und 366-368. Daneben ist auch *Schuller*, Non-Canonical
Psalms, 14, vom vorqumranischen Ursprung der von ihr veröffentlichten Psalmensammlung
4Q380 und 381 überzeugt. Das Urteil über die in 4QM1 11 I und 12 erhaltenen Hymnen
"Cantique de Michel" und "Cantique des justes" (vgl. *Baillet*, DJD 7, 26-30), hängt davon ab,
wie man sich die Entstehungsgeschichte der Kriegsrolle vorstellt; vgl. dazu *Schürer*, History,
Bd. 3/1, 401f, dort weitere Literatur.

[104] Vgl. z.B. 1QH XII 3; 1QM XIII 13; XIV 5; 1QS X 17 und 4Q510 1 5.

[105] Vgl. z.B. 1QH I 30; II 30; III 23; XI 6.25; XII 3; XVII 20; 1QM XIII 7; XIV 4.8.12;
XVIII 6; 1QS X 13; 4Q510 2 I 8 und 4Q511 35; 63 IV 2.

[106] Häufigste Bezeichnung für die Großtaten oder Machttaten Gottes ist גבורות, vgl. 1QH
IV 29.32; VI 11; IX 16; 1QM XIII 9; XIV 6.13; weiter 4QShirShabb 404 22; 405 135 und
11QShirShabb 5-6 4. Daneben findet sich das verbale גבר hif., vgl. 1QH I 34; II 24; IV
8.23.27f; V 15; IX 37; X 3, und, weitaus seltener, גדל hif., vgl. 1QH V 25; XV 15; 1QM

Hand[107], die Erhebung der Niedrigen und Erniedrigung der Hohen[108], den Väterbund und die göttliche Bundesgnade[109], die Erhöhung des Horns[110] und nicht zuletzt den unangefochtenen Dienst vor Gottes Angesicht[111].

Nun könnte man gegen die essenische Herleitung von Magnifikat und Benediktus einwenden, daß die fraglichen Motive und Wendungen kaum einmal kombiniert erscheinen, sondern verstreut in Zusammenhängen auftauchen, die thematisch in eine ganz andere Richtung weisen als die lukanischen Hymnen und zudem sprachlich und typologisch sehr viel deutlicher qumranisches Gepräge tragen, als man es für unsere Lieder reklamieren könnte.[112] Es gibt aber einen Text, den sog. Hymnus der Heimkehr 1QM XIV 4-15, der so frappierende Übereinstimmungen mit den lukanischen Hymnen aufweist, daß eine genauere Untersuchung möglicher Abhängigkeiten unumgänglich ist.

Inhaltlich besingt dieser Hymnus den Eintritt der Heilszeit, herbeigeführt durch den Sieg des Gottesvolkes im eschatologischen Endkampf; und er bedient sich dabei nicht nur eines ähnlichen Bildmaterials, wie wir es im Magnifikat und Benediktus finden, sondern auch der gleichen perfektischen Sprachform. Am Vergangenheitscharakter der in diesem Hymnus geschilderten Ereignisse besteht kein Zweifel. Und selbst in der voraufgehenden Aufforderung zum hymnischen Lobpreis am Tag des prophezeiten Schlachtsieges finden wir in der Wendung ורוממו שמו das Vokabular aus V. 46b und V. 49b des Magnifikat wieder:

XVIII 7, und פלא hif., vgl. 1QM XVIII 10. Zum Bedeutungsunterschied zwischen dem substantivischen und dem verbalen Gebrauch der Wurzeln vgl. u. S. 141 Anm. 23. Als Pendant zum machtvollen Gotteshandeln begegnet häufig auch der Hinweis auf sein Wunderhandeln; als Komplementärbegriff zu גבורות erscheint hier נפלאות, vgl. 1QH I 30.33f; III 23; VI 11; IX 7; X 15.21; XI 28; XIV 23 u.ö.

[107] Der Begriff זרוע, "Arm", erscheint in diesem Zusammenhang nicht. In den Hodajot begegnet statt dessen ימין, die Rechte Gottes, in der Kriegsrolle findet sich mit Vorliebe der Begriff יד, vgl. 1QH XVII 12; XVIII 7; 1QM XI 11; XIII 12.14; XVIII 11.13; XIX 3; vgl. auch 4QShirShabb 403 1 I 39.

[108] Vgl. z.B. 1QM XI 12; XIII 15; XIV 10f.14f.

[109] Vgl. z.B. 1QH X 30; XVI 12f; 1QM XII 3; XIII 7f; XIV 4.8f. Zur Bundeskonzeption vgl. ausführlicher u. S. 88f.

[110] Vgl. 1QH VII 22f. S. dazu allerdings u. S. 87.

[111] Vgl. z.B. 1QH II 36; VI 19; XVI 7.18; XVII 14; 1QM XIII 3; daneben 4QShirShabb 400 1 I 8 und 405 23 II 2.

[112] Vgl. z.B. den Hinweis auf die Gemeinde Belials (1QH II 22), Inhaber des verkehrten Geistes (1QH III 21), im Gegensatz zur Gemeinde der Himmelssöhne (1QH III 22), die Hervorhebung der exklusiven göttlichen Belehrung im Rat der Wahrheit (1QH XI 9f), welche die Söhne der Wahrheit von den Geistern der Verkehrtheit aussondert (1QH XI 11f), oder den personifizierten Dualismus von Licht und Finsternis (1QM XIII 15), um nur einige Beispiele zu nennen. Vgl. auch die Liste der typisch qumranischen Bezeichnungen für die Glaubensgeg-

(4b) Gepriesen sei der Gott Israels,
der Gnade bewahrt seinem Bund
und Bezeugungen (5) der Hilfe dem Volk seiner Erlösung.
Und er berief Strauchelnde zu wunderbaren [Heldentaten],
aber das Aufgebot der Völker versammelte er zur Vernichtung ohne Rest,
und um zu erheben durch das Gericht (6) das verzagte Herz
und zu öffnen den Mund der Verstummten,
daß sie jubeln über die Machttat[en Gottes],
und um die schlaffen [Hände] Kampf zu lehren.
Und er verleiht denen, deren Knie wanken, festen Standort
(7) und Festigkeit der Lenden dem zerschlagenen Nacken.
Und durch die, die demütigen Geistes sind [. . .] das verstockte Herz. Und   •
durch die, die vollkommenen Wandels sind, werden alle Völker des Frevels
vertilgt.
(8) Und für alle ihre Helden gibt es kein Standhalten.
Aber wir sind der Re[st deines Volkes.
Gepriesen sei] dein Name, Gott der Gnadenerweise,
der du den Bund bewahrt hast unseren Vätern.
Und bei (9) allen unseren Geschlechtern hast du deine Gnaden wunderbar
erwiesen
an dem Res[t deines Volkes] unter der Herrschaft Belials.
Und durch alle Geheimnisse seiner Feindschaft haben sie [uns] nicht
abgebracht (10) von deinem Bund.
Und seine [verde]rblichen Geister hast du von [uns] fortgescholten,
[und wenn die Män]ner seiner Herrschaft [frevelten], hast du die
Seele derer bewahrt, (denen) deine Erlösung (gilt).
Und du hast (11) Fallende aufgerichtet durch deine Kraft,
aber die Hochgewachsenen fäll[st] du, [um sie zu erniedrigen].
Für alle ihre Helden gibt es keinen Retter,
und für ihre Schnellen keine Zuflucht.
Und ihren Vornehmsten (12) zahlst du zur Verachtung heim.
Und all [ihr] nichti[ges] Wesen [wird wie Nich]ts.
Aber wir sind dein heiliges Volk,
wir loben deinen Namen angesichts der Werke deiner Wahrheit,
(13) und angesichts deiner Machttaten preisen wir [deinen Ruhm
zu allen] Zeiten und ewig festgesetzten Fristen,
bei Ein[tri]tt des Tages und der Nacht (14) und beim Ausgang von
Abend und Morgen.
Denn groß ist dein he[rrliches Planen]
und deine wunderbaren Geheimnisse in [deinen] Höhen;
zu [erhöhen] für dich aus dem Staub
(15) und zu erniedrigen von den göttlichen Wesen.[113]

Sollte Winter mit seiner Bestimmung der lukanischen Hymnen als Schlachtlie-
der nicht doch Recht haben, wenn die Schlachtsituation nicht historisch, son-

---

ner u. S. 88, von denen keiner der oben genannten Motivkreise frei ist. "Zur theologischen
Terminologie der Qumran-Texte" generell vgl. den gleichnamigen Beitrag von *F. Nötscher*,
Bonn 1956.
[113] Übersetzung nach *Lohse*, Texte, 213f. Unterstrichen sind die Wendungen und Motive,
die sich auch im Magnifikat und Benediktus finden.

dern eschatologisch zu bestimmen wäre? Überzeugender als durch die Transzendierung des Historischen ließe sich das Tempusproblem ja gar nicht lösen!

Betrachten wir allerdings das Siegeslied genauer, so bleibt der schon gegen Winter erhobene Einwand bestehen: Von einer aktuellen Kriegssituation, wie sie in 1QM XIV in ganz konkreter Weise präsent ist (vgl. v.a. 1QM XIV 5-8), ist im Magnifikat und Benediktus nichts zu spüren. Im Gegenteil, vergleicht man die lukanischen Hymnen nochmals mit den sie deutlich prägenden alttestamentlichen Liedern Jes 12 und Ps 107[114], die beide wie der Hymnus der Heimkehr in ihrer Einleitung deutlich machen, daß der nachfolgende Psalmtext für die Zeit der eschatologischen Wende bestimmt ist, so zeigt sich, daß die Hymnen der Kindheitsgeschichte, wo sie die Aufhebung der voreschatologischen Situation der Gottesfeindschaft schildern, nicht über die alttestamentliche Schau des eschatologischen Endes hinausgehen. Da wir ferner in den lukanischen Liedern außer dem Hinweis auf die Armen kein typisch qumranisches Theologumenon finden, wie es etwa die Verwerfung der Herrschaft Belials und seiner Geister in 1QM XIV 9f darstellt, kann die Einordnung unserer Hymnen in den Strom essenischer Traditionsvermittlung letztlich doch nicht überzeugen.[115]

Überdies läßt sich auch sprachlich beweisen, daß Magnifikat und Benediktus weder qumranischen Ursprungs sind, noch überhaupt irgendeinen qumranischen Einfluß verraten, ja, daß sie sogar dem nicht genuin essenischen Material aus Qumran fernstehen. Es fällt nämlich auf, daß, so zahlreich die Motivparallelen zu den lukanischen Hymnen im einzelnen auch sind, in der sprachlichen Formung des Bildmaterials überraschenderweise kaum Übereinstimmungen bestehen[116]: Während z.B. in Lk 1,49a die Wendung ποιεῖν μεγάλα eindeutig auf die alttestamentliche Rede von den גדולות, die Gott tut, zurückgeht,

---

[114] Vgl. o. S. 20 bzw. 14.

[115] Und selbst wenn man mit *Hunzinger*, ZAW 69, 131-151, aufgrund der in Höhle 4 gefundenen und von 1QM abweichenden Fragmente der Kriegsrolle einen vorqumranischen Ursprung des Hymnus der Heimkehr propagierte und für die lukanischen Hymnen an eine Traditionsvermittlung dächte, die nicht direkt über Qumran geht, bliebe als inhaltlicher Einwand die ausdrücklich kriegerische Ausrichtung des Hymnus bestehen. Zwar hält *Flusser*, Magnificat, 134-140, dennoch an der Abhängigkeit der lukanischen Lieder von 1QM XIV 4-15 fest; aber er bedarf dazu der künstlichen Rekonstruktion einer von allen kriegerischen Elementen und aller typisch essenischen Terminologie gereinigten Vorform, was sich methodisch schon deshalb verbietet, weil Flusser für diese Rekonstruktion das Magnifikat selbst zugrunde legt und damit in einen Zirkelschluß hineingerät, abgesehen davon, daß er wegen der ohne Zweifel bestehenden Motivparallelen die Frage nach dem alttestamentlichen Bezugsrahmen ganz außer acht läßt.

[116] Es sei bereits hier darauf hingewiesen, daß die vorliegende Arbeit von der Annahme eines den lukanischen Hymnen zugrunde liegenden hebräischen Originals ausgeht; s. Kap. III.4. Nur auf dieser Grundlage ist ja auch die Auseinandersetzung mit der These eines qumranischen Traditionseinflusses sinnvoll.

findet sich in der qumranischen Hymnen- und Gebetsliteratur[117] trotz der überaus großen Häufigkeit des Motivs fast ausschließlich der Preis der göttlichen גבורות[118] und kaum einmal der Hinweis auf die גדולות Gottes[119]. Das Magnifikat steht hier dem alttestamentlichen Schrifttum eindeutig näher als dem qumranischen. Das gleiche gilt für die anschließende Zeile Lk 1,49b, welche mit ihrer exklamatorischen Aussage "heilig ist sein Name" die Redeweise des Alten Testaments, besonders der Psalmen, aufnimmt[120], die ihrerseits die allgemeinjüdische wie auch die christliche Gebetssprache beeinflußt hat - man vergleiche besonders das Qaddish und das Vaterunser[121] -, aber offensichtlich nicht dem Sprachgebrauch der Qumrangemeinde entspricht. Hier begegnet die Wendung oder eine vergleichbare in den entsprechenden Texten nicht. Der Lobpreis des Namens findet sich nur in indirekter Form: als Aufforderung zur Erhebung des Gottesnamens oder als Bericht über den Vollzug eines solchen Aktes, wobei überdies der Gottesname nur in bestimmten Textsammlungen, nämlich den Cantiques du Sage 4Q510 und 511, den Prières quotidiennes 4Q503, und den Paroles des luminaires 4Q504-506,[122] mit dem Epitheton "heilig" versehen ist[123]. Für V.50 fehlt selbst diese indirekte Form der Parallele[124].

Selbst im zweiten Hymnusteil bleibt das Bild unverändert: Für Lk 1,52 und 53 gibt es außer groben Motivparallelen keine Vergleichsstellen, die auch nur annähernd dem Wortlaut des Magnifikat oder der ähnlich lautenden alttestamentlichen Textstellen[125] entsprächen. Und was die Abschlußverse angeht, so

---

[117] Da eine sprachliche Erfassung des gesamten qumranischen Materials den Rahmen dieser Untersuchung gesprengt hätte, liegt den folgenden Ausführungen nur das hymnische Vergleichsmaterial und, so umfassend wie möglich, die Gebetsliteratur zugrunde. Es ist aber kaum damit zu rechnen, daß sich das Bild durch die Hinzuziehung weiteren Materials grundlegend ändert, wenn natürlich auch mit Ausnahmen zu rechnen ist. Die Beschränkung kann aber auch deshalb schon genügen, weil es in der Forschung immer nur die qumranische *Hymnen*dichtung ist, mit der die lukanischen Hymnen verglichen oder der sie an die Seite gestellt werden.

[118] Vgl. neben den o. S. 82 Anm. 106 genannten Stellen 4Q511 2 II 7; 3 4; 18 II 3; 19 5; 26 4 u.ö.

[119] Zu den wenigen Ausnahmen gehört 4Q504 6 21. In 4QShirShabb 400 3 I 5 bleibt der Zusammenhang, in dem der Begriff erscheint, unklar.

[120] Vgl. z.B. Ps 111,9; 99,3.5 oder Jes 57,15; daneben Ps 103,1; 105,3; 106,47; 145,21 u.ö.

[121] Dazu *H. L. Strack - P. Billerbeck*, Das Evangelium nach Matthäus erläutert aus Talmud und Midrasch, Kommentar zum Neuen Testament aus Talmud und Midrasch 1, 9. Aufl., München 1986, 408-418. Zum Qaddish vgl. *Staerk*, Gebete, 29-32, und die noch immer grundlegende Abhandlung von *D. de Sola Pool*, The Old Jewish-Aramaic Prayer. The Kaddish, Leipzig 1909 (zum Vergleich mit dem Vaterunser bes. 111f).

[122] S. *Baillet*, DJD 7, 105-136; 137-177; 215-262.

[123] Vgl. 4Q511 2 I 1f; 4Q503 40+41 6; 4Q504 1-2 recto VII 5 und 10f; 3 II 10; 4 16.

[124] Um so häufiger finden sich solche in den Psalmen Salomos, vgl. etwa PsSal 2,33; 10,3 oder 13,12.

[125] Vgl. die o. S. 83 Anm. 108 genannten Stellen.

gibt es für V.54a überhaupt keine Parallele, für V.55 eine solche nur insofern, als die Qumranhymnen von Gottes Rede zu *Moses* sprechen[126]; und nur für das Motiv der Bundes- bzw. Gnadengewährung in V.54b finden sich in Qumran vergleichbare Aussagen[127].

Nicht anders steht es mit dem Benediktus, das zwar mit einer auch in Qumran überaus gebräuchlichen Einleitungsformel beginnt[128], aber schon in der weiterführenden Zeile V.68b nicht mehr als den einen Begriff "Erlösung", λύτρωσις, hebr. פדות, mit den qumranischen Hymnen- und Gebetstexten gemein hat[129], so daß, wie im Magnifikat, als Traditionsgrundlage unserer Stelle einzig das alttestamentliche Schrifttum, speziell Ps 111,9 und 106,4, in Frage kommt.[130] Ebenso schöpft die Rede von der Aufrichtung des Heilshornes zum Zwecke der Erlösung Israels eindeutig aus dem alttestamentlichen Sprachfundus[131] und nicht aus dem der qumranischen Hymnentexte, in welchen das Horn immer nur als Bild für die von Gott verliehene Durchsetzungs- und Herrscherkraft des Beters fungiert[132], ohne jeglichen Bezug auf den Davididen oder auf Israel. Das Feindesmotiv aus V.71 ist dagegen in den Qumranschriften weit verbreitet. Um so erstaunlicher ist daher auch hier das Fehlen jeder sprachlichen Nähe zum Wortlaut des Benediktus. In den Hodajot findet sich außer in 1QH IX 21 und 25 der generelle Feindbegriff gar nicht, dafür eine

---

[126] So in 1QH XVII 12 und 1QM X 6; vgl. auch 4Q504 1-2 recto V 14.

[127] Vgl. z.B. 1QM XIV 4f; 4Q511 10 10 und 1Q34bis 3 II 5. Weitere Stellen zum Bundesmotiv u. S. 88 Anm. 136-138.

[128] Vgl. 1QH X 14; XI 29.32f; XVI 8; 1QM XIII 2; XIV 4f; XVIII 6; 1Q34bis 2+1 4; 4QShirShabb 403 1 I 28; daneben 4Q503 1-6 2.6.18; 7-9 6.8; 33 I+34 20; 48-50 7; 51-55 6.12; 69 2; 74 3; 139 1; 4Q504 3 II 2; 4Q507 2 2; 4Q509 3 9; 206 1; 4Q511 16 4; 63 IV 2 u.ö. Die in Lk 1,68 in Anlehnung an bestimmte Psalmenstellen verwendete Langform der Formel begegnet uns in den qumranischen Belegen allerdings nicht. Zur theologischen Bedeutung der speziellen Form der Eulogie im Benediktus s. u. S. 212-214.

[129] Vgl. v.a. 1QM XIV 4f, daneben 1QM XI 3; XIV 10; XVIII 11. Das Verb פקד, griech. ἐπισκέπτομαι, findet sich, auf Gott bezogen, in den hymnischen Texten nur in 4Q380 1 I 9, daneben, in positiver Verwendung wie im Benediktus, noch in CD I 7. Gegen *H. Braun*, Qumran und das Neue Testament, Bd. 1, Tübingen 1966, 80, kann man die häufige Verwendung von פקד, wie sie der Autor durch *K. G. Kuhn*, Konkordanz zu den Qumrantexten, Göttingen 1960, 179, belegt findet, nicht als Beweis für einen dem Benediktus entsprechenden Sprachgebrauch heranziehen, da außer in der genannten Stelle CD I 7 in keinem der zahlreichen Belege der Begriff positiv, im Sinne einer gnädigen Hinwendung Gottes zu seinem Volk, verwendet wird. Im Gegenteil, wenn er überhaupt mit Gott in Verbindung gebracht wird, dann nur negativ als Ausdruck der strafenden Heimsuchung Gottes, so in 1QS II 6; 1QH XIV 24; CD V 15; VII 9; VIII 2f; XIX 6.14f. Ansonsten ist der Begriff entweder militärische Vokabel mit der Bedeutung "mustern", vgl. 1QM II 4.15; XII 4.8; XIX 12, oder Ausdruck der durch Menschen vollzogenen Glaubensprüfung, vgl. 1QS V 24; VI 21; 1Q28a I 9; CD X 2; XIII 11; XIV 3; XV 6.8, wobei die beiden Aspekte zum Teil auch verschwimmen.

[130] Zum objektlosen Gebrauch von ἐπισκέπτεσθαι, der sich v.a. bei Sirach findet, vgl. ausführlich u. S. 129 und 214.

[131] Vgl. 1.Sam 2,10; Ps 18,3 mit 1; 89,18.25; 132,17; 148,14; Ez 29,21.

[132] Vgl. 1QH VII 22f und 4Q381 46 2. In 4Q491 11 I 22 bleibt der Zusammenhang offen.

um so größere Zahl von Bezeichnungen für den der essenischen Sekte wider-streitenden Glaubensfrevler[133]. Und obwohl in den Hymnen der Kriegsrolle der Begriff אויב oder צר naturgemäß häufiger vorkommt[134], treffen wir nie auf eine Wendung, welche die Errettung aus der Hand der Feinde bzw. Hasser Israels zum Inhalt hätte, wohingegen die alttestamentlichen Parallelen so zahlreich sind[135], daß auch hier der direkte Rückgriff auf die alttestamentliche Tradition, besonders die Psalmen und Propheten, offensichtlich ist.

Etwas komplizierter ist die Lage bei den Vergleichsstellen zu Lk 1,72-73a. Denn zählt auch das Bundesmotiv zu den Haupttopoi des qumranischen Sprachschatzes, so ist doch die theologische Zielrichtung dieses Motivs in den verschiedenen Qumranschriften nicht einheitlich. Während vor allem die Hymnen der Kriegsrolle häufig und in ähnlichen Wendungen wie das Benediktus den bereits mit den Vätern geschlossenen Bund als göttliche Gnadengabe be-singen, derer Gott bewahrend gedenkt[136], erscheint der Bund in den Hodajot ausnahmslos als Forderung an den Menschen, dem das Eintreten in den Bund und das Festhalten am Bund als heilswirksame Leistung aufgetragen ist[137]. Der Aspekt der göttlichen Bundesgewährung mit Verheißungs- oder Geschenk-charakter, der besonders im Benediktus hervorgehoben wird, fällt in ihnen ganz dem Interesse am menschlichen Bundeshandeln zum Opfer[138], wobei sogar der - von Gott dazu erwählte - Mensch selbst als Stifter des Bundes

---

[133] פושעים (Frevler) 1QH II 8.11; עריצים (Gewalttätige) 1QH II 11.21; פריץ (Gewalttäti-ger) 1QH VI 20; בוגדים (Treulose) 1QH II 10; רשעים (Gottlose) 1QH II 10.12.24.36; IV 34.38; V 17; XIV 12.19; XV 17; XVII 21; רע (Böser) 1QH XIV 19; לצים (Spötter) 1QH II 11; זדים (Freche) 1QH VI 35; חלכאים (Bösewichte) 1QH III 25f; IV 25.35; משחיתים (Verder-ber) 1QH III 38; מליצי תעות (Dolmetscher des Irrtums) 1QH II 14; חוזי תעות (Seher von Irr-tum) 1QH IV 20; דורשי חלקות (solche, die glatte Dinge suchen) 1QH II 15.32; דורשי רמיה (nach Täuschung Suchende) 1QH II 34; אנשי רמיה (Männer des Trugs) 1QH II 16; XIV 14; חוזי רמיה (Seher von Trug) 1QH IV 10; מליצי רמיה (Lügendeuter) 1QH IV 7; מליצי כזב (Lügendeuter) 1QH II 31; IV 9f; נביאי כזב (Lügenpropheten) 1QH IV 16; אנשי מרמה (Männer des Trugs) 1QH IV 20; בני אשמה (Söhne der Schuld) 1QH V 7; VI 30; VII 11; בני הוות (Söhne des Unheils) 1QH V 25; בני עולה (Söhne des Frevels) 1QH V 8; בני רשעה (Söhne des Frevels) 1QH VI 29f; עדת בליעל (Gemeinde Belials) 1QH II 22; עדת שוא(א) (Gemeinde des Trugs) 1QH VI 5; VII 34; סוד נעלמים (Kreis der Verschlagenen) 1QH VII 34. Die terminolo-gischen Unterschiede zu den lukanischen Hymnen sind hier ein deutliches Indiz auch für die theologischen Differenzen!
[134] 1QM X 1f.4.8; XII 11; XVIII 12 u.ö. Die Wurzel שנא, "hassen", findet sich dagegen nur zweimal in den vermutlich nichtessenischen Hymnen aus 4Q381, nämlich in 4Q381 24 8 und 31 5.
[135] Vgl. Ps 18,18; 106,10; daneben 1.Sam 4,3; 10,1; 2.Sam 3,18; 19,10; Mi 4,10; Zeph 3,15; Ps 31,16 u.ö.
[136] Vgl. v.a. 1QM XIII 7f; XIV 4.8 und XVIII 7f. Vgl. aber auch 4Q504 1-2 recto IV 6 die Anspielung auf den Davidbund; weiter 4Q504 3 II 13 und 1Q34[bis] 3 II 5.
[137] Vgl. 1QH II 28; IV 39; V 9.23; XIV 21f; XVI 7; XVIII 9; antithetisch 1QH IV 19.34; XV 18; XVI 15.
[138] Es ist der *Mensch*, der sich mit anderen zum Bund zusammenfindet, vgl. 1QH IV 24 und V 23!

auftreten kann[139]. Der Abstand zu den lukanischen Hymnen ist deutlich! Und da auch in der Kriegsrolle die Bundesaussagen keine größeren sprachlichen Übereinstimmungen mit den für das Magnifikat und Benediktus typischen Wendungen aufweisen - das Schwurmotiv findet sich gar nicht[140], ebensowenig die Wortverbindung ποιεῖν ἔλεος, hebr. עשה חסד[141] -, läßt sich für die Bundesvorstellung eine essenische Abhängigkeit der lukanischen Lieder ebenfalls nicht plausibel machen. Schließlich gilt auch für die beiden Abschlußzeilen des Benediktus[142], daß ihnen das qumranische Material bis auf einige wenige Begriffsparallelen[143] fernsteht, während die alttestamentlichen Belegstellen Ps 107,10.14 und Jes 9,1 hier mit aller Deutlichkeit hervortreten.

Die einzige sprachliche Eigenheit, die das Benediktus mit den Qumranschriften gegen den Sprachgebrauch des Alten Testaments gemeinsam hat, ist der Ausdruck σπλάγχνα ἐλέους, dem im Hebräischen die Wortverbindung רחמי חסד entspricht, wie sie gleichlautend in 1QS II 1, 4QShirShabb 403 1 I 23 und 405 3 II 15 begegnet. Da sich die Wendung aber auch in den Zwölf-Patriarchen-Testamenten findet, kann sie nicht als Indiz für eine direkte literarische Abhängigkeit gewertet werden.[144] Vielmehr spiegelt sie eine Sprachent-

---

[139] So in 1QH V 23. Daß eine solche, beinahe unerhörte Selbstaussage nicht aus beliebigem Munde, sondern allein vom Lehrer der Gerechtigkeit stammen kann, ist mit *G. Jeremias*, Der Lehrer der Gerechtigkeit, Göttingen 1963, 240, kaum zu bezweifeln. Die Einwände *Holm-Nielsens* gegen eine derartige These, Hodayot. Psalms from Qumran, Aarhus 1960, 316-331, bes. 326ff, dazu 332-348, die sich auch *B. Kittel*, The Hymns of Qumran. Translation and Commentary, Ann Arbor, MI, 10f, zu eigen macht, beruhen auf der Überzeugung von der allgemeinen kultischen Verwendung aller Psalmen, was den theologischen Skopus der einzelnen Stücke mit ihren zum Teil exponierten Selbstaussagen in unzulässiger Weise einebnet.

[140] Um so zahlreicher sind die alttestamentlichen Parallelen, vgl. z.B. Gen 26,3; Dt 7,8.14; Jer 11,5; Mi 7,20 u.ö. Nur in 4Q504 6 18 findet sich der Begriff des Schwures.

[141] Vgl. dafür die alttestamentlichen Stellen Gen 21,23; 24,12.14.49; 47,29; Jos 2,14; 2.Sam 3,8; 9,17; 10,2; Sach 7,9; Ps 18,51 = 2.Sam 22,51 u.ö.

[142] Die Frage, wie die Wendung ἀνατολὴ ἐξ ὕψους zu deuten und religionsgeschichtlich einzuordnen sei, soll in diesem Zusammenhang ausgeklammert bleiben, da sie einer ausführlicheren Erörterung bedarf; vgl. dazu u. S. 121-127.

[143] Die hebräischen Begriffe für das Todesdunkel חֹשֶׁךְ וְצַלְמָוֶת, finden sich, selten genug, in 1QH V 33; IX 26; XII 25f (der Mensch als Behausung der Finsternis); XVIII 29; 1QM XIII 15; vgl. auch 4Q509 189 3. Das Friedensmotiv erscheint zwar häufiger, vgl. etwa 1QH XV 16; XVIII 30; 1QM XII 3; 4QShirShabb 403 1 I 26; 4Q511 63 III 4f u.ö., aber eine wirkliche inhaltliche Parallele zu Lk 1,79b stellt höchstens die Stelle 1QH VII 14f dar, die auch das Wegmotiv enthält.

[144] Das ist auch gegen *Gnilka*, BZ N.F. 6, 235-237, zu sagen, der die seltene Wendung aufgrund ihres Vorkommens in den Zwölf-Patriarchen-Testamenten (TSeb 8,2, ähnlich 7,3) als Beweismittel für die These heranzieht, der zweite Benediktusteil sei in diesen Testamenten nahestehenden Kreisen entstanden, dabei aber nun die qumranischen Parallelen übergeht, was um so schwerer wiegt, als in Qumran das Thema des überaus großen göttlichen Erbarmens zu den Haupttopoi nahezu aller Schriften zählt; vgl. z.B. 1QH I 31f; IV 32.36f; VI 9; VII 18.27.30.35; VIII 7f; X 14.16.21; XI 29f; XV 16; XVIII 14; 1QM XI 4; XIV 8f; aus 4QShirShabb vgl. neben den oben genannten Stellen noch 4QShirShabb 400 1 I 18; 403 1 I 18 oder 405 13 2; weiter 4Q381 46 2; 4Q504 1-2 recto II 10; 4Q508 22+23 2 und 4Q511 10 9;

wicklung der Spätzeit wider, die ihren Niederschlag, etwa zeitgleich, an verschiedenen Stellen findet.[145]

Es kann daher gegen das Urteil Flussers und Browns als erwiesen gelten, daß eine direkte Traditionsverbindung zwischen den lukanischen Liedern und den Qumranhymnen und -gebeten nicht besteht. Der Rückgriff auf das alttestamentliche Schrifttum, welches zweifellos auch der qumranischen Traditionsneubildung zugrunde liegt, erfolgt im Magnifikat und Benediktus, selbst bei Motivgleichheit, offensichtlich unbeeinflußt von der essenischen Sprache und Vorstellungswelt, ja unbeeinflußt auch von solchen Schriften, die selbst nicht genuin qumranischen Ursprungs sind.[146] Ein Blick auf die von Holm-Nielsen für die Hodajot erarbeitete Liste der in ihnen verarbeiteten alttestamentlichen Stellen[147] zeigt ferner, daß gerade die für das Magnifikat und Benediktus so wichtigen Texte zumindest in diesen Hymnen keine oder eine nur untergeordnete Rolle spielen[148], so daß auch in dieser Hinsicht die theologische Eigenständigkeit der lukanischen Hymnen nicht anzuzweifeln ist.

Was Magnifikat und Benediktus mit der vor- und nachchristlichen jüdischen Poesie verbindet - und dies gilt für alle hier vorgestellten Texte -, ist allein der gemeinsame Boden der alttestamentlichen Tradition, speziell der Psalmentradition, in der die gesamte frühjüdische Hymnodik verwurzelt ist.[149] In diesem alttestamentlichen Wurzelboden treffen sich letztlich die vielfältigen Bemühungen, die Lieder der Kindheitsgeschichte mit den frühjüdischen Hymnen und Psalmsammlungen in Verbindung zu bringen. Die gemeinsame Basis all dieser Stücke vermag aber gerade nicht das Besondere zu erklären, das die lukanischen Hymnen aus der zeitgenössischen Hymnodik heraushebt![150]

---

26 2; 36 2, um nur einen Bruchteil der Stellen zu nennen.

[145] Dazu ausführlicher u. S. 127f.

[146] Terminologisch fällt allein die große Nähe zum Achzehnbittengebet auf, vgl. o. S. 81 Anm. 98, was man wohl als Indiz für die ursprüngliche Verwurzelung der hinter Magnifikat und Benediktus stehenden Gruppe im breiten *nicht*sektiererischen Strom des Judentums deuten darf.

[147] Hodayot, 354-359.

[148] Etwas anders ist die Lage in den vorqumranischen Psalmen aus 4Q380 und 381, in denen sich interessanterweise ganze Passagen aus den das Magnifikat und Benediktus so entscheidend prägenden Psalmen finden, so in 4Q381 15, wo neben Ps 86,16f ganze Verszeilen aus Ps 89 übernommen sind, genauer V.10-12.14 und 7, vgl. *Schuller*, Non-Canonical Psalms, 96-104, weiter in 4Q381 24, wo für die Zeilen 7-11 Ps 18 = 2.Sam 22 die Grundlage bildet, vgl. auch 4Q381 28, dazu o.c., 119-122 und 125, und schließlich in 4Q380 1 I, wo die Zeilen 7-11 von Ps 106,2-5 abhängen, vgl. o.c., 253-255.257. Dies belegt einmal mehr, daß Schriftstellen beileibe nicht so unreflektiert übernommen und verarbeitet wurden, wie die Forschung an den lukanischen Hymnen so einmütig glauben machen möchte.

[149] Vgl. dazu *Schuller*, o.c, 10f; daneben auch *Jones*, JThS N.F. 19, 43, und *Nitzan*, Qumran Prayer, 13.

[150] Diese Einsicht hat *E. Percy*, Die Botschaft Jesu. Eine traditionskritische und exegetische Untersuchung, Lund 1953, veranlaßt, innerhalb ein und derselben Arbeit seine zunächst von Gunkel beeinflußte Überzeugung, die lukanischen Hymnen seien jüdischen Ursprungs (o.c., 68f), zu revidieren und die Lieder christlichen Kreisen zuzuweisen (o.c., 509).

Dennoch scheint all denen, die vom jüdischen Charakter der Hymnen überzeugt sind, ein Ausweg offenzustehen. Besitzen wir doch Nachrichten von
einer nichtchristlich-jüdischen Sekte, welche im Gegensatz zu allen anderen
Gruppierungen die Ankunft der von ihr erwarteten Erlösergestalt als bereits
geschehen bezeugt und die durchaus einen rückblickenden Lobpreis auf das
von Gott ins Werk gesetzte Heil verfaßt haben könnte. Es ist die Täufersekte,
deren Verehrung dem von Herodes Antipas hingerichteten Johannes dem
Täufer gilt. Sie steht auf der Schwelle vom Judentum zum Christentum und
erscheint wie geeignet, den schillernden Charakter von Magnifikat und Benediktus zu erklären. Ist sie der Schlüssel zu dem so viel zitierten jüdischen Charakter der lukanischen Hymnen?

2. Ursprung der Hymnen in Täuferkreisen?

Ohne Zweifel bietet sich die Täuferhypothese, die Magnifikat und Benediktus
als dem Täufer bzw. dem Täuferkind gewidmete Hymnen versteht, als attrakti-
ver Mittelweg an zwischen den bisher behandelten Zuordnungsversuchen und
der Herleitung der Hymnen aus christlichen Kreisen, nicht nur, weil sie die
eigentümliche Zwitterstellung, die beide Lieder zu charakterisieren scheint, zu
erklären vermag, sondern vor allem deshalb, weil sie die gravierendsten Probleme der beiden übrigen Deutungsversuche zu lösen verspricht: das Fehlen
des Christustitels auf der einen und die perfektischen Tempora auf der anderen
Seite. Letztere verlieren im Rahmen der Täuferhypothese ihren Anstoß ja
schon durch das historische Faktum der zeitlich genau zu begrenzenden
Wirksamkeit des als endzeitlichen Mahners verehrten Täufers, während das
Fehlen des Christustitels dem Zurücktreten expliziter messianischer Prädika-
tionen in den als Täufertradition deklarierten Stücken der lukanischen Kindheitsgeschichte zugunsten prophetischer Epitheta[151] zu entsprechen scheint.
Dazu kommt, daß wir das Benediktus mit seinen zwei dem Täuferkind gewid-
meten Versen aus dem Munde des Täufervaters vernehmen und auch das Magnifikat die Möglichkeit bereithält, es auf die Täufermutter zu beziehen. Wie
aber steht es mit dem ausgesprochen davidisch-messianischen Duktus des Benediktus und - wenn auch äußerlich weniger evident - des Magnifikat?
　Wir stoßen hier auf das Hauptproblem der Täuferhypothese, das nach den
Erkenntnissen des 1. Kapitels selbst durch die Abtrennung der Verse 68-75
vom Rest des Benediktus nicht zu beseitigen ist, zumal, wie noch zu zeigen
sein wird[152], auch V.78 kaum eine andere als eine *davidisch*-messianische

---

[151] Vgl. besonders Lk 1,17.
[152] S. u. S. 121-127 zum Problem der ἀνατολὴ ἐξ ὕψους.

Auslegung erlaubt.[153] Denn daß ausgerechnet der gesamte davidische Traditionsstrang der jüdischen Messiaserwartung sich mit dem Propheten priesterlicher Abstammung verbunden hätte, wird man kaum annehmen wollen, selbst wenn Johannes eine gewisse messianische Verehrung zuteil geworden sein sollte[154].

Es gibt aber einen noch überzeugenderen Beweis gegen die täuferische Herleitung der Hymnen, einen Einwand, der einfacher nicht sein könnte und der doch der Täuferhypothese aufs gründlichste den Boden entzieht. Diese nämlich muß, gerade wenn man sich das literarische Schaffen der Täufersekte so ausgeprägt vorstellen soll, wie es die neutestamentliche Wissenschaft glauben machen will, der Frage standhalten, in welcher Weise die Magnifikat und Benediktus gleichermaßen prägenden Texte von Täuferanhängern hätten gedeutet werden können. Diese Frage, die man bislang nur deshalb nicht gestellt hat, weil man von der bei der Schriftverarbeitung herrschenden Willkür in den lukanischen Hymnen überzeugt war, führt direkt ins theologische Zentrum der Diskussion. Denn sie stößt uns auch inhaltlich auf all die Schwierigkeiten, die in der Anwendung der vielen explizit um den Gesalbten Gottes kreisenden Psalmen auf den Täufer liegen und die insbesondere das durch Verwerfung und Errettung gekennzeichnete Geschick des Heilsbringers betreffen. Zwar ist es möglich, die Rede von der Verwerfung und Verstoßung des Gesalbten durch Gott und seiner Schmähung durch die Menschen in den für die lukanischen Lieder besonders wichtigen Texten Ψ 17, Ψ 19 und Ψ 88 (vgl. bes. Ψ 17,5f und Ψ 88,40-46.52) auf den Märtyrertod des Täufers zu beziehen, aber es fällt schwer, auch die Anspielungen auf die *faktische Errettung* des χριστός aus Dunkel und Tod mit Johannes in Verbindung zu bringen und ihnen im Rahmen der Täufersekte einen traditionsbildenden Impuls zuzuschreiben. Man vergleiche nochmals folgende Stellen:

Ψ 17,51b: . . . ποιῶν ἔλεος τῷ χριστῷ αὐτοῦ.
        MT: עֹשֶׂה חֶסֶד לִמְשִׁיחוֹ . . .

Ψ 19,7a: νῦν ἔγνων ὅτι ἔσωσεν κύριος τὸν χριστὸν αὐτοῦ.
        MT: עַתָּה יָדַעְתִּי כִּי הוֹשִׁיעַ יְהוָה מְשִׁיחוֹ
        (Ganz ähnlich auch Hab 3,13!)

In Ψ 88 ist das Heilshandeln am Gesalbten zwar in das Gewand der Verheißung gekleidet, wie sie auf den Täufer immerhin anwendbar wäre, doch ist der Gesalbte hier so dezidiert mit dem davidischen König identifiziert, daß

---

[153] Das gilt auch für V.79 des Benediktus, der, wie in Kap. IV.2 zu zeigen ist, auf dem Hintergrund von Jes 9,1 eine Schlüsselfunktion für das messianologische Verständnis des Benediktus gewinnt und der daher - dies sei als Ergänzung zur literarkritischen Argumentation gesagt - unmöglich als inhaltliche Fortführung der Verse 76f gelten kann, welche die eschatologische Aufgabe des Täufers zum Inhalt haben.

[154] S. dazu u. S. 93f.

eine Übertragung der entsprechenden Verse auf den Täufer gewaltsam anmutet. Im Verbund mit den vorgenannten Parallelstellen und angesichts der auch sonst überwältigenden Fülle von Anspielungen auf das davidische Königtum wird der täuferische Bezug des Psalms vollends unwahrscheinlich.[155]

Die täuferische Herleitung von Magnifikat und Benediktus ist mit der Einsicht in den Texthintergrund unserer Hymnen schwerlich zu halten. Und gerade die Anhänger der Täuferthese müßten die vorgebrachten Einwände gelten lassen, da sie selbst auf der Ausscheidung aller Davidsanspielungen aus dem Benediktus bestehen und die Messianität, mit der sie Johannes ausstatten, nur im Sinne eines priesterlichen oder prophetischen, dem Elia redivivus huldigenden Messianismus verstehen[156].

Aber auch hier gilt es, vorsichtig zu sein. Denn die einzige Stelle, die man als *frühes direktes* Zeugnis für eine messianische Verehrung des Täufers durch seine Jünger anführen kann, ist ausgerechnet Lk 1,78[157]! Indirekte Hinweise kann man danebenen in den Stellen Lk 3,15 und Joh 1,8.20; 3,28 finden, deren Zeugniswert wegen ihres polemischen Charakters in der Forschung jedoch umstritten ist. Die übrigen Belege stammen aus Schriften des 4. Jahrhunderts n. Chr.[158] Wer daher bei der Hymneninterpretation eine messianische Ver-

---

[155] Ähnlich auch *W. Wink*, John the Baptist in the Gospel Tradition, Cambridge 1968, 68f.71. Das Problem der Rettungsaussagen läßt sich auch nicht durch *Vielhauers* Einwand, Benedictus, 43 Anm. 77, aus der Welt schaffen, daß die syr. Rezension der Pseudoclementinen, Rec.I 54,8 (vgl. *W. Frankenberg*, Die syrischen Clementinen mit griechischem Paralleltext, Leipzig 1937, 60), von einer verborgenen Aufbewahrung des Johannes für seine eschatologische Wiederkunft weiß. Denn zum einen lassen sich die genannten Psalmstellen, die von der faktischen Errettung des Daviden reden, nicht in diesem Sinne umdeuten, zum anderen verbietet es die große zeitliche Distanz, die zwischen dem Benediktus und den Pseudoclementinen liegt, die Vorstellungen der altkirchlichen Schrift einfach auf den neutestamentlichen Hymnus zu übertragen.

[156] Vgl. v.a. *Vielhauer*, o.c., bes. S.32-41, und *Kaut*,198-201.203. Aber auch schon *Völter*, ThT 30, 246f und 266, betont die nach Mal 3,23 allein prophetisch gefärbte Messiasanschauung der Täuferquelle.

[157] Sie wird als Beleg zitiert von *P. Vielhauer*, Art. Johannes, der Täufer, RGG 3, Sp. 807; *G. Lindeskog*, Johannes der Täufer. Einige Randbemerkungen zum heutigen Stand der Forschung, ASTI 12, Leiden 1983, 75; *H. Lichtenberger*, Täufergemeinden und frühchristliche Täuferpolemik im letzten Drittel des 1. Jahrhunderts, ZThK 84, 55 Anm. 78, und *O. Böcher*, Art. Johannes der Täufer, TRE 17, Berlin - New York 1988, 178.

[158] Es handelt sich um eine Stelle in den Pseudoclementinen Rec.I 54 (vgl. auch I 60), s. *M. Rehm* (Hg.), Die Pseudoklementinen II: Rekognitionen in Rufins Übersetzung, GCS 51, Berlin 1965, 39, und eine Anspielung bei Ephraem, s. *L. Leloir*, Saint Éphrem. Commentaire de l'évangile concordant. Version arménienne, CSCO Ar 1 und 2, Louvain 1953 und 1954, 351 bzw. 249 (lat. Übersetzung). Wenn man mit *G. Strecker*, Das Judenchristentum in den Pseudoklementinen, 2. Aufl., Berlin 1981, 41.92, die genannte Stelle Rec.I 54 der pseudoclementinischen Grundschrift zurechnet, kommt man zeitlich zwar ins 3. Jh. n. Chr. zurück (vgl. o.c., 260.267), doch ändert dies am geschilderten Tatbestand kaum etwas. - Eine Materialsammlung zum Problem der Johannesjünger bietet *W. Bauer*, Das Johannesevangelium, HNT 6, 3. Aufl., Tübingen 1933, 16f. Vgl. daneben auch *H. Lichtenberger*, ZThK 84, 36-57, der einen Großteil des Materials aufarbeitet, dessen Schlußfolgerungen jedoch nicht in allem

ehrung des Johannes als Faktum voraussetzt, gerät geradewegs in einen Zirkelschluß hinein.[159] Die Erhebung des Johannes in den Rang einer messianischen Gestalt ist zumindest für die Anfangsjahre der Täufersekte[160] alles andere als historisch gesichert.[161]

Wer schließlich dennoch nicht von der angeblich kontextuellen Notwendigkeit lassen mag, zumindest das - literarkritisch gereinigte - Benediktus der täuferischen Grundschrift zuzuschreiben[162], sei an den wohl gründlichsten Analytiker der lukanischen Kindheitsgeschichte, M. Dibelius, gewiesen, der allen Grund sieht, an der Zugehörigkeit der Hymnen zur Täuferquelle zu zweifeln[163], nicht zuletzt wegen der zwischen Täuferquelle und Hymnen bestehenden theologischen Differenzen, wie sie nun noch deutlicher ans Licht getreten sind.

Diesen inhaltlichen Widersprüchen vermag auch die von einigen Textzeugen belegte Lesart "Elisabeth" in V.46a kein Gegengewicht zu bieten, die den Kritikern der Täuferthese von ihren Verfechtern wie ein Panier entgegengehalten wird. Denn die Zahl der Zeugen, die auf Elisabeth als Sprecherin weisen,

---

kritiklos hingenommen werden können; vgl. dazu u. Anm. 161.

[159] Darauf weist mit Nachdruck auch *Gaston*, No Stone, 260f, hin. Im Gegensatz zu *Kaut*, Befreier, 199, versucht *Vielhauer*, o.c., 42f, immerhin, den zeitlichen Abstand der Quellen mit Hilfe der auf *J. Thomas*, Le Mouvement Baptiste en Palestine et Syrie, Gembloux 1935, 113-123, zurückgehenden Theorie aufzuheben, die genannten frühchristlichen Zeugnisse besäßen eine gemeinsame Quelle, welche auf das beginnende 2. Jahrhundert n. Chr. zu datieren sei. Trotzdem bliebe, wie immer Thomas' These zu bewerten ist, eine zeitliche Distanz zum lukanischen Werk und eine noch größere zum Entstehungsdatum unserer Hymnen, welche nicht einfach durch Spekulation zu überbrücken ist. So auch *J. A. T. Robinson*, Elijah, John and Jesus: An Essay in Detection, NTS 4 (1957/58), 279 Anm. 2.

[160] Auch die Hinweise auf Täuferjünger in Apg 19,1-7 und 18,24-28 belegen nur die verbreitete Praxis der Johannestaufe, enthalten aber keinerlei Andeutung einer wie immer gearteten messianischen Verehrung des Täufers und sollten auch nicht in diesem Sinne mißbraucht werden.

[161] Dies gilt gegen *J. A. Sint*, Die Eschatologie des Täufers, die Täufergruppen und die Polemik der Evangelien, in: K. Schubert (Hg.), Vom Messias zum Christus. Die Fülle der Zeit in religionsgeschichtlicher und theologischer Sicht, Wien - Freiburg - Basel 1964, 96f.136, und gegen *Lichtenberger*, ZThK 84, 51.53.55, der sogar von einer nach dem Tod Jesu und Johannes' beginnenden christologischen Parallelentwicklung spricht. Lichtenberger nivelliert dabei allzu rasch den großen Unterschied zur christlichen Messiasauffassung, der darin besteht, daß in den Quellen die Person des Johannes ganz hinter seiner Verkündigung zurücktritt und das Faktum seines Todes gerade nicht theologisch reflektiert wird, während Tod und Auferstehung Jesu den Hauptansatzpunkt der christologischen Entwicklung darstellen und in ihrem Licht die messianische Heilsfunktion seiner Person überhaupt nur zur Sprache kommt. Von einer christologischen Parallelentwicklung kann hier - zumindest, was die Anfangszeit betrifft - gar keine Rede sein und schon gar nicht davon, daß der Tod den Täufer automatisch zu einer messianischen Gestalt gemacht hätte.

[162] Eine Notwendigkeit, die *Kaut*, o.c., 181f.194-201, zu erweisen nicht müde wird.

[163] Überlieferung, 74; vgl. auch Jungfrauensohn und Krippenkind. Untersuchungen zur Geburtsgeschichte Jesu im Lukas-Evangelium, in: G. Bornkamm (Hg.), Botschaft und Geschichte. Gesammelte Aufsätze von Martin Dibelius, Bd. 1, Tübingen 1953, 1-9.

ist so gering - drei altlateinische Handschriften[164] und drei Kirchenväter[165] -, daß sie schon rein äußerlich der Fülle und Bedeutung der Textzeugen nicht standhält, die das Magnifikat als Lied der Maria verstehen. Hier findet nur äußerlich seine Bestätigung, was innerlich zutage liegt.[166] Lk 1,46a ist wohl

---

[164] a (Codex Vercellensis, 4./5. Jh.), b (Codex Veronensis, 5. Jh.) und l (Codex Rehdigeranus, 8. Jh.), wo die Lesart "Elisabeth" allerdings nachträglich in "Maria" korrigiert ist.

[165] 1. Irenäus, adv.haer. 4,7,1. Die handschriftliche Bezeugung ist allerdings gespalten: während die Mss C und V lesen: "Sed et Elisabeth ait: *Magnificat anima mea Dominum*", erscheint in den übrigen Mss statt dessen Maria. Zum Text und zur Ursprünglichkeit der Lesart vgl. *A. Rousseau*, Irénée de Lyon, Contre les hérésies, livre IV, SC 100, Bd. 2, Paris 1965, 456, und Bd. 1, 211f. Auch in adv. haer. 3,10,2 wird Maria als Sprecherin genannt: "Maria clamabat pro Ecclesia prophetans: *Magnificat anima mea Dominum*", s. SC 211, 118. Ob dies mit *F. C. Burkitt*, Who spoke the Magnificat?, JThS 7 (1906), 221, die Korrektur eines Schreibers darstellt, sei hier nicht entschieden.

2. Origenes, In Luc. Hom. 7, in der Übersetzung des Hieronymus: "Invenitur beata Maria, sicut in aliquantis exemplaribus repperimus, prophetare. Non enim ignoramus, quod secundum alios codices et haec verba Elisabeth vaticinetur." Zum Text vgl. *M. Rauer*, Origenes Werke, Bd. 9: Die Homilien zu Lukas in der Übersetzung des Hieronymus und die griechischen Reste der Homilien und des Lukas-Kommentars, GCS 49, 43. Bis heute nicht geklärt ist, ob dieser Satz aus der Feder des Origenes stammt oder ob er ein Zusatz des Hieronymus ist.

3. Nicetas Remesianus (4./5. Jh.), De utilitate hymnorum 9,15f und 11,11; vgl. *C. H. Turner*, Niceta of Remesiana II. Introduction and Text of *De psalmodiae bono*, JThS 24 (1923), 238f. Die Veröffentlichung dieser Stellen durch *G. Morin* im Jahre 1897 (Deux passages inédits du *De psalmodiae bono* de Saint Niceta (IVe-Ve siècle), RB 6 (1897), 286-288, und Le *De psalmodiae bono* de l'évêque saint Niceta: rédaction primitive, d'après le ms. Vatic. 5729, RBen 14 (1897), 385-397) hat überhaupt erst die textkritische Debatte entfacht.

[166] Dies gilt gegen eine ganze Reihe überzeugter Verfechter der Elisabethhypothese, die 1893 mit *A. Loisy* (zunächst unter dem Pseudonym Jacobé), L'origin du Magnificat, RHLR 2 (1897), 424-432 - vgl. auch RHLR 6, 286f; RHLR 8 (1903), 288f; Les Évangiles synoptiques, Bd. 1, Ceffonds 1907, 298-306, und seinen Lukas-Kommentar von 1924, 93 - ihren Anfang nimmt und sich in der zunächst um die Jahrhundertwende erbittert geführten Kontroverse fortsetzt über *D. Völter*, ThT 30, 255f, und Erzählungen, 22-26; *v. Harnack*, Das Magnificat der Elisabeth, bes. 62-67; *L. Conrady*, Die Quelle der kanonischen Kindheitsgeschichte Jesus'., Göttingen 1900, 48-51, und *H. A. Köstlin*, Das Magnificat Lc I, 46-55 Lobgesang der Maria oder Elisabeth?, ZNW 3 (1902), 142-145, bis zu *Klostermann*, HNT 5, 17f. Vgl. auch *E. Norden*, Die Geburt des Kindes, Geschichte einer religiösen Idee, 2. Aufl., Leipzig - Berlin 1931, 103f. Für den englischsprachigen Raum ist hier v.a. *Burkitt*, JThS 7, 220-227, zu nennen. In jüngerer Zeit finden wir die Zuschreibung an Elisabeth verteidigt von *Lambertz*, WZ(J) Jg. 1952/53, 80f; *J. G. Davies*, The Ascription of the Magnificat to Mary, JThS 15 (1964), 307f; *S. Benko*, The Magnificat. A History of Controversy, JBL 86 (1967), 263-275, der überdies einen ausführlichen Forschungsüberblick zum Thema bietet; *F. W. Danker*, Jesus and the New Age. A Commentary on St. Luke's Gospel, completely revised and expanded, Philadelphia 1988, 41f; *Hengel*, Christuslied, 360f; *Kaut*, Befreier, 308, und *J. Zmijewski*, Maria im Neuen Testament, in: W. Haase - H. Temporini (Hg.), Aufstieg und Niedergang der Römischen Welt. Geschichte und Kultur Roms im Spiegel der neueren Forschung II: Principat, Bd. 28.1, Berlin - New York 1992, 659.661, wobei jedoch sowohl Kaut als auch Zmijewski unterscheiden zwischen der Abfassung des ursprünglichen Hymnus Lk 1,46b-48a.49f als Lobpreis der Elisabeth und der Marienzuschreibung des gesamten uns vorliegenden Liedes auf der Stufe der lukanischen Endredaktion (vgl. auch *Kaut*, o.c., 286 Anm. 106).

auch der einzige Fall, wo in der Exegese so offensichtlich gegen das relativ
eindeutige Zeugnis der erhaltenen Handschriften geurteilt und dieses dem interpretatorischen Vorverständnis untergeordnet wird.

Kehren wir aber zum Traditionsmaterial unserer Lieder als dem eigentlichen Schlüssel für eine theologisch sachgemäße Interpretation zurück, so vermag es kaum noch zu überraschen, daß *die* Psalmtexte, deren Anwendung auf
die Person und Heilsfunktion des Täufers sich als unmöglich erwies[167], ausge-
zeichnet ins christliche Milieu passen. Hier fand die überaus anstößige Rede
von der Verwerfung des Messias durch Gott und seine Errettung vom Tode

---

Unentschieden bleibt *J. Drury*, Tradition and Design in Luke's Gospel. A Study in Early
Christian Historiography, London 1976, 49. - Unter den Verteidigern der Gegenthese ist für
die frühe Zeit besonders *Zahn*, KNT 3, 98-101 und 744-750, zu nennen, dessen Widerlegung
der Elisabeththese in der ersten Phase der Diskussion den wohl gelehrtesten und umfassendsten
Versuch dieser Art darstellt. Vgl. daneben *A. Durand*, L'origin du Magnificat, RB 7 (1898),
74-77; *O. Bardenhewer*, Ist Elisabeth die Sängerin des Magnificat?, BSt(F) 6 (1901), 187-200;
M. Lepin, Le "Magnificat". Doit-il être attribué a Marie ou a Élisabeth?, L'université
catholique N.F. 39 (1902), 213-242, und L'origin du "Magnificat". Réponse aux nouvelles
observations de M. Loisy, L'université catholique N.F. 43 (1903), 290-296; *F. Spitta*, Das
Magnificat ein Psalm der Maria und nicht der Elisabeth, in: W. Nowack u.a. (Hg.), Theologische Abhandlungen. Eine Festgabe zum 17. Mai 1902 für Heinrich Julius Holtzmann, Tübingen - Leipzig 1902, 61-94, und Die chronologischen Notizen und die Hymnen in Lc 1 u. 2,
ZNW 7 (1906), 305f.310-312; *P. Ladeuze*, De l'origine du Magnificat et de son attribution
dans le troisième Évangile a Marie ou a Élisabeth, RHE 4 (1903), 623-644; für den
englischsprachigen Raum *J. H. Bernard*, The Magnificat., Exp. Ser. 7, 3 (1907), 193-206; *C.
W. Emmet*, "Should the Magnificat be Ascribed to Elisabeth?", Exp. Ser. 7, 8 (1909), 521-
529, und *J. G. Machen*, The Virgin Birth of Christ, Grand Rapids 1980 (7. Nachdruck der 1.
Aufl. von 1930), 88-98. In jüngerer Zeit verliert die Elisabethhypothese in der Forschung zunehmend an Einfluß zugunsten der immer weiter um sich greifenden Überzeugung von der
Ursprünglichkeit der Marienzuschreibung; vgl. z.B. *Schürmann*, HThK 3/1, 72f; *Brown*,
Birth, 334-336; *Marshall*, NIC 3, 78; *Fitzmyer*, AncB 28/1, 365f; *Farris*, Hymns, 112f; *Wiefel*, ThHK 3, 65.68; *Bovon*, EKK 3/1, 87, und *Evans*, Saint Luke, 171f. - Ausführliche For-
schungsüberblicke, die eine detailliertere Darstellung der Diskussion hier unnötig machen, finden sich bei *R. Laurentin*, Traces d'allusions étymologiques en Luc 1-2 (II), Bib. 38 (1957),
19-23; *Benko*, o.c., und *Farris*, Hymns, 108-113. - Wenn *Benko*, o.c., 271, allerdings die
Forschungslage folgendermaßen zusammenfaßt: "The so-called »external evidence« is over-
whelmingly in favor of the reading »Mary said«. But the so-called »internal evidence« supports
very strongly the opposite view. The two sides just about balance each other out", und *Brown*,
o.c, 336, konstatiert, daß letzte Sicherheit über die Zuschreibung nicht zu erlangen sei, ist dies
nur ein weiteres Zeichen dafür, wie wenig sich die Forschung bis heute tatsächlich mit dem
Inhalt des Magnifikat befaßt hat, welcher, selbst ungeachtet des äußeren Beweises, eindeutig
gegen die Elisabethzuschreibung spricht. Daß eine nachträgliche Übertragung des Hymnus auf
Elisabeth, wie sie in den genannten Quellen offenbar stattgefunden hat, nach Meinung vieler
nicht denkbar sei, verwundert angesichts der Bereitwilligkeit, mit der sie von modernen Exegeten vorgenommen wird - aus Gründen, die auch einem frühen Schreiber naheliegen moch-
ten, so auch *Zahn*, o.c., 99.

[167] Ihnen sei ausdrücklich auch das Hannalied 1.Sam 2,1-10 an die Seite gestellt, dessen
Skopus, das durch den *Davididen* verbürgte Heilshandeln Gottes (vgl. dazu o. S. 21-23), ebenfalls gegen eine täuferische Zuordnung der Hymnen, insbesondere des Magnifikat, spricht.

sich erfüllt im Geschehen der Auferweckung Jesu vom schändlichen Kreuzestod; und es ist kein anderer als Lukas, der eine solche Deutung der oben genannten Texte bezeugt, wenn er in der ersten Petrusrede Apg 2,14-36 den Erweis der Auferweckung Jesu aus der Schrift insbesondere auf die zitierten Psalmen einschließlich Ψ 131 gründet. Dabei greift er in Apg 2,24 mit dem Hinweis auf die Errettung Jesu aus dem Tod auf Ψ 17,6 zurück, in Apg 2,30f auf Ψ 88,4f und Ψ 131,11, die er explizit als Prophezeiungen der Auferstehung Jesu auslegt, und bildet er in Apg 2,36 aus der Anspielung auf den oben gegen die Täuferthese angeführten Vers Ψ 19,7 sogar den Höhepunkt und Abschluß der Rede. Lukas selbst wird kaum Schwierigkeiten gehabt haben, das textliche Beziehungsgeflecht zu erkennen, das sich hinter dem Magnifikat und Benediktus verbirgt![168] Was immer man an der lukanischen Kindheitsgeschichte als täuferisch extrahieren mag, Magnifikat und Benediktus widersetzen sich einer derartigen Zuordnung.[169] Hier weiterhin an der Möglichkeit ihres täuferischen Bezugs festzuhalten, hieße den Quellen Gewalt antun.

Als letzte Möglichkeit, die Herkunft dieser Hymnen zu bestimmen, bleibt somit, sie als christlich zu verstehen. Der Texthintergrund, die Tempora - alles weist in diese Richtung. Da mit der Widerlegung der beiden anderen Herleitungsmodelle aber noch nicht alle Momente, die für den christlichen Ursprung der Texte sprechen, ans Licht getreten sind, sei abschließend auch diesem Problemkreis eine eingehende Betrachtung gewidmet - nicht zuletzt auch in der Absicht, die zwar gängige, aber nie genügend fundierte christliche Herleitung des Magnifikat und Benediktus endgültig vom Mangel hypothetischer historischer Konstruktion zu befreien.

3. Zur christlichen Herkunft der Hymnen

Die Unmöglichkeit eines vorchristlich-jüdischen oder täuferischen Ursprungs von Magnifikat und Benediktus zu erweisen, hat allein die Untersuchung ihrer Text- und Traditionsstruktur genügt. Sie soll auch die einzige Grundlage für die christliche Herleitung der Hymnen sein. Dabei fallen drei Texte besonders ins Auge, denen die Verheißung eines zukünftigen bzw. endzeitlichen *Gemeinde*lobpreises gemeinsam ist. Wenn wir die Rolle erkennen, welche diese

---

[168] Vgl. auch Apg 13,22, wo bei der Betonung der davidischen Herkunft Jesu anklangsweise wieder die Kombination von Ψ 88 und Ψ 17 begegnet, bezeichnenderweise auch hier der Vers 17,51. Hinzuweisen ist auch auf die Zitation von Hab 1,5 am Schluß der Rede. Und schließlich ist für die Stephanusrede Apg 7,1-53 ein mehrmaliger Bezug auf Ψ 104 zu beobachten: in V.10 auf Ψ 104,21, in V.17 auf Ψ 104,24 und in V.36 auf Ψ 104,27; vgl. auch die Zitation von Ψ 131,5 in V.46.
[169] Das gilt, wie u. S. 142f zu zeigen sein wird, ganz besonders auch für die so gern für Elisabeth in Anspruch genommene Zeile V.48a.

auf die Gemeinde zielenden Verheißungen im Hintergrund von Magnifikat und Benediktus spielen, haben wir die Tür auch zu der Gemeinde geöffnet, die sich hinter unseren Liedern verbirgt.

Der bedeutendste Text ist in diesem Zusammenhang das eschatologische Danklied Jes 12, das den Lobpreis der erlösten Gemeinde bei Anbruch des messianischen Friedensreiches enthält[170] und das, wie schon gezeigt[171], in eigentümlicher Weise den gesamten Anfangsteil des Magnifikat bestimmt. Als prophetische Zukunftsschau verheißt es für den Tag der messianischen Heilserfüllung (ἐν τῇ ἡμέρᾳ ἐκείνῃ/בַּיּוֹם הַהוּא V.1 und 4) den enthusiastischen Lobpreis des Herrn, des Erbarmers und Retters, es verheißt den Preis seines Namens, des Namens des Heiligen Israels, und es prophezeit den Jubel über die wunderbare Großtat Gottes, mit der das eschatologische Geschehen seinen Anfang nimmt. Dies alles kündet es in direkter Rede an, indem es anhebt: "Du wirst sagen: . . ." (V.1). Das Magnifikat aber erwidert: "Ich jubele über Gott, meinen Retter", und fährt fort mit dem Lobpreis der göttlichen Großtat, dem Preis seines heiligen Namens und schließlich dem Preis seines immerwährenden Erbarmens. Dies heißt doch nichts anderes, als daß das Magnifikat selbst den eschatologischen Jubel vollzieht, den die prophetische Weissagung ankündigt!

Ähnlich ist die Situation im Hinblick auf das im Magnifikat und Benediktus gleichermaßen anklingende Danklied der Erlösten Ψ 106[172], das in V.2 denen, die in Finsternis und Todesnot saßen, die arm waren, hungerten und dürsteten, vor dem eigentlichen Lobpreis das Anstimmen desselben befiehlt mit den Worten:

εἰπάτωσαν οἱ λελυτρωμένοι ὑπὸ κυρίου,
οὓς ἐλυτρώσατο ἐκ χειρὸς ἐχθροῦ.
MT: יֹאמְרוּ גְּאוּלֵי יְהוָה אֲשֶׁר גְּאָלָם מִיַּד־צָר

Wenn dementsprechend besonders im Benediktus der Jubel über die Erlösung aus Feindeshand laut wird und die Befreiung aus dem Todesdunkel gefeiert wird[173], so kann auch dies nur als Vollzug dessen interpretiert werden, was der Gemeinde in Ψ 106,2 für den Zeitpunkt der Erlösung aufgetragen ist.

Schließlich paßt in diesen Zusammenhang auch die Stelle Ψ 19,6, die für die Zeit, da die göttliche Rettung, das dem König gewährte und durch ihn wirksame göttliche Heil (σωτήριον/יְשׁוּעָה) eingetreten ist, den Jubel, das ἀγαλλιᾶσθαι der Gemeinde im Namen Gottes ankündigt[174], einen Jubel, den

---

170 Vgl. *H. Wildberger*, Jesaja 1-12, BK.AT 10/1, 2. Aufl., Neukirchen-Vluyn 1980, 479, und *O. Kaiser*, Das Buch des Propheten Jesaja. Kapitel 1-12, ATD 17, 5. Aufl., Göttingen 1981, 254.

171 S. o. S. 20.

172 Vgl. o. S. 14 und 30f.

173 Zum Problem des Futurs in Lk 1,78f s. bereits o. S. 46-48.

174 Vgl. dazu *Kraus*, BK.AT 15/1, 312.

das Magnifikat anstimmt, wenn es antwortet: ἠγαλλίασεν τὸ πνεῦμά μου ἐπὶ τῷ θεῷ τῷ σωτῆρί μου.

Es ist sicherlich kein Zufall, wenn wir im traditonsgeschichtlichen Hintergrund unserer Hymnen immer wieder auf solche Verheißungen eschatologischen Jubels und Dankes stoßen, wobei alle die genannten Texte, voran als wichtigster Jes 12, den ausdrücklichen Hinweis auf die *Zukünftigkeit* des Geschehens mitenthalten.[175] Das Magnifikat und das Benediktus indessen vollziehen den imperativisch für die Heilszeit angekündigten Jubel und messianischen Lobpreis *gegenwärtig*! Daher wird man sie, hat man das messianische Verheißungsgeschehen als den textlichen und theologischen Grund beider Hymnen erkannt, gar nicht anders denn als Antwort auf die tatsächliche Erfüllung dessen deuten können, was nach Jes 12 alleiniger Grund derartigen Jubels sein kann: die Heraufkunft des messianischen Friedensreiches. Die einzige Gruppe aber, die in damaliger Zeit bereits den Anbruch der durch ihren Messias heraufgeführten Heilszeit erfahren hatte und bezeugte, waren die Christen. Nirgendwo anders als in ihrer Mitte können Magnifikat und Benediktus entstanden sein. Denn einen im lukanischen Kontext verlorengegangenen Hinweis auf zukünftige Zeiten, wie er, und dies sei gegen Gunkel gesagt, bei den in den Hymnen verarbeiteten eschatologischen Liedern gerade nicht fehlt - und bezeichnenderweise auch nicht in der Einleitung zum qumranischen Hymnus der Heimkehr 1QM XIV 4-15! -, wird man dem Magnifikat und Benediktus ohne textliche Grundlage nicht hinzudichten wollen. Beide Hymnen erweisen somit von selbst ihren christlichen Ursprung. Sie sind Zeugnisse früher christlicher Traditionsbildung, Zeugnisse einer frühchristlichen Hymnodik, auch wenn diese so ganz anders ist als die übrige neutestamentliche Hymnendichtung.

Diese Andersartigkeit zwingt nun aber, die bisher nur allgemein als christlich bestimmte Herkunft noch näher zu beleuchten. Daß man hierbei leicht in die Irre gehen kann, zeigt das Beispiel Browns, der eine Eingrenzung des historischen Rahmens mit Hilfe des Konstrukts einer hinter den Hymnen stehenden Gruppe von Anawim oder ehemaligen Anawim vollziehen zu können meint[176]. Dieser Versuch scheitert vor allem daran, daß sich eine exklusive Gruppe jüdischer Anawim, die es im Hinblick auf die christliche Gemeinde sogar rechtfertigte, von konvertierten Anawim zu sprechen[177], historisch überhaupt nicht fassen läßt.[178] Auch die Tatsache, daß in den ver-

---

[175] Vgl. auch u. S. 145f zu Jes 9,1-6.

[176] *Birth*, 352-355; ähnlich auch *Forestell*, MarSt 12, 236-242, der die Bildung einer Gemeinde der Armen sogar als die größte heilsgeschichtliche Leistung des nachexilischen Judentums preist (o.c., 233).

[177] *Brown*, o.c., 352.

[178] So auch *Percy*, Botschaft, 68-70, und *H. Marshall*, The Interpretation of the Magnificat: Luke 1:46-55, in: C. Bussmann - W. Radl (Hg.), Der Treue Gottes trauen. Beiträge zum Werk des Lukas. Für Gerhard Schneider, Freiburg - Basel - Wien 1991, 187. *R. Martin-Achard*, Art. ענה 'nh II elend sein, THAT 2, München 1984, Sp. 348f, weist darauf hin, daß es überhaupt schwierig ist, eine zusammenhängende Geschichte der Einstellung des Alten Te-

schiedensten jüdischen Gruppierungen, nicht zuletzt bei den Judenchristen (vgl. Röm 15,26), besonders aber in Qumran[179], die Selbstbezeichnung "Arme" zu einem Ehrentitel avancieren konnte[180], beweist nicht die Existenz einer solchen Gruppe, sondern zeigt im Gegenteil, daß die Anawimfrömmigkeit gerade nicht einer einzelnen Gruppe vorbehalten war, sondern zum gemeinsamen, vom Alten Testament inspirierten Traditionsgut gehörte und von mehreren Strömungen des Judentums rezipiert wurde.[181] Welchen Stellenwert das Armutsthema im Magnifikat hat, kann daher nur die Textinterpretation zeigen[182], nicht aber eine nivellierende historisierende Konstruktion.

Einen objektiveren Zugang zum Charakter unserer christlichen Gemeinde wird man dagegen von der sprachlichen Analyse der Hymnen erwarten dürfen. Denn die Entscheidung über eine hebräische bzw. aramäische oder eine griechische Verfasserschaft kann immerhin, zumindest im Fall einer wie immer gearteten semitischen Autorschaft, den geographischen Rahmen so einschränken, daß sie Aufschluß gibt über das theologische Selbstverständnis der für das Magnifikat und Benediktus verantwortlichen Gemeinde. Dies kann und soll die theologische Interpretation der Hymnen nicht ersetzen. Aber es vermag dieselbe von Vor- und Fehlurteilen zu befreien, die immer wieder auch dadurch entstehen, daß die sprachliche Gestalt der Hymnen nicht genügend berücksichtigt wird.

4. Die Originalsprache der Hymnen[183]

Wie bei der Frage nach der geistigen Heimat des Magnifikat und Benediktus betreten wir mit dem Problem der ursprünglichen Sprache beider Hymnen heiß umkämpftes Terrain. Dem großen Heer von Verfechtern einer wie immer gearteten semitischen Abfassung steht eine nur wenig kleinere Schar von Vertretern einer ursprünglich griechischen Verfasserschaft im Stil der LXX ge-

---

staments zur Armut nachzuzeichnen, und daß es einen Irrweg darstellt, wenn man versucht, der "ursprünglich ganz profan beurteilten Armut" die "nachexilische, spiritualisierte Armutsfrömmigkeit" gegenüberzustellen. Vgl. auch *Gerstenberger*, Art. עָנָה II 'ānāh, ThWAT 6, Stuttgart - Berlin - Köln 1989, Sp. 270.

[179] Vgl. zu עני/ענו 1QH II 34; V 13.14.21; XVIII 14; 1Q28b V 22 u.ö.; zu אביון 1QH II 32; III 25; V 16.18.22; 1QM XI 9.13; XIII 14; 1QpHab XII 3.6.10; 4QpPs37 II 9 u.ö.

[180] Vgl. nochmals *Martin-Achard*, THAT 2, Sp. 350, dort auch weitere Literatur.

[181] Vgl. auch *E. Bammel*, Art. πτωχός B. Der Arme im Alten Testament, und C. Das Spätjudentum, ThWNT 6, Stuttgart 1959 (Nachdruck 1965), 888-902.

[182] S. dazu u. S. 209-211.

[183] Mit großem Dank sei an dieser Stelle Herrn H. P. Rügers gedacht, mit dem Einzelprobleme dieses Kapitels zu besprechen ich wenige Wochen vor seinem Tod noch Gelegenheit hatte. Dort, wo seine Hinweise entscheidend zur Klärung der Abfassungsfrage beigetragen haben, ist dies ausdrücklich vermerkt.

genüber, und ein Konsens scheint nicht in Sicht. So ist man geneigt, sich dem Urteil Browns anzuschließen, der den mit sprachlichen Mitteln geführten Kampf für unentschieden erklärt[184] und sich dem Sprachproblem von der historisch-soziologischen Seite her nähert[185].

Eines jedoch verwundert, wenn man die zahlreichen Untersuchungen prüft, die zu diesem Thema vorliegen: Die von der literarkritischen Forschung auf minutiöse Weise erarbeitete und von der Mehrzahl der Exegeten übernommene Erkenntnis, daß in der lukanischen Kindheitsgeschichte Traditionsstücke *unterschiedlicher* Herkunft und Art im Prozeß der redaktionellen Ausgestaltung des Stoffes ineinander verwoben wurden, scheint bei der sprachlichen Beurteilung der fraglichen Kapitel völlig nebensächlich geworden zu sein, ja, sie kommt in diesem Zusammenhang überhaupt nicht in den Blick. Vor Augen stehen in der Regel Lk 1 und 2 als geschlossener Traditionsblock[186], dessen Originalsprache man grundsätzlich im Ganzen zu erheben sucht durch Kombination isolierter Einzelbeobachtungen, die man zu einem Gesamtergebnis summiert - mit dem Resultat, daß auf die Hymnen oft nicht mehr als eine einzige derartige Beobachtung entfällt, die es dem Interpreten[187] vermeintlich erlaubt, Magnifikat und Benediktus seinem Gesamturteil über die Abfassungssprache der lukanischen Vorgeschichte zu unterstellen. Einige verzichten dabei sogar ganz auf die sprachliche Betrachtung der Hymnen.[188]

Solchen rasch gefällten Urteilen gegenüber ist Vorsicht geboten. Eine sprachliche Besonderheit oder Abweichung von der Übersetzungsnorm, wie sie Winter u.a. in Lk 1,7; 1,37 und 2,13[189], Torrey in Lk 1,39 und 2,10[190] findet, um zwei der engagiertesten Exegeten auf diesem Gebiet zu nennen, sagt zunächst überhaupt nichts über die Originalsprache von Magnifikat und Bene-

---

[184] Birth, 246. Auch *Zahn*, KNT 3, 31, faßt seine Betrachtungen zur Quellenlage in den Zweifel über die Möglichkeit, Herkunft und Abfassungssprache der Lieder zu bestimmen.

[185] O.c., 346-355. Vgl. dazu bereits o. S. 99f.

[186] Bei *H. F. D. Sparks*, The Semitisms of St. Luke's Gospel, JThS 44 (1943), 129-138, in wenigen Seiten sogar das ganze Evangelium.

[187] Vgl. z.B. *G. H. Box*, The Gospel narratives of the Nativity and the alleged influence of heathen ideas, ZNW 6 (1905), 94-97; *G. Dalman*, Die Worte Jesu, mit Berücksichtigung des nachkanonischen jüdischen Schrifttums und der aramäischen Sprache, Bd. 1: Einleitung und wichtige Begriffe, Darmstadt 1965 (= Nachdr. der 2. Aufl., Leipzig 1930), 183, und *P. Winter*, Some Observations on the Language in the Birth and Infancy Stories of the Third Gospel, NTS 1 (1954/55), 116.121, und On Luke and Lucan Sources. A Reply to the Reverend N. Turner., ZNW 47 (1956), 225f.241. S. daneben auch *Benoit*, NTS 3, 169-176, und nochmals *Sparks*, JThS 44, 133. Die Gleichheit im methodischen Grundansatz der hier genannten Exegeten bedeutet jedoch durchaus keine Übereinstimmung im Ergebnis!

[188] So etwa *P. Gaechter*, Maria im Erdenleben. Neutestamentliche Marienstudien, 3. Aufl., Innsbruck - Wien - München 1955, 45f, und *W. L. Knox*, The Sources of the Synoptic Gospels, Bd. 2: St Luke & St Matthew, Cambridge 1957, 39-44.

[189] Vgl. nochmals NTS 1, 115f.117f, und ZNW 47, 223-225.226f.

[190] *C. C. Torrey*, Our Translated Gospels. Some of the Evidence, New York - London 1936, 82-90.

diktus aus. Und selbst wenn sich herausstellen sollte, daß die Abfassungssprache der Hymnen mit der ihres Kontextes übereinstimmt, kann dieses Endergebnis nicht schon am Anfang als gegeben vorausgesetzt werden. Wer über die Sprache der Hymnen urteilen will, muß vor allen Dingen die Liedtexte selbst betrachten. Sie allein stehen hier zur Debatte und nicht der sie umgebende Erzählzusammenhang. Unnötig ist daher auch ein ausführliches Referat der die Kindheitsgeschichte insgesamt betreffenden sprachlichen Einzelargumente, zumal der bis ins Jahr 1985 reichende Forschungsüberblick von Farris[191] kaum der Ergänzung bedarf. Für die ältere Zeit bis 1956 ist außerdem auf Laurentins[192] detaillierte Zusammenstellung zu verweisen.[193] In der vorliegenden Arbeit wird allein auf die für die Hymnen relevante Literatur Bezug genommen, und zwar bei der Diskussion der zugehörigen Textstellen.

Daß im Folgenden versucht wird, den häufigen Fehler einer methodischen Pauschalierung zu vermeiden[194], bedeutet allerdings nicht die Anwendung neuer Methoden oder die Vorstellung neuer Ergebnisse. Im Gegenteil, neu ist weder die zu entwickelnde These vom hebräischen Ursprung der lukanischen Hymnen noch der methodische Weg, ihre grammatikalischen Besonderheiten abzuschreiten. Gezeigt werden kann jedoch, daß einige Auffälligkeiten in der

---

[191] Hymns, 31-50.

[192] Traces d'allusions étymologiques en Luc 1-2 (I), Bib. 37 (1956), 449-456.

[193] Einen bis 1957 reichenden Überblick über die wichtigsten Theorien zu Lk 1 und 2, welcher auch die Sprachdiskussion umfaßt, bietet zudem *R. McL. Wilson*, Some Recent Studies in the Lucan Infancy Narratives, in: K. Aland u.a. (Hg.), Studia Evangelica. Papers presented to the International Congress on "The Four Gospels in 1957" held at Christ Church, Oxford, 1957, Berlin 1959, 235-253.

[194] Ihm entgeht auch Farris nicht, dessen Arbeit in anderen Bereichen ganz auf die Hymnen ausgerichtet ist, hier aber dem Sog der R. A. Martinschen Methodik erliegt, die er bei der Behandlung des Sprachproblems rezipiert. Dabei geht es um ein Schema von 17 Kriterien, die *Martin* in den Werken "Some Syntactical Criteria of Translation Greek", VT 10 (1960), 295-310, und "Syntactical Evidence of Semitic Sources in Greek Documents", Missoula 1974, entwickelt hat, um den Unterschied zwischen Übersetzungsgriechisch und reinem Griechisch herauszuarbeiten. Die Anwendung des Martinschen Punkteschemas führt *Farris*, Hymns, 55-62.66, zu der Überzeugung, daß die Kapitel Lk 1 und 2 einschließlich der Hymnen die typischen Merkmale von Übersetzungsgriechisch aufweisen. Dabei werden die Hymnen, o.c., 57, großzügig dadurch dem Gesamtbild von Lk 1f eingegliedert, daß ihre punktemäßig weit geringere Auffälligkeit zeilenmäßig hochgerechnet wird, so daß am Ende sogar ihre noch deutlichere semitische Färbung postuliert werden kann. Mit diesem Hinweis auf die Hymnen begnügt sich Farris. Seine Schlußbemerkung, o.c., 62, lautet: "The use of Martin's method does not provide all the information an investigator of these chapters might desire. One cannot tell, for example, whether there is one source behind Luke 1-2 or several, nor whether the source or sources were oral or written. These questions need not concern us, however, for the hymns, not the narrative, are the focus of interest of this study. It does appear that these hymns may depend upon Semitic, probably Hebrew, originals." Dieses Ergebnis hätte freilich des langatmigen Methodenreferats, o.c., 50-55, wie überhaupt der Anwendung der Martinschen Methode auf Lk 1 und 2 nicht bedurft, denn es macht genau an dem Punkt halt, an dem die eigentlichen Fragen erst auftauchen.

Sprachform der Hymnen anders und eindeutiger interpretiert werden können, als es in der bisherigen Literatur zum Sprachproblem geschehen ist. Und vielleicht gelingt es dabei doch, das "Unentschieden", mit dem Brown die Akten der Debatte bereits schließen wollte, wenigstens hinsichtlich der beiden Hymnen zu revidieren.

Die Problemlage ist allerdings kompliziert. Denn wenn wir die bisherigen Forschungsergebnisse betrachten, so scheint es, in welche Richtung die Argumentation auch immer geht, pro Hymnus kaum mehr als zwei Indizien für die jeweils favorisierte Ursprungssprache zu geben.[195] Um so größer ist die Rolle, die hier das individuelle Sprachgefühl der einzelnen Exegeten spielt. Mehrheitlich führen sie den unbestreitbar semitischen Charakter der Hymnen auf ein hebräisches oder aramäisches Original zurück[196], und dem Einwand, es könne sich dabei um eine bewußte Anlehnung an das hebräisch gefärbte Griechisch der LXX handeln[197], begegnen sie nur mit dem Hinweis auf die "genuin semitische Form" der Hymnen und die in ihnen herrschende "alttestamentliche Atmosphäre"[198]. Eine solide Diskussionsgrundlage kann dies kaum genannt werden. Sie zu schaffen, soll die Aufgabe der folgenden Untersuchung sein.

Methodisch ist dabei folgender Grundsatz zu beachten: Da uns Magnifikat und Benediktus in griechischer Sprache überliefert sind, müssen alle Sprach- und Stileigentümlichkeiten der Hymnen zunächst als Möglichkeiten des *Griechischen* gewürdigt werden. Erst wenn sich hierbei ernsthafte Schwierigkeiten ergeben, sind die Ursachen stilistischer Abweichung von der Norm in etwaigen Übersetzungsphänomenen zu suchen. Das Abwägen der Indizien ist allerdings oft weniger leicht, als diese methodische Forderung vermuten läßt. Aber es bleibt ein umfassender grammatikalischer und stilistischer Durchgang durch die Hymnen die einzige Möglichkeit, für die bislang unzureichende Forschungsdiskussion das Fundament zu legen, auf dem sie künftig aufbauen kann.

---

[195] Selbst *Winters* gründliche Analyse der Kindheitsgeschichte fördert für die Hymnen nur eine Beobachtung zu Lk 1,51 zutage; vgl. NTS 1, 110-121, bes. 116, und ZNW 47, 217-240, bes. 225f.

[196] Vgl. z.B. *Box*, ZNW 6, 95f; *Machen*, Virgin Birth, 83-86; *Knox*, Sources, 40; vorsichtig *M. Black*, An Aramaic Approach to the Gospels and Acts, 3. Aufl., Oxford 1967, 151-156.272.

[197] Vgl. z.B. *v. Harnack*, Magnificat, 80-85, und Lukas der Arzt, 150-152, und für das Magnifikat *R. C. Tannehill*, The Magnificat as Poem, JBL 93 (1974), 264, und *Kaut*, Befreier, 280, der es sich allerdings zu einfach macht, wenn er das Sprachproblem mit den Worten abtut, es seien "bisher keine zwingenden stichhaltigen Indizien dafür vorgebracht (worden), daß die Abfassungssprache des Magnifikat eine semitische sei. Die immer wieder beobachteten Semitismen lassen sich ebenso gut als Septuagintismen verständlich machen". Wenn die Sachlage so einfach ist, hätte Kaut es sich verbieten müssen, o.c., 294, das Hebräische - ohne Hinweis auf die LXX - zur Deutung der syntaktischen Struktur des Magnifikat heranzuziehen.

[198] Vgl. z.B. *Machen*, Virgin Birth, 84f.

a. Das Magnifikat

Das sprachliche Hauptproblem des Marienhymnus finden wir bereits in seinem Eingang, wo das präsentische μεγαλύνει durch den Aorist καὶ ἠγαλλίασεν weitergeführt wird, eine Form, die auch insofern ungewöhnlich ist, als hier statt des gebräuchlichen Deponens ἀγαλλιᾶσθαι[199] die aktivische Umbildung erscheint[200]. Gerade letztere, in der Literatur, wenn überhaupt, nur am Rande erwähnte Beobachtung aber erlaubt bereits den ersten Schluß: Da die LXX in ihrem überaus häufigen Gebrauch des Verbums dieses, bis auf eine Ausnahme in Klgl 2,13, nur in seiner medialen Form verwendet, kann für V.47 des Magnifikat eine bewußte Nachahmung des Sprachgebrauchs der LXX ausgeschlossen werden, sei der für die Form ἠγαλλίασεν Verantwortliche nun der in Griechisch schreibende Dichter oder der aus einer fremden Sprache Übersetzende. Das Sprachproblem selbst ist also mit der Ausscheidung des LXX-Einflusses an dieser Stelle noch nicht gelöst.

Zunächst besteht auch angesichts der in V.46b.47 vorliegenden Zeitenfolge nicht unbedingt ein Grund, an der griechischen Autorschaft zu zweifeln. Innerhalb des griechischen Sprachgefüges besteht beispielsweise die Möglichkeit, ἠγαλλίασεν im Anschluß an Bl.-Dbr. § 333,1b als gnomischen Aorist zu interpretieren in der speziellen Funktion der Umschreibung eines gegenwärtigen Zustandes, wie er im Griechischen nicht durch ein perfektives Präsens auszudrücken ist[201] - ein Gebrauch des Aorists, für den Bl.-Dbr. § 333_6 an weiteren neutestamentlichen Beispielen Mt 13,24; 18,23; 22,2 (ὡμοιώθη); 23,2 (ἐκάθισαν); 1.Kor 15,49 (καὶ καθὼς ἐφορέσαμεν. . .); Jud 14 (ἦλθεν) und Apk 10,7 (ἐτελέσθη) anführt. Bei genauerer Betrachtung dieser Verben kann man sich allerdings des Eindrucks nicht erwehren, daß Lk 1,47 mit den genannten Beispielen nicht harmoniert. Denn während die Aoriste ἐκάθισαν, ἦλθεν und ἐτελέσθη insofern präsentische Bedeutung gewinnen, als sie den in die Gegenwart reichenden Endpunkt eines in der Vergangenheit beginnenden Prozesses bezeichnen, welcher per se den entsprechenden Verben als perfektiven oder terminativen Verben innewohnt, und auch das Verb ὁμοίωμαι "gleich/ähnlich werden"[202] mit Vorbehalt dieser Gruppe zugeordnet werden

---

[199] Eine hellenistische Umgestaltung von ἀγάλλεσθαι, vgl. *F. Blass - A. Debrunner*, Grammatik des neutestamentlichen Griechisch, bearb. von F. Rehkopf, 17. Aufl., Göttingen 1990, § 101_1, daneben *H. G. Liddell - R. Scott* u.a., A Greek-English Lexicon, Oxford 1985 (Nachdruck der 9. Aufl. 1940), 5 s.v.

[200] Das Aktiv begegnet im Neuen Testament sonst nur noch als seltene Variante zu 1.Petr 1,8 (Cod. Vaticanus (B) und Cod. Ephraemi rescr. (C), hier allerdings nachträglich korrigiert) und in Apk 19,7, jedoch ebenfalls nicht in einheitlicher Bezeugung. Auch Lk benutzt an anderen Stellen nur das Deponens, vgl. Lk 10,21; Apg 2,26 und 16,34.

[201] Vgl. z.B. *Fitzmyer*, AncB 28/1, 366.

[202] Vgl. *W. Bauer*, Griechisch-deutsches Wörterbuch zu den Schriften des Neuen Testaments und der frühchristlichen Literatur, 6. völlig neu bearb. Aufl., hg. von K. und B. Aland, Berlin - New York 1988, Sp. 1150.

kann[203], fehlt dem Verb ἀγαλλιᾶν gerade das für die in diesem Paragraphen angeführten Verben typische zielgerichtete Bewegungsmoment oder Moment des Werdens. Ἀγαλλιᾶν heißt "jubeln/frohlocken", und die Übersetzung des Aorists ἠγαλλίασεν durch ". . . ist zum Jubel gekommen", mit welcher Bl.-Dbr. § 333₆ die These, es handle sich hier um einen gnomischen Aorist, zu verdeutlichen sucht, mutet eher wie ein Kunstgriff des Deutschen an, als daß sie der Wortbedeutung des griechischen Verbs entspräche.[204] Die gnomische Deutung der vorliegenden Zeitenfolge ist daher ausdrücklich in Zweifel zu ziehen.

Das gleiche gilt für die noch beliebtere ingressive Deutung des Aorists in V.47, welche nicht auf den End-, sondern auf den Anfangspunkt des Geschehens zielt: "Mein Geist hat zu jubeln begonnen."[205] Diese Deutung übersieht, daß der ingressive Aoristgebrauch trotz seiner punktuellen Hervorhebung des Anfangsmoments die *Abgeschlossenheit* der bezeichneten Handlung voraussetzt und nicht zur Umschreibung von Gegenwartsaussagen wie in Lk 1,47 dient.[206]

Das Griechische bietet allerdings noch eine Lösungsmöglichkeit für das Problem, die, obwohl die weit attraktivere, bis heute ohne Beachtung geblie-

---

[203] Der Vorbehalt ergibt sich aus den Ausführungen von *R. Kühner - B. Gerth*, Ausführliche Grammatik der griechischen Sprache, 2. Teil: Satzlehre, Bd. 1, Hannover 1983 (Nachdr. der 3. Aufl., Hannover - Leipzig 1898), § 386.7 und 8, die gegen die Zuordnung von Bl.-Dbr. ausdrücklich den gnomischen Gebrauch des Aorists von seiner Anwendung in Vergleichungen, wie sie in der genannten Matthäus-Stelle zweifellos vorliegt, unterscheiden. - Noch entschiedener muß man aber dem Aorist in 1.Kor 15,49 seinen gnomischen Charakter absprechen, an den, wie die durchweg perfektischen Übersetzungen in den Kommentaren zeigen, offensichtlich niemand glauben mag; vgl. z.B. *C. K. Barrett*, A Commentary on the First Epistle to the Corinthians, 2. Aufl., London 1971, 369; *C. Wolff*, Der erste Brief des Paulus an die Korinther, zweiter Teil: Auslegung von Kapitel 8-16, ThHK 7/2, 3. Aufl., Berlin 1990, 198, und *F. Lang*, Die Briefe an die Korinther, NTD 7, 16. Aufl. (1. Aufl. der neuen Bearbeitung), Göttingen - Zürich 1986, 232.

[204] Zudem ist Bl.-Dbr. unzulässige Verallgemeinerung vorzuwerfen, wenn in der zitierten Stelle nahezu alle perfektischen Formen im Magnifikat als Beispiel für die Verwendung des gnomischen Aorists herangezogen werden. Kann eine derartige Häufung des gnomischen Aoristgebrauchs schon an sich als unwahrscheinlich gelten, so muß in unserem Fall um so mehr, als für V.47 auf der einen und V.51ff auf der anderen Seite die jeweils verschiedenen Aspekte dieses Aorists festzustellen wären, der eben herbeigeführte gegenwärtige Zustände oder dauernd gültige Aussagen beschreiben kann, aber wohl kaum beides nebeneinander. Ähnlich auch *Lohfink*, Lobgesänge, 18.

[205] Vgl. z.B. *Brown*, Birth, 336; *Farris*, Hymns, 117, und *Kaut*, Befreier, 296f, im Anschluß an *Bl.-Dbr.* § 331.

[206] Vgl. *Kühner-Gerth*, § 386.5, wo der Gebrauch des ingressiven Aorists außerdem auf Verben eingeschränkt wird, "deren P r ä s e n s einen d a u e r n d e n Z u s t a n d oder eine fortgesetzte Handlung bezeichnet" (Bsp.: βασιλεύειν - König sein). Es sei auch darauf hingewiesen, daß *N. Turner*, A Grammar of New Testament Greek, hg. v. J. H. Moulton, Bd. 3: Syntax, Edinburgh 1963, 71f und 73f, die Verbform in Lk 1,47 keiner der diskutierten Möglichkeiten zuordnet; allein für V.51-53 des Magnifikat wird o.c., 74 der gnomische Gebrauch des Aorists erwogen.

ben ist.[207] Vor allem in der griechischen Tragödie begegnet nämlich der ausschließlich in der 1. Person gebrauchte sog. affektive Aorist, und zwar mit Vorliebe bei Verben der Gemütserregung[208], unter welche ein jubelnder Freudenausbruch zweifellos zu fassen ist. Da des weiteren die Bildersprache der Eingangsverse des Magnifikat eindeutig der Umschreibung der 1. Person der Sängerin dient, ist gegen die Interpretation der Zeitform in V.47 als eines affektiven Aorists grammatikalisch nichts einzuwenden. Allerdings setzt dieser Aorist in der Regel den Dialog voraus, innerhalb dessen sich, angeregt durch die Rede des Gegenübers, die fragliche Stimmung bis zum affektiven Ausbruch verdichtet[209], eine Konstellation, der die im allgemeinen postulierte überlieferungsgeschichtliche Eigenständigkeit des Hymnus entgegensteht. Auch die Aufeinanderfolge von Präsens und affektivem Aorist entspricht letztlich nicht dem beschriebenen Schema. Und schließlich muß es als unwahrscheinlich gelten, wenn in ein und demselben Hymnus hochpoetische Stilmittel mit einer einfachen, wenn nicht plumpen Ausdrucksweise vereint erscheinen, wie sie beispielsweise die Nominalkonstruktion in V.49b.50[210] für griechisch geschulte Ohren darstellen muß. Bedenkt man außerdem, daß bei genuin griechischer Abfassung der Bezugsrahmen des christlichen Autors für das im Hymnus zitierte alttestamentliche Textgut mit Sicherheit die LXX wäre, von der zumindest V.47 unbeeinflußt ist, dann kann der Rahmen, innerhalb dessen die ungewöhnliche Tempusform ἠγαλλίασεν zu deuten ist, nicht auf das Griechische beschränkt bleiben. Wir müssen daher auf der Ebene des Hebräischen oder Aramäischen nach überzeugenderen Erklärungsmodellen suchen.

Nun ist allerdings der Rückgriff auf das Semitische bei weitem nicht so einfach, wie es gemeinhin dargestellt wird, unter Verweis auf die konsekutive Tempusfolge im Hebräischen, die auf den ersten Blick durch die im zweiten Satzglied mögliche Verwechslung einer perfektischen Form mit ihrer präsentischen Funktion ein überzeugendes Erklärungsmuster abgibt.[211] So viele sich

---

[207] Für den entsprechenden mündlichen Hinweis danke ich Herrn Dr. Vogel aus Nürnberg.
[208] Vgl. *H. Lindemann*, Griechische Grammatik, hg. v. Hans Färber, Bd. 2, München 1957, § 119.2.
[209] Vgl. *Kühner-Gerth*, § 386.9b, dort auch Belege.
[210] S. dazu u. S. 203.
[211] Wir haben es hier geradezu mit der Standarderklärung für die Zeitenfolge in Lk 1,46b.47 zu tun. Es verwundert allerdings, daß nahezu einmütig der Aorist in V.47 als Imperfectum consecutivum gedeutet wird, dessen Hauptfunktion in der Fortführung eines *Vergangenheits*tempus besteht, und nicht als ursprüngliches Perfectum consecutivum; vgl. *A. Resch*, Das Kindheitsevangelium nach Lucas und Matthäus unter Herbeiziehung der aussercanonischen Paralleltexte quellenkritisch untersucht, Leipzig 1897, 208; *Zorell*, ZKTh 29, 754f; *R. A. Aytoun*, The ten Lucan Hymns of the nativity in their original language, JThS 18 (1917), 281; *P. Joüon*, L'Évangile de Notre-Seigneur Jésus-Christ, VSal 5, Paris 1930, 288f; *Sahlin*, Messias, 175; *Winter*, BJRL 37, 346; *Schürmann*, HThK 3/1, 73 Anm. 216; *Wiefel*, ThHK 3, 58; *Grelot-Rochais*, Psaumes, 251; daneben, wenn auch erstaunlicherweise schwankend zwischen einer griechischen und einer hebräischen Funktionsbestimmung des Verbs, *Farris*,

seiner aber auch bedienen, so ist doch keinem aufgefallen, daß in der Zeit, als das Magnifikat entstand, die konsekutive Tempusfolge im Hebräischen gar nicht mehr in Gebrauch war[212], ja daß sie, wie es die Rezeption älterer Texte zeigt, zum Teil gar nicht mehr verstanden wurde[213]. Die Tempora bezeichnen im Entstehungszeitraum der lukanischen Hymnen bereits echte Zeitebenen: "das Perfekt entspricht der Vergangenheit, das Imperfekt dem Futur oder Präsens".[214] Dies macht es ein für allemal unmöglich, die Zeitenfolge in Lk 1,46b.47 auf einen konsekutiven hebräischen Tempusgebrauch zurückzuführen, der vom Übersetzer des Liedes mißverstanden worden wäre[215], auch wenn die Attraktivität dieses Erklärungsmodells bis heute niemanden an seiner Gültigkeit hat zweifeln lassen.

Wie aber ist dann die griechische Zeitenfolge zu erklären? Die Antwort ist einfacher, als man vermuten mag, und wohl auch nur wegen der Fixierung auf die konsekutive Tempusfolge bislang nicht in den Blick gekommen. Eine partizipiale Satzkonstruktion bietet nämlich weit eindeutigere Verwechslungsmöglichkeiten als eine, die sich finiter Verbformen bedient. Lautete z.B. die fragliche Eingangszeile des Magnifikat: מְרֹמְמָה נַפְשִׁי אֶת־יְהוָה וְגָלָה רוּחִי בֵּאלֹהֵי יִשְׁעִי, so bot sich im zweiten Glied die Verwechslung des Partizipium femininum mit

---

Hymns, 117. Zwar könnten die genannten Autoren auf *W. Gesenius - E. Kautzsch* (- *G. Bergsträsser*), Hebräische Grammatik, 28. Aufl., Leipzig 1909 (6. Nachdr. Darmstadt 1991), § 111r und t verweisen, die Beispiele für einen präsentischen Gebrauch des Imperfectum consecutivum nennen, doch sind diese Belege, deren Anzahl gering genug ist, sämtlich von *W. Groß*, Verbform und Funktion. wayyiqtol für die Gegenwart? Ein Beitrag zur Syntax poetischer althebräischer Texte, St. Ottilien 1976, 143-158, als zumindest strittig erwiesen worden, so daß auch für das Magnifikat dieser Sondergebrauch des Imperfekts ein nur wenig überzeugendes Erklärungsmodell bietet. Ein konsekutives Perfekt als Fortführung einer von Haus aus präsentischen Form läge viel näher.

[212] Vgl. *B. Johnson*, Hebräisches Perfekt und Imperfekt mit vorangehendem w^e, Lund 1979, 31 und 95, und *E. Y. Kutscher*, A History of the Hebrew Language, Jerusalem - Leiden 1982, 44f.

[213] Dies weist *K. Beyer*, Althebräische Syntax in Prosa und Poesie, in: G. Jeremias - H. W. Kuhn - H. Stegemann (Hg.), Tradition und Glaube. Das frühe Christentum in seiner Umwelt. Festgabe für Karl Georg Kuhn zum 65. Geburtstag, Göttingen 1971, 96, überzeugend für 1QJes^a nach, wobei er zu der Überzeugung gelangt, daß "offenbar . . . die Qumranleute nur noch sehr unklare Vorstellungen von den althebräischen Tempora consecutiva" hatten. Vgl. auch *Kutscher*, History, 99.

[214] *B. Ridzewski*, Neuhebräische Grammatik auf Grund der ältesten Handschriften und Inschriften, Frankfurt a. M. - Bern - New York - Paris 1992, XVI. Vgl. auch ausführlicher 159f zum Perfekt und 161f zum Imperfekt.

[215] Dabei muß man für die Übertragung des Imperfectum consecutivum in einen Aorist sogar ein doppeltes Mißverständnis voraussetzen, dergestalt, daß der Übersetzer zwar mit der narrativen Funktion dieses Imperfekts vertraut war, aber nicht mit seiner auch präsentischen consecutiven Verwendung. Wenn man andererseits das Imperfekt als Fortführung einer präsentisch verwendeten Perfektform im ersten Glied versteht, was die Übertragung durch Aorist besser erklärte, bleibt fraglich, warum der Übersetzer ausgerechnet das Perfekt am Anfang nicht durch ein Vergangenheitstempus wiedergegeben hat.

der identischen, aber gebräuchlicheren femininen Perfektform ja geradezu an.[216] Dies gilt, da mit einer unpunktierten Überlieferung zu rechnen ist, auch für die Formen des starken Verbs wie etwa עָלַץ, das als Pendant zu ἀγαλλιᾶν auch in Frage käme[217]. Das Hebräische bietet damit eine sehr viel unkompliziertere Erklärung für das Zeitenphänomen in Lk 1,46b.47 als das Griechische, innerhalb dessen alle Erklärungsmodelle mit einem Vorbehalt zu versehen sind.

Anzumerken bleibt, daß im Aramäischen die genannte Verwechslungsmöglichkeit nicht gegeben ist wegen der in der Endung nicht vokalischen, sondern konsonantischen Bildung der 3. Pers. fem. Sg. (כְּתֵבַת statt כְּתֵבָה) und sich auch sonst auf der Ebene des Aramäischen keine weiteren Deutungsmöglichkeiten anbieten[218]. Damit kommt als Vorlage für den griechischen Text, wie Lukas ihn uns überliefert, am ehesten eine hebräische Textform in Frage[219], was einmal mehr belegt, daß die hebräische Sprache in Schrift, persönlichem Gebet und Gottesdienst durchaus noch in Gebrauch war.

Wie aber sah, wenn mit einem hebräischen Original zu rechnen ist, die hinter der griechischen Reihung μεγαλύνει . . . καὶ ἠγαλλίασεν liegende hebräische Wortfolge aus? Das griechische Verb μεγαλύνειν weist zwei Wortbedeutungen auf: "groß machen" und daraus resultierend "rühmen/preisen"[220], deren letztere in V.46 des Magnifikat vorliegt[221]. Folgt man dem Wortgebrauch der LXX, die mit μεγαλύνειν in der Mehrzahl der Fälle גדל in seinen verschiedenen Stämmen übersetzt - weniger häufig רבה-[222], müßte

---

[216] Daß רוּחַ hier als feminines Substantiv aufzufassen ist wie in den meisten alttestamentlichen Belegstellen, erhellt aus der Parallelität zum ebenfalls femininen Substantiv נֶפֶשׁ. Zum Problem des wechselnden Genus von רוּחַ vgl. aus jüngster Zeit *W. von Soden*, Der Genuswechsel bei rûaḥ und das grammatikalische Geschlecht in den semitischen Sprachen, Zeitschrift für Althebraistik 5 (1992), 57-63, und *H. Schüngel-Straumann*, Rûaḥ bewegt die Welt. Gottes schöpferische Lebenskraft in der Krisenzeit des Exils, Stuttgart 1992, 13.18-21.66-70, dort weitere Literatur.

[217] Zur Diskussion möglicher Rückübertragungen s. weiter u. S. 110f.

[218] Das Aramäische kennt ebensowenig eine konsekutive Tempusfolge wie das Neuhebräische; vgl. *Gesenius-Kautzsch*, § 49a Anm. 1, sowie die vergleichende Darstellung des Tempusgebrauchs im Hebräischen und Aramäischen bei *C. Brockelmann*, Grundriss der vergleichenden Grammatik der semitischen Sprachen. 2. Bd.: Syntax., Hildesheim 1983 (=unveränd. Nachdr. der Ausg. Berlin 1913), 147-153, und *Kutscher*, History, 75; daneben *S. Segert*, Altaramäische Grammatik mit Bibliographie, Chrestomathie und Glossar, 3. Aufl., Leipzig 1986, § 5.6.4.1.6, und *Stevenson-Emerton*, Grammar of Palestinian Jewish Aramaic, 2. Aufl.,Oxford 1966, § 17.8 und 18.8-10. - Der von *Grelot-Rochais*, Psaumes, 248, im Anschluß an *Black*, Aramaic Approach, 151, vertretene Vorschlag, ἠγαλλίασεν auf ein aramäisches statives Perfekt zurückzuführen, scheitert wie im Griechischen daran, daß dieser Gebrauch des Perfekts sich auf Zustandsverben beschränkt; vgl. *Segert*, o.c., § 6.6.3.2.1.b.

[219] Gegen *Zorell*, ZKTh 29, 757; *Sahlin*, Messias, 175; *Gryglewicz*, NTS 21, 272, und *Black*, Aramaic Approach, 151f.155f, der allerdings auch die Möglichkeit einer hebräischen Verfasserschaft offenläßt. Dies gilt auch von *Grelot-Rochais*, Psaumes, 247-252.

[220] Vgl. *Liddell-Scott*, 1088 s.v.

[221] So auch *v. Harnack*, Magnificat, 71.

man sich für das Pi'el von גדל entscheiden[223]. Allerdings ist גדל pi. in der Bedeutung "rühmen/preisen" innerhalb des alttestamentlichen Schrifttums kaum belegt; neben Ps 34,4 und 69,31 wären hier nur Sir 43,28 und 30[224] zu nennen. In den übrigen Stämmen findet sich der entsprechende Bedeutungsgehalt gar nicht, und auch die Qumranschriften verwenden גדל pi. als Ausdruck des Gottesruhmes äußerst selten[225]. Um so häufiger begegnet in dieser Funktion das Polel von רום, das vor allem in den Sabbatliedern der Qumrangemeinde den entscheidenden terminus technicus für den liturgischen Lobpreis Gottes bildet[226] und darin durchaus dem bliblischen Sprachgebrauch entspricht[227]. Es ist daher nur folgerichtig, wenn ein Teil derer, die eine Rückübersetzung des Magnifikat ins Hebräische versuchen, רום pol. als Äquivalent zu μεγαλύνειν wählt[228]. Bei keinem von ihnen findet sich jedoch ein Hinweis darauf, daß diese dem griechischen μεγαλύνειν in Lk 1,46 am besten entsprechende Gleichsetzung dem Übersetzungsmuster der LXX widerstreitet[229], die רום pol. nahezu ausnahmslos mit ὑψοῦν wiedergibt[230], einem Verb, dem die Bedeutung "rühmen/preisen" von Haus aus nicht eignet[231]. Wenn man also der Annahme folgt, es handle sich in Lk 1,46b.47 um Übersetzungsgriechisch, und dabei voraussetzt, daß hinter dem griechischen μεγαλύνειν ein bedeutungsgleiches hebräisches Verbum zu suchen ist, wie es dem verbreiteten Sprachgebrauch nach רום pol., aber kaum גדל pi. darstellt,

---

[222] Vgl. *E. Hatch - H. R. Redpath*, A Concordance to the Septuagint and the Other Greek Versions of the Old Testament (Including the Apocryphal Books), Bd. 2, Graz 1975 (Nachdr. der 1897 in Oxford erschienenen Ausg.), 902 s.v.

[223] So z.B. *Godet*, Lukas, 72; *Resch*, Kindheitsevangelium, 208; *Zorell*, ZKTh 29, 754f; *Haupt*, AJP 40, 65, und *H. Ringgren*, Luke's Use of the Old Testament, HThR 79 (1986), 230.

[224] Zum hebräischen Text vgl. *Vattioni*, Ecclesiastico, 234.

[225] Die wenigen Belegstellen beschränken sich auf 4Q403 1 I 8; 404 1 3; 405 3 I 10f und 64 2, wobei nicht überall der Zusammenhang klar ist.

[226] Vgl. 4Q400 1 II 13; 2 3f.8; 401 16 1; 27 1; 403 1 I 24f.33; 1 II 20; 3 1; 405 8-9 4; 14-15 I 3; 20 II-21-22 7; MasShirShabb I 9; 11QShirShabb 3-4 9; 5-6 4. Vgl. aber auch 4Q503 11 3; 33 I+34 2; 4Q504 2 VII verso 2; 4Q510 1 9; 4Q511 2 I 2; 10 8; 27 3; 28+29 2; 35 6; 81 1; 124 1 und 4Q381 33 4.

[227] Vgl. Ex 15,2; Jes 25,1; Ps 30,2; 34,4; 99,5.9; 107,32; 118,28; 145,1.

[228] So z.B. *Aytoun*, JThS 18, 281; *Winter*, BJRL 37, 346, und *Grelot-Rochais*, Psaumes, 251.

[229] Gerade Winter hätte hier ein Argument mehr gefunden für seine These, die in Lk 1 und 2 verarbeiteten Texte seien von der LXX unabhängig.

[230] Nur in Jes 25,1 und 33,19 überträgt die LXX den hebräischen Begriff mit δοξάζειν.

[231] Vgl. *Liddell-Scott*, 1910 s.v.; dazu *G. Bertram*, Art. ὑψόω, ὑπερυψόω, ThWNT 8, Stuttgart - Köln - Mainz 1969, 604f, der darauf hinweist, daß ὑψόω erst in der LXX die Bedeutung "rühmen/preisen" gewinnt - man könnte hinzufügen: aufgrund einer für die LXX in weiten Teilen typischen rein mechanischen Gleichsetzung des griechischen Begriffs mit einem hebräischen Äquivalent auch an Stellen, wo die Bedeutung im Hebräischen eine abgeleitete ist, eine Übersetzungsweise, wie sie beim Magnifikat gerade nicht ohne weiteres vorausgesetzt werden darf!

darf man auch hier ein kleines Indiz für die Unabhängigkeit unseres Textes von der LXX finden, wenn diesem Indiz sein hypothetischer Charakter auch nicht abzusprechen ist.

Nicht weniger schwierig ist die Lage bei ἀγαλλιᾶν, einem Verb, hinter dem sich die verschiedensten hebräischen Wurzeln verbergen können, der Häufigkeit nach jedoch vor allem גִיל, עלז/עלץ und רנן. Zieht man, um den Kreis der Möglichkeiten einzuschränken, die alttestamentlichen Textstellen zu Rate, die dem griechischen Wortlaut nach den Zeilen 46b.47 zugrunde liegen, nämlich Jes 61,10 und Hab 3,18[232], so scheidet zwar רנן aus, aber die Wahl zwischen גיל und עלז/עלץ bleibt offen:

Jes 61,10aβ: תָּגֵל (LXX: ἀγαλλιάσθω) נַפְשִׁי בֵּאלֹהַי

Hab 3,18a: (LXX: ἀγαλλιάσομαι) וַאֲנִי בַּיהוָה אֶעְלוֹזָה

Der Habbakukvers fährt jedoch fort:

Hab 3,18b: אָגִילָה (LXX: χαρήσομαι) בֵּאלֹהֵי יִשְׁעִי,

Somit wäre, gerade wenn man die Unabhängigkeit der Übersetzung von der LXX postuliert, גיל nach Hab 3,18b durchaus der Vorzug zu geben.

Da aber dem Hannalied, besonders seinem Eingang, ebenfalls prägende Bedeutung für das Magnifikat zukommt[233], bedarf es auch eines Blicks auf die Anfangszeile dieses Hymnus:

1.Sam 2,1:   עָלַץ לִבִּי בַּיהוָה רָמָה קַרְנִי בַּיהוָה

Wie im Magnifikat ist es ein Jubelruf, mit dem der hebräische Text des Hannaliedes anhebt: עָלַץ לִבִּי. Er steht darin aber in scharfem Gegensatz zu dem spröden Liedbeginn der LXX: Ἐστερεώθη ἡ καρδία μου ἐν κυρίῳ.[234] Ist schon dies ein weiteres Indiz dafür, daß es nicht die Textform der LXX ist, die beim Magnifikat Pate gestanden hat, sondern tatsächlich die hebräische, so verliert die gängige Überzeugung, daß sich das Magnifikat nur formal an das Hanna-

---

232 Vgl. o. S. 9.

233 Vgl. ebenfalls o. S. 9.

234 Die LXX-Übersetzung, zu der es im Bereich der griechischen Textüberlieferung keine abweichende Lesart gibt (vgl. *A. Brooke - N. McLean - H. St. J. Thackeray* (Hg.), The Old Testament in Greek, Bd. 2: The Later Historical Books, Teil 1: I and II Samuel, Cambridge 1927, 5), scheint ihrerseits auf eine innersemitische Textüberlieferung zurückzugehen, die sich auch im Targum erhalten hat; vgl. TgJon z. St.: . . . תקיף לבי; Text bei *A. Sperber* (Hg.), The Bible in Aramaic. Based on Old Manuscripts and Printed Texts, Bd. 2: The Former Prophets According to Targum Jonathan, Leiden 1959, 96. S. auch *E. M. Borobio* (Hg.), Targum Jonatán de los Profetas Primeros en tradición babilónica, Bd. 2: I-II Samuel, Madrid 1987, 58f. Dagegen findet sich die masoretische Textform auch in 4QSam a I 17 aus Qumran; vgl. *F. M. Cross, Jr.*, A New Qumran Biblical Fragment Related to the Original Hebrew Underlying the Septuagint, BASOR 132 (1953), 26.

lied anlehnt, ohne im Wortlaut darauf zurückzugreifen[235], vollends ihr Gewicht, wenn man hinter ἀγαλλιᾶν in V.47 die Wurzel עלץ/עלז vermutet. Man könnte sogar versucht sein, hinter dem in hypothetischer Rückübersetzung etwa folgendermaßen lautenden Anfang des Magnifikat: מִרְמְמָה נַפְשִׁי . . . וְעָלְצָה רוּחִי . . . , eine bewußte Korrektur des Eingangs des Hannaliedes: עָלַץ לִבִּי . . . רָמָה קַרְנִי . . . , zu vermuten, die durch die veränderte Aufnahme der Einleitungsverben die ruhmvolle Erhöhung des Hornes, die Hanna von sich selbst aussagt, zu einem ausschließlich Gott und nicht den Menschen erhebenden Lobpreis umwandelt, dem die in V.48 anschließende Niedrigkeitsaussage der Sängerin entspräche.[236] Daß auch diese Überlegungen keines letzten Beweises fähig sind, bedarf kaum der Erwähnung. Die Möglichkeit, daß die Fortführung der Anfangszeile in V.47 klanglich eleganter וְגָלָה רוּחִי . . . gelautet hat und die Anlehnung an das Hannalied tatsächlich nur eine syntaktische und im Wortlaut lose ist, bleibt bestehen.

Als Ergebnis dieser Untersuchung der Eingangszeilen des Magnifikat bleibt festzuhalten, daß eine ursprünglich griechische Verfasserschaft, sofern man die oben geschilderten Widersprüche in Kauf nimmt, zwar aufrechterhalten werden könnte, daß aber der Annahme, dem griechischen Text liege ein hebräisches Original zugrunde, in Anbetracht der zahlreichen sprachlichen und grammatikalischen Indizien sowie der auf der Ebene des Griechischen deutlich zutage tretenden Unabhängigkeit von der LXX[237] weit größere Wahrscheinlichkeit zukommt. Damit gewinnen auch Winters Beobachtungen zu V.51 des Magnifikat[238] neu an Gewicht. In seinem Versuch, die Existenz sprachlicher Wendungen nachzuweisen, die sich aufgrund des LXX-Stils nicht erklären lassen, dagegen als von der LXX unabhängige, direkte Übersetzungen aus dem Hebräischen, erkennt er die Wortverbindung ποιεῖν κράτος als für die LXX untyptisch und führt sie auf ein hebräisches עָשָׂה חַיִל zurück. Während die LXX hierfür in der Regel ποιεῖν δύναμιν setzt[239], sei, so Winter, die Verwendung von κράτος für חַיִל die der LXX gegenüber genauere Übertragung und somit der hebräische Ursprung der Wendung wahrscheinlich.[240] Dem wäre noch hinzuzufügen, daß die Wortverbindung ποιεῖν κράτος im Griechischen sonst ungebräuchlich ist[241] und uns auch im außerbiblisch-jüdischen

---

[235] Dies unterstreicht v.a. *Zahn*, KNT 3, 102 Anm. 40.

[236] Zur weiteren Interpretation vgl. ausführlich u. S. 196-198.

[237] Übereinstimmung mit dem Sprachgebrauch der LXX besteht einzig in der Wahl der Wendung τῷ θεῷ τῷ σωτῆρί μου als vermutete Übersetzung von אֱלֹהֵי יִשְׁעִי; vgl. etwa Jes 17,10; Mi 7,7 und Hab 3,18. In Ψ 17,47 lautet die griechische Übertragung des hebräischen Ausdrucks allerdings ὁ θεὸς τῆς σωτηρίας μου.

[238] NTS 1, 116, und ZNW 47, 225f.

[239] Vgl. Dt 8,17f; 1.Sam 14,48; Ψ 59,14; 107,14; 117,15f; Ruth 4,11.

[240] Ähnlich argumentiert über 60 Jahre vor Winter bereits *Godet*, Lukas, 74. - Vgl. auch den Gebrauch der Wendung in Qumran, die allerdings nur in der Kriegsrolle begegnet: 1QM VI 6; XI 5.7; XII 11; XIX 3.

[241] Vgl. *Liddell-Scott*, 1427-1429 s.v. ποιέω und 992 s.v. κράτος, wo keine entsprechen-

Schrifttum nicht begegnet, so daß Lk 1,51 schwerlich aus der Feder eines ursprünglich griechisch schreibenden Autors stammen kann. Turner[242], Winters entschiedenster und gründlichster Kontrahent, möchte zwar den Einfluß der LXX auf den Verfasser oder Übersetzer des Magnifikat mit dem Argument aufrechterhalten, daß die LXX an fünf Stellen[243] κράτος mit einem ähnlichen Bedeutungsgehalt wie in Lk 1,51 verwendet und diese unsere Zeile beeinflußt haben können. Der Befund ist jedoch im Hinblick auf die besondere Wortverbindung ποιεῖν κράτος zu unspezifisch, als daß er die Behauptung einer bewußten Anlehnung an den Stil und eigentümlichen Sprachgebrauch der LXX zu stützen vermöchte. Winters sprachlicher Deutung der Stelle ist eindeutig der Vorzug zu geben.

Sie wird zudem bestärkt durch den Wortgebrauch und die syntaktische Struktur der Anschlußzeile Lk 1,51b. Weist in ihr schon das Fehlen des Artikels bei dem den Genitiv καρδίας αὐτῶν regierenden Nomen διάνοια den Vers zumindest als "unter hebr. Einfluß" stehend aus[244], so führt noch stärker in diese Richtung die Frage nach der Herkunft oder Vorlage der doch etwas umständlich anmutenden Wendung ὑπερήφανοι διανοίᾳ καρδίας αὐτῶν[245], deren Plerophorie[246] man nicht einfach als bedeutungslos abtun darf[247]. In der LXX findet sich die den Begriff "Hochmütige" ergänzende Wortverbindung διάνοια καρδίας nur einmal, und zwar in 1.Chr 29,18. Da hier aber dem Ausdruck ein ausgesprochen positiver Sinn zugrunde liegt, kann die Chronikstelle unmöglich die Zitatgrundlage für Lk 1,51b sein. Eine weitere Vergleichsstelle bietet die LXX nicht; interessanterweise jedoch der masoretische Text! Daß aber selbst von denjenigen, die vom hebräischen Ursprung des Hymnus überzeugt sind und eine entsprechende Rückübersetzung versucht haben, kaum einer auf die wörtlich gleichlautenden Parallelstellen Bezug nimmt, belegt einmal mehr die Großzügigkeit, die in der Betrachtung unseres Hymnus allgemein vorherrscht. Wie anders wäre es zu erklären, daß in nahezu allen Übertragungsversuchen für das singularische διάνοια eine pluralische

---

den Belege aufgeführt sind.

[242] The Relation of Luke I and II to Hebraic Sources and to the Rest of Luke-Acts, NTS 2 (1955/56), 102.

[243] Dt 8,17; Ψ 89,11; PsSal 17,3; SapSal 11,21 und Jdt 13,11 (hier sogar in Verbindung mit ποιεῖν).

[244] Vgl. *Bl.-Dbr.* § 259 mit Anm. 3.

[245] Den Hinweis auf die für Lk 1,51b heranzuziehenden Textparallelen verdanke ich Herrn H. P. Rüger (in einem Brief vom 27. 9. 1990).

[246] Neben der einfachen Nennung der Hochmütigen findet sich im biblischen Schrifttum sonst nur die Wortverbindung "Hochmut/Übermut des Herzens": 2.Chr 32,26 (גֹּבַהּ לִבּוֹ); Jes 9,8 und 10,12 (גֹּדֶל לֵבָב); Jer 48,29 (רֻם לִבּוֹ) und 49,16 (זְדוֹן לִבְּךָ) und Ob 3 (זְדוֹן לִבְּךָ), wobei nur an letzterer Stelle die LXX mit ὑπερηφανία τῆς καρδίας (σου) übersetzt.

[247] Zumindest, wenn man nicht mit kompositorischer Willkürlichkeit rechnet, sondern mit einer ausgefeilten theologischen Reflexion bei der Wahl der Motive und Wendungen.

Form gewählt wird, mit Vorliebe מְזִמּוֹת[248], seltener זִמּוֹת[249] und מַחֲשָׁבוֹת[250]? Im Hinblick auf die Kombination der Begriffe mit לֵב als Äquivalent für καρδία ist diese Entscheidung zunächst auch nicht zu bemängeln, da die Tradition für die genannten Nomina nur die pluralische Wendung "Pläne des Herzens" kennt.[251] Es hätte aber die bereits genannte Stelle 1.Chr 29,18, in welcher die Erweiterung des Ausdrucks durch das singularische Äquivalent יֵצֶר (יֵצֶר מַחְשְׁבוֹת לְבַב עַמֶּךָ) den Grund der ebenfalls singularischen Übertragung in der LXX bildet, den zahlreichen Vertretern einer hebräischen Autorschaft als Hinweis dienen können, daß es ein schlichtes (בְּ)יֵצֶר לְבָּם) ist, das sich hinter διανοίᾳ καρδίας αὐτῶν verbirgt.

Stehen wir damit bereits in formaler Hinsicht dem griechischen Wortlaut am nächsten, so erweist sich die Richtigkeit der Übertragung auch durch die Schriftstellen, in denen die Wendung - anders als im Griechischen - in der genannten bzw. in einer der Chronikstelle entsprechenden Form erscheint und deren theologische Bedeutung für V.51b des Magnifikat nicht zu übersehen ist[252]:

Gen 6,5: וַיַּרְא יְהוָה כִּי רַבָּה רָעַת הָאָדָם בָּאָרֶץ וְכָל־יֵצֶר מַחְשְׁבֹת לִבּוֹ רַק רַע
כָּל־הַיּוֹם

Gen 8,21: וַיֹּאמֶר יְהוָה אֶל־לִבּוֹ לֹא־אֹסִף לְקַלֵּל עוֹד אֶת־הָאֲדָמָה בַּעֲבוּר הָאָדָם כִּי
יֵצֶר לֵב הָאָדָם רַע מִנְּעֻרָיו

---

[248] Vgl. *F. Delitzsch*, Die vier Evangelien ins Hebräische übersetzt (1877-1890-1902), hg. und eingeleitet von J. Carmignac, Brépols 1984, 98, und *Aytoun*, JThS 18, 282, wobei letzterer, aus metrischen Gründen, die Wendung am liebsten als sekundär ausscheiden würde, ein Schritt, den *Resch*, Kindheitsevangelium, 209, seinerseits nicht scheut, weshalb er auf die Rückübertragung der Wendung auch ganz verzichtet. *Godet*, Lukas, 74; *Hillmann*, JPTh 17, 194, und *H. J. Holtzmann*, Die Synoptiker, HC 1/1, 3. Aufl., Tübingen - Leipzig 1901, 312, verkürzen großzügig zu אֲבִירֵי לֵב. Das Unbehagen an der Pleophorie der Zeile ist deutlich - wie auch die übergroße Bereitwilligkeit, die theologischen Einsichten den formalen zu opfern.

[249] So *Haupt*, AJP 40, 65, der allerdings ebenfalls vom sekundären Charakter des Begriffs überzeugt ist.

[250] Vgl. *Winter*, BJRL 37, 346; *Jones*, JThS 19, 25, und *Grelot-Rochais*, Psaumes, 251.

[251] Vgl. Jer 23,20 und 30,24 bzw. Ps 33,11 und 1.Chr 29,18. Allein für das seltene זִמּוֹת ist die Verbindung mit לֵב nicht belegt.

[252] Zu den wenigen, welche die Stelle Gen 6,5 im Hintergrund von Lk 1,51b wahrnehmen, gehört *Zorell*, ZKTh 29, 754, der entsprechend den fraglichen griechischen Ausdruck mit ביצר מחשבות לבם wiedergibt, eine Übertragung, die grundsätzlich nicht anzufechten ist. Anzuzweifeln bleibt allein das von Zorell zugrunde gelegte metrische Schema, das die Verwendung des Doppelausdrucks nötig macht; vgl. dazu ausführlich u. S. 157f. Auch *Sahlin*, Messias, 175, wählt in seiner Übersetzung aus metrischen Gründen die Langform, ob nach Gen 6,5 oder 1.Chr 29,18, bleibt offen. Warum *Jones*, a.a.O., Gen 6,5 als Bezugsstelle von Lk 1,51b angibt, dann aber doch pluralisch übersetzt, bleibt rätselhaft. Ohne Interesse an der hebräischen Textform verweisen auf Gen 6,5 als Bezugsstelle noch *B. S. Easton*, The Gospel according to St. Luke. A Critical and Exegetical Commentary, New York 1926, 15, und *D. L. Tiede*, Luke, Augsburg New Testament Commentary on the New Testament, Minneapolis, Minnesota 1988, 56.

Wir haben hier den Rahmen der Sintflutgeschichte vor uns, der inklusorisch
die anthropologische Grunderkenntnis formuliert, daß die - böse - Herzensgesinnung des Menschen dessen schicksalhaftes Wesensmerkmal darstellt! Der
יֵצֶר לֵב הָאָדָם ist Grund für die Verwerfung und Vernichtung des Menschenge-
schlechts durch Gott, aber in seiner Unveränderlichkeit auch Grund für den
Gnade stiftenden Bundesschluß am Ende der Sintflutgeschichte[253].

Ist mit Blick auf diese Texte anzunehmen, daß die Anspielung auf die Herzensgesinnung des Menschen in Lk 1,51b, die ja auch auf der Ebene des griechischen Textes erklärungsbedürftig ist[254], reine Wortspielerei ist? Wohl
kaum! Und der antike Hörer wird auch keine Schwierigkeiten gehabt haben,
das heilsgeschichtliche Bild zu verstehen, das die Anspielung auf den יֵצֶר לֵב
הָאָדָם vor seinem inneren Auge entwarf: So wie die durch Bosheit bestimmte
Gesinnung des Menschen vor dem Heraufziehen einer neuen Heilsepoche ein
Straf- und Vernichtungshandeln Gottes nötig macht, so ist auch das Gericht an
den Hochmütigen und in ihrer Gesinnung Gottlosen Zeichen des Eintritts in
die neue Zeit des messianischen Heils, in einen neuen Bund. An der Herzensgesinnung, einem Wesensbegriff, der mehr ist als das, was die pluralische
Wendung "Pläne des Herzens" bezeichnet, entscheidet sich von Anfang der
Welt Gottes Straf- und Erlösungshandeln; und wir verfehlen die Weite des
heilsgeschichtlichen Rahmens im Magnifikat, wenn wir an den scheinbar über-
schüssigen Worten in Lk 1,51b achtlos vorübergehen. Mit Deutlichkeit eröffnet sich diese Weite aber nur auf der Ebene des Hebräischen, denn die die
Härte des Textes abschwächende LXX-Übertragung der Genesisstellen entfernt
sich in Wortwahl und Syntax beträchtlich vom masoretischen Text, wenn sie
auch bestätigt, daß sich hinter dem griechischen διάνοια des Magnifikat im
Falle einer semitischen Abfassung nur יֵצֶר verbergen kann:

Gen 6,5:   . . . καὶ πᾶς τις διανοεῖται ἐν τῇ καρδίᾳ αὐτοῦ ἐπιμελῶς ἐπὶ τὰ
                πονηρὰ πάσας τὰς ἡμέρας.

Gen 8,21:   . . . ὅτι ἔγκειται ἡ διάνοια τοῦ ἀνθρώπου ἐπιμελῶς ἐπὶ τὰ
                πονηρὰ ἐκ νεότητος.

---

[253] So wie es sich, abseits aller Quellenscheidung, in der Zusammenschau der Traditionen
darstellt.

[254] Erstaunlicherweise geht aber keiner der Kommentatoren über eine reine Wiedergabe
des Bedeutungsgehalts der einzelnen in V.51b verwendeten Begriffe hinaus. Der Sinn der
Begriffskombination kommt überhaupt nicht in den Blick. Auffällig ist allein, daß selbst von
Verfechtern einer griechischen Autorschaft des Magnifikat der Charakter der Wendung als ein
ausgesprochen semitischer beschrieben wird; vgl. *v. Harnack*, Magnificat, 72, und *Evans*,
Saint Luke, 175. Aus dem Rahmen fällt hier nur *É. Delebecques* sprachliche Interpretation der
Stelle (Évangile de Luc, Paris 1976, 8), der die Wendung διανοίᾳ καρδίας αὐτῶν willkürlich
in δι' ἀνοίας καρδίας αὐτῶν zertrennt, um auf die angeblich nur für das Griechische typische
freie Verwendung der Partikeln hinweisen zu können.

Auf den Wortlaut dieser LXX-Stelle kann sich Lk 1,51b nicht bezogen haben! Da somit auf der Ebene des Griechischen überhaupt keine Bezugsstelle für Lk 1,51b zu finden ist[255] - was angesichts der Abhängigkeit der Kompositionsweise vom alttestamentlichen Traditionsmaterial schon merkwürdig genug wäre -, zudem die für griechische Ohren ungelenke Umständlichkeit des Ausdrucks, welche sich nach Maßgabe des uns vorliegenden Textes theologisch kaum erklären läßt, Zweifel an einer genuin griechischen Autorschaft weckt, dagegen auf der Ebene des Hebräischen die Stelle gerade in ihrer Pleophorie Sinn und theologische Tiefe gewinnt, ist auch hier wieder der Annahme einer hebräischen Verfasserschaft der Vorzug zu geben, zumal sich die in diese Richtung weisenden Indizien häufen. Fest steht für Lk 1,51b zumindest die Unabhängigkeit von der LXX, was an sich, bei der Bedeutung des alttestamentlichen Textes für den Hymnus, schon Grund genug wäre, am griechischen Ursprung des Magnifikat zu zweifeln.

Diesem durch die Beobachtungen an V.46b.47 und 51 vorgegebenen Rahmen fügt sich schließlich auch ein letztes Indiz ein, das, für sich genommen, mehr oder weniger strittig bleibt, das aber in der Zusammenschau das Bild zu vervollständigen vermag. Es handelt sich um die Verse 49b.50, die Bl.-Dbr. § 442 Anm. 12 als relativischen Anschluß an V.49a versteht[256]. Es liegt jedoch bei dieser zweifellos semitisierenden Konstruktion näher, die Verse als eigenständiges, kopulativ angeschlossenes Nominalsatzgebilde zu bestimmen[257], wie es gerade mit ἔλεος als Subjekt in der LXX gang und gäbe ist[258], wobei die nominale Weiterführung eines Verbalsatzes durch Anschluß mit καί keine Besonderheit darstellt[259].

Daß dennoch der semitisierende Stil dieser Zeilen nicht auf Anlehnung an den Sprachgebrauch der LXX zurückgeht, erweist die innerhalb des biblischen Schrifttums - wenn man von einer Sonderlesart des Codex Alexandrinus zu Prov 27,24 absieht - völlig singuläre Wendung εἰς γενεὰς καὶ γενεάς[260], die immerhin als so ungewöhnlich erschien, daß sie in zahlreichen Handschriften den in der LXX vorfindlichen Ausdrücken angeglichen wurde.[261] Am häufig-

---

[255] Die in *Nestle-Aland*, Novum Testamentum Graece, 154, einzig genannte Bezugsstelle Prov 3,34 LXX hat mit V.51b des Magnifikat nur den Hinweis auf die ὑπερήφανοι gemein und vermag gerade die Herkunft der im Griechischen ungewöhnlichen Anschlußwendung nicht zu erklären.

[256] Vgl. auch *Hauck*, ThHK 3, 29; *Marshall*, NIC, 89, und *Fitzmyer*, AncB 28/1, 368.

[257] Vgl. auch die Punktation in *Nestle-Aland*, Novum Testamentum Graece, 153.

[258] Vgl. v.a. Ψ 102,17; weiter Ψ 105,1; 106,1; PsSal 2,33; 11,9 und 18,1.

[259] Vgl. PsSal 10,3.

[260] Ansonsten begegnet diese Form der Wendung nur noch einmal in TLev 18,8.

[261] Auch in den LXX-Handschriften selbst, wo das Magnifikat unter die ᾨΔAI aufgenommen erscheint, ist die pluralische Wendung durch eine singularische der Form εἰς γενεὰν καὶ γενεάν bzw. in A der Form ἀπὸ γενεᾶς εἰς γενεάν ersetzt, was im Hinblick speziell auf diesen Codex einen Einfluß der Magnifikatstelle auf die Sonderlesart in Prov 27,24 ausschließt.

sten findet sich dabei die Korrektur in εἰς γενεὰς γενεῶν[262], mit welcher die LXX in der Regel ein hebräisches לְדוֹר דּוֹרִים wiedergibt[263], zuweilen aber auch singularisches לְדֹר וָדֹר[264]. In der überwiegenden Mehrheit aller Fälle überträgt die LXX jedoch den hebräischen Standardausdruck לְדֹר וָדֹר wörtlich mit εἰς γενεὰν καὶ γενεάν[265], eine ebenfalls beliebte Variante zu Lk 1,50[266]. Die lukanische Wendung selbst aber findet sich auch unter den vereinzelt in der LXX sonst noch belegten Übersetzungsvarianten zum hebräischen Ausdruck nicht.[267] Daher ist auch an dieser Stelle der Schluß erlaubt, daß es sich bei der Wortverbindung εἰς γενεὰς καὶ γενεάς um eine direkte, von der LXX unabhängige Übertragung eines hebräischen Ausdrucks handelt, welcher wahrscheinlich zumindest ein Pluralelement aufzuweisen hatte, wie beispielsweise das oben bereits erwähnte לְדוֹר דּוֹרִים.

Schließlich stellt auch die dativische Form des zweiten Nominalgliedes in V.50 (τοῖς φοβουμένοις αὐτόν) eine eindeutige Abweichung vom Stil der LXX dar, welche die im Hebräischen präpositional fortgeführte Nominalkonstruktion . . . חֶסֶד יְהוָה/חַסְדּוֹ עַל regelmäßig ebenfalls präpositional wiedergibt (τὸ ἔλεος κυρίου/αὐτοῦ ἐπὶ + Akk.), gerade auch in Ψ 102,17, der Stelle, welche eindeutig die Zitatgrundlage für Lk 1,50 abgibt[268]. Daß hier jemand völlig unabhängig von der LXX formuliert oder übersetzt, ist deutlich.

Damit erreicht die Sammlung der Mosaiksteinchen, die ein hebräisches Muster des Magnifikat ergeben, ihren Abschluß. Bevor jedoch die Untersuchung am Benediktus fortgeführt werden kann, gilt es, ein letztes, aber schwerwiegendes Hindernis zu beseitigen, welches sich der bislang so einlinig

---

[262] So in A, D (Cod. Bezae) und C, wo die Lesart allerdings bereits die zweite Verbesserung durch einen Schreiber darstellt - was einmal mehr dokumentiert, wie ungewöhnlich die Wendung in Lk 1,50 erschien. Weiter in Cod. Koridethi (Θ) und in der Majuskel 053, wie überhaupt die genannte Variante die Lesart des Mehrheitstextes darstellt. Vgl. daneben auch die altlateinischen Versionen a, b und c, die Harclensische Version der syrischen Übersetzung und schließlich die lat. Übersetzung des Origenes (Hom. VIII, 942; s. GCS 49, 51, Z.20).

[263] Vgl. z.B. Jes 51,8 und Ps 72,5.

[264] Vgl. Joel 4,20 und Jes 34,17.

[265] Vgl. Ψ 48,12; 78,13; 88,2.5; 101,13; 105,31; 118,90; 134,13; 145,10; Klgl 5,19 und Dan 4,3 LXX.

[266] Vgl. v.a. Cod. Sinaiticus (א), Cod. Athous Laurae (Ψ) und die Minuskelgruppen f[1] und f[13].

[267] Eine letzte, seltene Variante zu Lk 1,50 ist der aus Ψ 84,6 übernommene Ausdruck ἀπὸ γενεᾶς εἰς γενεάν, den die Minuskeln 565 und 1241 sowie einige sahidische Versionen bieten. Die Textlesart selbst wird bezeugt von B, C (in der ursprünglichen Fassung), Cod. Regius (L), Cod. Freer (W), Cod. Zacynthius (Ξ) und nahezu der gesamten lateinischen wie auch der bohairischen Überlieferung. Daß es sich bei allen Varianten um die lectio facilior handelt, braucht nicht eigens betont zu werden. - Für eine umfassende Übersicht über die Textvarianten z. St. vgl. auch The New Testament in Greek III: The Gospel According to St. Luke, Part One: Chapters 1-12, Oxford 1984, 23.

[268] S. o. S. 12. Vgl. weiter Ψ 85,13, daneben auch PsSal 2,33; 11,9 und 18,1. Nur in SapSal 3,9 findet sich der dativische Anschluß wie im Magnifikat.

entwickelten Argumentation in den Weg zu stellen und das geschlossene Bild zu zerstören scheint. Es handelt sich nochmals um V.51, dessen hebräische Abkunft, was die Wendungen ποιεῖν κράτος und ὑπερήφανοι διανοίᾳ καρδίας αὐτῶν anbelangt, zweifelsfrei festzustehen schien, der sich aber, wenn wir dem Wortlaut der in ihm rezipierten *Haupt*bezugsstelle Ψ 88,11 folgen, nicht auf den masoretischen Text, sondern allein auf die LXX zurückführen läßt, die hier der Deutlichkeit halber nochmals zitiert sei:

Ψ 88,11:   σὺ ἐταπείνωσας ὡς τραυματίαν ὑπερήφανον
             καὶ ἐν τῷ βραχίονι τῆς δυνάμεώς σου διεσκόρπισας τοὺς ἐχθρούς σου.

Vergleicht man nämlich den entsprechenden Vers im masoretischen Text, der doch die Vorlage für die vermutete hebräische Fassung des Magnifikat hätte abgeben müssen, so entdeckt man, daß in der ersten Vershälfte von Ps 89,11 nicht von der Erniedrigung der Hochmütigen die Rede ist, sondern von der Zerschlagung Rahabs:

Ps 89,11:   אַתָּה דִכִּאתָ כֶחָלָל רָהַב בִּזְרוֹעַ עֻזְּךָ פִּזַּרְתָּ אוֹיְבֶיךָ

Die Motivik ist äußerlich eine völlig andere als in der LXX und im Magnifikat, und man fragt sich mit Recht, ob hier nicht doch der LXX-Text die Vorlage für den lukanischen Hymnus gebildet hat.

So eindeutig sich aber die Textlage gibt, so vorsichtig sollte die Auslegung mit einer allzu raschen Entscheidung sein; denn es besteht ja die Möglichkeit, daß die gleichsam entmythologisierende Ersetzung des Bildes vom Chaosdrachen durch das des exemplarisch hochmütigen und stolzen Menschen, wie es uns im Magnifikat begegnet, nicht erst das Werk glättender griechischer Übersetzungstätigkeit ist, sondern auf einer Auslegungstradition beruht, welche der hebräische Text schon *vor* seiner Übertragung ins Griechische durchlaufen hat. Dies ist um so wahrscheinlicher, als das Hif'il der Wurzel רהב im Mittelhebräischen die Bedeutung "stolz machen" gewinnt und wir auch im Aramäischen den Begriff zunehmend mit dem Sinngehalt "hochmütig sein", "stolz sein" verwendet finden.[269] Tatsächlich hat sich, wie das Psalmentargum zur Stelle belegt, diese Bedeutungsverschiebung auch auf das Verständnis von Ps 89,11 ausgewirkt:

---

269 Vgl. *G. Dalman*, Aramäisch-neuhebräisches Handwörterbuch zu Targum, Talmud und Midrasch, Hildesheim 1987 (2. Nachdr. der 3., unveränd. Aufl. Göttingen 1938), 399 s.v.; weiter *M. Jastrow*, A Dictionary of the Targumim, the Talmud Babli and Yerushalmi, and the Midrashic Literature, Bd. 2, New York 1950, 1453 s.v., und *J. Levy*, Wörterbuch über die Talmudim und Midraschim, Bd. 4, Darmstadt 1963, 430 s.v.; dazu *U. Rüterswörden*, Art. רָהַב rähab, ThWAT 7, Stuttgart 1990, Sp. 373.

270את שפיית היך קטיל חרבא רהבא הוא פרעה רשיעא

Du zermalmtest[271] wie einen durch das Schwert Getöteten den Hochmütigen, das ist der frevelhafte Pharao.

Die LXX-Variante zu Ps 89,11 entspricht also deutlich der *semitischen* Auslegungstradition und gibt nur das allgemeine Verständnis wieder, das auch im hebräisch-aramäischen Bereich das vorherrschende war: Statt des Chaosdrachens Rahab wird in unserem Vers der menschliche Repräsentant dieser widergöttlichen Macht vorgestellt, der sich gegen Gott stellende Hochmütige, griech. ὑπερήφανος, wobei die targumische Anwendung dieser Typologie auf Pharao bereits durch die alttestamentliche Übertragung des Rahab-Namens auf Ägypten vorgezeichnet war und sich auch vom vorangehenden Vers 10 her nahelegt, der Gottes Herrschaftsgewalt über die Wasser besingt[272].

So bleibt für Lk 1,51 die Tatsache der Nähe zur LXX zwar bestehen, sie verliert jedoch als Argument gegen eine hebräische Autorschaft des Liedes deutlich an Gewicht, da die Möglichkeit des anspielenden Rückgriffs auf Ps 89,11 durch den Verfasser des Magnifikat im Rahmen der jüdischen Auslegungstradition auch innerhalb des semitischen Sprachbereichs denkbar ist. D.h., die alttestamentliche Bezugsstelle Ps 89,11 bietet für sich überhaupt keine Hilfe zur Bewältigung des Sprachproblems. Allein die anderen, in diesem Vers überdeutlichen Indizien führen zu dem Schluß, daß die Zitation von Ps 89,11 nicht nach griechischen, sondern nach semitischen Quellen erfolgt ist.

Die Verse 52 und 53 des Hymnus sind dagegen sprachlich unauffällig; und der in ihnen besonders lose Rückgriff auf das Traditionsmaterial erlaubt auch keine Aussagen über die Quellen der hier gebrauchten Wendungen. Zweifel an einer griechischen Autorschaft ruft dieser Abschnitt nicht hervor, ebensowenig der folgende Vers 54, der in seinem ersten Teil sogar ausgesprochen eng mit der LXX-Übertragung von Jes 41,8f zusammengeht. Einzig der sehr freie Anschluß des Infinitivs in V.54b entspricht weniger genuin griechischer Konvention als der im Hebräischen gebräuchlichen lockeren Fortführung einer Phrase mit ל + Infinitiv[273].

Erst in V.55b kann man wieder ein Indiz für eine von der LXX unabhängige Formulierungsweise finden, wenn man der Beobachtung Rechnung trägt,

---

[270] Vgl. *P. de Lagarde* (Hg.), Hagiographa Chaldaice., Osnabrück 1967 (Nachdruck der Ausgabe von 1873), 53.

[271] Nebenform zu שפיתא (ed. Wilna); vgl. *G. Dalman*, Grammatik des jüdisch-palästinischen Aramäisch nach den Idiomen des palästinischen Talmud, des Onkelostargum und Prophetentargum und der Jerusalemischen Targume, Darmstadt 1978 (Nachdr. der 2. Aufl., Leipzig 1905-1927), §72,3.

[272] Vgl. Ps 87,4 und Jes 51,9.

[273] Vgl. *Bl.-Dbr.* § 391₈.

daß den Abschluß des Hymnus die bewußte Zitation der christologisch bedeutsamen Stelle Ps 18,51 bildet[274], die abgesehen von der Ersetzung Davids
durch Abraham so wortgetreu wie möglich wiedergegeben ist. Dieses Bemühen um eine exakte Zitation macht es wenig wahrscheinlich, daß der Verfasser
sich hier an der LXX orientiert hat, die den Psalmvers folgendermaßen
überträgt:

> ... ἔλεος ... τῷ Δαυιδ καὶ τῷ σπέρματι αὐτοῦ ἕως αἰῶνος,

während wir im Magnifikat lesen:

> ... ἔλεος ... τῷ Ἀβραὰμ καὶ τῷ σπέρματι αὐτοῦ εἰς τὸν αἰῶνα.

Man mag sich angesichts der abweichenden Schlußwendung zwar auf Gedächt-
niszitation des Autors berufen, doch legt die Akribie und theologische Kunst
der Zitationsweise gerade in den letzten Zeilen des Magnifikat[275] es näher,
hier einen ursprünglich hebräischen Text zu vermuten, welcher dem Wortlaut
des masoretischen Textes entspricht und unabhängig vom Wortgebrauch der
LXX übertragen wurde. Immerhin war ja der griechische Wortlaut der genannten Psalmenstelle so geläufig, daß man sich an der Wendung in Lk 1,55
störte und sie nach der LXX zu korrigieren suchte.[276]

Zusammenfassend läßt sich festhalten, daß der griechische Wortlaut des
Magnifikat alles in allem keine so gravierenden Mängel aufweist, daß man den
Hymnus nicht auch als das Werk eines griechischen Autors verstehen könnte.
Dieser wäre allerdings, wie die für Lukas untypische Wahl der aktivischen
Verbform ἀγαλλιᾶν belegt[277], kaum mit dem Evangelisten identisch.[278]
Außerdem müßte es verwundern, daß der Verfasser seinen intensiven Rückgriff auf das alttestamentliche Schriftmaterial in größtmöglicher Unabhängigkeit vom Sprachgebrauch der LXX vollzog, welche doch für griechisch spre-
chende Christen die entscheidende alttestamentliche Quelle war. Bedenkt man
weiter, daß viele der Spracheigentümlichkeiten des Magnifikat auf der Ebene
des Griechischen letztlich nur unbefriedigend erklärt werden können, während
auf der des Hebräischen nicht nur alle Schwierigkeiten verschwinden, sondern
sich sogar interpretatorische Lücken schließen und Deutungsmöglichkeiten
eröffnen, die im Griechischen verborgen bleiben, dann kann man sich nur
schwer der Erkenntnis entziehen, daß wir es in Lk 1,46-55 mit einem ursprünglich hebräischen Lied zu tun haben, welches direkt, unabhängig vom

---

[274] Vgl. o. S. 16 und 24f.

[275] Vgl. dazu nochmals o. S. 15f.

[276] Zur Textvariante ἕως αἰῶνος vgl. bereits o. S. 16 Anm. 31.

[277] Vgl. o. S. 104 Anm. 200.

[278] Gegen *v. Harnack*, Magnificat, 72.73-75, und Lukas der Arzt, 150f; *Conrady*, Quelle,
48, und *Goulder-Sanderson*, JThS 8, bes. 12 und 28-30. Auch *Creed*, Luke, 306f, erwägt die
lukanische Verfasserschaft.

Stil und Sprachgebrauch der LXX, ins Griechische übertragen wurde. Und selbst wenn der Übersetzer, der sicher in der einen oder anderen Form mit der LXX vertraut war, einzelne Stellen, wie etwa V.54, im Rückgriff auf die LXX übersetzt haben sollte, wäre dies noch kein Beweis gegen die These von einem hebräischen Urtext, sondern zeigte einmal mehr, daß eine ursprünglich griechische Abfassung des Magnifikat nicht unabhängig von der LXX denkbar ist.[279]

Unterliegt somit in der Gesamtschau der Indizien die hebräische Abfassung des Magnifikat kaum noch Zweifeln[280], so ist von einer unmittelbaren Übertragung der Ergebnisse auf das Benediktus abzusehen, nicht nur, um allzu rasche Verallgemeinerungen zu vermeiden, sondern auch deshalb, weil die Unterschiedlichkeit der sprachlichen Probleme im Magnifikat eine ähnlich komplexe Lage auch im Benediktus erwarten läßt. Gerade die äußerliche Eigenständigkeit der Hymnen zwingt dazu, die oben entwickelte These von der traditionsgeschichtlichen Zusammengehörigkeit beider Lieder auch auf sprachlichem Gebiet der Prüfung zu unterziehen. Daß dabei hinsichtlich des Benediktus manche Entscheidung mit noch größerer Vorsicht zu fällen ist, als es beim Magnifikat nötig war, macht diese Prüfung nicht leichter.

b. Das Benediktus

Vor der Behandlung des Benediktus nach grammatikalischen und stilistischen Gesichtspunkten sei nochmals an die Ergebnisse der vorstehenden Kapitel erinnert, welche Konsequenzen auch für die Erfassung der sprachlichen Struktur des Benediktus zeitigen. Vorausgesetzt wird, daß die Verse 76 und 77 nicht dem ursprünglichen Hymnus zuzurechnen sind, sondern eine kontextgeleitete

---

[279] *Turner*, NTS 2, 101, beharrt dennoch auf der Abhängigkeit des Verfassers von der LXX. Indem er diese allerdings allein dadurch zu erweisen sucht, daß er die im Hintergrund dieser Verse stehenden alttestamentlichen Textstellen in ihrem griechischen Wortlaut zitiert, entzieht er sich der eigentlichen sprachkritischen Argumentation, der mit dem Hinweis auf ähnliche Formulierungen nicht Genüge getan ist. Die Übereinstimmungen zwischen dem hebräischen Wortlaut der zitierten Stellen und einem hebräischen Original wären von nicht geringerer, wenn nicht gar größerer Überzeugungskraft. Wie Turner ist auch *Resch*, Kindheitsevangelium, 62, aufgrund der LXX-Parallelen davon überzeugt, daß der für den griechischen Text Verantwortliche "in der Septuaginta-Übersetzung zu Hause und von derselben stark beeinflußt" war; doch differenziert er den Befund dahingehend, daß er, was den Wortlaut im einzelnen anbelangt, dessen Unabhängigkeit vom Griechisch der LXX zugibt und hierin letztlich ein Indiz für eine hebräische Vorlage sieht.

[280] Neben den bereits genannten Vertretern dieser These sind auch *Grundmann*, ThHK 3, 63.65, und *Marshall*, NIC 3, 79, vom hebräischen Ursprung der Hymnen überzeugt, während der Gegenseite noch *Fitzmyer*, AncB 28/1, 359, und *Ringgren*, HThR 79, 231, zuzurechnen sind. Keiner der hier Erwähnten unterzieht sich allerdings der Mühe einer eigenen sprachlichen Untersuchung.

Einfügung des Lukas darstellen[281], auf deren eigene sprachliche Analyse an dieser Stelle schon deshalb verzichtet werden kann, weil in ihnen keine von der griechischen Norm abweichenden Besonderheiten zu erkennen sind. Im Hinblick auf die grammatikalische Struktur des *ursprünglichen* Benediktus aber hat die Ausscheidung der beiden Verse 76 und 77 zur Folge, daß der nach V.75 in V.78 weitergeführte Hymnus ein einziges Satzgefüge darstellt, dessen Charakteristikum die lose Aneinanderreihung von Infinitiven ist. Daß eine solche eher semitischem als griechischem Stil entspricht[282], ist jedoch noch kein Beweis gegen eine sich an die LXX anlehnende griechische Verfasserschaft.

Diese nachdrücklich zu verteidigen, hat für das Benediktus kein geringerer als Dalman unternommen, der mit der lapidaren Feststellung, daß in V.78 ἀνατολὴ ἐξ ὕψους Messiasname sei, sich aber das hebräische Äquivalent צֶמַח יְהוָה nicht mit der Lichtanspielung in V.79 vertrage und daher der griechische Wortlaut der ursprüngliche sei[283], V.78 zum Dreh- und Angelpunkt aller sprachlichen Diskussion um das Benediktus gemacht hat. Auch davon abgesehen stellt die Auslegung dieses Verses einen der strittigsten Punkte in der Benediktusforschung dar. Deshalb soll ihm, der bis heute von seiner Rätselhaftigkeit nichts verloren hat[284] und noch immer als "Kreuz für die Auslegung" gilt[285], der erste Platz in der folgenden Untersuchung eingeräumt werden.

Das Hauptproblem von V.78 ist die im vorliegenden Kontext unklare Wortbedeutung von ἀνατολή. Bezeichnet dieser Begriff, dessen Bedeutung man im weitesten Sinne mit "Aufgang" wiedergeben könnte[286], den Aufgang eines Gestirns bzw. eine gestirnhafte Lichterscheinung, gleichsam in Übernahme der Symbolik aus Num 24,17, wo die LXX für das Aufgehen des messianischen Sterns aus Jakob das Verb ἀνατέλλειν verwendet[287], oder ist ἀνατολή wie in Sach 3,8 und 6,12 Messiasname, durch welchen der Messias nicht im verschlüsselten Bild, sondern personhaft und direkt am Höhepunkt des Hym-

---

[281] Vgl. o. S. 37-42.

[282] Vgl. z.B. Ps 106,4 und PsSal 17,22-25; dazu *Bl.-Dbr.* § 391₈. Speziell für die Hodajot weist auch *Kittel*, Hymns, 163, darauf hin, daß in ihnen die Infinitivkonstruktion weit häufiger ist als in den kanonischen Psalmen, so daß wir es hier mit einem stilistischen Merkmal der Spätzeit zu tun hätten.

[283] Worte Jesu, 183. Ähnlich bereits *F. Bleek*, Einleitung in die Heilige Schrift. Zweiter Theil. Einleitung in das Neue Testament, 3., von W. Mangold besorgte Aufl., Berlin 1875, 323.

[284] Vgl. *Fitzmyer*, AncB 28/1, 387, der den Vers "a unique, enigmatic phrase" nennt.

[285] *Jacoby*, ZNW 20, 205.

[286] In aller Regel ist damit der Sonnenaufgang gemeint, auch im Sinne einer Himmelsrichtung mit der Bedeutung "Osten"; vgl. *Liddell-Scott*, 123 s.v. Auch in der LXX und im Neuen Testament ist dies der häufigste Gebrauch des Begriffs.

[287] Dabei bliebe zunächst offen, ob die Gestirnsmetaphorik zeichenhaft Gott oder den Messias im Blick hat. Als Bild für die Ankunft des Messias verstehen sie z.B. *Hilgenfeld*, ZWTh 44, 220f, und *Vielhauer*, Benedictus, 37, die Stelle. Auf Gott beziehen möchten sie *Loisy*, Luc, 108; *Zahn*, KNT 3, 118, und *P. Winter*, Two Notes On Luke I, II With Regard To The Theory Of 'Imitation Hebraisms'., StTh 7 (1953), 160.

nus eingeführt erscheint[288]? Und welcher Bedeutungsgehalt käme wiederum einem solchen Messiasnamen zu?[289]

Noch unklarer wird der Sachverhalt durch die Verbindung des Begriffs ἀνατολή mit ἐξ ὕψους zu der Wendung "Aufgang aus der Höhe" - auf semantischer Ebene eine contradictio in adjecto[290], die es ernstzunehmen und auszuhalten gilt gegen den beliebten Harmonisierungsversuch, das Aufgehen eines Gestirns, das sich nicht nur der Wortbedeutung, sondern auch der Anschauung nach als Bewegung von unten nach oben vollzieht, als Aufstrahlen oder Aufleuchten von den Himmelshöhen herab zu interpretieren[291]. Denn außer dem Unbehagen, den dieser Übersetzungskunstgriff an sich schon bereitet, hat er auch den Wortgebrauch der LXX gegen sich, die für den Glanz bzw. das Aufstrahlen eines Gestirns oder der Herrlichkeit Gottes mit Vorliebe φέγγος verwendet[292], neben φῶς[293], τηλαύγησις[294] und λαμπρότης[295], und zwar als Wiedergabe des hebräischen Begriffs נֹגַהּ[296]. Einzig in Jes 60,19 ist ein Gebrauch von ἀνατολή - auch hier als Äquivalent von נֹגַהּ - belegt, der nicht auf den Gestirnswandel an sich zielt, sondern auf den vom Himmelskörper ausgehenden, physisch wahrnehmbaren Lichtglanz[297]. Im Unterschied zu Lk

---

[288] So z.B. *Box*, ZNW 6, 97, *Dalman*, Worte Jesu, Bd. 1, 183, und *Jones*, JThS 19, 39.

[289] Das Problem verdichtet sich hier, was besonders bei *Gnilka*, BZ N.F. 6 (1962), 229-231, deutlich wird, der eine Mischform der beiden vorgenannten Deutungsmöglichkeiten anbietet, indem er den in Lk 1,78 zunächst als Bildwort ausgelegten Begriff später als Messiasnamen deklariert. Es gilt jedoch zu unterscheiden, ob der lukanische Text zunächst ein Bild, das Aufgehen eines strahlenden Himmelskörpers, vor Augen hat, welches nur verschlüsselt auf ein wie immer geartetes Heilsgeschehen deutet, oder ob direkt der Messias bezeichnet ist, mit dessen Erscheinen in zweiter Linie das Aufstrahlen von Licht assoziiert wird. Beides liegt eng beieinander, ist aber nicht dasselbe und sollte gerade im Hinblick auf den Bedeutungsgehalt der Wendung deutlich voneinander geschieden werden; denn man darf sich nicht vorschnell der Möglichkeit verschließen, daß der fragliche Begriff oder Namen auf den verschiedenen Ebenen seiner traditionellen wie aktuellen Verwendung einer Bedeutungsverschiebung oder -erweiterung ausgesetzt war.

[290] S. dazu nochmals *Dalman*, a.a.O.

[291] Vgl. z.B. *Godet*, Lukas, 82; *Gnilka*, o.c., 229; *Vielhauer*, Benedictus, 37. Oft wird jedoch die semantische Schwierigkeit gar nicht wahrgenommen und "Aufgang aus der Höhe" o.ä. übersetzt, vgl. z.B. *Hilgenfeld*, ZWTh 44, 220; *Sahlin*, Messias, 296; *Ernst*, Lukas, 90. 97; *Fitzmyer*, AncB 28/1, 387, und *Wiefel*, ThHK 3, 64f.

[292] Vgl. 2.Sam 22,13; Ez 1,4.13.27f; 10,4; Joel 2,10; Hab 3,4.

[293] Jes 50,10; Am 5,20.

[294] So in Ψ 17,13.

[295] Jes 60,3.

[296] Auffällig ist, daß in diesem Zusammenhang gerade der Aspekt des Aufgangs des Lichts von der LXX gerne vernachlässigt wird wie in Prov 4,18, wo die Wortverbindung אוֹר נֹגַהּ, die das Aufgehen des Morgenlichts bezeichnet, in den einen Begriff φῶς verschmolzen wird, oder in Jes 60,3, wo in der Wendung נֹגַהּ זַרְחֵךְ der Begriff "Aufgang" gar nicht übersetzt wird.

[297] Wenn daher *Delitzsch* in seiner Evangelienübersetzung z.St. und *Resch*, Kindheitsevangelium, 211, ἀνατολή als Äquivalent zu נֹגַהּ verstehen, so nur mit geringer Unterstützung durch die LXX.

1,78 steht der Begriff in Jes 60,19 allerdings nicht absolut, sondern ist Teil der Genitivverbindung ἀνατολὴ σελήνης, so daß auch diese Stelle nur bedingt mit der lukanischen zu vergleichen ist. Zudem bestätigt sie, daß ἀνατολή selbst nicht ein Gestirn - die Sonne, den Mond oder einen Stern - bezeichnen kann, wie es, meist im Anschluß an Num 24,17, gerne behauptet wird[298], allerdings unter Vernachlässigung der Tatsache daß gerade die Numeri-Stelle einen Sprachgebrauch von ἀνατέλλειν/ἀνατολή belegt, der sich mit ἐξ ὕψους kaum vereinbaren läßt.

Es ist daher nur schwer möglich, an der *primären* Deutung von ἀνατολή als einer Gestirnserscheinung festzuhalten. Ἀνατολὴ ἐξ ὕψους als Sternenaufgang am Himmel zu verstehen, verbietet die Wortverbindung selbst, und es im Sinne eines vom Himmel strahlenden Gestirns deuten zu wollen, hindert der griechische Sprachgebrauch. Nur die Wiedergabe des Ausdrucks mit "Glanz aus der Höhe", die weniger das Erstrahlen eines Sterns als das Aufleuchten der göttlichen doxa impliziert, hat die schwache Unterstützung der Stelle Jes 60,19 LXX für sich. Und auch diese verliert an Gewicht, wenn man unterstellt, daß ἀνατολή in Jes 60,19 weniger zur Bezeichnung des Mond*scheins* gewählt wurde als vielmehr zur Veranschaulichung dessen, was bei der Betrachtung des Mondes am meisten ins Auge fällt: sein Phasenverhalten. Dieser Gebrauch des Begriffs wäre im Griechischen zumindest nicht singulär[299], wohingegen die Wortbedeutung "Glanz" oder "Schein" sonst nicht belegt ist. Aber selbst wenn man sie an der genannten Jesajastelle voraussetzt, ist die Verwendung von ἀνατολή als Äquivalent von נֹגַהּ "Glanz", wie sie in Lk 1,78 einzig in Frage käme, innerhalb des Sprachgebrauchs der LXX so ungewöhnlich, daß man beim Benediktus für einen ursprünglich griechisch schreibenden Autor kaum die Anlehnung an den Stil der LXX reklamieren kann.

Damit verliert auch der letzte der genannten Deutungs- und Übersetzungsversuche, welche den Primärsinn der Zeile auf eine Gestirnserscheinung beziehen, an Überzeugungskraft. Dazu kommt, daß sich das Prädikat des Satzes Lk 1,78a, ἐπισκέψεται oder ἐπεσκέψατο[300], kaum mit einem dinglichen, sondern nur mit einem personhaften Subjekt verträgt. Demgegenüber wird für V.78 gerne eine zeichenhafte Redeweise reklamiert, doch wäre ein Wechsel von der symbolischen auf die Realitätsebene innerhalb ein und derselben Zeile höchst ungewöhnlich und käme einem Bruch innerhalb der Symbolik gleich. Und selbst wenn man einen solchen Bruch nicht ausschließt, bleibt der semantische Widerspruch!

Wirklich überwinden kann man diesen Widerspruch nur, wenn man ἀνατολή nicht als Hinweis auf eine gestirnhafte Erscheinung versteht, sondern

---

[298] Vgl. *Klostermann*, HNT 5, 28f; *Schweizer*, NTD 3, 29; daneben *Plummer*, ICC 3, 43, und *Creed*, Luke, 27.

[299] Vgl. nochmals *Liddell-Scott*, 123 s.v. ἀνατολή I.3.c.

[300] Zum Tempus vgl. o. S. 46f.

nach Sach 3,8 und 6,12 LXX schlicht als Messiasnamen, wie es auch dem Prädikat des Satzes entspricht: "Es hat uns besucht der Messias aus der Höhe". Mit der Deutung von ἀνατολή als Messiasname ist ja zunächst auch gar nicht ausgeschlossen, daß sich dieser Name *im Griechischen* ursprünglich der aus Num 24,17 herrührenden Gestirnsmetaphorik verdankt. Dalman zumindest setzt diesen Ursprung des Namens voraus, wenn er den genuin griechischen Charakter der Stelle durch die Beobachtung nachzuweisen meint, daß der Messiasname ἀνατολή in seinem Kontext ohne weiteres mit dem in Lk 1,79 verwendeten Bild des in der Finsternis leuchtenden Lichtes harmoniere, während der durch die LXX als Äquivalent von ἀνατολή bezeugte hebräische Messiasname צֶמַח[301] eine entsprechende Anspielung verbiete[302].

Gegen diese Behauptung Dalmans wird gerne eingewandt, daß im Aramäischen und Syrischen die Wurzel ṣmḥ in der doppelten Bedeutung "aufsprossen" und "aufstrahlen" begegnet und auch in den Midraschim der letztgenannte Gebrauch der Wurzel nicht ungewöhnlich ist[303], so daß die Verbindung des Messiasnamens צֶמַח mit dem in Lk 1,79 verwandten Verbum ἐπιφᾶναι, hebr. אוֹר hif.[304], nicht gegen ein hebräisches Original spräche. Es ist jedoch dieser Versuch, metaphorische Zusammenhänge etymologisch erklären zu wollen, nicht nur fragwürdig, sondern im Falle von צֶמַח sogar falsch.[305] Denn die zur Deutung der lukanischen Verwendung von ἀνατολή allgemein herangezogenen Stellen Sach 3,8 und 6,12 sind abhängig von Jer 23,5 und 33,15 (צֶמַח צַדִּיק bzw. צֶמַח צְדָקָה), welche sich ihrerseits terminologisch vom phönizischen צמח צדק "rechtmäßiger Sprößling/Abkomme" herleiten[306]. Da ferner die beiden

---

[301] Vgl. neben den bereits genannten Stellen Sach 3,8 und 6,12 auch Jer 23,5 und 33,15; dazu das Folgende S. 124f. Andere hebräische Messiasbezeichnungen kommen kaum in Betracht; so auch *Box*, ZNW 6, 96. - Die gegen Dalman gerichteten Einwände *Winters*, StTh 7, 158-165, daß hinter ἀνατολή nicht unbedingt der Messiasname צֶמַח stehen müßte, da mit ἀνατολή in der LXX auch andere hebräische Begriffe wiedergegeben würden und zudem im Alten wie im Neuen Testament das Subjekt von ἐπισκέπτεσθαι immer Gott sei, relativieren sich insofern von selbst, als Winter, der vom hebräischen Ursprung des Benediktus nichtsdestoweniger überzeugt ist, keine hebräische Alternative, nicht einmal die oben genannte, anzugeben vermag.

[302] A.a.O., vgl. o. S. 121. Ähnlich auch *Plummer*, ICC 3, 43; *Klostermann*, HNT 5, 28; *Creed*, Luke 27, und *Evans*, Saint Luke, 187.

[303] Vgl. *Jastrow*, Dictionary, 1287 s.v., *Levy*, Wörterbuch, Bd. 4, 197 s.v., und C. *Brokkelmann*, Lexicon Syriacum, 2. Aufl., Halle 1928, 631, s.v.; dazu *Jacoby*, ZNW 20, 213; *Gnilka*, BZ N.F. 6, 228f; G. H. *Box*, ZNW 6, 96f, und The Virgin Birth of Jesus, London 1961, 47 (nach *Farris*, Hymns, 34 - das Werk konnte in Deutschland nicht beschafft werden), und im Anschluß an ihn *Gaston*, No Stone, 265.

[304] Vgl. auch die LXX-Übersetzung von Jes 4,2.

[305] Auch diesen Hinweis verdanke ich Herrn H. P. Rüger.

[306] Vgl. W. *Gesenius*, Hebräisches und aramäisches Handwörterbuch über das Alte Testament, Berlin - Göttingen - Heidelberg 1962 (Nachdruck der 17. Aufl. 1915), 686 s.v.; Beleg in: H. *Donner* - W. *Röllig*, Kanaanäische und aramäische Inschriften, Bd. 1, 3. Aufl., Wiesbaden 1971, Nr. 43 (Z. 11), Übersetzung und Kommentar in Bd. 2, 3. Aufl, 1973, 60-62.

Jeremiastellen von einem לְדָוִד (ה)צֶדֶק צֶמַח sprechen, dürfte es sich auch bei der sacharjanischen Aufnahme von צֶמַח als einem Messiasnamen um den davidischen Messias, den wahren Davidssproß, handeln. Daß sich die messianische Erwartung mit der Lichtsymbolik verbindet, ist sekundär und hat auch in unserem Fall nichts mit der Nebenbedeutung der Wurzel צמח zu tun, sondern allein mit der alttestamentlichen Gottesvorstellung, welche die Wahrnehmung Gottes durch den Menschen, wo es um Heilserfahrung und -erwartung geht, traditionell in das Bild des Lichtes faßt[307]. Schon auf diesem Hintergrund hindert auch im Hebräischen nichts die Anwendung der Lichtmetaphorik auf den als Heilsbringer erwarteten davidischen Messias, wie sie im übrigen ja bereits im Alten Testament belegt ist[308]. Sie resultiert jedoch nicht aus dem Messiasnamen selbst, und es impliziert dieser Name im Hebräischen auch nicht per se schon eine Lichtassoziation! Es sollten daher die Deutungsebenen klar voneinander geschieden werden.

Dies gilt auch für das Griechische, wo der Begriff ἀνατολή zweifellos eine solche Assoziation viel eher nahelegt. Dennoch sollte man auch hier nicht allzuschnell von der Ebene der gängigen Metaphorik auf den Bedeutungssinn des Messiasnamens schließen. Warum wählt denn die LXX dort, wo צֶמַח, "Sproß", Messiasname ist, als griechisches Äquivalent ἀνατολή? Doch nicht willkürlich oder deshalb, weil der hebräische Name "(Davids-)Sproß" nicht mehr in seiner ursprünglichen Bedeutung verstanden und automatisch im Sinne messianischer Licht- und Gestirnssymbolik interpretiert worden wäre![309] Im Gegenteil, sie greift auf diesen Begriff zurück, weil das griechische Verb ἀνατέλλειν nicht nur das Aufgehen von Gestirnen bezeichnet - wenn dies auch seine häufigste Verwendung ist -, sondern auch das Aufgehen, das Wachsen und Aufsprossen von Pflanzen[310]. Entsprechend ist das Substantiv ἀνατολή an

---

[307] Vgl. bes. Jes 60,1-3.

[308] Der für das Benediktus wichtigste Text, der die Erwartung des Heilsbringers auf dem Throne Davids mit dem Bild des Lichts verbindet, ist Jes 9,1-6; vgl. dazu u. S. 145f. - *Dalman*, Worte Jesu, 183, argumentiert hier zu einseitig auf rein begrifflicher Ebene, wenn er behauptet, es gäbe keine Belege für die Verbindung des Messiasnamens צֶמַח mit einer an diesen Titel geknüpften Lichtvorstellung. Denn neben dem speziellen Bedeutungsgehalt, den ein Begriff hat, will immer auch das ganze Spektrum der Vorstellungen und Assoziationen mitbedacht sein, welches sich mit dem Begriff verknüpft, besonders dann, wenn es sich um solch alte und schon vielfach umgeprägte Tradition wie die vom davidisch-messianischen Herrschertum handelt.

[309] Dies behauptet *Staerk*, Soter, 23.

[310] Vgl. *Liddell-Scott*, 123 s.v. Vgl. auch *Goulder-Sanderson*, JThS 8, 16. Auch *Gnilka*, BZ N.F. 6, 228f, weist auf die semantische Doppeldeutigkeit des Verbs ἀνατέλλειν hin, interpretiert dann aber doch die LXX-Übertragung von צֶמַח von vornherein im Lichte der aramäisch und syrisch belegten Doppeldeutigkeit der Wurzel צמח, so daß sein Verständnis der Bezeichnung von vornherein mit der Lichtassoziation verknüpft bleibt. Dies zeigt sich auch an der einseitigen Deutung der von ihm o.c., 230 herangezogenen Belegstellen für das angebliche Auf*strahlen* des messianischen Heils: TSim 7,1; TNaph 8,2; TDan 5,10; TGad 8,1 und TJos 19,6, in denen ἀνατέλλειν ohne weiteres auch im Sinne von hervor*sprossen* verstanden wer-

den Sacharjastellen 3,8 und 6,12 wie auch in Jer 23,5 zunächst nicht anders
denn als "Sproß" zu verstehen und damit als die genaue Wiedergabe des hebräischen Begriffs, ohne daß von vornherein unbedingt an eine Lichterscheinung
gedacht werden muß.[311]

Nun ist zweifellos anzunehmen, und darin ist vielen Exegeten zuzustimmen,
daß auf der Ebene des Griechischen der Begriff ἀνατολή "Sproß" anfällig war
für ein Verständnis im üblichen Sinne des Wortes, und dies um so mehr, als
die Tradition ja durchaus das Bild vom gestirnhaften Aufleuchten des messianischen Heils bereithielt. Ja, es ist nicht einmal auszuschließen, daß auch im
vorliegenden griechischen Text des Benediktus der Messiasname bereits so
verwendet ist, wie Justin ihn später im Hinblick auf Sach 6,12 versteht: als
Name für den einem himmlischen Gestirn gleich aufstrahlenden Christus[312].
Dennoch ist festzuhalten, daß der Begriff in Lk 1,78 zunächst und vor allem
den Messias meint, der hier durch seinen Namen "Sproß" eindeutig als davidi-
scher Messias ausgewiesen wird[313], ganz in Entsprechung zur Messiasanspielung in V. 69.[314] Und genau wie dort wird hier die personhafte Ankunft des
Erlösers besungen, nur unter anderem Vorzeichen: während im Eingang die
Aufrichtung des messianischen Heils als Tat Gottes erschien, ist das Subjekt
des Erlösungshandelns jetzt der Messias selbst, dessen Legitimation seine Herkunft ἐξ ὕψους ist[315].

Diese Abkunft מִמָּרֹם oder מִמַּעֲלָה[316] mag äußerlich als Widerspruch zur
Davidsabstammung erscheinen; sie steht aber im Einklang mit dem, was uns
die Tradition über die Erwartung des Davidmessias überliefert. Denn wie
immer das ἐξ ὕψους zu deuten sein wird, als Ersatz für den Gottesnamen oder

---

den könnte, und dies besonders dann, wenn dem griechischen Text der Patriarchentestamente
ein semitisches Original zugrunde läge. Zur Frage der Originalsprache dieser Texte und ihrer
komplizierten Entwicklungsgeschichte vgl. das Einleitungskapitel des Kommentars von *H. W.
Hollander* und *M. de Jonge*, The Testaments of the Twelve Patriarchs. A Commentary, Leiden
1985, 1-83, und *Schürer*, History, Bd. 3/2, 1987, 772-774; dort weitere Literatur.

[311] Dies sei nochmals gegen *Gnilka*, BZ N.F., 229-231, gesagt, der vorschnell die in
ἐπιφᾶναι V.79 enthaltene Lichtassoziation auf den Begriff ἀνατολή überträgt, was *Marshall*,
NIC 3, 95, dann im Sinne einer Doppelbedeutung dieses Begriffs interpretiert. Vgl. dazu das
Folgende.

[312] Dial 100,4; 106,4; 121,2; 126,1; Text bei *E. J. Goodspeed*, Die ältesten Apologeten.
Texte mit kurzen Einleitungen, Göttingen 1914, 90-265. Vgl. auch Mt 2,2: ποῦ ἐστιν ὁ
τεχθεὶς βασιλεὺς τῶν Ἰουδαίων; εἴδομεν γὰρ αὐτοῦ τὸν ἀστέρα ἐν τῇ ἀνατολῇ.

[313] Daß ausgerechnet *C. Burger*, Jesus als Davidssohn. Eine traditionsgeschichtliche Untersuchung, Göttingen 1970, 130, bei seiner Interpretation des Benediktus zu der Behauptung
gelangt: "Die Zuspitzung auf die Person des צֶמַח דָּוִיד fehlt", ist verwunderlich und hängt wohl
mit seiner allzu einseitigen Rezeption der Vielhauerschen These zusammen.

[314] So auch *Gaston*, No Stone, 263-265, der sich als einziger durch die Vieldeutigkeit des
griechischen Begriffs nicht in die Irre leiten läßt.

[315] Zur Bedeutung dieses Subjektwechsels s. u. S. 179f.

[316] Ein Ausdruck, der besonders in der rabbinischen Literatur häufig zur Umschreibung
des Gottesnamens verwendet wird; vgl. *A. Marmorstein*, The Old Rabbinic Doctrine of God,
Bd. 1: The Names & Attributes of God, Oxford - London 1927, 91f.

als Bild für die göttliche Sendung[317], schon die alttestamentliche Vorstellung vom davidischen Königtum verband Davidssohnschaft und Gottessohnschaft konstitutiv miteinander[318]. Wenn daher im Benediktus der "(Davids)sproß aus der Höhe" besungen wird, ist dies nach altem Verständnis mitnichten ein logischer Mißgriff, sondern Ausdruck eines ganz bestimmten, traditionell geprägten Messiasverständnisses, das allein begrifflich nur dies nicht zuließ, daß der auf ein leibliches Abstammungsverhältnis zielende Begriff "Sproß" in ein Genitiv- oder Konstruktusverhältnis mit dem Gottesnamen trat.[319] Dies ist das einzige Geheimnis der vielen Exegeten so rätselhaften Wendung. Für in der Tradition geschulte Ohren aber redet das Benediktus hier weder geheimnisvoll noch in irgendeiner Weise verschlüsselt, sondern in Begriffen, deren Sinn dem antiken Hörer unmittelbar verständlich war. Dies gilt sowohl für den uns vorliegenden griechischen Wortlaut der Zeile als auch für die hebräische Rückübertragung.

Das heißt aber, daß sich, auch wenn für den Einblick in die messianisch-terminologische Entwicklung ein Rückblick auf den hebräischen Sprachgebrauch nötig war, aus Lk 1,78 selbst nicht unbedingt schon Zweifel an einer ursprünglich griechischen Autorschaft ergeben. Die Verwendung von ἀνατολή als Messiasname kann durchaus im Rückgriff auf den Sprachgebrauch der LXX erfolgt sein. Einzig dies, daß in der übrigen griechisch-jüdischen Literatur eine Verwendung dieses Namens nicht nachzuweisen ist[320], während er im hebräisch-aramäischen Schrifttum überaus gebräuchlich war[321], wird man als Indiz *gegen* eine griechische Verfasserschaft werten dürfen.

Dafür spricht auch der Doppelausdruck σπλάγχνα ἐλέους am Anfang des Verses, dessen Vorbild die im Hebräischen späte Constructus-Verbindung רַחֲמֵי חֶסֶד ist.[322] Diese im Griechischen sonst nur noch in TSeb 7,3 und 8,2.6 vorkommende Wendung steht dem Wortgebrauch der LXX deutlich fern, die

---

[317] S. dazu u. S. 220f die Auslegung von V.78.

[318] Vgl. dazu besonders *Gese*, Messias, 129-137. Interessant ist hier auch 4QFlor I 11, wo der davidische Gottessohn nach 2.Sam 7,14 ausdrücklich als צמח דויד identifiziert wird.

[319] Dies ist insbesondere gegen die Gleichsetzung von ἀνατολὴ ἐξ ὕψους mit der Wendung צֶמַח יְהוָה zu sagen, wie sie seit *Dalman*, Worte Jesu, 183, und *Jacoby*, ZNW 20, 207, die Literatur durchzieht, obwohl es für die Wortverbindung צֶמַח יְהוָה außer der Stelle Jes 4,2, die kaum in diesen Zusammenhang gehört (vgl. *Wildberger*, BK.AT 10/1, 154f), keine Belege gibt. Vgl. auch *Strack-Billerbeck*, Kommentar zum Neuen Testament aus Talmud und Midrasch 2, 113. Zur weiteren Auslegung von Lk 1,78 s. nochmals u. S. 220f.

[320] Vgl. *A.-M. Denis*, Concordance greque des pseudépigraphes d'Ancien Testament, Louvain 1987, 145 s.v.

[321] Vgl. z.B. 4QPBless 3; 4QFlor I 11 (*Lohse*, Texte, 247 und 257) und die 15. Ben. des Achtzehnbittengebets (babyl. Rez). Weitere Belege bei *Strack-Billerbeck*, Kommentar zum Neuen Testament aus Talmud und Midrasch 4/2, 113.

[322] Vgl. 1QS II 2; 4QShirShabb 403 1 I 23 und 405 3 II 15. In 1QS I 22 haben wir die umgekehrte Wendung חסדי רחמים. Zur Herkunft dieser besonderen Wortverbindung vgl. auch *Köster*, Art. σπλάγχνον κτλ., ThWNT 7, Stuttgart 1966, 552.

רַחֲמִים fast durchweg mit οἰκτιρμοί übersetzt, gerade auch dort, wo רַחֲמִים und
חֶסֶד parallel zueinander stehen und die von Haus aus enge Zusammengehörigkeit der Begriffe bezeugen[323]. Bewußte Anlehnung an die LXX kann man
daher auch für Lk 1,78a nicht reklamieren, was ebenfalls ein Indiz dafür ist,
daß der Verfasser auf der Grundlage der hebräischen Schriften formuliert
hat.[324] Ganz auszuschließen ist allerdings der Rückgriff auf eine auch schon
im Griechischen geprägte Wendung nicht.

Auch an anderen Stellen des Benediktus ist der Nachweis einer hebräischen
Autorschaft nicht leicht zu erbringen; denn wie beim Magnifikat wird nirgendwo das im Rahmen des Griechischen sprachlich Mögliche überschritten. Dies
gilt auch für Konstruktionen, die auf den ersten Blick ungewöhnlich anmuten,
etwa die Verbindung von μιμνῄσκεσθαι in V.72f mit Genitiv und Akkusativ[325]
- beide Möglichkeiten begegnen auch in der LXX[326] -, beziehungsweise die
zwar seltene aber nicht ungebräuchliche attractio inversa, die Angleichung des
Kasus des Beziehungswortes an den des folgenden Relativpronomens[327], wie
wir sie in V.73a finden.

In V.73b.74 allerdings vermag der Hinweis, daß die Verbindung von
διδόναι mit Dativ und nachfolgendem AcI auch anderweitig belegt ist[328], nicht
ganz das Unbehagen zu beseitigen, das die im Griechischen etwas undurchsichtig geratene Konstruktion dem Leser bereitet, deren einfacher Gedankengang (der Schwur Gottes, Israel vor seinen Feinden zu retten, daß es ihm
allezeit unbehelligt diene) durch die Voranstellung des genannten Verbs so
verstellt wird, daß man die Formulierung keinem ursprünglich griechisch
schreibenden Autor zutrauen mag. Hier wird man kaum fehlgehen, wenn man
hinter der verwirrenden Einleitung des Gedankengefüges durch διδόναι eine
ursprünglich hebräische Konstruktion vermutet, eingeführt mit לָתֵת. Diese
Form muß in der griechischen Übertragung zu Verwirrungen führen, da die
Wurzel נתן im vorliegenden Satz kaum die Bedeutung "geben" hat, sondern
- in Verbindung mit dem Akkusativ - Teil der Wendung "jemanden zu etwas
machen" ist[329]. V.73f würde hebräisch dann etwa folgendermaßen lauten:
לָתֵת אֹתָנוּ נִצָּלִים מִיַּד אֹיְבִים לְעָבְדוֹ בְּלִי־פַחַד . . . כָּל־יוֹמֵנוּ eine Konstruktion, die
das griechische διδόναι schon deswegen nicht wiederzugeben erlaubt, weil ihm
die dem hebräischen נתן eigene Bedeutungsvariante "zu etwas machen" fehlt.
Ein Übersetzer, der eher nach dem Muster wörtlicher als sinngemäßer Über-

---

[323] Vgl. Hos 2,21; Sach 7,9; Ψ 24,6; 50,3; 68,17; 102,4.

[324] Zur inhaltlichen Deutung der Wortverbindung s. u. S. 219.

[325] Beispiele für beide Möglichkeiten bei *Liddell-Scott*, 1135 s.v.

[326] Vgl. z.B. Gen 9,15; Ex 2,24; Ψ 97,3; 104,8 neben Gen 9,16 und Ex 20,8.

[327] Vgl. *Kühner-Gerth*, § 555.4. Daneben auch *Bl.-Dbr.* § 295₂, wo allerdings neben der
grammatikalischen Erklärung aus dem Griechischen auch auf den "stark hebraisierende(n)"
Charakter der Stelle hingewiesen wird.

[328] Beispiele bei *Liddel-Scott*, 422f s.v.

[329] Vgl. *Gesenius*, Handwörterbuch, 530 s.v. נתן 3.a). So auch *Sahlin*, Messias, 291, und
Gunkel, Lieder, 50.

tragung vorgeht, wie sie auch in der LXX zu beobachten ist[330], oder Worte des Originaltextes nicht einfach unübersetzt lassen will, muß daher bei der Verwendung des den Dativ verlangenden Verbs διδόναι in nicht geringe Schwierigkeiten geraten, welche die Verse 73-75 unübersehbar bezeugen. Daneben werden, auch wenn formale Argumente im Falle der lukanischen Hymnen nur bedingte Aussagekraft haben[331], die Formulierungsschwierigkeiten, mit denen sich der für den griechischen Wortlaut verantwortliche Schreiber in diesen Versen herumschlägt, auch darin sichtbar, daß in ihnen das im Hymnus sonst hervortretende Schema der Verszeilen, so locker es in der späteren Poesie auch gehandhabt wird, ganz aus den Fugen gerät, während im Hebräischen die Verse 73-75 nicht aus dem Zeilenschema der vor- und nachstehenden Verse herausfallen.

Ein weiteres, wenn auch schwächeres Indiz für eine hebräische Verfasserschaft ist in V.68 das objektlose ἐπισκέπτεσθαι, hebr. פקד, das im Griechischen normalerweise nicht absolut verwendet wird[332]. Ohne Objekt finden wir es nur dort, wo es den hebräischen Sprachgebrauch wiedergibt, wie beispielsweise in Sir 35,17[333]. So wird man vorsichtig sagen dürfen, daß der objektlose Wortgebrauch nicht der griechischen Konvention entspricht, sondern auf *Übersetzungs*griechisch hindeutet und damit auf eine hebräische Vorlage für Lk 1,68. Dies bestätigt auch die Setzung des Artikels vor ʼΙσραήλ in demselben Vers 68, welche der gängigen artikellosen Wortverwendung in der LXX entgegensteht und damit ebenfalls die stilistische Eigenständigkeit des lukanischen Textes dokumentiert. Und ein letztes Indiz für den hebräischen Charakter der Zeile ist die zwar nicht im Griechischen, dafür aber in Qumran (4Q511 63-64 II 1) in substantivierter Form belegte Wortverbindung ποιεῖν λύτρωσιν, hebr. עָשָׂה פְּדוּת.

Schließlich ist der Einfluß der LXX auch in V.73 zweifelhaft, wo ὀμνύναι mit πρός weitergeführt ist, während die LXX bei Verwendung eines Objekts immer den Dativ folgen läßt[334], eine einheitliche Ausdrucksweise, die bei der Häufigkeit, mit der das Motiv des Väterschwures begegnet[335], besonders auffallend ist.

---

[330] Vgl. z.B. das o. S. 109 Anm. 231 genannte Beispiel.

[331] Vgl. dazu Kap. V.1.

[332] Vgl. *Liddell-Scott*, 675 s.v.

[333] Für die hebräische Textform vgl. *Vattioni*, Ecclesiastico, 185. Ohne Objekt begegnet es daneben noch in Sir 16,16 (*Vattioni*, o.c., 81), eine Verwendung des Verbs, die der griechisch schreibende Enkel auch in Sir 2,14 (Zählung nach Rahlfs) übernimmt. Man wird hier auch die Stelle TLev 16,5 nennen dürfen, gegen die Überzeugung *H. W. Hollanders* und *M. de Jonges*, The Testaments of the Twelve Patriarchs. A Commentary, Leiden 1985, 29, die die ursprünglich griechische Abfassung der Testamente vertreten.

[334] Vgl. z.B. Gen 26,3; 50,24; Ex 13,5; Dt 1,8.35; 6,10.18; 7,8.12.13; Ψ 88,4; 131,11 u.ö.

[335] Vgl. *Hatch-Redpath*, Concordance, 991f.

Allein in V.70 läßt sich die griechische Konstruktion, in der ein Adjektiv-attribut mitsamt einem adverbialen Attribut dem Substantiv vorangestellt ist, nicht auf eine hebräische Vorlage zurückführen. Dies bestätigt jedoch nur die bereits geäußerte Vermutung, daß V.70 ein lukanischer Zusatz ist[336], und macht nicht die Gültigkeit der übrigen Beobachtungen zweifelhaft.

Wie beim Magnifikat läßt sich daher der semitisierende Stil des Benediktus, der von niemandem bestritten wird und für den auch die lose Satzkonstruktion und die fortlaufende Infinitivreihung zeugt, nicht überzeugend durch die Be-hauptung erklären, der griechische Verfasser imitiere bewußt den Stil der LXX oder lehne sich an ihren Sprachgebrauch an, wenn auch gerade im Fall von ἀνατολὴ ἐξ ὕψους die Kenntnis der griechischen Prophetenschriften deutlich wird. Es gibt jedoch genug Indizien, die, wenn man sie zusammennimmt, wahrscheinlich machen, daß auch das Benediktus auf eine hebräische Vorlage zurückgeht, eine These die sich schon deshalb einiger Zustimmung erfreut, weil die häufig vertretene jüdisch-palästinische Herleitung von Magnifikat und Benediktus eine hebräische Abfassung der Lieder nahelegt. Daß hier eine große Übereinstimmung zwischen den Exegeten herrscht, kann jedoch nicht darüber hinwegtäuschen, daß manche der in die gemeinsame Richtung weisen-den Schlußfolgerungen auf methodischen Wegen gewonnen wurden, die nur mit äußerster Skepsis zu betrachten sind. Zwei davon seien der Vollständigkeit halber noch kurz behandelt.

Nicht überzeugen kann zum einen der Versuch Laurentins[337], den hebrä-ischen Ursprung der Kindheitsgeschichte einschließlich der Hymnen durch die Zusammenstellung etymologischer Anspielungen auf die Namen der dramatis personae zu beweisen, wie er sie innerhalb des Magnifikat und Benediktus in Lk 1,47.69.71 für Jesus, Lk 1,54.72.78 für Johannes, Lk 1,49 für Gabriel, Lk 1,54.72 für Zacharias, Lk 1,54.73 für Elisabeth und Lk 1,46.54.69.78 für Maria wiederzufinden meint[338]. Denn beantwortet Laurentin hierbei schon nicht die Frage, welche Absicht ein Verfasser mit den Anspielungen auf *alle* die genannten Personen in *jedem* der Hymnen verfolgt hätte - bei christlicher Herkunft beispielsweise erscheinen Anspielungen auf Elisabeth und Zacharias im Magnifikat obsolet -, so muß er sich an vielen Stellen auch Willkür bei der Rückübersetzung des griechischen Textes vorwerfen lassen, wie zum Beispiel in Lk 1,55, wo er griechisches λαλεῖν durch die hebräische Wurzel שׁבע wie-

---

[336] S. o. S. 48f.

[337] Bib. 37, 435-456, und 38, 1-23.

[338] Vgl. die Zusammenstellung Bib. 38, 13. Auch *I. M. Bover*, "MARIAE" nomen in cantico Zachariae, VD 4 (1924), 133f, findet im Benedictus Anspielungen auf alle genannten Personen außer Gabriel. Zu einem Höhenflug exegetischer Phantasie kommt es in diesem Zu-sammenhang bei *E. Vogt*, De nominis Mariae etymologia, VD 26 (1946), 168, der das hebrä-ische מָרוֹם "Höhe" in Lk 1,78b als Anspielung auf den Mariennamen versteht und diese als verschlüsselten Hinweis auf die Geburt Christi aus Maria (ἐξ ὕψους).

dergibt, um die Anspielung auf Elisabeth behaupten zu können[339], oder in Lk 1,54.72.78, wo er hinter ἔλεος die auf Johannes deutende Wurzel חנן vermutet[340], wohingegen das weit häufigere LXX-Äquivalent חֶסֶד lautet. Gegen Laurentin spricht ferner das gemeinsame Auftreten aller von ihm gesammelten Wurzeln auch in anderen Zusammenhängen, wie sie in Kapitel I der vorliegenden Untersuchung zusammengestellt wurden. Warum allerdings dieser Sachverhalt, der bei der kritischen Abweisung von Laurentins These schon längst ans Licht getreten ist, nie dazu geführt hat, daß man die Bedeutung des durch die entsprechenden Leitbegriffe konstituierten Texthintergrundes erkannte[341], bleibt rätselhaft.

Ebenso hypothetisch wie Laurentins Bemühungen ist der von Zorell und Aytoun versuchte Nachweis einer semitischen Herkunft der Hymnen aus dem in der Rückübersetzung angeblich zutage tretenden regelmäßigen Metrum[342]. Um die Fragwürdigkeit einer derartigen Argumentation zu demonstrieren, braucht man nur auf die Unterschiede in den zu diesem Zweck durchgeführten Rückübersetzungen und die entsprechend differierenden Metren zu verweisen, abgesehen davon, daß die Auflösung der von den genannten Forschern vorausgesetzten strengen Regeln, wie sie in der frühjüdischen Poesie allgemein zu beobachten ist, ihrer Argumentation schon methodisch den Boden entzieht.[343] Der einzige Weg, die hebräische Verfasserschaft nachzuweisen - und dies gilt auch gegen Brown[344] -, bleibt somit die genaue sprachliche Analyse der Texte, wie sie hier versucht wurde.

Kehren wir mit diesem Nachweis eines hebräischen Ursprungs von Magnifikat und Benediktus zur Eingangsfrage nach der Herkunft der Lieder zurück, so finden wir uns geographisch auf das palästinische Judenchristentum als der Wiege ältester Tradition verwiesen[345]. Damit können wir auch auf ein im

---

[339] O.c., 3.

[340] Bib. 37, 441-444.

[341] Vgl. v.a. *Farris*, Hymns, 42-46, der sogar auf die wichtigen Psalmen 89 und 132 verweist.

[342] ZKTh 29,754f, bzw. JThS 18, 81-85. Vgl. auch *Sahlin*, Messias, 174f.298f, und *Mowinckel*, Psalms, Bd. 2, 123f mit Anm. 1.

[343] Außerdem besteht selbst bei den alttestamentlichen Psalmen bis heute keine völlige Klarheit hinsichtlich des metrischen Systems.

[344] Vgl. o. S. 101.

[345] So vermutungsweise auch *G. Schneider*, Das Evangelium nach Lukas, Ökumenischer Taschenbuch-Kommentar zum Neuen Testament 3/1, Gütersloh - Würzburg 1977, 62, der in diesem Zusammenhang auch auf die Bedeutung der Vergangenheitstempora für die religionsgeschichtliche Zuordnung hinweist. - Folgt man *M. Hengels* Vermutung (Der Historiker Lukas und die Geographie Palästinas, ZDPV 99 (1983), 147-183), daß Lukas persönliche, aus seinen Reisen als Paulusbegleiter gewonnene Kenntnisse Palästinas besaß, dann ließen sich die jüdisch-palästinisch gefärbten Sondertraditionen im Lukasevangelium, zu denen das Magnifikat und Benediktus gehören, auf Lukas' eigene Sammeltätigkeit zurückführen. Zu Lukas als Historiker der Paulusreisen vgl. auch das diesem Thema gewidmete Buch von *C.-J. Thornton*, Der Zeuge des Zeugen. Lukas als Historiker der Paulusreisen, Tübingen 1991.

Rahmen christlicher Überlieferungsbildung frühes Entstehungsdatum der Hymnen schließen. Es ist nicht einmal unwahrscheinlich, daß wir mit ihnen bis in die Jerusalemer Urgemeinde selbst gelangen, wo das Nebeneinander von Ἑβραῖοι und Ἑλληνισταί (Apg 6,1), die trotz aller Spannungen in enger Verbindung standen, die überzeugendste Erklärung für die Übertragung der Lieder aus dem Hebräischen ins Griechische bietet. In jedem Fall entzieht das frühe Entstehungsdatum zumindest diese Traditionsstücke der lukanischen Kindheitsgeschichte dem Verdacht später Legendenbildung. Zu klären bleibt nur, wie das ursprüngliche Verhältnis der Hymnen zu der in Lk 1 und 2 verarbeiteten Geburtstradition aussah und ob ein solches überhaupt bestand. Daß auch an diesem Punkt das gängige Urteil über die Kindheitstradition sich als revisionsbedürftig erweist, wird kaum noch überraschen.

IV. Die Hymnen und das messianische Geburtsgeschehen

Die vorangegangenen Kapitel haben das Magnifikat und das Benediktus als frühe judenchristliche Loblieder[1] ausgewiesen, die den Anbruch der durch die Ankunft des Christus heraufgeführten messianischen Heilszeit jubelnd besingen, und zwar mit Worten, welche die in der Erwartung des messianischen Ereignisses stehenden Verheißungen der Schrift bereitstellen. Mit der Feststellung, daß die Hymnen vom Anbruch der Heilszeit handeln, ist jedoch erst der Rahmen abgesteckt, innerhalb dessen sich das Magnifikat und das Benediktus inhaltlich bewegen. Offen ist weiterhin, welcher Aspekt des Christusereignisses dem Verfasser und seiner Gemeinde vor Augen steht: Die Gegenwart des Auferstandenen? Die Lebensgeschichte des Irdischen? Oder geht es nur generell um die soteriologische Bedeutung, die das Kommen des Messias für die Gemeinde hat?

Zweifellos spielt letztgenannter Aspekt eine große Rolle in beiden Hymnen und verbindet sich automatisch mit dem Blick auf das vor- *und* nachösterliche Wirken und Sein des Messias in seiner Gemeinde; dennoch hieße es dem theologischen Aussagewillen des Magnifikat und Benediktus Unrecht tun, wollte man ihnen lediglich einen allgemeinen Heilsenthusiasmus zubilligen, der sich in willkürlich der messianischen Tradition entlehnten Bildern ausspräche. Im Gegenteil, gerade der schriftgelehrte Umgang mit der Überlieferung in beiden Hymnen nötigt zu einer differenzierten Wahrnehmung der Botschaft, um deren Verkündigung es Magnifikat und Benediktus geht. Da diese jedoch den heutigen Menschen nicht mehr aus dem bloßen Hören der Texte erreicht, bleibt auch hinsichtlich der speziellen messianologischen Zielrichtung der Hymnen kein anderer Weg, als nochmals zu den Quellen zurückzukehren, aus denen unsere Hymnen schöpfen.

Die Frage, wie Magnifikat und Benediktus im Boden der durch die alttestamentlichen Texte vorgegebenen Messianologie verwurzelt sind, hätte allerdings schon längst ihre adäquate Antwort finden können, wäre man nicht immer wieder an dem dieser Frage komplementären Problem ihres *jetzigen* Traditionszusammenhanges vorbeigegangen. Als Wegweiser mindestens hätte man die Tatsache ernstnehmen können, daß es die Geburts- und Kindheitstradition ist, innerhalb derer sich uns die Hymnen präsentieren. Ein Blick in die Hymnenliteratur aber zeigt, daß die Frage nach einem möglichen inneren Zu-

---

[1] Der Begriff ist hier nicht im Sinne einer gattungsgeschichtlichen Klassifizierung verwendet.

sammenhang zwischen Hymnen und Kontext - außer von Vertretern der Täuferthese - in der Regel gar nicht gestellt wird, ja, daß mit einer theologischen Reflexion dessen, der die Hymnen mit ihrem jetzigen Zusammenhang verbunden hat, in keiner Weise gerechnet wird; zu offensichtlich erscheint ihr redaktionell sekundärer Charakter, zu eindeutig ihre allein auf formale Steigerung zielende Funktion. Für das Gros der Ausleger steht fest, daß inhaltlich die Hymnen nichts oder kaum etwas mit der sie umgebenden Erzählung zu tun haben und ihre Auswahl einer gewissen Beliebigkeit unterliegt.[2] Ist es da nicht müßig zu fragen, aus welchem Grund gerade Magnifikat und Benediktus ihren Platz innerhalb der lukanischen Kindheitsgeschichte gefunden haben und nicht zwei beliebig andere Lieder aus der zweifellos reichen Fülle damaliger hymnischer Tradition?

Oft sind es die einfachen Fragen, die angesichts der Vielfalt und Komplexität der Einzelprobleme dem exegetischen Interesse entgehen, da sie ihm nicht genug Widerstand bieten; und doch sind gerade sie es, die in die Tiefe führen. Wenn daher bereits an dieser Stelle die Frage nach einem möglichen Zusammenhang aufgeworfen wird zwischen der speziellen alttestamentlichen Tradition, aus der die Hymnen leben, und der neutestamentlichen Geburtstradition, mit der sie verknüpft sind, so soll damit kein unzeitgemäßer Vorgriff auf die redaktionsgeschichtliche Fragestellung erfolgen, sondern einzig der Blick für die theologische Zielrichtung des Magnifikat und Benediktus geschärft werden. Daß deren Intention allein aus dem Text der Hymnen selbst zu erheben ist und nicht aus dem Wortlaut der sie umrahmenden Erzählung, bedarf auch nur deshalb der nochmaligen Erwähnung, weil es gerade die redaktionskritische und, komplementär dazu, die literarkritische Vereinseitigung der Betrachtungsweise ist, welche der Forschung bei der Erfassung des erzählerischen Gesamtzusammenhangs eine unvoreingenommene Betrachtung beider Hymnen gar nicht mehr erlaubt. Es scheint ja nur logisch zu sein, daß in einem dem Kontext nachträglich eingefügten Lied sich automatisch alle in ihm enthaltenen Kontextbezüge als künstliche Zufügungen verdächtig machen, eine Schlußfolgerung, von der allein die Täuferhypothese ausgenommen ist, da zu ihren Prämissen die Zusammengehörigkeit von Hymnen und Erzählstoff gehört, was die vorurteilsfreie Betrachtung der Lieder allerdings auch nicht fördert. Von diesem Spezialfall aber abgesehen steht die Forschung vor dem merkwürdigen Dilemma, daß ein innerer Zusammenhang zwischen den Hymnen und ihrem Kontext gar nicht postuliert werden darf, weil dann die redaktions- und die literarkritischen Beobachtungen auseinanderklaffen würden und die redaktionsgeschichtlichen Erkenntnisse sich nicht mehr literarkritisch verifizieren ließen. Die Notwendigkeit, den biblischen Schriftstellern eine gewisse Willkür bei der

---

[2] Vgl. z.B. *Hillmann*, JPTh 17, 200 und 210; *Ernst*, Lukas, 84; *Brown*, Birth, 348; *Fitzmyer*, AncB 28/1, 359 und 378; *Evans*, Saint Luke, 172 und 181; Daneben auch *Wiefel*, ThHK 3, 62.

Wahl ihrer künstlich adaptierten Texte zu unterstellen, hat durchaus ihren methodischen Grund!

Um daher nicht nur den Autor, sondern auch den Redaktor von dem Verdikt mangelnder theologischer Reflexionsfähigkeit zu befreien, bedarf es einer Ausweitung des methodischen Blickwinkels, die dem antiken Denken Genüge tut. Daß hier vor allem die Traditionsgeschichte zum Zuge kommen muß, dürfte nach den Ergebnissen des ersten Kapitels kaum mehr fraglich sein. Sie zwingt und befähigt uns, den Schematismus heutigen Denkens zu vermeiden, indem sie uns auf einen lebendigen, der jetzigen Redaktion *voraus*liegenden Traditionsprozeß verweist und damit auf mögliche Verbindungen zwischen den Hymnen und ihrem Kontext, die nicht auf ein direktes literarisches Abhängigkeitsverhältnis zurückzuführen sind. Es gilt daher, die Hymnen, und zunächst nur sie, mit dem geschärften Bewußtsein dafür zu betrachten, daß nicht ihre Stellung im Erzählzusammenhang über ihre theologische Bedeutung entscheidet, sondern umgekehrt die Lieder selbst zum Verständnis dieser ihrer Stellung beitragen.

Der erste Schritt in diese Richtung, in der wir am Ende auch einer Lösung des redaktionellen Problems näherkommen, ist die Bestimmung der im Magnifikat zu Wort sich meldenden Person. Wer ist dieses Ich, das sich in V.49 sogar selbst in Bezug zu den Heilsereignissen setzt, von denen der ganze Hymnus spricht, das andererseits so unbestimmt ist, daß es die vielfältigsten Identifizierungen zu erlauben scheint? Läßt es sich überhaupt fassen? Die Forschungslage ermutigt kaum zu einer positiven Antwort. Gelingt es uns dennoch, das jubelnde Ich des Hymnus zu bestimmen, dann haben wir fast schon das messianologische Geheimnis des Magnifikat und Benediktus gelüftet und das Fundament des Traditionsgebäudes erreicht, das unsere Lieder trägt.

1. Das jubelnde Ich des Magnifikat

Es ist eine überraschende Tatsache, daß bei der Bestimmung des im Magnifikat jubelnden und dankenden Ich die Meinungen der Forscher - von wenigen Ausnahmen abgesehen - nur in zwei Richtungen gehen: Die einen vermuten im Sprecher einen unbekannten judenchristlichen oder jüdischen Beter, als Exponenten einer entsprechenden Gemeinde[3], wobei sie die redaktionelle Erweiterung des Hymnus voraussetzen müssen; die anderen postulieren unter Zuweisung des Hymnus an Täuferkreise seine ursprüngliche Komposition als Elisabethhymnus[4]. Anderes scheint nicht denkbar, und es erstaunt immer wie-

---

[3] So z.B. *Gunkel*, Lieder, 57; *Mowinckel*, Psalms 2, 123f; *Hauck*, ThHK 3, 29; *Gryglewicz*, NTS 21, 273; *Ernst*, Lukas, 85.
[4] Vgl. die oben S. 95f Anm. 166 genannten Vertreter der Täuferthese.

der, warum eine Traditionsbildung, wie man sie für Täuferkreise, über die man kaum etwas weiß, ohne Bedenken annimmt, als Möglichkeit der christlichen Gemeinde nicht einmal zur Diskussion steht. Anders gefragt: Warum gilt die Komposition des Hymnus als Marienlied den meisten von vornherein als unmöglich, obwohl der vorliegende Textzusammenhang eindeutig in diese Richtung weist? Die Eigendynamik exegetischen Mißtrauens schlägt hier offensichtlich das kritische Denken in seinen Bann. Den Interpretationsrahmen wieder zu öffnen für alle vom Kontext gebotenen Identifikationsmöglichkeiten, muß daher die vordringliche Aufgabe der folgenden Untersuchung sein.

Nun ist, wie sich bereits in Kapitel II gezeigt hat, im Magnifikat die Frage nach dem Ich der Sängerin oder des Sängers wie keine andere mit der literarkritischen Frage verknüpft, die sich hier unter einem neuen Blickwinkel präsentiert. Denn neben den strukturellen Unregelmäßigkeiten in den Anfangszeilen des Liedes und den offensichtlichen Kontextbezügen trägt nicht zuletzt auch die widersprüchliche Selbstdarstellung der im Hymnus redenden Person dazu bei, Zweifel an der Integrität des Liedes zu schüren. Vielen ist die Selbstbezeichnung des Ich in V.48a zu konkret, um in den universalen Gesamtrahmen zu passen, in V.49a dagegen zu unspezifisch, um eine genauere Identifizierung zu erlauben. Zudem scheinen sich die Selbstaussagen in V.48 zu widersprechen und der persönliche Bezug in V.49a in den unmittelbar folgenden Zeilen V.49b und 50 keine rechte Fortführung zu finden. Das Ich des Magnifikat entzieht sich dem exegetischen Zugriff immer wieder durch seine schillernde Dualität, und der Drang nach literarkritischer Scheidung entspringt nicht zuletzt der Überzeugung, daß im Magnifikat zwei verschiedene Personen gleichzeitig zu Worte kommen, genauer, daß im Munde einer der Heldinnen der Kindheitsgeschichte ein überkommener individueller Psalm neu erklingt, ausgeweitet in V.48 auf die sie betreffende Situation. Die Frage nach der Sprecherin führt hier unweigerlich zurück auf V.48 als die alte Streitfrage der Literarkritik.

Es kann daher der Argumentation nur zugute kommen, wenn der Versuch, das im Magnifikat hervortretende Ich zu fassen, sich nicht auf die textlich umstrittenen Zeilen V.48a und b stützt, sondern auf deren Kontext. Das Augenmerk hat sich dabei vornehmlich auf V.49a zu richten, der durch seine äußerlich unbestimmte, aber doch auf ein konkretes Ereignis zielende Ausdrucksweise nicht umsonst zum entscheidenden Stolperstein der verschiedenen literarkritischen Anläufe geworden ist[5]. Wenn es gelingt, von ihm her zum Geheimnis der im Magnifikat auftretenden Person vorzudringen, besitzt man in diesem Vers nicht nur einen theologischen Schlüssel zum Magnifikat, sondern auch den Prüfstein für alle literarkritischen Urteile, zu denen auch das oben verteidigte Postulat von der Einheitlichkeit des Hymnus[6] gehört.

Den Einsatzpunkt bildet die bereits im ersten Kapitel registrierte, aber bis-

---

[5] Vgl. o. S. 58f.
[6] Ebenfalls o. S. 58f.

her nicht erörterte Beobachtung, daß wir es in V.49a mit einer begrifflich ein-
maligen syntaktischen Konstruktion zu tun haben: der Verknüpfung von ποιεῖν
μεγάλα, hebr. עָשָׂה גְדֹלוֹת, mit dem Dativ bzw. mit לְ. Daß die Singularität
dieser Wortverbindung bis heute übersehen wurde, liegt zum einen an der
Unauffälligkeit der Wendung selbst, die vor allem in der deutschen Übertragung "jemandem Großes tun" keinen Anlaß zum weiteren Nachdenken zu bieten scheint, zum anderen aber daran, daß niemand es je für nötig befunden
hat, die Wendung begriffsgeschichtlich zu untersuchen. Eine solche Untersuchung hätte rasch ergeben, daß es sich bei den großen Dingen, die Gott tut,
um einen relativ festgeprägten Vorstellungsbereich handelt, der uns nicht zufällig im Rahmen des Magnifikat wiederbegegnet.

Schon bei einem ersten Blick auf die Stellen, die formal der Wendung in Lk
1,49a am nächsten stehen, wird deutlich, daß an keiner von ihnen ποιεῖν
μεγάλα bzw. עָשָׂה גְדֹלוֹת[7] etwas beliebig Großes tun heißt, sondern immer das
machtvolle Handeln Gottes im nationalen (Ps 106,21) oder universalen Sinn
(Hi 5,9; 9,10; 37,5; Ps 71,19[8]; vgl. auch Sir 50,22) bezeichnet. Wir haben es
ausnahmslos mit dem umfassenden Preis der geschichtlichen und kosmischen
Heils- und Wundertaten Gottes zu tun, mit einem Preis, der stets überindivi-
duell ist. Der Bezug auf ein personales Objekt liegt dem Wesen unserer Wendung völlig fern. Im Hinblick auf das Exodusgeschehen findet sich einzig der
lokale Bezug ἐν Αἰγύπτῳ, hebr. בְּמִצְרָיִם (Ps 106,21).

Daneben begegnet an zwei Stellen, Dt 10,21 und 2.Kön 8,4, die Wendung
mit dem Artikel, eine Konstruktion, die auf die Konkretisierung dessen zielt,
was mit גְדֹלוֹת gemeint ist. Daß dabei in 2.Kön 8,4 das עָשָׂה גְדֹלוֹת von Elisa
ausgesagt wird, ist ungewöhnlich. Allerdings steht auch in diesem Falle Gott
als der eigentlich Handelnde im Hintergrund, dessen Werkzeug und Beauftrag-
ter Elisa nur ist. Hier handelt es sich ferner um eine der wenigen Stellen, an
denen mit גְדֹלוֹת nicht heilsgeschichtliche oder kosmische Machttaten gemeint
sind, sondern konkrete Einzeltaten, die allerdings - man denke etwa an die
Totenerweckung 2.Kön 4,8-37 oder die Heilung Naëmans 2.Kön 5,1-19 - den
Rahmen der kosmischen Gesetzmäßigkeiten sprengen. Dagegen ist in Dt 10,21
wieder das Exodusgeschehen im Blick, wobei auch hier mehr die konkreten
Einzeltaten in Erinnerung gerufen werden als das Wunder des Exodus insgesamt. Israel selbst als die Größe, der das Wunderhandeln Gottes gilt, gibt jedoch wiederum nur den *lokalen* Bezugspunkt ab (ἐν σοί, hebr. אִתָּךְ).

Mit dieser Zusammenstellung aller Belege, in denen von einem *Tun* der

---

[7] Die folgende Analyse bewegt sich gemäß den Ergebnissen aus Kap. III.4 in erster Linie
auf dem Boden der hebräischen Textüberlieferung, innerhalb derer sich die Prägung der fraglichen Wendung ja auch vollzogen hat. Die Schlußfolgerungen können aber insofern problemlos
auf das Griechische übertragen werden, als die Übersetzung unserer Wendung durch die LXX
im allgemeinen einheitlich, ja stereotyp ausfällt und sich eine anderweitige Verwendung der
fraglichen Wortverbindung nicht nachweisen läßt.

[8] Die LXX überträgt in diesem Fall עָשָׂה גְדֹלוֹת mit ποιεῖν μεγαλεῖα.

גְּדֹלוֹת die Rede ist, scheint der Interpretationsrahmen für Lk 1,49a hinreichend bestimmt zu sein. Bei der Wortverbindung ποιεῖν μεγάλα bzw. עָשָׂה גְּדֹלוֹת handelt es sich in der Regel um eine Wendung mit überindividuellem Charakter, die, wenn sie nicht der universalen Verherrlichung des göttlichen Machthandelns dient, Gottes heilsgeschichtliches Handeln an Israel - in den genannten Belegen war dies immer das Exodushandeln - im Blick hat. Diese Hinwendung zu Israel wird jedoch nie mit den Worten "Er hat Israel Großes getan" ausgedrückt. Im Munde einer Einzelperson ist ein solcher Selbstbezug noch weniger denkbar. Der einzelne Psalmbeter spricht von Gottes Handeln an seiner Person nur in konkreten Wendungen.[9]

Bestätigt wird der so geartete Gebrauch der Wortverbindung ποιεῖν μεγάλα/עָשָׂה גְּדֹלוֹת durch den oftmals synonym verwendeten Ausdruck θαυμάσια oder θαυμαστὰ ποιεῖν, hebr. עָשָׂה נִפְלָאֹת bzw. עָשָׂה פֶּלֶא.[10] Und auch in der einzigen außerbiblisch-jüdischen pseudepigraphischen Belegstelle[11] Arist 155,3 heißt es bezeichnenderweise: . . . κυρίου τοῦ ποιήσαντος ἐν σοὶ τὰ μεγάλα καὶ θαυμαστά[12]. Bei Philo und Josephus begegnet keine der genannten Wendungen.

Das Bild wäre jedoch nicht vollständig, der Begriff der Großtat Gottes nicht in seiner Breite erfaßt, würde man nicht auch die alttestamentlichen Stellen zu Rate ziehen, in denen von גְּדֹלוֹת in anderer Begriffsverknüpfung die Rede ist. Wichtig sind hier besonders die Belege im Jeremiabuch: Jer 33,3 und - gegen allen Augenschein - Jer 45,5. Die Bedeutung der Stelle Jer 33,3, wo Gott selbst seine zukünftigen גְּדֹלוֹת ankündigt, liegt in ihrer Funktion, die sie als Einleitung der nachfolgenden großen Geschichtsschau hat. Sie ist die Ankündigung der Wiederherstellung Israels bzw. Judas nach der durch die Babylonier heraufgeführten Katastrophe, eine Heilsansage, die abschließt mit der Verheißung eines neuen Davididen und der alles Gerichtshandeln übersteigenden Treue Gottes zum Davidsbund. Die גְּדֹלוֹת umfassen im heilsgeschichtlichen Sinne also nicht allein, wie es nach den oben genannten Stellen scheinen könnte, das Exodusgeschehen, sondern umschließen auch das Handeln Gottes am davidischen Königshaus und sind damit Ausdruck für das geschichtliche Heilshandeln Gottes an Israel *insgesamt*.

Diesem Verständnis der גְּדֹלוֹת scheint allerdings Jer 45,5 entgegenzustehen, wo die גְּדֹלוֹת Inhalt eines persönlichen Wunsches sind, den Baruch Gott ge-

---

[9] Als Beispiel sei besonders auf das Danklied Davids Ps 18 verwiesen.

[10] Vgl. Ps 72,18; 77,15; 98,1; 105,5; 136,4. In Hi 42,3 ist μεγάλα καὶ θαυμαστά Übersetzung des einen hebräischen Wortes נִפְלָאֹת. Die einzige Stelle, wo ποιεῖν θαυμάσια bzw. עָשָׂה פלה, wenn auch in Verneinung, mit dem Dativ bzw. mit לְ erscheint, ist Ps 88,11. Vgl. zu den genannten Wortverbindungen auch 4Q176 1-2 I 1; 4Q402 4 11; 4Q504 1-2 recto VI 10; MasShirShabb I 1. Die Wendung עשה גדלות findet sich dagegen nicht in Qumran.

[11] Nach *Denis*, Concordance, 531-536.

[12] S. *A. Pelletier*, Lettre d'Aristée à Philocrate, SC 89, Paris 1962, 176.

genüber, wenn auch vergeblich, äußert. Haben wir es hier mit einem völlig anderen Gebrauch des Begriffs zu tun?

Exkurs: Die גְּדֹלוֹת in Jer 45,5

Ein erster Blick auf unsere Stelle scheint sicherzustellen, daß mit גְּדֹלוֹת keine kosmischen oder heilsgeschichtlichen Machttaten Gottes gemeint sind. Was aber sind dann die גְּדֹלוֹת, die Baruch in Jer 45,5 fordert, *für sich* fordert, und die ihm den ausdrücklichen Tadel Gottes "Und du begehrst für dich Großes! Begehre (es) nicht!" eintragen?

Die Deutung ergibt sich aus dem Zusammenhang der Verse Jer 45,1-5. Dabei sind, mit H. Weippert[13], die גְּדֹלוֹת nach V.3 zunächst als die Ruhe, die מְנוּחָה zu bestimmen, die Baruch vergeblich gesucht hat und nun klagend von Gott einfordert. Groß ist dieser Wunsch nach Ruhe hier schon deshalb, weil er in einer Zeit laut wird, in der Gott die Katastrophe über alles Fleisch heraufführt (V.4), in einer Zeit, in welcher historisch der Untergang Israels bzw. Judas durch den Einfall der Babylonier unmittelbar und unvermeidbar bevorsteht. Da Gott im Begriff ist, Gericht zu halten, fordert Baruch Ruhe für seine Person.

Fordert er damit aber tatsächlich nur "einen festen Standort, Boden unter den Füßen", wie H. Weippert גְּדֹלוֹת interpretiert[14]? Sicherlich auch. Wenn Baruch allerdings angesichts des offenbaren Gerichtswillens Gottes מְנוּחָה fordert, besser: einklagt, so bedeutet dies doch nicht - trotz der Individualisierung des prophetischen Bewußtseins und Erlebens im Jeremiabuch - die Bitte um persönliche Sicherheit in einer untergehenden Welt, sondern es zielt auf die *generelle* Aufhebung des göttlichen Gerichtsbeschlusses! Denn es ist ja die מְנוּחָה des einzelnen im Denken Israels ohne die מְנוּחָה des ganzen Volkes oder gar abseits von ihr gar nicht vorstellbar[15], und wo das Individuum sein persönliches Schicksal in den Blick nimmt, geschieht dies nie individualistisch, sondern immer im Rahmen des Kollektivs[16], des Volkes Israel und *seines* Schicksals. Fordert Baruch Ruhe für sich, so fordert er Ruhe für sein Volk, und das heißt: Verschonung vor dem drohenden Gericht.

Es wäre auch zu fragen, ob mit dem Begriff מְנוּחָה nicht noch anderes assoziiert ist. In Ps 132[17] ist er Bestandteil der Jerusalemer Zionskonzeption, derzufolge Gott den Zion als ewige Wohnung, als ewigen Ruhesitz erwählt hat, eine Erwählung, mit der im Hinblick auf Israel der

---

[13] Schöpfung und Heil in Jer 45, in: R. Albertz - F. G. Golka - J. Kegler (Hg.), Schöpfung und Befreiung, Festschrift für Claus Westermann zum 80. Geburtstag, Stuttgart 1989, 97.

[14] O.c., 98.

[15] Vgl. z.B. Dt 12,9; 1.Kön 8,56; Ps 95,11; daneben auch Gen 49,15. Besonders erstgenannte Stelle macht deutlich, daß sich die מְנוּחָה grundsätzlich auf das feste Wohnen Israels, des Volkes, im Land bezieht. S. dazu *Preuß*, Art. נוּחַ nûaḥ מְנוּחָה m^e nûḥāh, ThWAT 5, Sp. 304f.

[16] Dies gilt auch gegen die Mehrzahl der Kommentatoren, die ausschließlich den persönlichen Aspekt der Klage Baruchs hervorheben. Vgl. z.B. *P. Volz*, Der Prophet Jeremia, KAT 10, 2. Aufl., Leipzig 1928, 372; *A. Weiser*, Das Buch Jeremia, ATD 20/21, 7. Aufl., Göttingen 1977, 377; *J. Bright*, Jeremiah, AncB 21, Garden City, New York 1965, 185f. Allein *F. Giesebrecht*, Das Buch Jeremia, HK III. Abteilung, 2. Band, 1. Teil, 2. Aufl., Göttingen 1907, 225, weist darauf hin, daß מְנוּחָה nicht die "Gemütsruhe" meine, sondern "eine feste Ruhestätte", was sich nur auf das Wohnen des Volkes im Land beziehen kann.

[17] Zur Frühdatierung dieses Psalms in vorexilische Zeit vgl. *H. Gese*, Der Davidsbund und die Zionserwählung, in: Ders., Vom Sinai zum Zion, Alttestamentliche Beiträge zur biblischen Theologie, 3. Aufl., München 1990, 119f.

Davidsbund korrespondiert, welcher die Installation des Davididen auf dem Zion als des irdischen Stellvertreters Gottes und damit zugleich Israels מְנוּחָה vor allen seinen Feinden verbürgt[18]. Es erscheint daher nicht abwegig, die Bitte Baruchs um מְנוּחָה so zu verstehen, daß er in einer Zeit, da Gott sein Haus verläßt und in die Hände der Feinde gibt (Jer 12,7), von Gott um seiner und des Volkes מְנוּחָה willen die erneute Einwohnung auf dem Zion einfordert: Heil statt Unheil.

Aber selbst wenn die Klage Baruchs keinen versteckten Hinweis auf die dem Zion und dem Hause Davids geltende ewige Heilszusage enthalten sollte, bestätigt der Zusammenhang die Deutung, daß Baruch mit dieser Klage von Gott die Aufhebung seines Gerichtsbeschlusses fordert. Denn Gott antwortet auf Baruchs Wunsch nach מְנוּחָה mit der *Bekräftigung* seines Gerichtsbeschlusses[19], was ja nichts anderes bedeutet, als daß Gott die Forderung Baruchs in diesem Sinne versteht. Und nur so ist auch der göttliche Vorwurf verständlich, Baruchs Ansinnen sei auf גְדֹלוֹת gerichtet. Nicht der Wunsch nach persönlicher Sicherheit ist es, den Gott Baruch als etwas Großes verweigert - und es bereitet ja diese begriffliche Gleichsetzung an sich schon Unbehagen -, sondern die Forderung, Heilstatsachen zu schaffen. Diese sind mit גְדֹלוֹת gemeint. Daß Gott sie verweigert, seinen Gerichtsbeschluß nicht revidiert, hängt - und hier kommt der individuelle Aspekt der Klage Baruchs doch zum Tragen - nicht zuletzt daran, daß Baruch die Heilsforderung mit seiner eigenen Person verknüpft. Dem Menschen kommt es nicht zu, גְדֹלוֹת für sich, im Hinblick auf die eigene Person zu fordern, und sei es auch als Sprachrohr eines ganzen Volkes.

Hiermit ist deutlich, daß auch in Jer 45,5 kein anderes Verständnis von גְדֹלוֹת vorliegt als in den oben genannten Stellen. Auch hier geht es um geschichtlich wirksame Heilstaten. Wenn diese allerdings in Jer 45,5 dem sie einfordernden Menschen gegenüber verweigert werden, welche Bedeutung muß dann der Aussage עָשָׂה לִי גְדֹלוֹת, griechisch ἐποίησέν μοι μεγάλα, zukommen!

In diesen Zusammenhang paßt, gleichsam als Pendant zur Jeremiastelle, auch Ps 131,1, wo der Beter in demütiger Selbstbescheidung den Umgang mit גְדֹלוֹת und נִפְלָאוֹת von sich weist als etwas, das dem Menschen nicht zukommt.

Die einzige alttestamentliche Stelle, die tatsächlich aus dem Rahmen des bisher Umschriebenen fällt, ist Ps 12,4, da hier die גְדֹלוֹת die prahlerische Überhebung des Menschen bezeichnen, deren der Beter seine Feinde bezichtigt (vgl. auch Dan 7,8).

Erwähnt seien schließlich auch die Verse 1.Chr 17,19 und 21 aus dem sich an die Nathansverheißung anschließenden Dankgebet Davids, in denen manche Exegeten statt des von den Masoreten als גְדֻלּוֹת punktierten Begriffs גְדֹלוֹת lesen.[20] Für unsere Untersuchung hat dabei vor allem V.19 Bedeutung, da in ihm die גְדֹלוֹת die mit der Davidsverheißung verbundenen Heilstatsachen be-

---

[18] Vgl. auch Ex 15,17 und Ps 95,11. Das Thema "Davidsbund und Zionserwählung" behandelt umfassend der gleichnamige, bereits in der vorstehenden Anm. zitierte Aufsatz von *H. Gese*.

[19] Dabei wird die Bekräftigung noch gesteigert durch die universale Ausweitung des Gerichtsbeschlusses auf die ganze Schöpfung; vgl. dazu *Weippert*, o.c., 95-97.

[20] Vgl. z.B. *Gesenius*, Handwörterbuch, 130 s.v. גְדוּלָה, גְדוּלָּה 2; *R. Mosis*, Art. גָּדַל II, ThWAT 1, Sp. 939; anders *E. Jenni*, Art. גָּדוֹל gādōl groß, THAT 1, Sp. 404.

zeichnen[21]. Wir stünden hier, die Richtigkeit der Umpunktierung vorausgesetzt, wieder bei der Thematik des Magnifikat.

Damit schließt sich der Kreis der alttestamentlichen Belege, die von גְּדֹלוֹת reden. Blicken wir von hier aus auf alle genannten Stellen zurück, so bietet sich uns ein überraschend klares Bild: Wenn das Alte Testament von גְּדֹלוֹת spricht, so meint es damit fast ausnahmslos die alles menschliche Planen, aber auch jeden menschlichen Anspruch übersteigenden Großtaten Gottes in Natur und Geschichte[22], deren individueller Bezug ausdrücklich als unmögliche Möglichkeit verworfen wird[23]. Um so deutlicher steht die Einzigartigkeit von Lk 1,49a vor Augen!

Die Frage drängt sich geradezu auf, im Munde welcher Person diese einzigartige, den Preis des heilsgeschichtlich-universalen Machthandelns Gottes mit sich selbst verknüpfende Aussage überhaupt denkbar ist. Als Äußerung eines beliebigen Juden oder Judenchristen jedenfalls nicht! Daß Gott an der menschlichen Person Großtaten wirkt, sich als der geschichtlich heilvoll Handelnde erweist, hat als Selbstaussage Sinn nur im Munde einer heilsgeschichtlich exponierten Gestalt. Und wer anders sollte dies in dem Traditionskreis, in dem wir uns bewegen, sein als die Messiasmutter? Wer wäre geeigneter, als Werkzeug des göttlichen Rettungshandelns hervorzutreten, als gerade sie? Wem anders als ihr, die in einzigartiger Weise sogar physisch in den göttlichen Heilsplan eingebunden ist, käme als Einzelgestalt die Aussage zu, Gott habe ihr gegenüber, an ihr, durch sie und für sie[24], seine die Zeit und Geschichte vorantreibenden Großtaten erwiesen? Niemanden sonst gibt es im Umkreis Jesu oder der frühen Gemeinde, in dessen Munde die Worte von Lk 1,49a nicht als Selbstüberhebung hätten ausgelegt werden müssen.

Dies bestätigt auch der Zusammenhang: Gehen wir nämlich davon aus, daß

---

[21] So *K. Galling*, Die Bücher der Chronik, Esra, Nehemia, ATD 12, Göttingen 1954, 55; anders jedoch *T. Willi*, Die Chronik als Auslegung. Untersuchungen zur literarischen Gestaltung der historischen Überlieferung Israels, Göttingen 1972, 74, der den Begriff in beiden Versen auf das Exodusgeschehen bezieht.

[22] Vgl. nochmals *Mosis*, ThWAT 1, Sp. 939.

[23] Den - seltenen - individuellen Bezug des göttlichen, auf einen Größenerweis zielenden Handelns auf den Beter oder das Volk herzustellen, dient das Verb גדל hif., verbunden mit einer präpositionalen Wendung; vgl. 1.Sam 12,24 und Ps 126,2f, daneben auch 1QH V 25 und XV 15. Bei diesem Gebrauch der Wurzel ist aber weniger der Inhalt des göttlichen Machthandelns selbst im Blick, als vielmehr "die Wirklichkeit und Wirksamkeit des Subjekts" an sich, "wie es sich von sich her der allgemeinen Erfahrung darbietet" (*Mosis*, ThWAT 1, Sp. 940). Dieser "Vorgang des Sich-als-groß-Erweisens" (a.a.O.), wie ihn die Wurzel in ihrer Grundbedeutung bezeichnet, zielt dabei insofern auf ein menschliches Gegenüber, als der Erweis der göttlichen Größe der vergleichenden und erkennenden Wahrnehmung durch den Menschen bedarf. Es geht aber auch hierbei nicht um eine an einem Objekt vollzogene Handlung, sondern um die Selbstdarstellung des göttlichen Subjekts.

[24] Das Bedeutungsspektrum der hebräischen Partikel לְ ist hier größer als das der im Griechischen vorliegenden dativischen Konstruktion. Vgl. dazu *E. Jenni*, Die hebräischen Präpositionen, Bd. 1: Die Präposition Beth, Stuttgart - Berlin - Köln 1992, 20-24.

Maria ursprünglich als Sprecherin des Magnifikat gedacht war - wenn sie auch
sicherlich nicht im historischen Sinne als Dichterin des Hymnus zu gelten
hat[25] -, dann löst sich das Rätsel der Zeilen 48a und b, die beide auf die Gestalt der Lea verweisen, wie von selbst. Denn was hat es mit Lea auf sich? Sie
ist nicht weniger als die eigentliche Stammutter Israels. Ihr, dem Sinnbild der
Fruchtbaren und damit dem deutlichen Gegenbild zur Unfruchtbaren - was
ebenfalls die beliebte Deutung von V.48a im Hinblick auf die Unfruchtbarkeit
Elisabeths ausschließt! -, verdankt der überwiegende Teil des Stämmeverban-
des seine Existenz. Sie stellt auf der weiblichen Seite den heilsgeschichtlichen
Einsatzpunkt der *Volks*geschichte Israels dar. In dieser Funktion wird sie im
Magnifikat Maria gegenübergestellt, die ihrerseits die Überbietung Leas verkörpert, als die Mutter dessen, der die eschatologische Vollendung der Geschichte des durch Lea ins Leben getretenen Volkes heraufführt. Diese Überbietung vollzieht sich auch äußerlich in der universalen Ausweitung der aus
Leas Mund übernommenen Zukunftsprophezeiung in V.48b. Schienen daher
diese Zeilen zunächst nicht dem Kreis der im Magnifikat verarbeiteten messianischen Anspielungen anzugehören, so erweisen sie sich nun ihre Zugehörigkeit
dadurch, daß sie die Mariengestalt in den heilsgeschichtlichen Gesamtrahmen
des Hymnus einordnen und - besonders im Hinblick auf V.49a - erläutern, was
Maria im Zusammenhang des messianischen Ereignisses bedeutet.[26] Hier wird
ein weiteres Mal deutlich, daß die literarkritische Ausscheidung von V.48 die
innere Einheit des Hymnus zerstört.[27]

---

[25] Gegen *H. L. Boles*, A Commentary on The Gospel According to Luke, Nashville,
Tenn. 1977 (Nachdr. der Ausg. von 1940), 36; *Machen*, Virgin Birth, 98, und *Gaechter*,
Maria, 137, und Marjam, die Mutter Jesu, 2. Aufl., Einsiedeln 1981, 75.77.82.

[26] Während die Gegenüberstellung "Maria - Lea" textlich evident ist, gründet *R. Le
Déaut*, Miryam, sœur de Moïse, et Marie, mère du Messie, Bib. 45 (1964), 216, seine These,
daß im Magnifikat Maria, die Messiasmutter, der alttestamentlichen Mirjam, Moses Schwester, gegenüberstehe, deren Befreiungsgesang Ex 15 sie aufnehme, nur auf die Begleiterrolle,
die beiden Frauen an der Seite eines der Retter Israels gemeinsam ist. Da aber im Magnifikat
auf das Exodusgeschehen nicht besonders Bezug genommen wird - selbst V.51 hat, wie o. S.
112-115 gezeigt wurde, einen anderen theologischen Hintergrund -, und auch die begrifflichen und motivischen Parallelen zum Mirjamlied Ex 15,1-19 gering sind und sich auf die Eingangsverse beschränken, ist Le Déauts Gegenüberstellung der beiden Frauengestalten, die vermutlich auch nur durch die Namensparallelität angeregt wurde, rein hypothetisch. Sie gewinnt
auch nicht an Wahrscheinlichkeit durch die o.c., 207f angeführten rabbinischen Belege für die
Abstammung Davids und damit des Messias von Mirjam, da, wie *Le Déaut*, a.a.O., selbst
zugibt, nicht einfach vorausgesetzt werden kann, daß dem Verfasser des Magnifikat diese Tradition bekannt war. Die Bedeutungslosigkeit des Mirjamliedes für das Magnifikat spricht eher
dagegen.

[27] Selbst wer von der Notwendigkeit literarkritischer Ausscheidungen überzeugt bleibt, ist
nicht davon entbunden, die betonte doppelte Bezugnahme auf Lea zu erklären, da ja auch einer
redaktionellen Ergänzung ein Sinn und theologischer Aussagewille zu unterstellen ist. Aber
auch hier ist wieder festzustellen, daß bislang niemand nach der Bedeutung der Lea-
Anspielung auch nur gefragt hat, wenn man absieht von *Goulder-Sanderson*, JThS 8, 21, die
auf die Gegenüberstellung der Lea-Söhne und des Mariensohnes immerhin verweisen. Den-

Wir haben es also im Magnifikat tatsächlich mit einem alten Marienlied zu tun, was angesichts der Reihe und Bedeutung alttestamentlicher Frauenlieder, welche die Tradition uns überliefert, auch gar nicht ungewöhnlich ist. Das Mißtrauen gegenüber Lukas als dem, der uns in seinem Evangelium das Magnifikat als Lied der Maria vorstellt, ist völlig unbegründet. Und es deutet sich bereits an, daß das Lied und sein erzählerischer Kontext gar nicht so zusammenhanglos nebeneinanderstehen, wie die Forschung gerne glauben macht.[28] Dennoch verdankt der Marienhymnus als ein Stück schriftgelehrter Meditation seine Entstehung mit Sicherheit nicht im historischen Sinne der in Lk 1 geschilderten Situation. Auch die messianische Mutterrolle allein erklärt noch nicht diese ausführliche Auseinandersetzung mit der Mariengestalt. Was aber sonst gab den Anstoß für die so frühe Ausbildung marianischer Tradition?

Da wir es beim Magnifikat nicht mit einem authentischen, sondern mit einem fiktiven Marienlobpreis zu tun haben, kommen wir einer Antwort näher, wenn wir die konkrete Situation im Leben Marias zu erfassen suchen, die unser Hymnus voraussetzt, so wie auch bei den übrigen alttestamentlichen Frauenliedern der Lobpreis Gottes nur verständlich wird aus der zuvor erzählten Lebensgeschichte[29]. Für das Magnifikat kann wegen seines der Konzeption des Kontextes vorausliegenden Entstehungsdatums diese Situation nicht das Ereignis der Mütterbegegnung sein. Und doch mußte dem Verfasser des Liedes, falls er nicht allein aus einem unbestimmten enthusiastischen Antrieb heraus ein Jubellied für die Mutter des Erlösers verfaßte, ein Geschehen vor Augen stehen, das die lobpreisende Antwort der Messiasmutter erforderte. Auf welches Geschehen zielt unser Lied? Oder einfacher gefragt: Warum jubelt Maria?

Warum *Lea* an den im Magnifikat zitierten Stellen jubelt, wissen wir: Sie besingt die *Geburt* zweier Söhne. Stehen wir damit bereits vor dem Geheimnis unseres Marienliedes? Dies können wir erst bejahen, wenn wir auch die letzten, noch verborgenen Verästelungen im Traditionsgeflecht der beiden ersten lukanischen Hymnen aufgedeckt haben. Bislang sind nämlich bei der Annäherung an den theologischen Skopus der Lieder zwei wichtige Texte außer acht geblieben, obwohl sie in ganz besonderer Weise im Hintergrund von Magnifikat und Benediktus präsent sind[30]: Jes 12 und Jes 9,1-6. Erst wenn auch ihre

---

noch greifen auch sie interpretatorisch zu kurz, wenn sie die Bedeutung unserer Stelle auf "the fulfilment of Genesis" beschränkt finden, wie denn auch ihr Bemühen, vor allem die Vätererzählungen als Meditationsgrundlage der lukanischen Kindheitsgeschichte zu erweisen, den theologischen Skopus allzusehr einengt.

[28] Wenn *Marshall*, NIC 3, 79, allerdings gegen den so häufig geäußerten Einwand, das Magnifikat besitze außer in V.48 keinen Bezug auf Maria, behauptet, der Hymnus passe gerade deshalb so gut in die Situation Mariens, weil ihm jegliche christliche Färbung fehle, so ist darin sicherlich keine Entkräftung des benannten Problems zu erblicken.

[29] Dies gilt vom Blickwinkel der ein Marienlied tradierenden Gemeinde aus, für welche die quellen- und redaktionskritische Problemlage in den einzelnen alttestamentlichen Schriften und daher auch der sekundäre Charakter mancher Lieder - z.B. des Hannaliedes - kein Thema

Bedeutung für die lukanischen Hymnen zutage liegt, haben wir den eigentlichen Grund für die Entstehung des Magnifikat und Benediktus erfaßt und mit den traditionsgeschichtlichen Wurzeln dieser Lieder auch den Wurzelboden ihres erzählerischen Kontextes freigelegt.

2. Die Hymnen und die jesajanischen Geburtsverheißungen

Bereits im dritten Kapitel dieser Untersuchung zeigte sich, daß in den zahlreichen den Anfangsteil des Magnifikat durchziehenden Anspielungen auf Jes 12, den für die Endzeit prophezeiten eschatologischen Jubel der Heilsgemeinde, das genuin christliche Selbstverständnis der hinter diesem Hymnus stehenden Gemeinde zum Ausdruck kommt.[31] Es genügte dabei, auf den Endzeitcharakter des Jubels zu verweisen, um die in der Erfüllung der Prophezeiung stehende Gemeinde als christlich zu bestimmen. Es bei dieser Erkenntnis bewenden zu lassen, würde allerdings - dies sei nochmals gesagt - bedeuten, den Anlaß für die Abfassung unseres Hymnus allein in einem sich nach dem Christusereignis breitmachenden Heilsenthusiasmus zu erblicken, was in einer Zeit eben erfüllter Heilshoffnung nicht einmal abwegig wäre. Dennoch spricht das theologische Format des Liedes gegen einen derart unbestimmten Kompositionsgrund. Welchem Aspekt der von Gott ins Werk gesetzten messianischen Sendung aber gilt dieser von Jesaja verheißene und nun geschichtliche Wirklichkeit gewordene Endzeitjubel, zu dessen Sprachrohr die christliche Gemeinde im Magnifikat die Mariengestalt wählt?

Eines läßt sich, wie bei der Lea-Anspielung, feststellen: Warum die *jesajanische* Heilsgemeinde jubelt, wissen wir, da es ein ganz bestimmtes Ereignis ist, das dem in Jes 12 verheißenen Endzeitjubel vorausgeht[32]. Die jesajanische Endzeitgemeinde jubelt über die *Geburt* des messianischen Friedefürsten. Denn Jes 12 ist als Schlußkapitel des ersten Teiles des Jesajabuches auch Abschluß eines ganzen Zyklus von Geburtsweissagungen, welche sich von Jes 7,14 über Jes 9,1-6 bis Jes 11,1-10[33] erstrecken und in die Prophezeiung des Jubels einmünden.

Nun könnte man den jubelnden Abschluß dieser jesajanischen Einheit auch auf ein anderes der in den voraufgehenden Kapiteln geschilderten Ereignisse

---

war.

[30] S. o. S. 20.31f.

[31] S. o. S. 98f.

[32] Dabei geht es nicht um historisch-kritische Textzuordnungen, sondern um den erzählerischen Zusammenhang, wie er dem antiken Hörer als *Einheit* vor Augen stand. Vgl. dazu auch die folgenden Ausführungen.

[33] Zur Textabgrenzung und zur Frage, inwieweit es sich bei Jes 11,1-10 um eine Geburtsweissagung handelt, s. u. S. 146f mit Anm. 39.

beziehen, etwa auf die Ankündigung eines zweiten Exodus für den Rest Israels in Jes 11,11-16. Daß dies unsere urchristliche Gemeinde jedoch nicht tat, dokumentiert die pointierte Verarbeitung gerade der wichtigsten der genannten Geburtsverheißungen, Jes 9,1-6, im Benediktus[34]. Mit Zufall wird man dieses Auftauchen zweier auch ursprünglich in enger Beziehung stehender Texte angesichts der kunstvollen und theologisch subtilen Art und Weise der Textverarbeitung in den lukanischen Hymnen nicht erklären dürfen. Der jesajanische Geburtszyklus bietet sich hier von selbst als der interpretatorische Schlüssel zum Verständnis von Magnifikat und Benediktus an.

Was also hindert es, bereits an dieser Stelle die Geburt des Messias Jesus als den theologischen Grund der beiden Hymnen anzusehen? Allein die Tatsache, daß forschungsgeschichtlich die Einordnung der Lieder in den Strom biblischer Geburtstradition immer als Unmöglichkeit betrachtet wurde! Der Widerspruch gegen eine scheinbar so unumstößliche Forschungsmeinung muß daher besonders gut begründet, die These von der Verankerung der Hymnen in den messianischen Geburtsverheißungen des Jesajabuches besonders sorgfältig abgesichert werden. Dies soll im Folgenden geschehen, und wir beginnen bei der für das Benediktus so zentralen Prophezeiung Jes 9,1-6.

In einer Zeit der Not[35] verheißt diese Weissagung die Geburt eines messianischen[36] Kindes, das als Friedefürst (vgl. Lk 1,79b) verherrlicht wird, als umfassender Herrscher auf dem Throne Davids (vgl. Lk 1,69; antithetisch 1,52) und als König über ein ewiges Reich der Gerechtigkeit (vgl. Lk 1,75; daneben auch 1,52f), welches als Reich des Lichts dem Dasein in Finsternis und Todesschatten ein Ende bereitet (vgl. Lk 1,79a) und den eschatologischen Jubel weckt (vgl. Lk 1,46f), der den zu diesem Reich Berufenen gebührt.[37] Wie ein roter Faden durchzieht diese Weissagung den gesamten Text des Benediktus. Auffällig ist jedoch, daß dieses ihr in ihrem inhaltlichen Aufbau in umgekehrter Reihenfolge folgt: Während Jes 9,1-6 mit der Schilderung der Lichterscheinung über den im Todesschatten Wohnenden anhebt und nach der Schau des über ein Reich der Gerechtigkeit herrschenden Heilskönigs einmündet in den Hinweis auf Gott als den, der das eschatologische Geschehen heraufführen wird, beginnt das Benediktus mit dem Lobpreis dieses Gottes und begründet ihn mit der durch Gott bereits gewirkten Sendung des davidischen Heilskönigs, um abzuschließen mit der Schilderung der Folgen, welche die messianische Ankunft für die Heilsgemeinde hat: die Erleuchtung des Todesdunkels und die Aufrichtung des Friedens.

---

[34] Vgl. dazu o. S. 31f.

[35] Zur Situationsschilderung vgl. *Wildberger*, BK.AT 10/1, 386.

[36] Der Begriff gilt aus der Sicht unserer frühchristlichen Gemeinde und spiegelt nicht unbedingt die ursprüngliche Textaussage wieder, vgl. *Wildberger*, o.c., 388; anders aber *Kaiser*, ATD 17, 204.208.

[37] S. nochmals o. S. 31f.

Was bedeutet diese Umkehrung? Sie ist - und schon beim Magnifikat sind wir im Hinblick auf Jes 12 auf ein ähnliches Phänomen gestoßen[38] - ein Hinweis darauf, daß das in Jes 9,1-6 verheißene Geschehen sich im Bewußtsein der Gemeinde, in der das Benediktus entstand, bereits erfüllt hat. So zumindest wird man den Unterschied in der zeitlichen und logischen Struktur der beiden Texte deuten dürfen, der darin besteht, daß in Jes 9,1-6 die perfektisch formulierte Schilderung der durch die Geburt des messianischen Kindes eingeleiteten Heilszeit abschließt mit der futurischen Aussage "Der Eifer Jahwes Zebaoth *wird* dieses tun", während das Benediktus anhebt mit dem Lobpreis des Gottes, der bereits gehandelt *hat*, und begründend (ὅτι) fortfährt mit der Aufzählung der in Erfüllung gegangenen Heilstatsachen, als deren letzte die Erleuchtung des Todesdunkels erscheint. Die Umkehrung der Gedankenfolge von Jes 9,1-6 ist ein Indiz für die Umwälzung der Lebenssituation der hinter dem Benediktus hervortretenden Gemeinde, welche als das ehemals im Finstern wandelnde Volk sich durch die Ankunft seines Messias erlöst und des messianischen Friedens teilhaftig weiß. Dabei ist es nach Jes 9,5 eindeutig die *Geburt* dieses ihres Erlösers, welche für die in der Erfüllung der Heilsverheißung stehende Gemeinde den Beginn der Friedenszeit, den Einsatzpunkt des göttlichen Rettungshandelns bezeichnet. *Sie* ist das eschatologische Ereignis, dessen Erfüllung das Benediktus preist!

Die von den beiden lukanischen Hymnen vollzogene Zusammenschau von Jes 9,1-6 und Jes 12, die das Geburtsgeschehen zur Folie für den eschatologischen Jubel der Heilsgemeinde werden läßt, macht aber auch deutlich, daß die solcherart zu Wort kommende Gemeinde die Ankündigung der messianischen Geburt als den Skopus des *gesamten* auf Jes 12 zulaufenden ersten Teiles des Jesajabuches versteht. Im Blickfeld unseres Verfassers stehen also nicht nur zwei Einzeltexte, sondern ein übergreifender Text*zusammenhang*. Daher müssen auch die übrigen Geburtsanspielungen im Anfangsteil des Jesajabuches als potentielle Katalysatoren für die Entstehung christlicher Geburtstradition gelten und auf ihre Bedeutung für die lukanischen Lieder hin geprüft werden.

Hier kommt zunächst Jes 11,1-10[39] in den Blick, ein Abschnitt, der im engsten redaktionellen Zusammenhang mit Jes 12 steht und gar nicht anders denn als weitere Verheißungsgrundlage für das Abschlußkapitel verstanden werden konnte. Diese zweite messianische Weissagung enthält die Ankündigung eines davidischen Heilskönigs - im Bild eines aus der Wurzel Isais hervorsprossenden[40] Reises oder Schosses - und des durch ihn heraufgeführten Reiches des Friedens und der Gerechtigkeit. Man kann darüber streiten, ob es sich bei diesem jesajanischen Text um eine Geburtsweissagung im engeren

---

[38] S. o. S. 98f.

[39] Mit *Wildberger*, BK.AT 10/1, 439, wird hier der redaktionell sekundäre V.10 zur Texteinheit Jes 11,1-9 hinzugenommen, da er das Voranstehende ergänzen will und nicht zum Nachfolgenden zu rechnen ist.

[40] פרח statt פרה, vgl. *Wildberger*, o.c., 437, und *Kaiser*, ATD 17, 239.

Sinne handelt[41] - das Verb יצא findet sich durchaus in entsprechenden Zusammenhängen (vgl. etwa 2.Kön 20,18 und Hi 1,21). Allerdings dürfte kaum zu bezweifeln sein, daß Jes 11,1-10 gerade in Verbindung mit den vorstehenden Geburtsweissagungen Jes 7,14 und Jes 9,1-6 von unserem urchristlichen Verfasser im diesem Sinne ausgelegt wurde.[42] Darauf deutet nicht zuletzt die Tatsache, daß im Benediktus speziell das Bild vom davidischen Sproß aufgenommen ist, wie es von V.1 an die gesamte jesajanische Weissagung beherrscht[43]. Die intensive Beschäftigung unseres Verfassers mit dem jesajanischen Geburtszyklus macht es sogar wahrscheinlich, daß Lk 1,78b von Jes 11,1 direkt angeregt wurde.[44] Der lukanische Halbvers belegt hier einmal mehr, wie sehr die jesajanischen Metaphern und Bilder den Kompositionsprozeß beeinflußt haben, und er verliert auch vor diesem Hintergrund seine so viel beschworene Rätselhaftigkeit.

Wenn auch im weiteren die Weissagung Jes 11,1-10 nicht in dem Maße hinter unseren beiden lukanischen Hymnen sichtbar wird wie die sie umrahmenden Texte Jes 9,1-6 und Jes 12, so findet sich doch ein Teil ihres Bildmaterials auch im Magnifikat und Benediktus wieder. Dabei entspricht vor allem der in Lk 1,75 geschilderte Heilszustand dem in Jes 11,3-5 gezeichneten Bild, das ausführlich auch in Lk 1,51-53 ausgestaltet ist, allerdings nicht in wörtlicher Anlehnung an den Jesaja-Text.[45]

Die letzte und wohl geheimnisvollste Geburtsweissagung im Zyklus der jesajanischen Verheißungen aber finden wir in Jes 7,14. Es handelt sich um die Ankündigung der Geburt eines messianischen Kindes durch eine junge Frau und seine Benennung durch die Mutter. Da dieser Vers in Mt 1,23 sogar aus-

---

[41] Vgl. dazu *Wildberger*, o.c., 446.

[42] Für *M. Rehm*, Der königliche Messias im Licht der Immanuel-Weissagungen des Buches Jesaja, Kevelaer 1968, 193.234.346f, steht sogar außer Frage, daß diese inhaltliche Beziehung der fraglichen Texte auf Jesaja selbst zurückgeht, der in allen auf die Geburt des Immanuel anspielt.

[43] Zur Deutung der Wendung ἀνατολὴ ἐξ ὕψους in diesem Sinne s. o. S. 121-127.

[44] Daß dabei die beiden bedeutungsähnlichen Begriffe חֹטֶר und נֵצֶר, griech. ῥάβδος und ἄνθος, durch צֶמַח ersetzt werden, hat seinen Grund in der Bedeutung und Verbreitung, die in der damaligen Zeit צֶמַח nicht nur als messianisches Bild, sondern als Name des Messias selbst hatte. Vgl. dazu o. S. 127 Anm. 321. Dies belegt auch 4QpIsa-a 7-10 III 15.22, wo der Wurzelschoß von Jes 11,1 durch צמח דויד interpretiert wird; vgl. *M. P. Horgan*, Pesharim: Qumran Interpretations of Biblical Books, Washington, DC 1979, 18 (der Textbeilage). Daß daneben auch der Begriff נֵצֶר traditionsbildend wirkte, belegt Mt 2,23, wo die Bezeichnung Ναζωραῖος für Jesus vermutlich von Jes 11,1 her gedeutet wird; vgl. dazu *U. Luz*, Das Evangelium nach Matthäus (Mt 1-7), EKK 1/1, Zürich- Einsiedeln - Köln - Neukirchen-Vluyn 1985, 131f, und *H. P. Rüger*, ΝΑΖΑΡΕΘ / ΝΑΖΑΡΑ ΝΑΖΑΡΗΝΟΣ / ΝΑΖΩΡΑΙΟΣ, ZNW 72 (1981), 262.

[45] Erwähnenswert ist in diesem Zusammenhang auch nochmals die seltene Bezeichnung Gottes im Magnifikat als ὁ δυνατός bzw. גִּבֹּר, wie sie o. S. 11.26 auf Zeph 3,17 zurückgeführt wurde, die als Vorstellung aber auch Jes 11,2 zugrunde liegt, wenn hier von der göttlichen Ausstattung des messianischen Sprosses mit רוּחַ גְּבוּרָה gesprochen wird.

drücklich als Verheißung der Geburt Jesu zitiert wird und er auch in Lk 1,31 in entsprechendem Zusammenhang erscheint, ist an seiner Bedeutung für die Ausbildung der mit der Geburtstradition verknüpften Marientradition nicht zu zweifeln, auch wenn im Magnifikat selbst nicht ausdrücklich auf diese Stelle angespielt wird. Aber wie sollte dies auch der Fall sein, da doch im Munde Marias als der jungen Frau, welche das messianische Kind tatsächlich geboren hat, die wörtliche Aufnahme dieser die Geburt ankündigenden Verheißung völlig sinnlos wäre? Andererseits ist es unwahrscheinlich, daß ausgerechnet diese auf die Messiasmutter direkt zielende Weissagung bei der Entstehung des Magnifikat keine Rolle gespielt hat. Sie hat es! Und sie enthüllt sich uns unmittelbar, wenn wir uns noch einmal die Art vergegenwärtigen, in der die in der Tradition lebende und sie erfahrende Gemeinde, der unsere Lieder entwachsen sind, das Verheißungsgeschehen verarbeitet.

Das Besondere bei dieser Verarbeitung ist keineswegs die Gegenüberstellung von Verheißung und Erfüllung, die im Grunde jede Auseinandersetzung mit den biblischen Weissagungen bestimmt. Das Besondere ist vielmehr die *Form*, in der unsere Gemeinde das Wissen um die Erfüllung der prophetischen Ankündigungen verarbeitet und tradiert. Es war ja schon bei der Betrachtung von Jes 12 und Jes 9,1-6 aufgefallen, daß das Ereignis der Erfüllung dieser Verheißungen nicht erzählerisch dokumentiert, sondern im hymnischen Vollzug vergegenwärtigt, ausgestaltet und weitergegeben wurde. Wenn man daher nicht annehmen will, daß von den jesajanischen Geburtsweissagungen ausgerechnet Jes 7,14 übergangen wurde, dann muß man solch eine lebendige Vergegenwärtigung des Textes auch bei dieser Weissagung voraussetzen.

Der Nachweis, daß Jes 7,14 tatsächlich in der genannten Weise im Magnifikat verarbeitet wurde, basiert allerdings auf der Erkenntnis, daß unsere Verheißung nicht allein von der sogenannten Jungfrauengeburt handelt, sondern auch von der *Benennung* des messianischen Kindes, was trotz aller exegetischen Beachtung, die diese Stelle immer gefunden hat, regelmäßig übersehen oder wohl einfach als unwichtig erachtet wurde, da der tatsächliche Messiasname "Jesus" mit dem geweissagten ja nicht deckungsgleich ist. Diesem Einwand moderner Logik tritt jedoch das Magnifikat selbst entgegen, denn es ist sicherlich kein Zufall, daß das Motiv der an einem Kind vollzogenen Namengebung gleich in zwei der in ihm zitierten Schriftstellen anklingt, nämlich in den Anspielungen auf Lea! Beide Stellen handeln nicht nur allgemein von der Geburt der Söhne Leas, sondern dezidiert auch von der Benennung der Kinder: Lea erhält einen Sohn[46], wählt einen Namen für ihn aus und begründet ihre Wahl mit einem Ausruf, der diesen Namen zu ihrer Situation in Beziehung

---

[46] Wobei auch der Sohn ihrer Magd in Gen 30,12f als ihr Sohn gilt.

setzt.[47] Was davon im Magnifikat zitiert wird, ist dieser die *Namengebung* be-
gründende Jubelruf, wie er als erläuternde Ausgestaltung des Aktes der Namengebung auch an anderen Stellen des alttestamentlichen Schrifttums belegt
ist[48]. Wenn aber das Magnifikat zwei Sprüche der Stammutter Israels aus der
Situation der *Benennung* ihrer Söhne nach deren Geburt überliefert und Jes
7,14 einen entsprechenden Akt für die Mutter des endzeitlichen Erlösers dieses
Volkes verheißt, so muß hier der traditionsgeschichtliche Ursprung unseres
Hymnus verborgen liegen! Mit anderen Worten: Das Magnifikat als ursprüngliches Marienlied ist nichts anderes als das Geburtslied der Messiasmutter, mit
dem diese bei der Benennung ihres Kindes den Prophetenspruch Jes 7,14 zur
Erfüllung bringt. Zu klären wäre nur, inwiefern das Magnifikat auf den Jesus-
namen Bezug nimmt und wie es die Divergenz zum geweissagten Immanuelna-
men überbrückt.

Einen ersten Hinweis darauf, daß das Magnifikat tatsächlich eine konkrete
Erläuterung der Namenswahl bietet, wie er in den Leastellen auf die Festset-
zung des Namens folgt bzw. ihr vorangeht, erhalten wir, wenn wir nochmals
Jes 12 betrachten. In diesem für das Magnifikat so bedeutenden Text fällt
nämlich auf, daß er in seinem Anfangsteil ganz um den einen Begriff der
יְשׁוּעָה kreist, und zwar mit einer bestimmten Zielrichtung, die Kaiser in seinem Kommentar folgendermaßen beschreibt[49]: "Spätestens bei V.3b wird dem
Leser bewußt, daß der Dichter das Wort jᵉšûʿâ, Hilfe, dreimal aufgenommen
hat, in V.2a und b und nun hier. Und so soll er erraten, daß es sich dabei um
eine bewußte Anspielung auf den Namen des Propheten Jesaja, "Jahwe hat
geholfen", handelt." Gehen wir davon aus, daß das Magnifikat ursprünglich
hebräisch überliefert war, so stoßen wir in seiner zweiten Zeile ebenfalls auf
diesen bedeutungsvollen Begriff, dessen Wurzel auch die des Jesusnamens
(hebr. יֵשׁוּעַ) ist: "Mein Geist jubelt בֵּאלֹהֵי יִשְׁעִי oder יְשׁוּעָתִי." Wir ständen hier
vor der gleichen Struktur wie bei den Lea-Anspielungen, in denen auch die
Namenswahl aus der konkreten Gotteserfahrung der Beterin entspringt. Das
Magnifikat als einen Hymnus zu verstehen, der den Messiasnamen ausdeutet,
legt sich vor diesem Hintergrund nahe.[50] Eine solche Funktion des Hymnus ist
auch schon deshalb nicht abwegig, weil sich damit für die Gemeinde das Problem des faktisch anderen Messiasnamens als des in Jes 7,14 geweissagten in
gewisser Weise lösen ließ: Der Name יֵשׁוּעַ, in der älteren Form יְהוֹשׁוּעַ:
"Jahwe ist Hilfe"[51], konnte ja durch seinen Bezug auf Gottes Rettungshandeln,

---

[47] Der Name Ruben, hebr. רְאוּבֵן, in Gen 29,32 wird erläutert durch das Bekenntnis Leas:
רָאָה יְהוָה בְּעָנְיִי, der Name Asser, hebr. אָשֵׁר, in Gen 30,13 durch den Ausruf: בְּאָשְׁרִי כִּי אִשְּׁרוּנִי
בָּנוֹת. Im letzteren Fall geht die Begründung der Namengebung selbst voran.

[48] Vgl. z.B. Gen 4,1; 1.Sam 1,20; daneben auch Ex 2,10.

[49] ATD 17, 255.

[50] So vorsichtig auch *Grundmann*, ThHK 3, 64, und *Stöger*, Lukas, 56.

[51] Vgl. *M. Noth*, Die israelitischen Personennamen im Rahmen der gemeinsemitischen
Namengebung, Stuttgart 1928, 16.18.106.154f.

in diesem Fall sogar sein *eschatologisches* Rettungshandeln[52], als Überbietung der Immanuel-Verheißung "Gott mit uns" verstanden werden und damit als endgültiges Unterpfand für die Wirklichkeit dessen, was der Immanuelname barg. In jedem Fall mußte eine Auseinandersetzung mit der Stelle Jes 7,14 stattfinden. Den frühesten und dabei kunstvollsten Niederschlag hat diese Auseinandersetzung im Magnifikat gefunden. Aber auch das Benediktus belegt, daß unsere Hymnen um den Vorgang der Benennung des messianischen Kindes kreisen, da es gerade diejenige Geburtsweissagung so pointiert in sich aufnimmt, welche dem Kind und zukünftigen Heilskönig seine Thronnamen zuspricht (Jes 9,5).

Wir stehen am Ende der Betrachtung des jesajanischen, Jes 7,14; 9,1-6; 11,1-10 und 12,1-6 umfassenden Geburtszyklus, der sich als das bislang unentdeckte Geheimnis der ersten beiden lukanischen Hymnen erwiesen hat. Er macht es unmöglich, Magnifikat und Benediktus anders zu verstehen denn als Jubellieder, mit denen die frühe christliche Gemeinde, in heilsgeschichtlicher Rückschau, die *Geburt* ihres Friedefürsten, die *Geburt* ihres Messias Jesus besang, einmal im Namen seiner Mutter, dann im gemeinschaftlichen Chor. Zu diesem Jubel wußte sich die Gemeinde als die wahre Repräsentantin der jesajanischen Endzeitgemeinde aufgerufen, und sie verstand ihn selber als Zeichen des Anbruchs der mit der Geburt des Kindes beginnenden Heilszeit. Wahrscheinlich sind unsere Hymnen sogar die frühesten Zeugnisse der aus dem jesajanischen Zyklus herausgewachsenen neutestamentlichen Geburtstradition; denn es ist anzunehmen, daß im Rahmen der gottesdienstlichen Feier die Geburt des Erlösers schon besungen wurde, bevor sich die legendarische Ausgestaltung der Kindheitsgeschichte vollzog. Was dabei das Magnifikat betrifft, so schließt seine Konzeption als Marienhymnus seine liturgische Verwendung durch die Gemeinde nicht aus. Analog zu den Psalmen Davids wird sein Bezug auf Maria, der ihm eine besondere Autorität und Vorbildfunktion verlieh, sogar in besonderem Maße Anlaß seiner Verwendung gewesen sein.[53] Das Beispiel der Psalmen Davids belegt ferner, daß die Zuschreibung von Psalmen nichts mit dichterischer Authentizität zu tun haben muß.

Es bleibt die Frage, wie sich in der Praxis das Gegenüber von Magnifikat und Benediktus gestaltete, dem Jubel der Jesusmutter über die Geburt ihres messianischen Kindes und dem diesen Jubel aufnehmenden und ihm antwortenden Lobpreis der durch diese Geburt ins Leben gerufenen Heilsgemeinde. Vorstellbar wäre, daß die beiden Hymnen im gottesdienstlichen Wechselgesang aufgeführt wurden, dergestalt, daß auf das vom Liturgen vorgetragene Magni-

---

[52] Vgl. *H. Gese*, Natus ex Virgine, in: Ders., Vom Sinai zum Zion. Alttestamentliche Beiträge zur biblischen Theologie, 3. Aufl., München 1990, 134.

[53] So auch *Ladeuze*, RHE 4, 643f, der mit seiner Interpretation des Magnifikat den in dieser Arbeit vorgetragenen Ergebnissen am nächsten kommt.

fikat die Gemeinde mit dem Benediktus geantwortet hat[54]; doch müssen derartige Vermutungen Spekulation bleiben, da unser Wissen über den gottesdienstlichen Vollzug in neutestamentlicher Zeit nur bruchstückhaft ist[55]. Immerhin könnte man in einer liturgischen Gegenüberstellung beider Lieder wiederum eine bewußte Anknüpfung an die ebenfalls zweigeteilte Weissagung Jes 12 erkennen, in der die *singularische* Anrede in V.1: "Und *du* wirst sagen zu jener Zeit . . .", erst in V.4 umschlägt in eine *pluralische*: "Und *ihr* werdet sagen zu jener Zeit . . .". Die Aufnahme des Einzellobpreises durch den Lobpreis der Gemeinde ist hier deutlich vorgebildet, ja prophetisch vorgegeben! Wir besäßen hierin ein letztes Beispiel dafür, wie die hinter unseren Hymnen sichtbar werdende Gemeinde die Erfüllung prophetischer Verheißungen im Vollzug derselben darstellte.

Die frühe hymnische Ausgestaltung des messianischen Geburtsgeschehens widerlegt in jedem Fall die These einer erst späten urchristlichen Hinwendung zu diesem Stoff. Und es wäre ja auch historisch kaum vorstellbar, daß ein derart wichtiger messianischer Traditionskomplex, wie ihn die jesajanischen Geburtsweissagungen darstellen, bei der durch das Christusereignis notwendig gewordenen Verarbeitung und Neudeutung der alttestamentlichen Überlieferungen nicht schon früh auf die Geburt des Messias Jesus hin ausgelegt worden

---

[54] Für das beginnende 2. Jh. n. Chr. wird der liturgische Wechselgesang von Plinius d. J. bezeugt, dem kaiserlichen Legaten in Bithynien, dessen Briefwechsel mit Kaiser Trajan Einblicke in die kleinasiatische Gottesdienstpraxis verschafft. Er schreibt, die Christen seien es gewohnt, "stato die ante lucem convenire carmenque Christo quasi deo dicere secum invicem" (10,96,7); vgl. *H. Kasten* (Hg.), C. Plini Caecili Secundi epistularum libri decem, 4. Aufl., München 1979, 642. Die Bedeutung der Wendung "carmen dicere secum invicem" ist allerdings in der Literatur umstritten; vgl. dazu *R. P. Martin*, Carmen Christi. Philippians ii. 5-11 in Recent Interpretation and in the Setting of Early Christian Worship, Cambridge 1967, 1-9; *A. N. Sherwin-White*, The Letters of Pliny. A Historical and Social Commentary, 2. Aufl., Oxford 1968, 704-706, und *J. C. Salzmann*, Lehren und Ermahnen. Zur Geschichte des christlichen Wortgottesdienstes in den ersten drei Jahrhunderten, Tübingen 1994, 133-148, zum Wechselgesang besonders S. 146 mit Anm. 59. Zur antiphonischen Grundstruktur der Johannesoffenbarung vgl. ferner *K.-P. Jörns*, Proklamation und Akklamation. Die antiphonische Grundordnung des frühchristlichen Gottesdienstes nach der Johannesoffenbarung, in: H. Becker - R. Kaczynski (Hg.), Liturgie und Dichtung. Ein interdisziplinäres Kompendium I. Historische Präsentation, St. Ottilien 1983, 187-208. Auf den zeitlichen Abstand der genannten Schriften zu den lukanischen Hymnen ist jedoch ausdrücklich hinzuweisen. Zur antiphonischen Gesangspraxis in Antiochien schließlich und der Legende ihrer Einführung durch Ignatius s. *Hengel*, Christuslied, 385.

[55] Vgl. *F. Hahn*, Art. Gottesdienst III. Neues Testament, TRE 14, Berlin - New York 1985, 31-37, und Der urchristliche Gottesdienst, Stuttgart 1970, 9-11.38-46. Es erstaunt allerdings, daß *Hahn* im letztgenannten Werk, 43, die lukanischen Hymnen als Beispiele für die schon frühzeitige Ausgestaltung hymnischer Texte für den Gottesdienst heranzieht, gleichzeitig aber die ursprünglich jüdische bzw. täuferische Herkunft der Lieder betont. Zur Frage der Entwicklung des christlichen Gottesdienstes bietet ferner die aus jüngster Zeit stammende, bereits in Anm. 54 zitierte Arbeit von *J. C. Salzmann* eine ausführliche Materialsammlung und umfassende Interpretation der Texte, vgl. bes. die Zusammenfassung o.c., 460-479.

wäre. Daß dabei der Christus-Titel zunächst vermieden bzw. im Benediktus durch die Bezeichnung "Sproß" ersetzt wurde, hängt mit eben dieser speziellen Verarbeitung des messianischen *Geburts*geschehens in den Hymnen zusammen, das zwar die Ankunft des Messias *in* dieser Welt, aber noch nicht seine Aufnahme und Anerkenntnis *durch* diese Welt bedeutet, die erst im Wirken des Messias seine Messianität zu erkennen und anzuerkennen vermag. Die verhüllte Redeweise der Lieder, die sie von den anderen neutestamentlichen Hymnen unterscheidet, hat also einen *theologischen* Grund und kann nicht gegen ihre christliche Herkunft ins Feld geführt werden.

Schließlich erklärt die ursprüngliche Verknüpfung unserer Hymnen mit der Geburtstradition auch, warum ausgerechnet der messianisch so bedeutsame Psalm 2 in keinem der Lieder eine Rolle spielt. Denn die in diesem Psalm besungene königliche Amtseinsetzung auf dem Zion bot sich von Haus aus als Deutungsgrundlage für die göttliche Einsetzung Jesu in sein messianisches Amt an, wie immer dieses Amt gefaßt wurde, konnte aber kaum mit der Geburt in Verbindung gebracht werden. Dementsprechend wird im neutestamentlichen Schrifttum die Sohnesdeklaration Ps 2,7 auf Jesu Taufe (Mk 1,11; Mt 3,17; Lk 3,22), auf seine Erhöhung (Hebr 1,5, vgl. auch Apg 13,33) und auf seine Einsetzung als Hoherpriester (Hebr 5,5) bezogen, aber nie auf seine Geburt. Hier paßte die Sohnesdeklaration auch schon deswegen schlecht hinein, weil die Rede von der Geburt des Messias kaum zu vereinbaren war mit der Vorstellung von einer zu einem bestimmten Zeitpunkt erfolgenden Amtseinsetzung, wie sie in den genannten Stellen angedeutet ist, zumal nach Ps 2,7 erst das Datum der königlichen Installation den Zeitpunkt der göttlichen Zeugung markiert. Dies gilt ungeachtet der Tatsache, daß das Theologumenon von der göttlichen Zeugung des Davididen auf dem Zion zur theologischen Grundlage der neutestamentlichen Geburtstradition wurde, denn die Traditionslinie führt über die jesajanische Umbildung der Zionskonzeption in den eben besprochenen Texten, auf deren theologische Bedeutung noch genauer einzugehen ist[56], während der direkte traditionsbildende Impuls von Ps 2, wie die oben genannten Stellen belegen, eindeutig ein anderer war.

Hier wird einmal mehr deutlich, daß Traditionen wachsen und in *verschiedener* Hinsicht ausgestaltet werden. Dies gilt auch für die Ausbildung der Kindheitsgeschichte, ein Prozeß, der nicht einfach mit der redaktionellen Zusammenfügung unterschiedlichen Textmaterials gleichgesetzt werden darf. Wir stehen hier vor der dringenden Aufgabe, das Wachstum der neutestamentlichen Geburtstradition überlieferungsgeschichtlich neu zu untersuchen und den Weg nachzuschreiten, den das Geburtsmotiv von den ersten hymnischen Anfängen an bis zur Entwicklung eines großen Erzählkranzes genommen hat. Dies kann jedoch erst geschehen, wenn die Detailanalyse der Hymnen vollständig abgeschlossen ist, deren äußere Form bislang ganz vernachlässigt wurde. Um so

---

[56] S. u. S. 224-226.

gründlicher muß die noch ausstehende Untersuchung ihrer strukturalen Merkmale ausfallen. Sie bietet die Möglichkeit, die bisherigen Ergebnisse dieser Arbeit einer nochmaligen neutralen Prüfung zu unterziehen, deren Ziel erreicht wäre, wenn die formalen Erkenntnisse den theologischen standhielten und zum tragenden Fundament des Thesengebäudes würden, wie es bislang errichtet wurde.

V. Die Form der Hymnen[1]

Die formale Analyse des Magnifikat und Benediktus scheint auf den ersten Blick dadurch erschwert, daß es sich bei beiden Hymnen mit großer Wahrscheinlichkeit ursprünglich nicht um griechische, sondern um hebräische Lieder handelt, deren äußerliche Struktur zwangsläufig eine andere war, als sie uns in der lukanischen Überlieferungsform entgegentritt. In jedem Fall waren die hebräischen Verszeilen, bedingt durch die grammatikalische Andersartigkeit des Hebräischen, sehr viel kürzer als die entsprechenden griechischen, was zur Folge hat, daß schon je nach der zugrunde gelegten Sprache die Versuche einer Strukturierung der Hymnen unterschiedlich ausfallen. Dazu kommt, daß das einzige Instrumentarium, das wir für die strukturelle Erfassung der lukanischen Lieder zu besitzen scheinen, die am alttestamentlichen Psalter gewonnenen Formkriterien sind, deren Gültigkeit für unsere so viel späteren Texte zumindest von der neutestamentlichen Forschung nicht in Frage gestellt wird. Aber kann man sie wirklich einfach übertragen?

Dieser Einwand ist von grundsätzlicher Art, und er bereits macht deutlich, daß auch die Frage nach der Form unserer Lieder zwangsläufig in eine prinzipielle Methodendiskussion einmündet und in eine ausführliche Auseinandersetzung mit den Grundsätzen, die in der Sekundärliteratur bei der formalen Erfassung des Magnifikat und des Benediktus zur Anwendung kommen. Am auffälligsten dabei ist die prinzipielle Anerkennung des Parallelismus membrorum als eines textgliedernden Kriteriums. Sie ist die Hauptvoraussetzung für die formale Textbetrachtung, die den Vertretern einer griechischen Abfassung der Lieder ebenso selbstverständlich ist wie denen, die einen hebräischen Urtext rekonstruieren. Sollte daher die Gültigkeit dieser Voraussetzung für die lukanischen Hymnen hinfällig werden, so fallen mit ihr, da sie ihr tragendes Fundament verlieren, auch die meisten Versuche, die Struktur der Hymnen zu erfassen, dahin. Mit welchen Folgen für die Textanalyse, ist später zu fragen.

---

[1] Da der Begriff der literarischen Form von Texten in der Forschung verwirrend uneinheitlich gebraucht wird, sei kurz erläutert, in welchem Sinne er hier verwendet wird. Er dient, im weitesten Sinne des Wortes, als Oberbegriff für *alle* die äußere und innere Struktur eines Textes betreffenden Phänomene, unter welche die poetischen Stilgesetze ebenso fallen wie der Aufbau und die Gattung eines Textes. Diese Definition steht in bewußtem Widerspruch zu der z.B. von *Crüsemann*, Studien, 13f Anm. 1, vertretenen Unterordnung des Formbegriffs unter den Gattungsbegriff, welche das Formproblem zu einseitig auf die Frage der Gattungsbestimmung einengt.

1. Der Parallelismus membrorum in Magnifikat und Benediktus

Betrachten wir im Hinblick auf die Versstruktur zunächst das Magnifikat, so ist vor aller Detailuntersuchung festzuhalten, was bereits bei der literarkritischen Untersuchung dieses Hymnus deutlich geworden ist[2]: Wir finden in ihm zwar Beispiele parallel aufeinander bezogener Verszeilen, aber keinen im ganzen Hymnus durchgehaltenen Parallelismus membrorum. Einigkeit herrscht über den synonymen Parallelismus in V.46b.47 sowie die antithetischen Parallelismen in den Versen 52 und 53. Auch in V.51 mag man zwei synthetisch einander zugeordnete Parallelzeilen entdecken; aber die übrigen Verse in dieses Schema zu pressen, fällt schwer.[3] Es gelingt nur, um zunächst beim griechischen Text zu bleiben, wenn man störende Zeilen ausscheidet[4] oder kurze Satzglieder wie den nur aus zwei Worten bestehenden Ausdruck μνησθῆναι ἐλέους V.54b in den Rang einer ganzen Verszeile erhebt[5]. Da aber inhaltlich kein Anlaß zu Ausscheidungen irgendwelcher Art besteht, bleibt es ein fragwürdiges Unterfangen, den Wechsel von Parallelismen mit Zeilen, die sich keiner Parallelstruktur einordnen lassen, durch eingreifende Glättungen zu beseitigen.

Aber selbst wenn es durch solche Manipulationen am Text gelänge, eine durchgehende Parallelstruktur herzustellen, bliebe ein weiteres Problem zu bewältigen, nämlich die zum Teil erheblich schwankende Zeilenlänge bzw. die völlige Regellosigkeit des Metrums, die dem ja generell herangezogenen Vorbild der alttestamentlichen Psalmen widerspricht. Darauf wies schon Tannehill hin[6], dem wir die wohl gründlichste Arbeit über die Struktur des griechischen Textes verdanken; ob ihm aber darin recht zu geben ist, daß dem Wechsel von Kurz- und Langzeilen und den daraus resultierenden rhythmischen Schwankungen eine inhaltlich differenzierende und pointierende Bedeutung zukommt[7], ist mehr als fraglich. Wir haben es hier eher mit einer Überinterpretation aufgrund der Tatsache zu tun, daß im Magnifikat die poetische Struktur eben keiner strengen Gesetzmäßigkeit unterliegt.

Nimmt Tannehill diese Eigenheit des griechischen Hymnus aber wenigstens wahr, so zeichnet sich Kauts Versuch, das Bild eines durchlaufend parallel strukturierten und rhythmisch nahezu gleichförmigen Hymnus entstehen zu lassen, durch reine Willkür aus. Denn anders als willkürlich ist es nicht zu nennen, wenn Kaut beispielsweise in V.54 die beiden Worte μνησθῆναι / ἐλέους

---

[2] S. o. S. 53f.

[3] So auch *Tannehill*, JBL 93, 266.

[4] Dies betrifft besonders die Zeilen V.48a und b; vgl. dazu die bereits in Kap. II.2 ausführlich dargestellte literarkritische Diskussion.

[5] Vgl. z.B. *Kaut*, Befreier, 309; dazu u. S. 156.

[6] JBL 93, 269; vgl. auch *Marshall*, NIC 3, 78f.

[7] O.c., 269-271 und 272.

in zwei rhythmische Glieder unterteilt, während er in den beiden Zeilen V.51a und b jeweils nur drei derselben zu entdecken vermag:

Τοῖς φοβουμένοις αὐτὸν[8] / ἐποίησεν κράτος / ἐν βραχίονι αὐτοῦ,
διεσκόρπισεν / ὑπερηφάνους / διανοίᾳ καρδίας αὐτῶν.[9]

Über die Kriterien seiner Unterteilung hüllt sich Kaut in Schweigen, und es bleibt dem Leser überlassen, den rhythmischen Unterschied zwischen μνησθῆναι / ἐλέους und ἐποίησεν κράτος nachzuempfinden.[10] Dahinter steht wohl die Unmöglichkeit, V.54b als eingliedrige Zeile auszugeben, welche kaum als eigenständiger Teil eines Parallelismus bestehen könnte, oder auch das Unbehagen, das allzu viele Vierer-Rhythmen in einem angeblich ebenmäßig, fast ausschließlich in Zweier- und Dreierrhythmen durchkomponierten Hymnus bereiten[11].

Nicht überzeugen kann schließlich auch der Versuch Irigoins[12], in den lukanischen Hymnen rhythmische Strukturen auszuweisen, die aus einer bestimmten Abfolge zahlenmäßig genau festgelegter akzentuierter und nichtakzentuierter Silben bestehen. Denn abgesehen davon, daß Poesie, die als Ausdrucksmittel mathematischer Zahlentabellen bedarf[13], kaum Poesie genannt werden kann, sind die von Irigoin erhobenen Akzentmuster in den einzelnen Zeilen so unterschiedlich, daß Regelmäßigkeiten, wie sie beispielsweise am Zeilenende auftreten, nur als zufällig zu bewerten sind. Im genannten Fall sind sie schlicht auf die häufige Verwendung der Personalpronomina zurückzuführen, deren Wiederholung in der dem Bezugswort nachgeordneten Stellung ohne Zweifel eine gewisse klangliche und rhythmische Gleichförmigkeit erzeugt, ohne daß dahinter ein metrisches System verborgen ist. Daneben schmälert auch dies die Überzeugungskraft von Irigoins Ansatz, daß der Verfasser bei seiner Analyse zuweilen erst im Nachhinein entscheidet, ob das an der Gesamtsilbenzahl oder das an den akzentuierten Silben gewonnene Zahlen-

---

[8] Kaut zieht V.50b inhaltlich mit V.51 zusammen; s. dazu o. S. 60.

[9] O.c., 309.

[10] *Tannehill*, dessen System, im Gegensatz zu dem Kauts, eine innere Stringenz aufweist, unterteilt JBL 93, 265 dagegen die fraglichen Verse folgendermaßen:
ἐποίησεν / κράτος / ἐν βραχίονι αὐτοῦ
διεσκόρπισεν / ὑπερηφάνους / διανοίᾳ / καρδίας αὐτῶν.
Aber auch er reflektiert nicht über das grundsätzliche methodische Problem einer rhythmischen Strukturierung von Texten aus neutestamentlicher Zeit. Vgl. dazu G. *Kennel*, Frühchristliche Hymnen? Gattungskritische Studien zur Frage nach den Liedern der frühen Christenheit, Neukirchen-Vluyn 1995, 133-136, der in diesem Zusammenhang für das Magnifikat das Fehlen eines "streng durchgehaltene(n) rhythmische(n) Gestaltungsprinzip(s)" nachweist, 164-167.

[11] Nur in V.47: καὶ ἠγαλλίασεν / τὸ πνεῦμά μου / ἐπὶ τῷ θεῷ / τῷ σωτῆρί μου, kommt auch *Kaut*, a.a.O., nicht umhin, in vier rhythmische Glieder zu unterteilen.

[12] La composition rythmique des cantiques de Luc, RB 98 (1991), 5-50.

[13] Zum Magnifikat vgl. o.c., 30-37, zum Benediktus o.c., 8-21.

verhältnis die poetischen Strukturen besser beschreibt[14]. Der Versuch, die lukanischen Hymnen als ausgeklügeltes Silbenpuzzle zu begreifen, führt sich selbst ad absurdum.

Ist es aber für den griechischen Hymnus, so wie er sich uns bei Lukas darbietet, unmöglich, ein auch nur in groben Linien einheitliches Metrum anzugeben, so scheint die Lage im Hebräischen anders zu sein. Zumindest wird von Vertretern einer ursprünglich semitischen Abfassung des Hymnus gern die Existenz eines regelmäßigen Metrums behauptet. Mehr noch, das durch Rückübersetzung ins Hebräische rekonstruierte Metrum wird sogar als Beweismittel für literarkritische Ausscheidungen verwandt[15], ein methodisches Vorgehen, auf dessen Fragwürdigkeit bereits verwiesen wurde[16]. Abgesehen davon aber erweisen sich die Versuche, das hebräische Metrum am griechischen Text erheben zu wollen, schon dadurch als künstlich, daß die rhythmisch durchstrukturierten Rückübersetzungen von Zorell, Aytoun und Sahlin ein je ganz unterschiedliches Metrum zutage fördern[17]. Offensichtlich hat jeder der Exegeten seine Übersetzung dem von ihm vermuteten Metrum angepaßt, statt die metrische Gliederung aus einer von Vorgaben unabhängigen Übersetzung zu erheben, die, wie es sich bei Resch[18] und Winter[19] zeigt, rhythmisch zunächst völlig ungleichmäßig ausfällt. Auffällig ist überdies, daß eine wirkliche Regelmäßigkeit des Metrums nur erreicht werden kann, wenn die metrischen Einheiten entgegen den Sinneinheiten angeordnet werden und inhaltlich Zusammengehörendes um der einheitlichen Zeilenlänge willen auseinandergerissen wird[20], ein Verfahren, das im Magnifikat allzu häufig anzu-

---

[14] Vgl. z.B. o.c., 35.

[15] So von *Aytoun*, der JThS 18, 281f die Worte διανοίᾳ καρδίας αὐτῶν, hebr. בְּמִזְמֹות לְבָבָם, als nicht ins Metrum passend ausscheidet, während er in V.46b dafür den einen Begriff κύριος durch den Doppelausdruck יְהוָה אֱלֹהָי übersetzt, nur um einen regelmäßigen Vierer zu erhalten.

[16] S. o. S. 54 Anm. 80.

[17] *Zorell*, ZKTh 29, 754f: fünf nach dem Schema 3+2+2+3 gebaute Strophen (deren Zeilenabgrenzung nur als abenteuerlich bezeichnet werden kann, vgl. Anm. 20 und 21); *Aytoun*, JThS 18, 282f: in V.46b-48a vier Hebungen pro Zeile, ab V.48b fünf Hebungen pro Zeile (wie gezeigt, nach freier Ergänzung bzw. Ausscheidung bestimmter Begriffe); *Sahlin*, Messias, 175: in V.46b-54 3+2, in V.55 3+3. - Zum Problem der hebräischen Metrik generell s. *W. G. E. Watson*, Classical Hebrew Poetry. A Guide to its Techniques, Sheffield 1984, 91-110.

[18] Kindheitsevangelium, 208f.

[19] BJRL 37, 346f.

[20] *Zorell*, a.a.O., trennt z.B. zwischen V.49b und 50, um letztere Verszeile mit V.51 zu einem Halbvers nach dem Schema 3+2 zuzusammenzuziehen:

וחסדו־לדר־ודר ליראיו | עשה־חיל בזרעו,

oder er läßt den Halbvers V.54 mit כאשר = καθώς (Beginn von V.55) enden:

תמך בישראל עבדו | לזכר־חסד כאשר.

Diese nur um des Metrums willen vorgenommenen Einteilungen gewinnen auch dadurch nicht an Überzeugung, daß *Sahlin*, a.a.O., einige von ihnen übernimmt.

wenden ist und deshalb nicht mehr mit vereinzelt in der alttestamentlichen Literatur auftretenden Phänomenen ähnlicher Art, mit denen Zorell sein metrisches Gebäude abstützt[21], begründet werden kann.[22]

Wie man es dreht und wendet, an den strukturellen Unregelmäßigkeiten im Magnifikat führt kein Weg vorbei. Tatsächlich aber bedarf es des Umwegs glättender Eingriffe auch gar nicht. Ein Blick auf die im weiteren Sinne zeitgenössische Poesie, die essenischen Hodajot beispielsweise oder die Psalmen Salomos, hätte genügt, um zu erkennen, daß im fraglichen Zeitraum die dem Magnifikat zugrunde gelegten poetischen Prinzipien bei weitem nicht mehr mit der Gewissenhaftigkeit angewendet sind, wie es im Psalter, aber auch bei Jesus Sirach noch, der Fall ist. Die strukturellen Unregelmäßigkeiten in Lk 1,46-55 stellen nicht die Ausnahme von der Regel dar, sondern entsprechen dem zeitgenössischen Standard. Eine Erkenntnis, die von der Qumranforschung längst schon formuliert[23], aber von der neutestamentlichen Wissenschaft bis heute nicht rezipiert wurde!

Nun kann hier nicht eine Dokumentation zur Anwendung poetischer Stil-

---

[21] Überdies sind auch die für die ungewöhnliche Textgliederung beigebrachten alttestamentlichen Beweisstellen nur von zweifelhafter Überzeugungskraft. Denn man kann zwar V.47:

καὶ ἠγαλλίασεν τὸ πνεῦμά μου | ἐπὶ τῷ θεῷ τῷ σωτῆρί μου,

hebr.: ותגל רוחי | באלהי ישעי,

in zwei Stichen zerteilen nach dem von *Zorell*, a.a.O., 755, angeführten Muster:

sit nomen Domini benedictum | ex hoc nunc et usque in saeculum,

doch Zorell verschweigt bei diesem Beispiel, in dem beide Stichen eine geschlossene Verszeile abgeben, daß er die beiden Stichen, aus denen V.47 besteht, auf zwei verschiedene Verszeilen verteilt, innerhalb derer der Begründungssatz V.48a: כי־ראה בעני אמתו, den Stichos באלהי ישעי zu einer Verszeile vervollständigt, was nicht nur die Wahl des Beispielsatzes als unpassend erweist, sondern auch die Willkür der Texteinteilung erneut belegt. Ebenso erscheint der Versuch, den Abschluß eines Stichos mit כאשר aus der Natur des hebräischen Relativpronomens begründen zu wollen, daß im Grunde einem deutschen Doppelpunkt am Satz*ende* entspräche, mehr als eigenwillig wie auch die metrische Gliederung des o.c., 756 beigebrachten Beispiels Ps 1,1:

אשרי האיש אשר | לא הלך בעצת רשעים.

Die Hauptbegründung, die Zorell für seine Gliederungsmaßnahmen liefert, ist jedoch der immer wiederholte Satz: ". . . weil die Gleichartigkeit dieses Verses mit den übrigen es erfordert" (so etwa o.c., 756), der die metrische Einteilung am ehesten als Kunstprodukt des Autors entlarvt.

[22] Interessanterweise greift denn auch der Autor selbst in einer später veröffentlichten Textauslegung (« Magnificat »., VD 2 (1922), 194-198) nicht auf seine am hebräischen Text erarbeitete stichische Textgliederung zurück, sondern teilt das Lied nach inhaltlichen Kriterien in die vier Abschnitte V.46b.47; V.48-50; V.51-53 und V.54f.

[23] Vgl. *J. Carmignac*, Études sur les procédés poétiques des hymnes, RQ 2 (1959/60), 528: "Dans le Nouveau Testament, le *Magnificat* et le *Benedictus* (*Luc* 1, 46-55 et 68-79), paraissent bien être composés selon les canons littéraires en honneur à Qumrân." S. daneben auch *M. P. Horgan - P. J. Kobelski*, The Hodayot (1QH) and New Testament Poetry, in: Dies. (Hg.), To Touch the Text. Biblical and Related Studies in Honor auf Joseph A. Fitzmyer, S. J., New York 1989, 179-193.

mittel in den genannten und verwandten Hymnen und Hymnencorpora geboten werden. Darum sei für das diese Texte betreffende formale Problem exemplarisch auf die jüngste Untersuchung zur poetischen Form der Hodajot, die Arbeit von B. Kittel[24], verwiesen, die nur die communis opinio der Qumran-Forscher wiedergibt, wenn sie zusammenfassend feststellt: "The most notable point in regard to parallelism in the Hodayot is that . . . it is often loose and incomplete."[25] Dem wäre hinsichtlich der Metrik mit Holm-Nielsen noch hinzuzufügen: "It seems . . . extremely doubtful whether it is possible to execute a uniform metrical system for these poems."[26] Das gleiche gilt von den Psalmen Salomos: "Es ist leicht zu erkennen, daß die PsSal die Regel des *parallelismus membrorum* beachten; deutlich ist aber auch, daß das Schema nicht straff durchgehalten wird."[27] Passender könnte man es auch für das Magnifikat nicht ausdrücken.

· Damit erweist sich ein weiteres Mal die Fragwürdigkeit des Versuchs, in den lukanischen Hymnen den Parallelismus membrorum als Mittel der Literarkritik einzusetzen, von einer entsprechenden Verwendung der Metrik ganz zu schweigen. Es gilt vielmehr, bei der Interpretation des Magnifikat die strukturellen Unregelmäßigkeiten dieses Liedes ernstzunehmen, und zwar in doppelter Hinsicht: Zum einen verbietet es sich, den inneren Gedankenfortschritt des Hymnus einem selbst erhobenen poetischen Schema unterzuordnen und diesem anzupassen, zum anderen hat man sich davor zu hüten, von den Unebenheiten der äußeren Struktur auf eine Planlosigkeit der inneren zu schließen. Daß hier im Gegenteil höchste Kunstfertigkeit am Werke ist, wird gleich zu zeigen sein. Zuvor aber bedarf auch das Benediktus einer kurzen Betrachtung, da seine grammatisch vom Magnifikat abweichende Struktur eine Verschärfung der Probleme erwarten läßt.

Tatsächlich kann wegen der langen Satzperioden, die sich nach Ausscheidung von V.76f auf ein einziges Satzgebilde reduzieren, über die poetische Struktur des Benediktus noch weniger gesagt werden als über die des Magnifikat. Klassische Parallelismen, wie sie sich im Magnifikat immerhin noch fanden, lassen sich nur unter Vorbehalt benennen. Zwar liegt V.79 eine Parallelstruktur zugrunde, und auch V.68b.69 und V.72 weisen eine solche auf, doch kann man gerade in den beiden letztgenannten Fällen von einem Parallelismus membrorum im strengen Sinne kaum reden[28], da der Gedankengang

---

[24] The Hymns of Qumran, Ann Arbor 1981. Vgl. daneben *C. F. Kraft*, Poetic Structure in the Qumran Thanksgiving Psalms, BR 2 (1957), 1-18 (Zusammenfassung der Ergebnisse 15-18), und *Carmignac*, RQ 2, 515-532 (Zusammenfassung der Ergebnisse 527-530).

[25] O.c., 158.

[26] Hodayot, 14.

[27] *Holm-Nielsen*, Psalmen Salomos, 56.

[28] Gegen *Farris*, Hymns, 133.

sich beide Male im Dreischritt vollzieht[29], durch die substantivische Wiederaufnahme des Zentralbegriffs aus den beiden vorstehenden Zeilen, und das
dritte Gedankenglied nicht parallel ergänzt ist, sondern entweder für sich steht
(so in V.71), oder in loser inhaltlicher Anknüpfung ohne strenge Form weitergeführt wird (wie in V.73-75). Die Einheit V.68b.69.71 ließe sich allenfalls
als Trikolon begreifen, wie wir es häufig auch in den Hodajot finden[30].

Dennoch versucht Kaut, auch das Benediktus als einen parallel durchstrukturierten Hymnus zu begreifen. Sein Vorgehen ist hier aber noch fragwürdiger
als beim Magnifikat, da der von ihm dabei zugrunde gelegte Begriff des Parallelismus jeder erkennbaren Definition entbehrt. Denn wie soll man es verstehen, wenn Kaut, um ein Beispiel zu nennen, zunächst V.68b als einen aus
zwei Hemistichen gebildeten synonymen Parallelismus bezeichnet, dann von
einer synthetischen Ergänzung dieser Zeile durch V.69 redet, weiterfährt mit
der Behauptung, daß die parenthetisch unterbrochene Doppelzeile V.69.71
einen Parallelismus darstelle, um schließlich auch die Zeile 70 als synthetische
Parallele zu V.69 zu definieren[31]? Ähnlich stellt sich die Analyse des übrigen
Textes dar.[32] Mit dem klassischen Verständnis des Parallelismus membrorum
hat Kauts Nomenklatur offensichtlich nichts mehr zu tun, und im Grunde ist
sein gewaltsamer Versuch, jeden Gedankenfortschritt, wenn er nicht deutlich
parallel gestaltet ist, als synthethischen Parallelismus zu deklarieren oder gar
Einzelzeilen unter den Begriff des Parallelismus zu fassen, nur das Eingeständnis der Tatsache, daß wir im Benediktus eben keine durchgehende Parallelstruktur vorliegen haben.[33]

Die Probleme des griechischem Textes bleiben auch in der hebräischen
Rückübersetzung bestehen und sollen hier nicht noch einmal erörtert werden.
Die Versuche, das Benediktus in seiner semitischen Originalsprache in Paralle-
lismen mit regelmäßigem Metrum zu gliedern, verbinden sich mit denselben

---

[29] Dabei wird für die Verse 68b.69 und ihre Fortführung in V.71 die literarkritische Ausscheidung von V.70 vorausgesetzt; vgl. o. S. 48f.

[30] Vgl. *Kittel*, Hymns, 158.

[31] Befreier, 207.

[32] O.c., 207-209 und 188f.

[33] In diese Richtung deutet auch *Kauts* Bemühen, den "durch synonyme und synthetische
Parallelismen durchstrukturierten Text" (o.c., 208), Lk 1,68-75 optisch darzustellen, eine Darstellung, in der Einzeiler, Zweizeiler und Dreizeiler ungeordnet abwechseln, so daß man sich
vergeblich müht, Parallelismen zu erkennen. Wenn diese dann in dem literarkritisch gereinigten sog. Benediktus I, das nur noch aus den Versen 68.71-75 besteht, deutlicher hervorgehoben (o.c., 215) und die literarkritischen Maßnahmen von Kaut gerade damit begründet werden,
daß bestimmte Parallelismen erst durch die Textverkürzung klar erkennbar seien (o.c., 214),
so bleibt nur noch festzustellen, daß Kaut hier nicht nur seine Beobachtungen zur Parallelstruktur des gesamten Abschnitts, wie sie oben dargestellt wurden, selbst in Zweifel zieht, sondern
sich offensichtlich hoffungslos in die Zwänge eines selbsterdachten Schemas verstrickt, das mit
den Gegebenheiten unseres Textes nichts mehr zu tun hat. Daß er ferner beim Benediktus die
Frage der Metrik völlig ausklammert, bestätigt diesen Sachverhalt nur. Denn das Bemühen um
rhythmische Gleichförmigkeit wie beim Magnifikat hätte sein so mühsam erarbeitetes Paralle-

Namen und sind mit denselben Schwierigkeiten behaftet wie beim Magnifikat, so daß auf das dort Gesagte verwiesen werden kann.[34]

Es ist somit auch beim Benedikuts unmöglich, eine gefällige poetische Struktur herzustellen, mehr noch als beim Magnifikat. Dies gilt für alle Teile des Hymnus. Ein literarkritisches Kriterium für oder gegen die Ausscheidung bestimmter Passagen, besonders die Verse 76 und 77, gewinnen wir hier nicht. Die lose poetische Struktur des Benediktus ist für seine Auslegung genauso wie beim Magnifikat als Faktum hinzunehmen und für die Analyse der inneren Struktur mitzubedenken. Allerdings ist darauf hinzuweisen, daß beim Benediktus die Diskussion um die poetischen Stilmittel bei weitem nicht so intensiv und heftig geführt wird wie beim Magnifikat, da die Frage nach der Einheitlichkeit des Hymnus alle weiteren Probleme in den Schatten stellt und das formale Interesse vor allem derjenigen, die in Lk 1,68-79 zwei ursprünglich unabhängige Traditionsstücke sehen wollen, nach der Feststellung ebendieses Tatbestandes in der Regel erschöpft zu sein scheint.

So erweist sich für beide Hymnen, Magnifikat wie Benediktus, eine äußere Struktur als charakteristisch, die der Auflösung der strengen formalen Kriterien in der zeitgenössisch jüdischen Poesie entspricht. Zwar stoßen wir in den Liedern noch vereinzelt auf Parallelismen und können für den hebräischen Urtext, von dem wir hier ausgehen, vielleicht auch eine von der Prosa unterschiedene Rhythmik vermuten, wenn auch nicht im Sinne eines regelmäßigen Metrums; weiteres ist jedoch über die äußere Form der beiden Hymnen nicht zu sagen. Um so mehr gilt es, sich nun der inneren zuzuwenden. Diese unbefangen zu würdigen, ohne sie aus einer künstlichen Regelmäßigkeit der Außenstruktur herzuleiten, ist die Aufgabe, die sich nach dem Versagen der alttestamentlichen poetischen Regeln stellt.

2. Der Aufbau der Hymnen

Die äußere Formgebung und der innere Gedankenaufbau gehören in der Poesie aufs engste zusammen. Daher verwundert es nicht, daß nahezu alle Versuche, den Aufbau von Magnifikat und Benediktus zu erfassen, sich wie selbstverständlich auf den Parallelismus stützen. Dessen Gültigkeit für die lukanischen Hymnen steht nun allerdings in Frage. Wird damit aber nicht auch fraglich, ob angesichts der Großzügigkeit, mit der unser Verfasser die äußeren poetischen Stilmittel anwendet, überhaupt mit einem kunstvollen Innenaufbau der Lieder gerechnet werden kann? Läßt nicht die mangelnde Regelmäßigkeit im Äußeren auf eine solche auch im Inneren schließen? Wenn aber doch mit einer durchdachten Innenstruktur zu rechnen wäre, welchen Regeln sollte diese folgen?

---

lenmuster vollends zerstört.
[34] S. o. S. 157f.

Die Antwort gewinnen wir auch hier nicht durch die versuchsweise Anwendung vorgegebener Strukturschemata, sondern allein durch die von jedem
Schematismus freie Wahrnehmung der besonderen Gedankenentwicklung in
den einzelnen Hymnen. Daß dabei den Parallelismen, wo sie doch verwendet
sind, in gewissem Umfange eine strukturierende Funktion zukommt und daher keiner von ihnen aus Gliederungsgründen auseinandergerissen werden
darf, ist selbstverständlich.

Erschwert wird die Frage nach der inneren Organisation der Hymnen allerdings durch die mit dem strukturellen Problem so eng verknüpfte Frage nach
der literarischen Einheit von Magnifikat und Benediktus. Um daher die unterschiedlichen Aufbauanalysen auch im Hinblick darauf prüfen zu können,
welche Überzeugungskraft sie im Dienste einer bestimmten literarkritischen
These entwickeln, müssen die beiden Lieder im Folgenden gesondert betrachtet werden.

a. Das Magnifikat

Was die innere, die gedankliche Entwicklung des Marienhymnus anbelangt, so
hat man den entscheidenden strukturellen Hinweis schon immer im Wechsel
der Perspektive von der Sängerin auf Israel gesehen, wie er in V.51 stattfindet
und einen sichtbaren thematischen Wechsel anzeigt.

Die einfachste strophische Gliederung finden wir bei Tannehill und Schürmann[35], die aufgrund des Perspektivenwechsels in der Mitte des Liedes zwei,
V.46b-50 und V.51-55 umfassende Strophen unterscheiden, deren erste die
Bedeutung des Handelns Gottes für die Mutter des Kindes zum Inhalt habe,
während die zweite die Bedeutung des Handelns Gottes für Israel besinge[36].

Die Einfachheit dieser Gliederung wird man als Vorzug bewerten dürfen,
da schon die Kürze des Hymnus einen unvoreingenommenen Hörer zunächst
kaum auf den Gedanken bringt, das Magnifikat in noch kleinere Abschnitte zu
untergliedern. Dennoch weist diese Zweiteilung eine entscheidende Schwäche
auf. Sie liegt in der Tatsache, daß nicht allein in V.51 ein Persepektiven-
wechsel stattfindet, sondern sich bereits in V.49b und 50 der Blick von der
Sängerin weg- und Gott und seinem den Gottesfürchtigen allezeit gnädigen
Wesen zuwendet. Wir haben es im Magnifikat also mit einem *zweifachen*
Blickwechsel zu tun, der in der Bewegung von der Sängerin zu Israel das anbetende Innehalten markiert, das unter Absehung von allem Menschlichen Gott
allein in den Mittelpunkt treten läßt.

An diesem doppelten Blickwechsel ändert auch das καί in V.49b nichts, das
zwar eine syntaktische Verbindung zum Vorhergehenden schafft, aber in die-

---

[35] Ihnen folgt in seinem Kommentar *Schneider*, Lukas, 87.
[36] *Tannehill*, JBL 93, 267f; *Schürmann*, HThK 3/1, 70f. Vgl. auch *Creed*, Luke, 23;
Danker, Jesus, 42, und *Zmijewski*, Maria, 662.

ser Funktion nicht überbewertet werden darf. Dies ist vor allem den linguistisch orientierten Exegeten vorzuwerfen, die, indem sie allein dem syntaktischen Neueinsatz in V.51 eine inhaltliche Gliederungsfunktion zuerkennen, ebenfalls zu einer Zwei-Strophen-Einteilung des Hymnus kommen[37], die aber in ihre inhaltlichen Erwägungen weder den auffälligen Wechsel vom Verbal- zum Nominalgefüge in V.49b einbeziehen, der syntaktisch weit signifikanter ist als das καί, noch die Herkunft dieser Konjunktion aus dem Hebräischen in Betracht ziehen, wo die verknüpfende Bedeutung von ן erheblich geringer ist als im Griechischen die des καί. Eine solche rein auf das Formale gerichtete Gliederungsweise versperrt zudem den Blick auf andere Möglichkeiten, den Satzanschluß mit καί bzw. ן zu erklären, die sich aus der Mehrschichtigkeit des Liedes, dem Ineinander neuer und aus der Tradition überkommener Gedanken, ergeben. Betrachten wir nämlich die an unserer Stelle verarbeiteten Texte, so zeigt der für das Magnifikat besonders wichtige Text Jes 12 in seinen Versen 4-6, daß der Preis der göttlichen Großtat und der Preis des Gottesnamens von Haus aus zusammengehören und hier darum in einem Atemzug genannt werden. Dieser gewohnheitsmäßigen Gedankenverknüpfung entspringt das καί in V.49b. Und indem es die Zusammengehörigkeit der Gedanken in V.49a und b erweist, verdeutlicht es sogar die innere Notwendigkeit des Perspektivenwechsels von Maria, um die es in V.49a ja noch geht, zu Gott. Es steht für die Selbstverständlichkeit, mit der man schon bei der Erwähnung der göttlichen Heilstat von allem Menschlichen wegblickt, um Gott allein die Ehre zu geben. Die Verse 49b und 50 gewinnen so im Fluß der Gedankenabfolge des Magnifikat eine Brückenfunktion. Diese Funktion allerdings in einem wie immer gearteten Strophenschema darzustellen, bereitet die größten Schwierigkeiten.

Ein Versuch, dem mehrfachen Blickwechsel im Hymnus strukturell Rechnung zu tragen, ist die nochmalige Unterteilung der beiden von Tannehill und Schürmann abgegrenzten Strophen. Mit Godet[38], Holtzmann[39], Zahn[40] und Plummer[41] ergäben sich dann folgende vier Strophen: V.46b-48, V.49f, V.51-53 und V.54f. Es bleibt jedoch auch dieses Gliederungsschema problematisch, weil es den Begründungszusammenhang zwischen V.48b und V.49a zertrennt bzw. die Selbstaussage der Sängerin in V.49a mit den göttlichen Wesensaussa-

---

[37] *Irigion*, RB 98, 31.34-36; *J. Delorme*, Le magnificat: La forme et le sens, in: La vie de la Parole. De l'Ancien au Nouveau Testament. Etudes d'exégèse et d'herméneutique bibliques offertes à Pierre Grelot, hg. v. Département des Études Bibliques de l'Institut Catholique de Paris, Paris 1987, 179; *Kennel*, Frühchristliche Hymnen?, 155. Daneben auch *Kaut*, Befreier, 307, der das Magnifikat jedoch nicht in zwei Strophen, sondern in zwei voneinander unabhängige Hymnen unterteilt.

[38] Lukas, 71.

[39] HC 1/1, 311f.

[40] KNT 3, 102-108, bes. 105.

[41] ICC 3, 31.

gen in V.49b und 50 künstlich zusammenordnet. Daß hier das Bemühen um
etwa gleichlange Strophen das Interesse an der Klärung inhaltlicher Zusammenhänge in seinen Bann geschlagen hat, ist offensichtlich. Ähnliches gilt von
Loisys Unterteilung des Textes in die Abschnitte V.46f.49; 50f; 52f und 54f,
welche die Ausscheidung von V.48 voraussetzt[42].

Nicht viel besser steht es mit dem Gliederungsvorschlag von Brown und
Fitzmyer, die letztlich auch von einem Viererschema ausgehen, wenngleich sie
von zwei Strophen (V.48-50 und V.51-53) mit Einleitung (V.46b.47) und
Schluß (V.54f) sprechen. Aber auch sie umgehen dabei das Problem der Zeilen V.49b.50. Zwar erscheint ihr Aufbauschema zunächst dadurch attraktiv,
daß es eine äußerlich logische und bewußt geformte Gedankenabfolge widerzu-
spiegeln scheint:

Einleitung:	Preis Gottes
1. Strophe:	Die Attribute Gottes
2. Strophe:	Die Taten Gottes
Schluß:	Zusammenfassung: Die erfüllten Verheißungen Gottes.[43]

Diese Strophenüberschriften verdecken allerdings die Schwierigkeit, daß innerlich das Schema der Textlogik widerstreitet. Beide Exegeten unterschlagen
nämlich in der Gegenüberstellung der Themenkomplexe "Die Attribute Gottes"
und "Die Taten Gottes" das μοι in V.49a, einer Zeile, die gerade nicht Gottes
Wunderhandeln an sich im Sinne einer allgemeingültigen Wesensaussage besingt - wenn man eine derart weite Öffnung des Wesensbegriffs überhaupt zugestehen will -, sondern das konkrete Handeln Gottes an einer Person. "Die
Taten Gottes", Browns und Fitzmyers Überschrift zu V.51-53, ist ausgerechnet in V.49a (Großes hat er *getan*) expressis verbis präsent! Es stellt somit eine
grobe Vereinfachung der Zusammenhänge dar, wenn man unter das Thema
vom V.49b.50 auch die vorstehenden Zeilen subsumiert. Und es wird diese
Gliederung auch dadurch nicht überzeugender, daß Brown wie Fitzmyer an
späterer Stelle den gesamten Vers 48 literarkritisch ausscheiden. Denn das
Problem von V.49a bleibt bestehen, und das durch die Ausscheidung entste-
hende enorme Ungleichgewicht der beiden Reststrophen V.49f auf der einen
und V.51-53 auf der anderen Seite widerspricht an sich schon der Idee eines
strophischen Aufbaus.

Es bleibt anzumerken, daß auch Schnackenburg[44] und Gaechter[45] das Magnifikat in die von Brown und Fitzmyer vorgeschlagenen Abschnitte teilen,
dabei jedoch den Schlußteil als eigene, dritte Strophe verstehen und die Ein-
zelstrophen anders betiteln. Die problematische 1. Strophe (V.48-50) hat bei

---

[42] Luc, 95.

[43] Nach *Brown*, Birth, 356; *Fitzmyer*, AncB 28/1, 360, betitelt ähnlich.

[44] *R. Schnackenburg*, Das Magnificat, seine Spiritualität und Theologie, GuL 38 (1965),
343f.

[45] Maria, 147-158.

Schnackenburg, ähnlich wie bei Gaechter, die Überschrift "Die Erhebung aus der Niedrigkeit und die Auszeichnung vor allen Frauen". Letztlich unterscheidet sich dieser Versuch einer Textgliederung aber nur darin von dem der vorgenannten Exegeten, daß es statt des Bekenntnisses zum persönlichen Heilswiderfahrnis lediglich eine andere Textaussage ist, die dem Gliederungsschema zum Opfer fällt, nämlich der anbetende Lobpreis des offenbaren göttlichen Wesens. V.49b und 50 haben im Grunde unter der umfassenden Strophenüberschrift keinen Platz. Und es wird immer deutlicher, daß das Problem der Zeilen V.49b und 50 sich strukturell offenbar nicht durch ein Strophenschema lösen läßt.

Dies gilt schließlich auch für den Versuch Ramarosons, den Hymnus als dreigliedrige Ausgestaltung des einen Themas der Barmherzigkeit Gottes zu verstehen[46]. Zielgruppen der göttlichen Barmherzigkeit seien in der 1. Strophe (V.46b-50 ohne V.48b[47]) die Sängerin, in der 2. Strophe (V.51-53) die Schwachen und in der 3. Strophe (V.54f) Israel.[48] Daß hier die offensichtliche Identität der Schwachen mit - dem wahren - Israel[49] und damit die Identität der zweiten und dritten Zielgruppe verkannt wird[50], ist sicher der größte theologische Mangel dieses Aufbauschemas. Daß daneben auch in ihm die Verse 49b und 50 dem Lobpreis über Gottes Handeln an der Sängerin einfach subsumiert werden, bestätigt nur ein letztesmal die Erkenntnis, daß diese Verse sich in keine strophische Gliederung einfügen.

Wenn aber das strophische Gliederungsprinzip dem tatsächlichen Gedankenfluß des Magnifikat nicht gerecht wird, gilt es, negiert man nicht grundsätzlich die Existenz eines Aufbauschemas im Magnifikat[51], nach einer anderen Möglichkeit zu suchen, die Gedankenabfolge struktural zu erfassen. Spontan möchte man dabei zunächst Lohfink[52] folgen, der nach einer doppelten hymnischen Einleitung (I: 1,46f: Meine Seele preist..., 1,48a: Denn...; II: 1,48b: Siehe..., 1,49: Denn...) in V.50 das eigentliche Thema des Hymnus formuliert findet, Gottes immerwährendes Erbarmen, welches in 7 Verbalsätzen (1,51-54a) expliziert und in V.54bf inklusorisch abgeschlossen wird mit

---

[46] VD 45, 33f.

[47] S. dazu bereits o. S. 53.

[48] Drei ähnlich gebaute Strophen (V.46b-49: Gottes Handeln an Maria; V.50-53: Gottes Handeln am Menschen generell; V.54f: Die durch Gottes Handeln an Maria heraufgeführte Erfüllung der Verheißungen an Israel) erkennt auch W. *Vogels*, Le Magnificat, Marie et Israël, EeT 6 (1975), 280. Warum er allerdings V.49b.50 auf zwei verschiedene Strophen verteilt, bleibt rätselhaft und wird von ihm auch nicht erklärt.

[49] Und auch die Gottesfürchtigen in V.50 sind nichts als Repräsentanten dieses wahren Israels; vgl. dazu ausführlich u. S. 201f.

[50] Vgl. auch die großangelegte Arbeit von *Gomá Civit* über das Magnifikat, die in ihren drei Hauptkapiteln ähnlich unterscheidet: Dios y María - Dios y los humildes - Dios e Israel; vgl. VII das Inhaltsverzeichnis.

[51] So *Evans*, Saint Luke, 171; ähnlich auch *Easton*, St. Luke, 14.

[52] Lobgesänge, 14-17.

dem nochmaligen Hinweis auf Gottes Erbarmen gegenüber Israel. Unbefriedigend bleibt allerdings auch hier die Einordnung der Verse 49b und 50. Besonders V.50 hat, obwohl er die Zentralaussage des Liedes enthält, in diesem Gliederungsschema keinen rechten Platz, da Lohfink ihn weder mit V.49b zum Einleitungsteil rechnet noch zum Hauptstück des Hymnus, das er mit V.51 beginnen läßt. Ebenso sieht die Angliederung von V.49b an die Einleitungszeilen nach einer Notlösung aus, die vertuscht, daß es auch Lohfink schwerfällt, die strukturale Funktion der zentralen Verse 49b und 50 angemessen zu beschreiben.

Es bleibt ein letzter Weg, V.49b und 50 in ein Aufbauschema zu integrieren, und es ist der Hymnus selbst, der uns, wenn wir seinem Gedankengang vorbehaltlos folgen, das Prinzip seiner Gliederung an die Hand gibt. Was uns bei dieser Betrachtung entgegentritt, ist nämlich nicht eine statische Aneinanderreihung voneinander geschiedener Gedankenkomplexe, wie sie auch Lohfink noch voraussetzt, sondern ein chiastisches Grundmuster, das von weit größerer Kunstfertigkeit zeugt, als es - bei der Kürze des Textes - jede strophische Gliederung sein könnte:

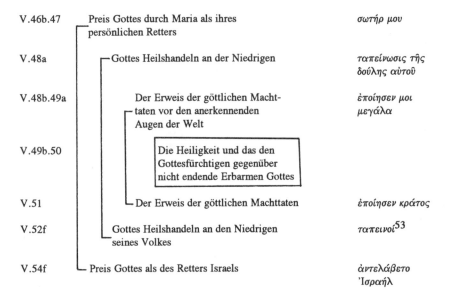

V.46b.47   Preis Gottes durch Maria als ihres   σωτήρ μου
              persönlichen Retters

V.48a   Gottes Heilshandeln an der Niedrigen   ταπείνωσις τῆς δούλης αὐτοῦ

V.48b.49a   Der Erweis der göttlichen Machttaten vor den anerkennenden Augen der Welt   ἐποίησέν μοι μεγάλα

V.49b.50   Die Heiligkeit und das den Gottesfürchtigen gegenüber nicht endende Erbarmen Gottes

V.51   Der Erweis der göttlichen Machttaten   ἐποίησεν κράτος

V.52f   Gottes Heilshandeln an den Niedrigen seines Volkes   ταπεινοί[53]

V.54f   Preis Gottes als des Retters Israels   ἀντελάβετο Ἰσραήλ

---

[53] Die Begriffsparallelität im Griechischen zwischen V.48a und V.52b verdeckt die Tatsache, daß wir es im Hebräischen in diesen Versen wahrscheinlich mit verschiedenen Begriffen zu tun haben. Denn V.48a dürfte hebräisch gelautet haben: כִּי רָאָה בְּעָנִי אֲמָתוֹ, während für die ταπεινοί eher שְׁפָלִים zu setzen ist; vgl. etwa Hi 5,11 oder Ez 21,31. Die Tatsache fehlender Begriffsparallelität steht aber nicht im Gegensatz zum Prinzip des Chiasmus, der im Magnifikat weniger von der Begriffs- als von der Sachparallelität lebt.

Wie von selbst löst sich hier das Problem der strukturell bislang so sperrigen Zeilen V.49b und 50, die offensichtlich nicht, wie es die vorgenannten Gliederungsversuche voraussetzten, einen unwichtigen und daher zu unterschlagenden Nebengedanken enthalten, sondern das Zentrum des ganzen um diesen Mittelpunkt angeordneten Textes sind.[54] Der Chiasmus schließt dabei die drei Größen Gott, Maria und Israel[55] in der Weise zusammen, daß Gottes verborgenes und doch offenbares Wesen als der wahre Grund erkennbar wird für das sich durch Maria an Israel vollziehende messianische Heilsereignis.[56]

Das besondere Kompositionsschema, in dem die thematisch verschiedenen, aber inhaltlich einander entsprechenden Textabschnitte konzentrisch angeordnet sind, löst aber auch das Problem des immer wieder als Bruch empfundenen Wechsels von dem sehr persönlich gehaltenen Lobpreis der Sängerin zum allgemeinen Preis des Handelns Gottes an Israel, indem es das Handeln Gottes an Maria und das Handeln Gottes an Israel als zwei Aspekte ein und desselben Heilsereignisses begreifen lehrt, die nur gemeinsam das ganze Geschehen darzustellen vermögen. Nur durch die messianische Geburt, in deren Dienst Maria steht, wird dem Volk seine Erlösung zuteil; und nur innerhalb dieses

---

[54] Warum *R. Meynet*, Dieu donne son Nom à Jésus. Analyse rhétorique de Lc 1,26-56 et de 1 Sam 2,1-10, Bib. 66 (1985), 48-58.68, der, auf den Ergebnissen von *D. Mínguez*, Poética generativa del Magnificat, Bib. 61 (1980), 55-77, aufbauend, ebenfalls eine chiastische Strukturierung des Magnifikat versucht, nur V.49b zum Zentrum des Textes erhebt, bleibt rätselhaft. Meynet wird in seinem Urteil fehlgeleitet durch das Bemühen, die durch die theologische Achse voneinander getrennten und thematisch unterschiedlichen Hymnusteile V.46b-49a und V.50-54 als je eigenen Chiasmus darzustellen, statt die übergreifenden chiastischen Bezüge herauszuarbeiten. Um dabei im zweiten Hymnusteil zu einer konzentrischen Anordnung der Verse mit Zentrum in V.52b zu gelangen, muß Meynet nicht nur V.50 von V.49b abtrennen als angebliches, durch das Stichwort ἔλεος verbundenes Pendant zu V.54 (vgl. auch *Mínguez*, o.c., 60.62), sondern auch den antithetischen Parallelismus der Verse 52f zerstören, ein Gliederungsversuch, der so sehr gegen die poetischen und grammatikalischen Strukturen des Liedes verstößt, daß er nicht überzeugen kann.

[55] Gegen *Tannehill*, JBL 93, 267, der als dritte Größe neben Gott und den Niedrigen des Volkes die unterdrückenden Machthaber benennt.

[56] Daß wir es in den Versen V.49b und 50 mit dem theologischen Zentrum des Magnifikat zu tun haben, hat im Grunde auch Ramaroson erkannt, wenn er VD 45, 33 als Überschrift über alle Strophen die Zeile: "Das Erbarmen Gottes (gegen. . .)" setzt. Es verwundert aber, warum mit dieser theologischen Einsicht nicht auch die in die formale Funktion dieser Verse einhergeht. Auch *Schweizer*, NTD 3, 22, kommt der Sache nahe, wenn er das Magnifikat sich im Dreischritt entwickeln sieht von der persönlichen Gotteserfahrung (1. Pers. Sg., V.46b-49a) über die allgemeine Erfahrung Gottes (3. Pers. Sg., V.49b-53) zur Gotteserfahrung in der Geschichte (1.Pers. Pl., V.54f). Hier ist immerhin der grundsätzliche Blickwechsel in V.49b erkannt, wenn dafür auch durch die Zusammenordnung der Verse 51-53 mit V.49b.50 statt mit V.54f der deutliche zweite Absatz in V.51 übergangen wird. Schweizer verkennt hier offensichtlich die geschichtliche Dimension der Verse 51-53. Der Grundfehler der Schweizerschen Gliederung aber liegt in der Tatsache, daß sie die Wahrnehmung Gottes durch den Menschen zum übergeordneten Thema macht und nicht die anders gerichtete göttliche Hinwendung zum Menschen als das dynamische Element des Hymnus zum Ausdruck bringt, wie es im Zentralbegriff des Liedes, ἔλεος, zusammengefaßt ist.

dem ganzen Volke geltenden Heilswerkes gewinnt Maria ihre besondere Bedeutung als Werkzeug des göttlichen Erlösungshandelns und kann auch sie von ihrer persönlichen Errettung (V.47) sprechen. Wer die messianische Geburt als den theologischen Skopus des Magnifikat erkennt, kann an der inneren Notwendigkeit des Gedankenfortschritts vom Ich der Sängerin zum Wir Israels nicht mehr zweifeln. Was dabei das Geschick Marias mit dem ihres Volkes zusammenschließt, ist das Erbarmen Gottes (V.50), mit welchem er Maria zur Rettung Israels erwählt.

Kein Bruch also ist in unserem Hymnus festzustellen, sondern eine kunstvoll entwickelte und logisch durchgeführte Gedankenführung. Und wer der gedanklichen Entwicklung des Magnifikat unbefangen folgt, wird die geschilderte Einbindung Marias in die Geschichte und das Geschick ihres Volkes bereits dort angedeutet finden, wo man sonst nur ein rein persönliches Interesse des Hymnus am Einzelgeschick der Sängerin entdeckt, nämlich im Anfangsteil des Hymnus, genauer in V.48b. Denn die Seligpreisung ihrer Person durch alle Geschlechter, die Maria hier vorausschauend prophezeit, gewinnt einen inhaltlichen Sinn ja nur dadurch, daß sie als Person eine dauerhafte Geltung für die γενεαί, daß sie eine für ihr Volk schicksalswendende Bedeutung hat. Damit kommt bereits im Eingang des Liedes Israel, das durch den Begriff der Geschlechter in seiner zukünftigen und dauerhaften Gestalt bezeichnet ist, als Zielpunkt des göttlichen Handelns in den Blick. Und selbst im Mittelteil des Hymnus, der in V.50 das Stichwort γενεαί leitmotivisch aufnimmt, wird die dankbare Hinwendung zu Gott noch zum Anlaß genommen, die Zielgruppe des göttlichen Heilshandelns genau zu definieren: Es sind die φοβούμενοι θεόν, die Gottesfürchtigen, es ist das *wahre* Israel[57]. Damit ist der Verständnisrahmen für das Folgende gesetzt. Aber nicht nur das. Auch die Aussagen über Gottes offenbares Wesen erfahren durch die einschränkende Definition des Volksbegriffs eine implizite Erweiterung. Denn im Lichte dieser Einschränkung leuchtet auch *die* Seite von Gottes Wesen auf, derer die *außerhalb* der frommen Volksgemeinschaft Stehenden ansichtig werden, nämlich der strafenden und zürnenden Gottesmacht, auf die ganz selbstverständlich in den folgenden Versen Bezug genommen wird.

Besonders kunstvoll aber ist die solcherart bereits im Anfangs- und Mittelteil angedeutete Verknüpfung des Heilshandelns Gottes an Maria mit seinem Israel geltenden Heilswillen darin, daß sie auf Steigerung zielt und erst am Schluß des Hymnus ihren Höhepunkt erreicht. Sie ist ein Spannungselement in dem sonst ausgewogenen chiastischen Rahmen, das dem ganzen Lied eine innere Dynamik verleiht. Die Klimax besteht dabei in der bekenntnishaften Aussage, daß das im göttlichen Erbarmen gründende Heilshandeln Gottes, wie es sich an der Person Marias manifestiert, die Erlösung Israels tatsächlich heraufgeführt hat, und zwar in letztgültiger Erfüllung der Israel seit seinen Vätern

---

[57] S. dazu ausführlich u. S. 201f.

gegebenen Verheißungen. Dieser Schlußakkord des Magnifikat weist sich auch dadurch äußerlich als Höhepunkt des ganzen Hymnus aus, daß in ihm mit dem Hinweis auf das Israel geltende Erbarmen Gottes, ἔλεος, nochmals der Zentralbegriff aus dem kompositionellen und theologischen Zentrum des Liedes aufgenommen und nun konkret auf das schicksalswendende Geschehen an Israel bezogen wird. Kunstvoller kann man kein Lied komponieren! Und wenn innerhalb dieses konzentrischen Schemas die von Israel handelnden Aussagen eine größere Länge aufweisen als die ihnen chiastisch entsprechenden Selbstaussagen der Sängerin, so ist dies nur ein weiteres Zeichen dafür, daß im Rahmen der klimaktischen Entwicklung des Hymnus dem Ziel des messianischen Handelns Gottes, der Erlösung Israels, deutlich größeres Gewicht zukommt als der göttlichen Auszeichnung Marias, die eine solche ja nur im Blick auf dieses Ziel hin ist.[58]

Das Magnifikat beweist hier einmal mehr, daß die jüdisch-frühchristliche Poesie sich gerade nicht in dem erschöpft, was wir nach Maßgabe eines selbsterstellten Regelcodex als ihre Norm begreifen, um ihr, wenn sie diese nicht erfüllt, den Rang des Künstlerischen abzusprechen, schon gar nicht, wenn dieser Regelcodex an weit älteren Texten orientiert ist.

Dennoch liegt gerade hier das Hauptproblem der Frage nach den poetischen Stilmitteln in der jüdischen und frühchristlichen Hymnodik. Gibt es doch, abgesehen von wenigen Einzeluntersuchungen, bis heute keine systematische Darstellung der Entwicklung der poetischen Formen in nachkanonischer Zeit.[59] Das bedeutet, daß das Formeninventar des Psalters zum gegenwärtigen Zeitpunkt tatsächlich den einzigen Anhaltspunkt zur strukturalen Erfassung poetischer Stücke bietet. Dies ist aber eine Notlösung, die nur solange gelten kann, wie die alttestamentlichen Vorgaben nicht zum strukturellen Zwang werden, der die Wahrnehmung des eigenständigen poetischen Formungswillens des Verfassers verstellt oder zumindet trübt[60]. Endgültig befriedigen kann dieser Zustand jedoch nicht. Denn er erlaubt uns aus Mangel an offenliegenden

---

[58] Diese kunstvolle Zuordnung der Bezugsgrößen im Hymnus zeigt auch, wie künstlich dagegen die Zertrennung des Textes in zwei angeblich voneinander unabhängige Einzellieder ist, wie *Kaut*, Befreier, 303-310, sie für nötig hält. Kauts Analyse ist ein typisches Beispiel für eine rein formalistisch vorgehende Methodik, die nicht mehr anzuerkennen vermag, daß auch so unterschiedliche Sachverhalte, wie sie das individuelle Schicksal der Sängerin und das kollektive Schicksal der Volksgemeinschaft darstellen, durchaus zusammengehören können, ja, in ihrer gegenseitigen Bezogenheit überhaupt erst Bedeutung und Sinn gewinnen.

[59] Immerhin hat in jüngerer Zeit *Charlesworth*, JJS 33, 277, eine solche Darstellung programmatisch als Aufgabe der Hymnenforschung eingefordert. Vgl. auch Ders., Jewish Hymns, 411 und 422.

[60] Es hat sich ja auch am Magnifikat gezeigt, daß der Parallelismus membrorum zwar nicht mehr das oberste poetische Gestaltungsprinzip ist, schon gar nicht in einer metrisch gleichmäßigen Form, daß der Verfasser sich seiner in Freiheit aber doch da noch bedient, wo es um die bewußte Abhebung gedanklicher Einheiten geht oder um die Anhebung des Sprachniveaus an besonderen Punkten des Liedes.

Kriterien nicht, das Magnifikat formal in den Rahmen zeitgleicher Dichtung
einzuordnen, was gerade im Hinblick auf die Frage nach dem chiastischen Innenaufbau des Liedes interessant wäre[61]. Zunächst aber bietet wenigstens das
Benediktus die Möglichkeit, wenn schon nicht im großen Rahmen, so wenigstens im internen Vergleich nach verbindenden Prinzipien zu fragen, welche
bei der poetischen Formung der lukanischen Hymnen zur Anwendung gekommen sind. Nur so läßt sich auch das Fundament für einen weitergehenden
Vergleich der vorchristlich-jüdischen mit der frühchristlichen Hymnodik schaffen.

b. Das Benediktus

Da vieles von dem zum Magnifikat Gesagten grundsätzlichen Charakter hatte,
kann bei der Betrachtung des Benediktus auf die nochmalige Klärung der
methodischen Voraussetzungen verzichtet werden. Offen bleibt aber die Frage,
ob die inneren Strukturprinzipien dieses zweiten lukanischen Hymnus denen
des ersten vergleichbar sind, ob wir auf neue Strukturen treffen oder ob der
Aufbau nur lose ist und jeder größeren Kunstfertigkeit entbehrt.

Im Unterschied zum Magnifikat ist beim Benediktus die Aufbaufrage
grundsätzlich dadurch erschwert, daß die Forschungsdiskussion wegen der
Schwierigkeit der literarkritischen Frage weniger einheitlich ist und jede pau-
schale methodische Auseinandersetzung verbietet. Zwar kann es hier nicht
mehr darum gehen, alle literarkritischen Einzelprobleme nochmals aufzurollen
und den jeweiligen Gliederungskriterien gegenüberzustellen, aber es gilt doch,
zumindest denjenigen Modellen besondere Aufmerksamkeit zu schenken, welche die Aufbauanalyse als Beweismittel für eine bestimmte Auffassung von der
Grundgestalt unseres Textes verwenden. Dies bietet auch die Chance, die in

---

[61] Erwähnenswert ist in diesem Zusammenhang, daß auch in der Qumran-Diskussion um
die Form der Hodajot der Chiasmus in der Art, wie er sich im Magnifikat präsentiert, als
Strukturprinzip wahr- und ernstgenommen wird. Vgl. *B. Thiering*, The Poetic Forms of the
Hodayot, JSSt 8 (1963), 189f, die geradezu programmatisch dazu auffordert, die den Hodajot
eigenen poetischen Regeln aufzuspüren, statt sie an denen der alttestamentlichen Psalmen zu
messen, und die dabei den Chiasmus als das vielen Liedern zugrunde liegende poetische Prinzip entdeckt. Thiering begeht in ihrem Bemühen, chiastische Strukturen in den Hodajot nachzuzeichnen, allerdings den Fehler, den Blickwinkel allzusehr auf dieses eine Formmerkmal
einzugrenzen, was dazu führt, daß andere Strukturmerkmale in den Hymnen nicht mehr wahrgenommen werden und der Chiasmus oftmals künstlich und den Hymnen aufgesetzt wirkt.
Darauf weist auch *Kittel*, Hodayot, 18-20, in ihrer Auseinandersetzung mit Thiering hin,
deren Anliegen sie zwar teilt ("The Hymns must be allowed to speak of their own poetic conventions."), deren einseitige Betrachtungsweise sie jedoch zu Recht kritisiert, was nicht heißt,
daß nicht auch sie chiastische Grundstrukturen in einigen Liedern entdeckt; vgl. z.B. o.c.,
100-102 zu 1QH VII 26-33. Zur weiteren Auseinandersetzung Kittels mit Thiering vgl. die
Abschnitte über die von beiden besprochenen Hymnen.

Kapitel II vorgeschlagene Textabgrenzung einer letzten Prüfung zu unterziehen.

Interessanterweise ergibt sich im Hinblick auf den Zusammenhang zwischen der literarischen und der strukturellen Frage von selbst eine Auslese. Es fallen nämlich alle diejenigen Entwürfe aus der Betrachtung heraus, die von einer Zweiteilung des Hymnus in einen selbständigen Psalm (V.68-75) und ein daran anschließendes Geburtslied auf das Täuferkind ausgehen, und zwar nicht deshalb, weil eine weitere Untergliederung der Einzelstücke unmöglich wäre, sondern weil auf eine solche in der Regel einfach verzichtet wird. Gnilka beispielsweise begnügt sich mit der Feststellung: "Der Aufbau des Hymnus ist . . . Psalm + Geburtslied".[62] Vielhauer sieht sich nur imstande, den Gedankenfortschritt grammatikalisch zu beschreiben, und kommt auch dort über die These der "nicht ganz durchsichtige(n) Konstruktion" nicht hinaus.[63] Und auch von anderen erfahren wir nicht mehr.[64]

Der einzige, der eine Aufbauanalyse der beiden Einzelteile des Benediktus vorlegt, ist Kaut. Es überrascht aber, daß seine Gliederungsversuche für die beiden seiner Meinung nach selbständigen und ursprünglich voneinander unabhängigen Texte[65] ein nahezu gleiches Gliederungsschema ergeben mit einer das theologische Zentrum bildenden Achse, um die herum die übrigen Verse in zwei inhaltlich deckungsgleichen Gedankenblöcken angeordnet sind. In dem Benediktus I genannten Textstück wäre diese Achse die Bundesverheißung an die Väter in V.72.73a, während die Rahmenverse die Befreiung des Volkes besängen, wie sie aus der Erfüllung der Väterverheißung resultiert[66]; im sog. Benediktus II hätten wir dementsprechend das theologische Zentrum in V.78a, dem Preis des göttlichen Erbarmens, dessen heilbringende Wirksamkeit in den übrigen Versen ausgestaltet sei, wobei sich V.76a und 78b, V.76b und 79a und V.77 und 79b inhaltlich genau entsprächen[67]. In keinem der Fälle kann Kauts Schema jedoch überzeugen. Im Hinblick auf V.68-75 versagt die Aufbauskizze deshalb, weil sie die nicht zu haltende Ausscheidung der Verse 69 und 70 voraussetzt[68] und weil die Herstellung des Chiasmus die künstliche Abtrennung der als Abgesang bezeichneten Wendung πάσαις ταῖς ἡμέραις ἡμῶν nötig macht[69], die schon syntaktisch durch nichts gerechtfertigt ist. Bezeichnenderweise erfordert Kauts Gliederungsschema der-

---

[62] BZ N.F. 6, 220.

[63] *Benedictus*, 35.

[64] Vgl. *Völter*, ThT 30, 247-251, und *Erzählungen*, 27-30; *Spitta*, ZNW 7, 308f; *Zahn*, KNT 3, 114(-121); *Rengstorf*, NTD 3, 33f; *Schürmann*, HThK 3/1, 82, und *Danker*, *Jesus* 47-49.

[65] *Befreier*, 183.

[66] O.c., 215.

[67] O.c., 188-191.

[68] S. dazu bereits o. S. 42-44.

[69] Vgl. nochmals o.c., 214.

artige Maßnahmen in V.50 und V.55 des Magnifikat nicht![70] Was den zweiten
Textabschnitt V.76-79 anbelangt, so sprechen gegen Kauts Untergliederung
vor allem inhaltliche Gründe. Nicht nachvollziehbar ist hier die angebliche
Deckungsgleichheit der von Kaut einander gegenübergestellten Zeilen. Man
mag zwar die Motive der Heilsmitteilung, der Sündenvergebung und der Frie-
densbereitung in den V.77 und 79b als thematisch im weitesten Sinne dek-
kungsgleich bezeichnen, obgleich dies eine inhaltliche Nivellierung bedeutet,
aber die Gleichsetzung der Zeilen 76b und 79a bleibt gewaltsam, da es in
V.76b um das Verhältnis des Propheten zu seinem κύριος, und d.h. für Kaut
Gott[71], geht, während in V.79a vom Wirken des Heilsmittlers bei den Menschen die Rede ist. Zwar könnte man, um Kauts Argumentation zu Hilfe zu
kommen, das Entsprechungsverhältnis gerade in dieser *unterschiedlichen*
Blickrichtung ausgedrückt finden, so daß wir es mit einer Bewegung von Gott
her hin zu den Menschen zu tun hätten; diese Bewegung würde aber die
Textblöcke V.76f und V.78b.79 insgesamt umfassen und die Parallelisierung
von V.76b mit V.79b statt mit V.79a erfordern, da beide Zeilen mit dem
Stichwort "Weg" dasselbe Motiv aufnehmen und nicht nur unter der allzubrei-
ten Überschrift "Heilsvermittlung" einander zuzuordnen sind, unter die im
Grunde alle Verse des Benediktus passen. Die Feinheit des Kautschen Gliede-
rungsentwurfs wäre damit allerdings dahin.

So anerkennenswert es also bleibt, daß Kaut unter den Verfechtern einer
Zweiteilung des Benediktus als einziger den Versuch macht, den Aufbau der
beiden Teilstücke zu erfassen, so wenig kann dieser Versuch überzeugen,
geschweige denn, daß er, von der strukturellen Seite her, andere literarkritische Grundpositionen ernsthaft erschüttert.

Ganz anders steht es mit den Vertretern einer einheitlichen Komposition des
Hymnus, deren Strukturanalysen eine wirkliche Herausforderung darstellen für
alle, die sich zur Abtrennung oder Herauslösung bestimmter Textabschnitte
genötigt sehen. Besondere Beachtung verdient dabei die mit den Namen Vanhoye, Auffret und Rousseau verknüpfte französische Schule der Strukturalisten[72], die sich bemüht, den Gesamttext als eine kunstvoll gefügte Komposition zu begreifen, innerhalb derer nicht ein einziges Wort zufällig an seinem
Ort steht, sondern mit Bedacht auf die Wechselwirkung mit anderen Begriffen
exakt plaziert ist, und zwar mit geradezu mathematischer Genauigkeit.

Das Benediktus stellt sich folglich den genannten Exegeten auch nicht als
eine lose und formal wie inhaltlich ungefüge Komposition dar, sondern als ein
bis ins Detail ausgefeiltes Kunstwerk, das, wenn wir den Vanhoyes Schema[73]
weiterführenden Entwurf Rousseaus[74] betrachten, durch seine Ausgewogenheit

---

[70] Vgl. o.c., 309, wo *Kaut* weder die Formel εἰς γενεὰς καὶ γενεάς noch das εἰς τὸν
αἰῶνα aus dem Parallelismus herausnimmt.

[71] O.c., 187 Anm. 53.

[72] Vgl. bereits o. S. 35 Anm. 3.

[73] NTS 12, 269.

besticht und das chiastische Grundmuster des Magnifikat in noch vollkomme-
nerer Form zu wiederholen scheint:

Grußformel: Segenswunsch (V.68a)
Heimsuchung (V.68b)
Volk (V.68b)
Heil (V.69a)
Propheten (V.70)
Feinde (V.71)
Hand (V.71)
Väter (V.72a)
Bund (V.72b)
Schwur (V.73a)
Vater (V.73a)
Hand (V.74)
Feinde (V.74)
Prophet (V.76a)
Heil (V.77a)
Volk (V.77a)
Heimsuchung (V.78b)
Grußformel: Friedenswunsch (V.79b)[75]

Vor uns steht eine symmetrisch bis ins kleinste durchstrukturierte Komposition, deren Zentrum das göttliche Verheißungsgeschehen ist. Und die Freude
über die augenscheinliche Bestätigung des im Magnifikat vorgefundenen Struk-
turschemas scheint nur dadurch getrübt, daß die äußere Struktur des Benediktus, wie sie nach Rousseau dem ganzen Hymnus zugrunde liegt, der oben
vertretenen Ausscheidung der Verse 70 und 76f entgegensteht und damit einen
Beweis für die literarische Integrität unseres Hymnus zu liefern scheint[76].

So überzeugend aber das Bild auf den ersten Blick ist, so wenig kann es
einer kritischen Betrachtung standhalten, der sich die Stärke des strukturalisti-

---

[74] NTS 32, 272.

[75] Von dem hier skizzierten Schema unterscheidet sich das Vanhoyes nur in Kleinigkeiten,
die von Rousseau nichtsdestoweniger als Unregelmäßigkeiten beanstandet werden: So nimmt
Vanhoye noch das Stichwort "Gott" aus V.68a und 78a in seinen Entwurf auf, was jedoch die
Regelmäßigkeit des Chiasmus insofern stört, als die Reihenfolge der Begriffe θεός und
ἐπισκέπτομαι in der unteren Liedhälfte nicht mehr konzentrisch der Anordnung in der oberen
entspricht; daneben versteht Vanhoye σωτηρία in V.71 und ῥύομαι in V.74 als sich entsprechende Begriffe, was nach Rousseaus Dafürhalten das Prinzip der begrifflichen Gleichartigkeit
zerstört, das nur an markanten Punkten, im Zentrum und im äußeren Rahmen, nicht eingehal-
ten ist. Diese Unterschiede in der Grundstruktur bei Vanhoye und Rousseau wirken sich auch
auf den jeweiligen Versuch einer noch weiter in die Tiefe gehenden Feingliederung aus; s.
dazu u. S. 174f.

[76] Vgl. auch *Vanhoye*, o.c., 383: "On notera, en particulier, que les vv. 76-7 n'en sont pas
démunis; l'hypothèse qui présente ces versets comme une insertion étrangère au cantique se
trouve par là débilitée."- Unbegreiflich bleibt, warum *Schweizer*, NTD 3, 27, das Gliederungsschema Rousseaus übernimmt, obwohl er von der literarischen Uneinheitlichkeit des Liedes überzeugt ist.

schen Entwurfs, die Voraussetzung eines künstlerischen Formungs- und Präzisionswillens, sehr rasch auch als seine Schwäche offenbart, und zwar in dem Maße, wie sie zum quasi mathematischen Prinzip wird. Wir haben es in dem oben dargestellten Schema ja gar nicht mehr mit einem Chiasmus zu tun, in dem die konzentrische Struktur inhaltliche Funktion hat, indem sie einen subtilen Bezug zwischen einander entsprechenden und in sich abgeschlossenen Gedanken oder Gedankenblöcken schafft, sondern mit einem abstrakten begrifflichen Chiasmus, in dem die konzentrische Anordnung isolierter Worte und Begriffe nicht mehr im Zusammenhang mit der inneren Gedankenführung des Liedes steht. Dem realen Kompositionsvorgang wird diese Abstraktion kaum gerecht, es sei denn, man wollte sich den antiken Verfasser als Wörter rückenden und zählenden Akribisten vorstellen.

Aber selbst wenn man dem Rousseauschen Schema eine gewisse Plausibilität zubilligen möchte, muß auffallen, daß auf der Ebene der reinen Wortstatistik wichtige Leitbegriffe des Textes nicht berücksichtigt werden, da ihnen ein Doppel fehlt oder sie durch ihre Stellung das chiastische Schema zerstören würden, ja, daß ganze Zeilen (V.69b, 75, 76b, 78a und 79a) als offenbar inhaltlos unter den Tisch fallen. Der Schematismus wird hier zum Selbstzweck, dem Rousseau schließlich auch das Grundprinzip der begrifflichen Entsprechung unterzuordnen gezwungen ist, wenn er die inhaltlich so verschiedenen Eingangs- und Schlußzeilen des Hymnus, da er sie nicht einfach übergehen kann, als den Chiasmus rahmende Grußformeln ausgibt. Für V.79 mehr als nur ein Akt der Willkür! Bei V.69a und V.78b dagegen, die beide auf das Kommen des messianischen Erlösers blicken und als Doppelaussage ausdrücklich zu interpretieren wären, entzieht sich Rousseau offenbar deshalb einer Erklärung, weil die beiden Zeilen jeder begrifflichen Parallelität entbehren. Schließlich versagt Rousseaus System auch angesichts der Unmöglichkeit, den bedeutsamen und sogar zweimal verwandten Schlüsselbegriff ἔλεος chiastisch zu integrieren, was insofern noch schwerer wiegt, als Rousseau im Zentrum seines Modells die Parallelität der Zeilen 72a und b unterschlägt, die sowohl durch die Begriffe ἔλεος und διαθήκη[77] als auch durch die gleiche grammatikalische Struktur klar aufeinander bezogen sind und durch das dritte Glied des Schwurmotivs in V.73 nur weitergeführt werden.

Offenbar hat Rousseau selbst einen Teil der genannten Schwierigkeiten und Unstimmigkeiten vor Augen gehabt, da er den Versuch unternimmt, sie durch die Erweiterung seines Grundschemas zu beseitigen. Dies tut er zum einen durch die Erhebung chiastischer *Unter*strukturen, welche es ihm ermöglichen, zumindest einen Teil der zunächst nicht integrierten Begriffe in den Gesamtentwurf einzubeziehen, allerdings nicht das Leitwort ἔλεος.[78] Daneben über-

---

[77] Vgl. nochmals o. S. 15 Anm. 27.

[78] Es sind im Gegenteil fast nur die sog. Allerweltsbegriffe, die in diesem Erweiterungsentwurf Bedeutung gewinnen, nämlich ποιεῖν (λύτρωσιν bzw. ἔλεος), σωτηρία, διδόναι und ἐνώπιον, die nach *Rousseau*, o.c., 272f, in zwei konzentrischen Kreisen den Begriff des

nimmt Rousseau als zweites dem Benediktus angeblich zugrunde liegendes Strukturprinzip den Gliederungsentwurf Auffrets[79], der auf dem Postulat einer fünfmaligen Wiederholung des Heilsthemas, alternierend mit dem Thema der göttlichen Verheißung gründet, womit auch der doppelten Messiasanspielung im Hymnus in gewisser Weise Rechnung getragen wird[80]. Und indem Rousseau neben einem dritten Strukturprinzip, nämlich dem der syntaktischen Gliederung[81], als viertes auch noch ein Parallelenschema herausarbeitet, innerhalb dessen in beiden Hälften des Benediktus bestimmte inhaltlich parallele Verse einander zugeordnet seien, welche unabhängig vom konzentrischen Kompositionsschema als mnemotechnische Hilfsmittel gedient hätten[82], löst sich ihm auch das letzte Problem des inhaltlichen Neueinsatzes in V.76, der dem chiastischen Grundmuster mit seinem Zentrum in V.72 und 73 ja zunächst widerstreitet.

Größere Mühe, den Kunstverstand des antiken Autors zu würdigen, kann man sich kaum geben, auch wenn dieser in seinem mathematischen Bemühen um die vollkommene Vereinigung so vieler Strukturprinzipien eher einem modernen Computer gleicht als einem lebendig dichtenden Menschen. Letztlich ist daher die Notwendigkeit, dem Benediktus zum Erweis seiner künstlerischen Subtilität vier völlig verschiedene Gliederungsmuster unterstellen zu müssen, als Eingeständnis der Unmöglichkeit zu werten, das Aufbauschema des Hymnus formelhaft zu erfassen. Damit erweist sich auch das dem ganzen Hymnus aufgesetzte chiastische Grundmuster als künstlich und verliert seine von Vanhoye beschworene Beweiskraft für die literarische Integrität des Liedes[83]. Die strukturalistischen Gliederungsversuche sind denn auch, wo man sie zur Kenntnis genommen hat, auf Ablehnung gestoßen[84], jedoch immer unter Verzicht auf eine gründliche Auseinandersetzung mit ihnen und ohne daß zumindest ihr Bemühen gewürdigt wurde, den Text, vor jeder Untersuchung seines Umfeldes und seiner äußeren Bezüge, selbst sprechen zu lassen und ihn als kunstvolles und theologisch durchdachtes Gebilde ernst zu nehmen.

So wundert es auch nicht, daß von anderen Vertretern der literarischen Einheitlichkeit des Benediktus derart in die Tiefe gehende Strukturanalysen nicht vorliegen. Die einzige Alternative scheint auch beim Benediktus das Strophenschema zu sein, das Holtzmann und Bovon ihrem Gliederungsversuch

---

Propheten in V.70 und V.76 einschlössen und ihn dadurch in seiner exponierten Stellung als mittleres der sieben das Grundmuster bildenden Worte hervorhöben. Man mag sich streiten, ob wir es hier mit einer subtilen Kompositionsstruktur zu tun haben, oder nur noch mit mathematischer Spielerei. Die Unwahrscheinlichkeit eines derartigen kompositionellen Vorgehens des Verfassers wird noch deutlicher, wenn man die hebräische Abfassung des Hymnus voraussetzt, in der beispielsweise das griechische Verb ποιεῖν in V.68 und 73 verschiedene hebräische Äquivalente hätte (נתן im einen, עשׂה im anderen Fall; vgl. dazu o. S. 129). Seltsamerweise bedient sich auch *Rousseau*, o.c., 280, des Rückgriffs auf die hebräischen Wurzeln, um zu demonstrieren, daß die Verse 72 und 73 auf die Namen des Täuferkindes und der Täufereltern anspielten, womit er letztlich seine streng auf den griechischen Wortlaut ausgerichtete Argumentation selbst desavouiert.

zugrunde legen. Bovons Vorstellungen von der Struktur des Liedes bleiben jedoch insofern undurchsichtig, als er in seinem Kommentar nach der Erhebung einer ersten (V.68-70) und einer zweiten Strophe (V.71-73a) die Untergliederung der übrigen Verse unterläßt[85] und auch an anderer Stelle nicht verrät, wie er sich die weitere Texteinteilung denkt.[86] Man kann vermuten, daß ihm als Einteilung der restlichen Zeilen drei Strophen vor Augen standen, welche die Verse 73b-75, 76f und 78f umfaßt hätten und damit ungefähr der Länge seiner ersten beiden Strophen entsprächen. Bei Holtzmann finden wir ein solches Fünf-Strophen-Schema wieder, wenn auch in etwas anderer Unterteilung der Anfangsverse des Benediktus: V.68f; V.70-72; V.73-75; V.76f und V.78f[87]. Wie beim Magnifikat ist aber auch hier darauf hinzuweisen, daß die Kürze des Hymnus einer derart kurzatmigen Unterteilung entgegensteht[88], und dies um so mehr, als das Benediktus insgesamt aus nicht mehr als zwei Sätzen besteht[89], es sei denn, man wollte den Satzfortlauf von einer Strophe zur anderen zu einem den ganzen Hymnus durchziehenden poetischen Stilmittel hochstilisieren.

Diese Kritik trifft in noch höherem Maße auf diejenigen Exegeten zu, die als Grundbestand des Benediktus den um die Verse 76 und 77 reduzierten Text voraussetzen, von dem auch hier ausgegangen wird, und sich trotz der Textverkürzung nicht von der Idee eines regelmäßigen Strophenaufbaus zu lösen vermögen. Der Hauptunterschied zu den oben dargestellten strophischen Gliederungsversuchen liegt allein in der Klassifizierung des Abschnitts Lk 1,76f als einer zusätzlich eingeschobenen Strophe. So unterteilen Brown[90] und Fitzmyer[91] übereinstimmend - ersterer sogar entgegen seiner grammatikalischen Überzeugung[92] - den Hymnus in drei Strophen (V.68b-71[93], V.72-75 und den Zusatz V.76f) mit Einleitung (V.68a) und Schlußteil (V.78f). Doch ist gerade die Kennzeichnung des kürzeren, aber immer noch vier Zeilen umfassenden Abschnitts Lk 1,78f als "Schluß" des Hymnus, die unterschlägt, daß in diesen Zeilen das messianische Hauptthema überhaupt erst richtig ausgestaltet wird, ein Indiz dafür, daß eben auch bei dem um die Verse 76 und 77 verkürzten Text eine gleichmäßige Strophenabfolge nicht zu entdecken ist.

Eine Scheinlösung ist auch der Ausweg Benoits[94], der die letzten vier Zeilen als etwas kürzere Rekapitulation des in den Strophen 1 (V.68-71) und 2

---

[79] NTS 24, 257.

[80] O.c., 270f und 273. Dies gilt im Gegensatz zu *Auffret*, der, a.a.O., V.78b unbegreiflicherweise nicht unter das Thema der Heilsvermittlung subsumiert.

[81] O.c., 274.

[82] O.c., 275-280.

[83] Vgl. nochmals o. S. 172f mit Anm. 76.

[84] Vgl. z.B. *Marshall*, NIC 3, 86; *Farris*, Hymns, 128f.

[85] EKK 3/1, 105.

[86] Vgl. etwa o.c., 96f.

[87] HC 1/1, 313; vlg. auch *v. Harnack*, Magnificat, 81.

[88] *Loisy*, Luc, 104, zerteilt das Benediktus sogar in 7 Strophen.

(V.72-75) Ausgeführten versteht, aufgebaut wie diese nach dem Schema: Rettungstat Gottes (V.68.72.78) - Biblische Ankündigung (V.69f.73f.79a) - effektives Heil (V.71.75.79b). Denn dieses zunächst attraktive Schema fällt bei näherem Hinsehen schon dadurch in sich zusammen, daß das Thema der biblischen Ankündigung expressis verbis zwar in V.70 und 73 begegnet, in die letzte Strophe jedoch künstlich eingetragen werden muß mit dem Hinweis auf die in V.79a anklingende Prophetenstelle. In der Konsequenz dieses methodischen Vorgehens müßte man den ganzen aus Schriftanspielungen zusammengefügten Hymnus unter das Thema der biblischen Ankündigung stellen. Aber auch die Ausdehnung dieser Kategorie auf das Motiv der messianischen Sendung in V.69 erscheint gewaltsam. Von Benoits Strophenmodell geht daher nicht mehr Überzeugungskraft aus als von den vorgenannten Modellen. Es gewinnt auch nicht dadurch an Plausibilität, daß Grelot-Rochais[95] bei der im Benoitschen Schema rekapitulierenden und daher verkürzten Strophe 3 den Wegfall eines Distichons vermuten, welcher sich durch die lukanische Textumwandlung ergeben hätte.

Der Versuch einer strophischen Gliederung des Benediktus bleibt wie beim Magnifikat in jeder Hinsicht unbefriedigend, zumal die Kriterien der Texteinteilung allein im individuellen Empfinden der einzelnen Autoren liegen. Wenn Holtzmann beispielsweise einen inhaltlichen Einschnitt nach V.69 erkennt, Bovon dagegen nach V.70 abtrennt, während Brown und Fitzmyer erst nach V.72 die Zäsur setzen, die für Bovon nach V.73a bereits den zweiten strophischen Einschnitt markiert, so ist dies kaum ein Indiz dafür, daß wir es an irgendeiner dieser Stellen mit einem deutlichen und absichtsvollen Innehalten zu tun hätten, wie es der Idee eines strophischen Absatzes entspräche.[96]

Es ist daher nur folgerichtig, wenn Evans[97] und Farris[98] auf eine dezidierte strophische Gliederung verzichten und letzterer den inhaltlichen Fortschritt nur formal beschreibt: Lobpreis (V.68a) - Begründung (V.68b) - inhaltliche Ausführung der Begründung (V.69-75) - Prophezeiung über den Täufer (V.76f, sekundär) - Rekapitulation (V.78f). Dennoch kann auch dieser vom Inhalt im Wesentlichen abstrahierende Gliederungsversuch nicht wirklich befriedigen, da die Funktion einer Aufbauanalyse gerade auch in der Auf-

---

[89] Darauf weist im Zusammenhang der Problematik eines Strophenschemas auch *Brown*, Birth, 381, hin.

[90] Birth, 380.

[91] AncB 28/1, 379.

[92] Vgl. Anm. 89.

[93] Wobei *Fitzmyer*, o.c., 378f, im Gegensatz zu *Brown*, o.c., 383, V.70 ausschließt.

[94] NTS 3, 184-186.

[95] Psaumes, 259.

[96] Eine reine Zahlenspielerei bleibt auch hier der Versuch *Irigoins*, RB 98, 9, die strophische Struktur der lukanischen Lieder durch Zählen der in ihnen enthaltenen Silben zu erfassen, die im Benediktus angeblich einem bestimmten Dezimalmuster folgen: 1. Strophe (V.68-71): 100 Silben, 2. Strophe (V.72-75): 90 Silben, 3. Strophe (V.76-78a): 70 Silben, 4. Strophe

deckung innerer Zusammenhänge und Bezüge liegt, die sich nicht allein im grammatikalischen Satzfortschritt erschöpfen. Zudem ist diese Strukturbeschreibung des Benediktus auch insofern fehlerhaft, als sie die syntaktisch zusammengehö-rigen Satzteile V.68a und 69, die Farris sogar selbst als synonymen Parallelismus beschreibt[99], inhaltlich auseinanderreißt in Elemente mit verschiedener gliedernder Funktion, so daß auch hier der Eindruck der Künstlichkeit zurückbleibt.

Wie beim Magnifikat stellt sich daher die Aufgabe, den Duktus des Benediktus dadurch zu erfassen, daß man der dem Text eigenen Gedankenbewegung nachgeht. Wenn wir dies ohne vorherige Festlegung möglicher Strukturprinzipien tun, tritt uns, allerdings nur bei Ausscheidung der Verse 70 und 76f, ein Hymnus entgegen, der zwar nicht das klare Aufbauschema des Magnifikat, aber doch ein, wenn auch etwas gröberes, chiastisches Grundmuster aufweist, das ihn dem Verdikt einer allzu planlosen Aneinanderreihung von Gedanken entzieht:

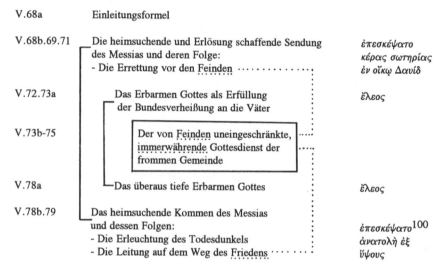

V.68a   Einleitungsformel

V.68b.69.71   Die heimsuchende und Erlösung schaffende Sendung   ἐπεσκέψατο
              des Messias und deren Folge: κέρας σωτηρίας
              - Die Errettung vor den Feinden   ἐν οἴκῳ Δαυίδ

V.72.73a   Das Erbarmen Gottes als Erfüllung   ἔλεος
                  der Bundesverheißung an die Väter

V.73b-75   Der von Feinden uneingeschränkte,
                  immerwährende Gottesdienst der
                  frommen Gemeinde

V.78a   Das überaus tiefe Erbarmen Gottes   ἔλεος

V.78b.79   Das heimsuchende Kommen des Messias
              und dessen Folgen: ἐπεσκέψατο[100]
              - Die Erleuchtung des Todesdunkels   ἀνατολὴ ἐξ
              - Die Leitung auf dem Weg des Friedens   ὕψους

Der Chiasmus, der hier vor uns steht, ist sicherlich nicht in dem Sinne streng durchgeführt, daß das Entsprechungsverhältnis des um den Mittelpunkt geordneten Textes Einzelzeilen oder einzelne Verse beträfe. Es sind vielmehr, bis auf eine Ausnahme in V.78a, ganze Gedankenblöcke, die um das Zentrum in

---

(V.78b.79): 50 Silben. Schon der Bruch zwischen V.78a und b entlarvt dieses Schema als künstlich.

[97] Saint Luke, 181.

[98] Hymns, 133.

[99] A.a.O.

[100] Zur Vergangenheitsform vgl. o. S. 46f.

V.73b-75 herum gruppiert sind. Nichtsdestoweniger haben wir es auch hier mit einer planvollen und durchaus kunstvollen Komposition zu tun, deren Tiefsinn sich in den inneren Bezügen erschließt.

Besonders hervorzuheben ist dabei der motivische Bezug der zentralen Verse 73b-75 zum Eingang und zum Schluß des Liedes, genauer zu den Versen, die im obigen Schema "Folgen des messianischen Kommens" betitelt wurden. Denn dieser Mittelteil, der gleichsam eine konzentrierte Beschreibung des messianischen Heilszustandes darstellt, wie sie negativ in der Errettung vor den Feinden (V.71 und 74a) und positiv in der Gewährung des ewigen und gerechten göttlichen Friedens (V.75 und 79b) besteht, schlägt in der Vereinigung beider das messianische Kommen kennzeichnenden Aspekte den Bogen zu den ausdrücklich vom Messias und seinem Wirken handelnden Versen und eröffnet damit die Einsicht in den Skopus des ganzen Benediktus: die Bedeutung des messianischen Ereignisses für die gläubige Gemeinde. Dies ist das Thema unseres Textes, der in der Reflexion der Heilstatsachen weit konkreter wird als das Magnifikat.

Die Entwicklung dieses Themas, das seine Spannung aus dem Gegenüber von Erlöser und erlöster Gemeinde erhält, vollzieht sich in einer immer wieder von einer dieser Größen zur anderen wandernden Wellenbewegung, der neben dem Auf und Ab des Gedankenflusses auch eine bestimmte Zielrichtung eigen ist. Diese erschließt sich bei genauer Betrachtung der beiden im obigen Aufbauschema durch die Verse 73b-75 voneinander geschiedenen Teile des Benediktus, die bei aller thematischen Übereinstimmung doch nicht einfach deckungsgleich sind, sondern eine inhaltliche Steigerung erkennen lassen. Während nämlich in den Versen 68f.71-73a das messianische Ereignis allein als Handeln Gottes in den Blick kommt - im Bild der von Gott gewirkten Aufrichtung des Heilshornes - und damit Gott als der eigentlich Erlösende vor Augen steht, tritt in den Versen 78 und 79 das Heilswirken des Messias selbst in den Mittelpunkt, welches zwar auf den Heilswillen Gottes zurückgeführt (V.78a), aber dennoch als eigene Heilstat begriffen wird. Diese zunächst unlogisch wirkende Gegenüberstellung hat theologische Gründe. Es ist ja kein Zufall, daß der zweite der den Chiasmus bildenden Gedankenblöcke, welcher die Verse 72 und 73a umfaßt, das Motiv des göttlichen Erbarmens, anders als in seiner knappen Wiederaufnahme in V.78a, mit dem Stichwort der göttlichen Bundesverheißung verknüpft, und zwar wie im Magnifikat der Bundesverheißung an Abraham. Dadurch entsteht ein das ganze Benediktus durchziehendes heilsgeschichtliches Gefälle, innerhalb dessen - wenn man es von hinten her verfolgt - die Gemeinde ihr Heil und ihre Errettung als unmittelbares Wirken des Messias in ihrer Mitte begreift, dieses jedoch als Höhepunkt und Abschluß des *gesamten* göttlichen Heilshandelns, wie es im Abrahambund und im Davidbund verheißen wurde und im Kommen des Messias Jesus seine endgültige Erfüllung fand. Es ist die Verheißung, die den Anfangsteil, und die Erfüllung, die den Schlußteil des Benediktus prägt. Und wenn wir in der Mitte des chiastischen Schemas, gleichsam eingebettet in den göttlichen Heilsplan, die Gemeinde selber finden, wie sie sich im Zustand des messianischen Friedens darstellt, dann haben wir einmal mehr ein Beispiel individueller Kompositionskunst vor uns, welches die unserem Text üblicherweise übergestülpten Strukturschemata an Gestaltungsreichtum weit übersteigt.

Vergleichen wir schließlich das Benediktus noch mit dem Magnifikat, so besteht kein Zweifel, daß, auch was den äußeren Aufbau anbelangt, der zweite lukanische Hymnus dem ersten sehr nahesteht. Denn auch wenn letzterer im Hinblick auf die konzentrische Anordnung feiner gegliedert erscheint, bestimmt beide doch dasselbe Prinzip: die Anordnung von Einzelgedanken oder Gedankenblöcken um den theologischen Mittelpunkt herum, ohne daß die konzentrisch einander zugeordneten Teile nach Wortzahl, Zeilenlänge oder Zeilenanzahl mathematisch ausgewogen sein müßten. Ferner ist in beiden Fällen das uns eher grob anmutende äußere chiastische Schema subtil von theologischen Bezügen durchzogen, die sich nicht einfach auf die Verwendung gleicher Begriffe reduzieren lassen, sondern im Gegenteil gerade in der *Neu*formulierung eines Sachverhalts zutage treten, wodurch theologische Nuancierungen ja überhaupt erst entstehen. Und wenn auch manchem heutigen Leser die feingesponnene Subtilität des Aufbaus den Blick für den kunstvollen - und logischen! - Gedankenfortschritt in beiden Hymnen verstellt, so sicherlich nicht dem antiken Hörer, dem die göttliche Verheißungsgeschichte selbstverständlicher Schlüssel zum Verständnis aller im Magnifikat und Benediktus zusammengewirkten Teile war und dem daher Gottes Tat an Maria und das Erlösungswerk an Israel im Magnifikat bzw. das messianische Heilshandeln Gottes und das Erlösungshandeln des Messias selbst im Benediktus nicht als logische Gegensätze erschienen, sondern als Geschehnisse im Strom der göttlichen Verheißungsgeschichte, da diese ins Zeitalter der Erfüllung einmündet. Es ist diese Bewegung, die den Duktus beider Hymnen bestimmt.

Worin sie sich bei aller Gemeinsamkeit unterscheiden, ist der Aspekt, unter dem das messianische Ereignis in Betracht gezogen wird; und er tritt jeweils im Zentrum der chiastischen Gedankenordnung hervor, wo das Gegenüber von Gott und Mensch grundsätzlich und in seinen beiden Aspekten zur Sprache kommt. Während nämlich das Magnifikat durch und durch bestimmt ist vom Preis der göttlichen Heilstat an sich und vom Jubel über den endlich Wirklichkeit gewordenen Anbruch des messianischen Reiches, dabei aber den Blick fast ausschließlich auf Gott gerichtet hält, dessen Ratschluß und Erbarmen allein die Erfüllung alles Verheißenen entspringt, blickt das Benediktus auf den Menschen, dem das messianische Heilshandeln Gottes gilt, und auf die Bedeutung, die der Eintritt der Friedenszeit für die fromme Gemeinde hat. Dies sind, wohlgemerkt, nur zwei Pole ein und derselben Sache, und natürlich handelt das Magnifikat auch von der Bedeutung des Erlösungswerkes für Israel, wie auch das Benediktus immer wieder den Blick dankend auf Gott und seine Rettungstat richtet, aber die Akzente sind deutlich verschieden gesetzt und bestimmen den individuellen Aufbau jedes der beiden Lieder.

Damit bestätigt sich auch hier das bisher entworfene Bild von der in jeder

Hinsicht kunstvollen Komposition, die beide Lieder auszeichnet. Die formale Textanalyse, die im Gesamtaufbau dieser Arbeit als Prüfstein für die inhaltliche fungierte, hat die vor allem traditionsgeschichtlich gewonnenen Erkenntnisse über die Hymnen in keiner Weise erschüttert, sondern, im Gegenteil, ein bisher unerkanntes Entsprechungsverhältnis zwischen äußerer und innerer Liedgestaltung zutage gefördert, wie es nur auf den planvollen Willen eines tiefgründig denkenden Verfassers zurückgehen kann. Der ästhetischen Kritik an diesen Liedern ist damit ein für allemal gewehrt.

Von all dem unberührt bleibt die Frage nach der Gattung von Magnifikat und Benediktus, die als letzte Formfrage noch zu behandeln ist. Daß auch sie mit Problemen grundsätzlicher Art behaftet ist, wird nun kaum noch überraschen. Die Gattungsfrage stellt allerdings insofern eine Ausnahme dar, als die Aporien, die sich bei ihrer Behandlung ergeben, zum gegenwärtigen Zeitpunkt nicht befriedigend aufgelöst werden können und daher einen Erkenntnisvorstoß, wie er bis jetzt auf allen Feldern stattfand, nicht erlauben.

3. Das Problem der Gattungsbestimmung

Wer sich der Frage der Gattungszugehörigkeit von Magnifikat und Benediktus zuwendet, wird überrascht von der Oberflächlichkeit, mit der die Gattungszuweisung gemeinhin vorgenommen wird, als stünde das Ergebnis ohnehin schon fest und liege die Erklärung auf der Hand. Differenzen ergeben sich zumeist nur zwischen Vertretern einer unterschiedlichen Herkunft der Lieder, und auch sie betreffen in der Regel nur den Begriff des Eschatologischen. Kriterien, die zur Urteilsfindung gedient haben mögen, sucht man vergeblich. Statt dessen trifft man auf die Namen Gunkels und Westermanns, zweier Forscher, denen man getrost zutraut, alle wichtigen Gattungsprobleme auch im Hinblick auf das Magnifikat und Benediktus bereits gelöst zu haben, weshalb man sich damit begnügt, sie ohne Begründung als Garanten für die eigene Gattungswahl anzuführen.

Nun hat dieses Vorgehen insofern seine Berechtigung, als Gunkel selbst in seinem programmatischen Aufsatz zur Gattung der beiden lukanischen Psalmen[101], die er den eschatologischen Hymnen zuordnet, tatsächlich die Gattungsfrage ein für allemal gelöst zu haben vorgibt. Es ist daher denjenigen, die sich von Gunkels jüdischer Herleitung des Magnifikat und Benediktus überzeugen lassen, kaum zu verargen, wenn sie es sich bei der Gattungsbestimmung mit dem Verweis auf Gunkels Ausführungen zum eschatologischen

---

[101] Die Lieder in der Kindheitsgeschichte Jesu bei Lukas, Fs. A. v. Harnack, Tübingen 1921, 43-60.

Hymnus genügen lassen[102], welche, wenn man sie nicht grundsätzlich in Frage stellt[103], keiner methodischen Ergänzung bedürfen. Wenn dagegen Rengstorf[104], Ernst[105] und Schürmann[106] den Begriff "eschatologischer Hymnus" wie selbstverständlich auch auf die von ihnen als *christlich* klassifizierten Lieder übertragen, so ist dies nicht nur terminologisch, sondern auch theologisch falsch, da keiner der Exegeten das Magnifikat auf die *zweite* Ankunft des Messias am Ende der Zeiten auslegt, auf die der Begriff des Eschatologischen im Rahmen des Christentums allein zu beziehen wäre, zumindest wenn man ihn mit Gunkel als Ausdruck für die gegenwärtig noch *un*erfüllten Hoffnungen gebraucht. Diesen terminologischen Mißgriff vermeiden zwar diejenigen, die sich nicht speziell auf Gunkels Studie zu den Liedern der Kindheitsgeschichte stützen, sondern auf die allgemein von ihm am Psalter erarbeiteten Gattungsbestimmungen, aber auch sie verzichten in der Regel auf die eigene Analyse und Darstellung der den Liedern eigenen Formelemente im Vertrauen darauf, daß Gunkel, wenn schon nicht mit dem Begriff des Eschatologischen, so doch mit dem des Hymnus das Richtige getroffen habe. Allein Brown und Fitzmyer legen zur Illustration ihrer Gattungswahl kurze Aufbauskizzen vor.[107] Allerdings fallen diese, da sie sich auf die Unterscheidung der Teile "Einleitung", "Corpus (Begründung)" und "Schluß" beschränken, so generell aus, daß sie kaum die Beweislast einer gründlichen Gattungsbestimmung zu tragen vermögen, und dies um so weniger, als Farris aufgrund der gleichen Unterteilung zu der Überzeugung gelangt, es müsse sich bei Magnifikat und Benediktus um berichtende Loblieder handeln[108], die den Dankliedern in der Gunkelschen Terminologie entsprechen.[109]

Etwas ausführlicher als bei den Anhängern Gunkels, denen, wenn sie überhaupt auf ihn verweisen, sein Name als Garant der Gattungsbestimmung ge-

---

102 Vgl. *Klostermann*, HNT 5, 18.26; *Hauck*, ThHK 3, 27.30; *Grundmann*, ThHK 3, 69; *Bultmann*, Geschichte, 322, und *Hahn*, Hoheitstitel, 246; indirekt auch *Bovon*, EKK 3/1, 92. *Wiefel*, ThHK 3, 63, klassifiziert ebenfalls im Anschluß an Gunkel die Verse 68-75 zunächst als eschatologischen Hymnus, bringt dann aber die gattungsgeschichtlichen Bezeichnungen durcheinander, wenn er bei der Feingliederung des Liedes den Text in Eulogie und berichtendes Gotteslob unterteilt und hier nun plötzlich den Westermannschen Terminus für das Danklied einführt.

103 Vgl. Kap. III.1.b.

104 NTD 3, 30f.33f.

105 Lukas, 81.92f.

106 HThK 3/1, 71.

107 Birth, 355.380, bzw. AncB 28/1, 359f.378f.

108 Hymns, 84. Vgl. auch *Evans*, Saint Luke, 171.181.

109 Während die genannten Autoren aber immerhin die Begriffe sachgemäß anwenden, gehen bei *J. Schmid*, Das Evangelium nach Lukas, RNT 3, 3. Aufl., Regensburg 1955, 54, die Klassifizierungen völlig durcheinander. Denn die für das Magnifikat gewählte Bezeichnung "individuelles Danklied in Form eines Hymnus" stellt einen logischen wie terminologischen Mißgriff dar. Gleiches gilt für *Schneider*, Lukas, 55, der "das hymnische Magnifikat" als ein "individuelles eschatologisches Danklied" bezeichnet und damit, ohne es zu merken, den Gat-

nügt[110], gestaltet sich die Gattungsbeschreibung bei denjenigen, die sich Westermanns Unterscheidung von berichtendem und beschreibendem Lob[111] bedienen. Allerdings wird bei genauerem Hinsehen offenbar, daß diese Ausführlichkeit sich nur der Tatsache verdankt, daß Westermanns Versuch, neue Gattungsbezeichnungen einzuführen, sich in der Forschung nie richtig durchgesetzt hat und seine Nomenklatur immer wieder aufs neue erklärungsbedürftig ist. Am deutlichsten ist dies bei Farris, der trotz eines langen methodologischen Anlaufs, welcher der Darstellung der Westermannschen Gattungsunterscheidungen dient[112], für die konkrete Zuordnung der Lieder schließlich nicht mehr ins Feld zu führen weiß, als die eben erwähnte Aufbauskizze[113].

So zeigen die in der Forschung dargebotenen Behandlungen des Gattungsproblems das enttäuschende Ergebnis, daß, obwohl die Frage nach der Gattung von Magnifikat und Benediktus immer wieder gestellt wird, Gunkels Studie die einzige gründliche Gattungsuntersuchung ist. Daneben finden wir nur die kritiklose Übernahme vorgegebener Etikettierungen, die sich auf die unangefochtene Autorität bestimmter Altmeister stützt. Allerdings fehlt im Reigen der Autoritäten ausgerechnet der Forscher, welcher die formgeschichtlichen Arbeiten Gunkels und Westermanns entscheidend vorangetrieben hat, und zwar gerade auf dem Gebiet der für das Magnifikat und Benediktus diskutierten Gattungen "Hymnus" und "Danklied". Es handelt sich um F. Crüsemann, der in seinen "Studien zur Formgeschichte von Hymnus und Danklied in Israel"[114] der Formgeschichte ein neues methodisches Fundament gelegt hat durch die Trennung äußerer und innerer Kriterien, die sich bei Gunkel und Westermann immer wieder unkritisch nebeneinander verwendet finden. Das allgemeine Desinteresse der Arbeit Crüsemanns gegenüber enthüllt wohl am deutlichsten die wissenschaftliche Bequemlichkeit, die sich auf dem Feld der neutestamentlichen Gattungsforschung breitgemacht hat.

Es wäre allerdings auch dieses Versäumnis verzeihlich, wenn man sich zumindest grundsätzlich des methodischen Problems einer Gattungsbestimmung von Liedern dieser vergleichsweise späten Zeit angenommen hätte. Denn auch das Crüsemannsche Formen- und Formelinventarium führt in die Irre, wenn in neutestamentlicher Zeit die Gattungen sich gar nicht in der Reinheit bzw. in der Gestalt erhalten haben, wie wir sie im Psalter vorfinden. Wir

---

tungen des Psalters eine neue hinzufügt.

[110] Vgl. *Schweizer*, NTD 3, 22.26; *Gnilka*, BZ N.F. 6, 220, und nochmals *Schmid*, a.a.O.; daneben *Schottroff*, EvTh 38, 301, die als einzige der Gunkelanhänger, aber ebenfalls ohne Begründung, das Magnifikat nicht als Hymnus, sondern als Danklied klassifiziert.

[111] Lob und Klage in den Psalmen, 6., erw. Aufl. von Das Loben Gottes in den Psalmen, Göttingen 1983, 24-28.

[112] Hymns, 71f.

[113] Wie schwer es fällt, sich auf die Westermannsche Terminologie einzulassen, demonstriert auch *Wiefel*, ThHK 3, 59, der im Magnifikat zunächst mit Westermann zwischen beschreibendem und berichtendem Lob unterscheidet, dann aber den ganzen Psalm in der Gunkelschen Nomenklatur als Danklied bezeichnet.

stehen hier vor dem gleichen Problem wie schon im ersten Teil dieses Kapitels, wo es um die poetischen Stilmerkmale ging, und können die dort geäußerte Kritik an der Forschung im Grunde nur wiederholen. Denn auch im Hinblick auf die Liedgattungen hat kein Ausleger bislang auch nur danach gefragt, ob die an den alttestamentlichen Psalmen gewonnenen Gattungserkenntnisse sich überhaupt auf unsere mehrere hundert Jahre später verfaßten poetischen Stücke anwenden lassen, als hieße das Forschungsgebiet, in dem wir uns hier bewegen, nicht "Form*geschichte*". Dabei hätte ein Blick in die oben genannten formgeschichtlichen Werke genügt, um zu erkennen, daß bereits im Psalter eine Entwicklung hin zur Auflösung von Formen und Gattungen bzw. zu ihrer Vermischung stattfindet, ein Prozeß, in dem sich die Gattungen dem Wandel der geschichtlichen und kultischen Verhältnisse anpassen und sich für ursprünglich formfremde Elemente öffnen.[115] Wer daher nach der Gattung der lukanischen Psalmen fragt, kommt, wie im Falle der poetischen Struktur, an den poetischen Stücken der zwischentestamentarischen Zeit nicht vorbei.

Nun fügt es sich leider auch hier so, daß wir mit der Gattungsfrage, soweit es die Übergangzeit zwischen den Testamenten betrifft, eine Grauzone betreten. Vergebens sucht man eine systematische Fortführung der Arbeiten Gunkels, Westermanns und Crüsemanns über die alttestamentliche Kanongrenze hinweg. Wo dennoch Gattungsbestimmungen an frühjüdischen poetischen Texten vorgenommen werden, herrscht heilloses Durcheinander. Der einzige Fortschritt, der in der Frage nach den Gattungen zwischentestamentarischer Texte bisher erzielt wurde, besteht darin, daß im Unterschied zu den neutestamentlichen Exegeten die Interpretatoren der mehr oder weniger zeitgleichen jüdischen Hymnen immerhin das Problem erkennen. Beispielhaft ist hier wie-

---

114 Neukirchen-Vluyn 1969.

115 *Schürmann*, HThK 3/1, 71, ist der einzige, der dieser Einsicht Rechnung zu tragen scheint, wenn er im Magnifikat eine Mischform aus eschatologischem Hymnus und persönlichem Danklied erkennt und unter Verweis auf Westermann feststellt, daß diese Mischform für die spätere Zeit das normale Phänomen darstellte. Dennoch ist diese Gattungsbestimmung abzuweisen, nicht nur wegen der unreflektierten Verwendung des Begriffs "eschatologisch", sondern vor allem deshalb, weil Schürmann hier seinen Gewährsmann Westermann nicht richtig zitiert. Denn *Westermann*, Lob, 108f, redet gar nicht von einer Mischform, sondern geht von einer neuen Form aus, dem eschatologischen Loblied, in dem zwar der Aufruf des beschreibenden Lobpreises im Hauptteil berichtend weitergeführt wird, das aber mit dem Magnifikat insofern nichts zu tun hat, als es sich dabei nicht um die Danksagung eines Individuums handelt, sondern es das berichtende *Volks*lob ist, aus welchem die neue Gattung herausgewachsen ist. Zudem ist das Magnifikat nicht imperativisch eingeführt, wie es nach Westermann für das eschatologische Loblied konstitutiv ist, vgl. Jes 40,9-11; 42,10-13; 44,23; 45,8; 48,20f; 49,13; 52,9f und 54,1f. Das Problem der generellen Vermischung und Auflösung von Gattungen hat mit dieser speziellen Form des eschatologischen Lobliedes nichts zu tun und kann aus ihr nicht erklärt werden. Dennoch schließt sich *Marshall*, NIC 3, 79, kritiklos Schürmanns Gattungsbestimmung an. - Grundsätzliche Kritik an Westermanns Isolierung der Gattung "eschatologisches Loblied" übt jedoch *Crüsemann*, Studien, 45-48, wodurch er Schürmanns Gattungszuordnung des Magnifikat vollends den Boden entzieht.

der auf Kittels einführende Schilderung der Forschungslage bei den Hodajot zu verweisen, in der ausdrücklich das Fehlen solider Kriterien beklagt wird, wie auch einer Terminologie, die den veränderten Formen und Formelementen Rechnung trägt.[116]

Die Lage wird noch dadurch erschwert, daß sich infolge der Unübersichtlichkeit der formgeschichtlichen Situation eine gewisse Nachlässigkeit im Umgang mit den Begriffen eingebürgert hat. Diese äußert sich vor allem darin, daß man alle poetischen Texte der zwischentestamentarischen, aber auch die der neutestamentlichen Zeit generell als "Hymnen" zu bezeichnen pflegt, ohne Rücksicht auf ihre gattungsgeschichtlichen Eigenarten.[117] Sicherlich hat

---

[116] Hymns, 1-5. Bei den Hodajot läßt sich das formgeschichtliche Problem am eindrucksvollsten demonstrieren. Zusammenfassend werden diese Lieder ihrer typischen Einleitungsformel wegen zumeist als Danklieder gehandelt, keines von ihnen aber repräsentiert diese Gattung in Reinform. Im Gegenteil, was wir in ihnen neben dem persönlichen Dank des Beters finden, sind Elemente der Klage, der Bitte, hymnische Passagen oder gar apokalyptische Stücke, und dies alles so lose miteinander verbunden, daß die Suche nach formgeschichtlichen Mustern ausweglos erscheint. Dennoch gibt es Versuche, die Psalmen gattungsgeschichtlich einzuordnen. *Holm-Nielsen*, Hodayot, jeweils im Anschluß an die Interpretation der einzelnen Lieder (vgl. dazu die Liste in *Kittel*, Hymns, 181 Anm. 7), und *G. Morawe*, Aufbau und Abgrenzung der Loblieder von Qumrân. Studien zur gattungsgeschichtlichen Einordnung der Hodajôth, Berlin 1961, 107-162, beispielsweise unterscheiden innerhalb des Psalmencorpus zwischen Dankliedern und Hymnen, jedoch weniger nach formalen als nach inhaltlichen Kriterien, was unbefriedigend bleibt. In gleicher Weise sondert *H. Bardtke*, Considérations sur les cantiques de Qumrân, RB 63 (1956), 229, noch lehrhafte Psalmen aus; wir haben es aber auch hier nur mit einer individuellen Klassifizierung zu tun und nicht mit formal objektivierbaren Gattungskriterien. *Jeremias*, Lehrer, 170, der sich an Bardtke anschließt, verweist immerhin darauf, daß die "einzelnen Dichtungen allein mit den Begriffen der atl. Psalmenforschung" nicht "zu erfassen" seien. Fragen wir schließlich nach dem Sitz im Leben, der nach dem Verständnis der alttestamentlichen Gattungsforschung die jeweilige Gattung allererst aus sich heraussetzt und sie in ihrer Eigenart bedingt, so verwirrt sich die Lage vollends. Nicht nur, daß auf diesem Gebiet völlige Uneinigkeit darüber herrscht, ob die Lieder im Zusammenhang mit dem Kultus stehen oder ob sie aus der Glaubenserfahrung des Einzelnen erwachsen sind, es werden auch die Konsequenzen einer so unterschiedlichen Beurteilung ihres Haftpunktes im Hinblick auf das formgeschichtliche Problem nicht bedacht, welche im Grunde zu der Erkenntnis *Kittels*, o.c., 2, führen, daß die eigentlichen formalen Eigenheiten der Hodajot gar nicht mehr erkannt werden, weil das terminologische und formkritische Inventarium, mit dem man sich gemeinhin den Liedern nähert, nicht mehr paßt. Ähnlich urteilt *D. Dombrowski Hopkins*, The Qumran Community and 1 Q Hodayot: A Reassessment, RQ 10 (1981), 329-331, nachdem sie sich o.c., 324-329 ebenfalls ausführlich mit der Forschung auseinandergesetzt hat. Ihre Beobachtungen übernimmt für 4Q380 und 381 *Schuller*, Non-Canonical Psalms, 12f. Zu den Hodajot vgl. außerdem *Nitzan*, Qumran Prayer, 319-355. - Kaum weniger Verwirrung herrscht im Hinblick auf die andere große Psalmensammlung der zwischentestamentarischen Zeit, die Psalmen Salomos. Beispielcharakter hat hier *Holm-Nielsens* Versuch, diese Sammlung einer gattungskritischen Einteilung nach alttestamentlichem Muster zu unterziehen, obwohl auch er erkennt, daß in formaler Hinsicht kaum noch Übereinstimmung besteht und die Gattungen als rein literarische Bildungen ihren Sitz im Leben schon längst verloren haben, vgl. Psalmen Salomos, 55f. Deutlicher kann das formgeschichtliche Problem nicht zum Ausdruck gebracht werden.

zu dieser Begriffsnivellierung neben dem Zerfließen der gattungsgeschichtlichen Kategorien auch der Einfluß des griechischen Hymnusbegriffs beigetragen, wie wir ihn nicht zuletzt im neutestamentlichen Schrifttum als übergeordnete Bezeichnung verwendet finden[118]. Wer allerdings die Literatur nach einer Verhältnisbestimmung von alttestamentlich-jüdischen und hellenistisch-griechischen Hymnenformen befragt, die sich im hellenistischen Judentum und frühen Christentum mit Sicherheit gegenseitig beeinflußt und durchdrungen haben, sucht vergebens nach einer Antwort, die das Problem einer adäquaten begrifflichen Differenzierung würde lösen helfen. Nur bei Kennel findet sich ein ausführlicher Überblick über den gegenwärtigen Stand der Forschungsdiskussion[119], der auch das eben genannte Problem von allen Seiten beleuchtet und dessen Verdienst es ist, die in der Literatur herrschende Uneinheitlichkeit der Nomenklatur und die Verwirrung in der Anwendung gattungsgeschichtlicher Kriterien so aufgedeckt zu haben, daß es sich fortan verbietet, das Gattungsproblem derart leichtfertig abzuhandeln, wie es in der Exegese der lukanischen Hymnen gemeinhin geschieht.

Kennel ist denn auch der erste, der das Dilemma nicht nur erkennt, sondern aus dieser Erkenntnis auch Konsequenzen zieht.[120] Seine Arbeit, die sich an den sprachwissenschaftlichen Untersuchungen W. Raibles[121] und W. Richters[122] orientiert, stellt den Versuch dar, an ausgewählten neutestamentlichen Texten, zu denen auch das Magnifikat gehört, eine neue formgeschichtliche Methodik zu erarbeiten, die unbeeinflußt von den einengenden Vorgaben der alttestamentlichen Gattungsforschung allein vom Formenmaterial der zugrundegelegten Texte selbst ausgeht. Wie weit hier allerdings tatsächlich ein formgeschichtlicher Vorstoß erfolgt, bleibt solange abzuwarten, bis die schmale, nur drei Beispiele umfassende Textbasis (Lk 1,46-55; Phil 2,6-11; Apk 19,1-8)[123] erweitert und die Übertragbarkeit der Ergebnisse auf andere poetische

---

[117] Vgl. dazu auch schon o. S. 5.

[118] Vgl. Kol 3,16 und Eph 5,19.

[119] Frühchristliche Hymnen, 1-51.

[120] Eine neue umfassende neutestamentliche Formgeschichte vorgelegt zu haben, reklamiert zwar bereits *K. Berger*, Formgeschichte des Neuen Testaments, Heidelberg 1984, 11-13, für sein Werk, was sich darin aber über die poetischen Gattungen findet, kann nur als dürftig bezeichnet werden. Nicht nur daß eine ausführliche Beschreibung der die Gattungen kennzeichnenden Formelemente fehlt, auch die Klassifizierung an sich erfolgt kritiklos nach Maßgabe der alttestamentlichen Gattungsforschung, wenn dabei auch immerhin auf Crüsemann zurückgegriffen wird, vgl. etwa o.c., 242. Wie ungenau *Berger* jedoch selbst hier arbeitet, zeigt sich u.a. daran, daß er das Magnifikat o.c., 242f einmal unter die Danklieder einreiht, es aber an anderer Stelle, o.c., 312, den Hymnen zuordnet, wenn vorausgesetzt werden kann, daß er an letzterer Stelle den Begriff im formgeschichtlichen Sinne verwendet. Von einer "Formgeschichte" wäre dies allerdings zu erwarten.

[121] Was sind Gattungen?, Poetica 12 (1980), 320-349.

[122] Vgl. v.a. sein Werk "Exegese als Literaturwissenschaft. Entwurf einer alttestamentlichen Literaturtheorie und Methodologie", Göttingen 1971. Zu weiteren Arbeiten Richters, in denen er seine Methode verfeinert, s. *Kennel*, o.c., 319.

Stücke erwiesen ist, eine Aufgabe, die Kennel selbst der Forschung ans Herz legt[124]. Für das Magnifikat ergibt sich aus den Erkenntnissen unserer Untersuchung insofern bereits jetzt ein Vorbehalt, als Kennel in seiner Analyse das vorchristlich-jüdische Material, dem die lukanischen Hymnen zweifellos näher stehen als der christlichen Hymnodik des späten 1. Jahrhunderts, ganz ausblendet und auch die Möglichkeit einer nichtgriechischen Ursprungssprache, in welcher sich die von ihm herausgearbeiteten linguistischen Strukturen in einem ganz anderen Licht präsentieren würden, nicht in den Blick nimmt. Eine Verzerrung des Bildes ist daher möglich.

Die gattungsgeschichtliche Diskussion befindet sich augenscheinlich in einer Sackgasse. Und da es nicht Aufgabe der vorliegenden Arbeit sein kann, ein neues methodisches Fundament zu legen, müssen wir uns dem Urteil Kauts anschließen, der für das Magnifikat lapidar feststellt, daß die Gattungsfrage noch offen sei[125]. Auch die Bestimmung des Magnifikat als eines den Akt der Namensgebung begleitenden Geburtsliedes kann nicht als Gattungszuordnung gelten, da aus alttestamentlicher und zwischentestamentarischer Zeit weitere Beispiele einer solchen Liedgattung nicht belegt sind und schon die Tatsache, daß unser Lied nichts als die theologische Anwort auf die Geburtsweissagung Jes 7,14 ist, keinen Rückschluß auf einen konkreten Sitz im Leben für unsere Gattung erlaubt, wenn wir auch annehmen können, daß Geburt und Benennung

---

[123] Im Hinblick auf die Frage nach einer Gattung "frühchristlicher Hymnus", die für *Kennel*, o.c., 273-276, eine rein literarische Gattung ist, reduziert sich diese sogar auf nur zwei, da Phil 2,6-11, o.c., 276, ausdrücklich nicht dieser Gattung zugeordnet wird.

[124] O.c., 277-281.

[125] *Befreier*, 284. Es verwundert allerdings, daß *Kaut* an späterer Stelle, o.c., 311, doch den Versuch einer Gattungszuordnung macht und auch beim Benediktus die jeweilige Gattung der Einzelteile bestimmen zu können meint, was einer grundsätzlichen Einsicht in die gattungsgeschichtliche Problematik widerspricht. Den Eindruck eines differenzierten formgeschichtlichen Vorgehens macht ferner sein Rückgriff auf Crüsemanns formgeschichtliche Arbeit zunichte, der ihn zwar vor allen anderen Exegeten auszeichnet, der aber in der Anwendung der Crüsemannschen Kategorien derart fehlerhaft ist, daß man daran zweifelt, ob Kaut sie überhaupt verstanden hat. Wie sonst könnte er o.c., 231, um ein Beispiel zu nennen, das Benediktus, angeblich im Gefolge Crüsemanns, aufgrund seiner Einleitungsformel als imperativischen Hymnus bezeichnen? Im Gegenteil, gerade *Crüsemann*, Studien, 165 und 214f, hat gezeigt, daß die Segensformel εὐλογητὸς ὁ θεός τοῦ Ἰσραήλ, hebr. בָּרוּךְ יְהוָה אֱלֹהֵי יִשְׂרָאֵל, die in der Prädikation auch etwas anders lauten kann, in ihrer durch כִּי oder אֲשֶׁר bzw. שׁ weitergeführten Form sich im Danklied oder im Klagelied, nicht aber im Hymnus findet. Hier steht sie nur absolut. In dem Maße allerdings, in dem die Formel in nachalttestamentlicher Zeit an Bedeutung gewinnt, verliert sie, wenn wir uns auf den poetischen Bereich beschränken, auch ihre vorherrschende Bindung an bestimmte Gattungen und findet Eingang in die verschiedensten Textsorten (Beispiele u. S. 213 Anm. 82). Es ist uns daher grundsätzlich verwehrt, aus Lk 1,68 Rückschlüsse auf die Gattung des Benediktus ziehen zu wollen. Zur Kritik an Kaut vgl. auch *Kennel*, o.c., 35f.

eines Kindes von bestimmten Riten und den dazugehörigen Formeln begleitet waren[126].

Der aktuelle Lebensvollzug, aus dem das Magnifikat ebenso wie das Benediktus herausgewachsen ist, ist vielmehr der hymnische Gemeindegesang der frühen Gemeinde[127], der mit den kultischen Formen, denen sich die alttestamentlichen Gattungen verdanken, nichts mehr zu tun hat. Daher sind auch die Formen, die sich hier zwangsläufig neu entwickeln, nicht mehr mit dem alttestamentlichen Gattungsinstrumentarium zu fassen. Und wir müssen es dahingestellt sein lassen, ob innerhalb der vorchristlich-jüdischen bzw. der neutestamentlichen Psalmendichtung überhaupt reine und voneinander klar zu unterscheidende Gattungen isoliert werden können, ob es überhaupt poetische Textgruppen mit deutlichen Formmerkmalen gibt und ob Magnifikat und Benediktus sich einer solchen Kategorie poetischer Texte zuordnen lassen. Ein unbefriedigendes Ergebnis. Für die Forschung an den lukanischen Hymnen bedeutet aber schon dies einen Erkenntnisfortschritt, daß wir uns mit der Gattungsfrage zur Zeit in Aporien bewegen, die allein durch umfassende Untersuchungen im zwischentestamentarischen Bereich und durch eine gattungskritische Neubesinnung innerhalb der neutestamentlichen Wissenschaft aus der Welt zu schaffen sind.

---

[126] Vgl. etwa die auch im Magnifikat verarbeiteten Stellen Gen 29,32 und 30,13. Daneben auch Lk 1,57-66, die Benennung des Täuferkindes, wo der Akt der Namensgebung eindeutig ein Forum von Zuhörern voraussetzt. Wir stoßen in diesem Zusammenhang aber nirgendwo auf den Hinweis einer hymnischen Tradition. Dies bestätigt auch das umfangreiche von *D. Zeller* (Geburtsankündigung und Geburtsverkündigung. Formgeschichtliche Untersuchung im Blick auf Mt 1f, Lk 1f, in: K. Berger u.a. (Hg.), Studien und Texte zur Formgeschichte, Tübingen - Basel 1992, 59-134) zu diesem Thema zusammengetragene Material, das allerdings einer gründlicheren und kritischeren formgeschichtlichen Analyse hätte unterzogen werden müssen, als Zeller sie bietet. Denn eine formgeschichtliche Arbeit, die sich bereits im Sammeln thematisch ähnlicher Texte erschöpft, deren gemeinsame Gattungszugehörigkeit von Anfang an vorausgesetzt und auch im Nachhinein nicht durch eine Detailuntersuchung der spezifischen Formelemente verifiziert wird, verdient kaum diesen Namen.

[127] Daß beide Lieder das Produkt schriftgelehrter und kunstgerechter Kompositionsarbeit sind, steht, so wenig wie bei den alttestamentlichen Psalmen, nicht im Widerspruch zu ihrer liturgischen Verwendung. Gegen *Kennel*, Frühchristliche Hymnen?, 274f mit Anm. 9, der, da er dem Magnifikat rein literarischen Charakter zuerkennt, annimmt, es habe als Lesung die Grundlage für eine daran sich anknüpfende "erklärende Predigt" abgegeben. Der jubelnde Ton des Magnifikat wie auch des von Kennel nicht berücksichtigten Benediktus, in dem ja die Gesamtheit der Gemeinde sich lobpreisend zu Wort meldet, macht einen rein lehrhaften Gebrauch der Lieder unwahrscheinlich.

VI. Magnifikat und Benediktus im Rahmen der neutestamentlichen Hymnodik

Es waren Fragen der *formalen* Entwicklung der Hymnodik, die für den Übergang zur neutestamentlichen Zeit das Nebeneinander von Kontinuität und Veränderung in der Gestaltung poetischer Texte ans Licht brachten. Am Rande standen dabei die *inhaltlichen* Umbrüche, obwohl sie den Impuls für die formalen Veränderungen bilden und besonders in der Frühzeit des Christentums ihre gestalterische Dynamik entwickelt haben. Daher soll, wenngleich nur kurz, abschließend auch die inhaltliche Entwicklung der Hymnodik dieser Übergangszeit in den Blick kommen, eine Entwicklung, die als Faktum im Neuen Testament greifbar ist, deren dokumentarische Kontinuität aber eine Lücke aufzuweisen scheint, welche die Forschung nicht müde wird zu konstatieren. Es handelt sich, übernimmt man die üblich gewordenen Begriffe, um die im Urchristentum stattfindende Entwicklung vom Gotteshymnus zum Christushymnus[1], innerhalb derer man die Ausbildung des Christusliedes nicht bis in die frühe vorpaulinische Zeit zurückverfolgen zu können meint[2]. Ja, im Vergleich mit den alttestamentlichen Psalmen scheint das neutestamentliche Christuslied, das wir, wenn wir vom Johannesprolog absehen, mit relativer Sicherheit in Phil 2,6-11; 1.Tim 3,16; Hebr 1,3; 1.Petr 2,21-25 und Kol 1,15-18 ausgrenzen können[3], eine ganz neue, eigene Liedgattung darzustellen. Es wird daher immer wieder gefragt, ob der paulinische Christushymnus überhaupt von der alttestamentlichen Psalmdichtung abhängig ist, d.h. in tradi-

---

[1] Vgl. zum Thema und zur Terminologie allgemein die bis heute grundlegende Arbeit von *R. Deichgräber*, Gotteshymnus und Christushymnus in der frühen Christenheit. Untersuchungen zu Form, Sprache und Stil der frühchristlichen Hymnen, Göttingen 1967.

[2] Zum Problem vgl. *M. Hengel*, Hymnus und Christologie, in: W. Haubeck - M. Bachmann (Hg.), Wort in der Zeit. Neutestamentliche Studien. Festschrift für Karl Heinrich Rengstorf, Leiden 1980, 15. *Deichgräber*, o.c., 118, hält Phil 2,6-11 für den ältesten neutestamentlichen Christushymnus.

[3] Es würde zu weit führen, hier einen Forschungsüberblick über die Diskussion um die Zahl und die Art der hymnischen Stücke im Neuen Testament vorzulegen. Ein solcher findet sich bei *Deichgräber*, o.c., 11-21, dessen strengen Kriterien sich die obige Liste neutestamentlicher Christuslieder verdankt. In ihr fehlen die Christuslieder der Apokalypse (vgl. v.a. Apk 5,9f), da es sich bei diesen vermutlich nicht um älteres, eigenständiges Traditionsgut handelt, sondern um eigens für den Zusammenhang geschaffene Stücke des Verfassers; vgl. *Deichgräber*, o.c., 52, und *E. Lohse*, Die Offenbarung des Johannes, NTD 11, 14. Aufl. (7. Aufl. der neuen Fassung), Göttingen - Zürich 1988, 55. Zu den wenigen Veröffentlichungen aus jüngerer Zeit vgl. außerdem *Kennel*, Frühchristliche Hymnen?, 29-45.

tionsgeschichtlicher Kontinuität zum alttestamentlich-jüdischen Liedgut steht, oder ob sein Wurzelboden nicht ein hellenistisch-synkretistischer ist, wie er dem Umfeld der außerpalästinischen Missionsgemeinden entspricht[4]. Die Lücke zwischen der vorchristlich-jüdischen Psalmdichtung und den genannten neutestamentlichen Hymnen, deren griechische Abfassung meist nicht bezweifelt wird[5], läßt beide Möglichkeiten offen.[6]

Einen richtungsweisenden Versuch, den neutestamentlichen Christushymnus vom alttestamentlichen Psalmlied abzuleiten, hat in jüngerer Zeit Hengel unternommen[7]. Seine Argumentation ruht auf drei Pfeilern: Zum einen seien die alttestamentlichen Psalmen durch die frühen Christen selbstverständlich als Christuslieder interpretiert worden (vgl. etwa Hebr 1,5-14), was den entscheidenden Impuls auch für die Dichtung des "neuen Liedes" geliefert hätte[8], zum anderen sei deutlich, daß Paulus den auf das Christuslied übertragenen Begriff ψαλμός im *jüdischen* Sinne verwende (vgl. 1.Kor 14,26)[9], und schließlich setzte das urchristliche Bewußtsein, der prophetischen Inspiration teilhaftig zu sein (vgl. das Stichwort πνευματικός in Kol 3,16 und Eph 5,19), die Kontinuität zum Alten Bund und damit zum alttestamentlichen Psalmgut voraus[10]. Das Christuslied erwachse somit wie selbstverständlich aus der von der Schrift vorgegebenen Tradition. Eine überzeugende Argumentation; und doch ist auch sie nicht mehr als ein Indizienbeweis, der die Frage nach greifbaren Vorstu-

---

[4] Vgl. *Hengel*, Hymnus, 15f.

[5] Vgl. *Deichgräber*, o.c., 129f zum Philipperhymnus, 139f zum Hebräerhymnus, 143 zu 1.Petr. 2,21ff und 154 zum Kolosserhymnus. Die aramäische Abfassung des Philipperhymnus wird in jüngster Zeit allerdings wieder vertreten von *J. A. Fitzmyer*, The Aramaic Background of Philippians 2:6-11, CBQ 50 (1988), 470-483, im Anschluß an *P. Grelot*, Deux notes critiques sur Philippiens 2,6-11, Bib. 54 (1973), 169-186. Die hebräische Abfassung des Johannesprologs hat *H. Gese*, Der Johannesprolog, in: Ders., Zur biblischen Theologie. Alttestamentliche Vorträge, 3. Aufl., München 1989, 152-201, wahrscheinlich gemacht.

[6] Für einen jüdischen Hintergrund plädieren z.B. *J. T. Sanders*, The New Testament Christological Hymns. Their Historical Religious Background, Cambridge 1971, bes. 96-98, und *Deichgräber*; vgl. etwa o.c., 130 zu Phil 2,6-11; 143 zu 1.Petr 2,21ff und 154 zu Kol 1,15-18. Dort auch weitere Lit. zu den einzelnen Positionen. Eine ausdrücklich am Alten Testament orientierte Auslegung des Philipperhymnus bietet *O. Hofius*, Der Christushymnus Philipper 2,6-11, 2. Aufl., Tübingen 1991. Die Herleitung der Hymnen, insbesondere des Philipper- und des Kolosserhymnus, aus dem gnostischen Erlösermythos vertritt v.a. *E. Käsemann*, Kritische Analyse von Phil 2,5-11, in: Ders., Exegetische Versuche und Besinnungen, Bd. 1, 6. Aufl., Göttingen 1970, 51-95, bzw. Eine urchristliche Taufliturgie, o.c., 34-51.

[7] Hymnus, v.a. die Zusammenfassung S. 20-23. Vgl. daneben auch Ders., Christuslied, 382-393.

[8] *Hengel*, Hymnus, 9-13, rechnet dabei vor allem mit der anstoßenden Wirkung von Ps 8 und Ps 110. S. auch Ders., »Setze dich zu meiner Rechten!« Die Inthronisation zur Rechten Gottes und Psalm 110,1, in: M. Philonenko (Hg.), Le Trône de Dieu, Tübingen 1993, 108-194 (bes. 190f).

[9] Vgl. auch die deuteropaulinischen Belege Kol 3,16 und Eph 5,19. Dazu *Hengel*, Hymnus, 1f, und Christuslied, 387f.

[10] Hymnus, 17f.

fen, die den Rückgriff auf die alttestamentliche Psalmentradition für die Dichtung neuer Hymnen auch sprachlich dokumentieren würden, weiterhin offenläßt[11].

Angesichts dieser Dokumentationslücke ist es mehr als verwunderlich, daß, nicht nur bei Hengel, sondern wo immer die Hymnodik der frühchristlichen Zeit unter dem Aspekt der Ausbildung des Christushymnus verhandelt wird, eine Prämisse unangefochten die Literatur durchzieht: die lukanischen Hymnen seien wegen ihres jüdischen Charakters von der vergleichenden Untersuchung von vornherein auszuschließen[12]. So steht man erstaunt vor der Tatsache, daß ausgerechnet die Lieder, in denen die alttestamentliche Psalmentradition so offensichtlich zu neuem, im Fall des Benediktus sogar eindeutig messianischem Liedgut verarbeitet wurde, gerade von denjenigen, welche die dokumentarische Lücke beklagen, beiseitegeschoben werden[13], und dies, obwohl der juden-*christliche* Charakter der Lieder für die Mehrzahl der Forscher feststeht.

Nun ist zwar nicht zu bestreiten, daß zwischen den Liedern von Lk 1 und dem, was uns in den Paulinen und Deuteropaulinen an Hymnen und Hymnusfragmenten begegnet, große Unterschiede bestehen; aber dies gilt, wie die formale Analyse und die der Tempora gezeigt hat, ja auch schon für den Vergleich der lukanischen Hymnen mit den alttestamentlichen Psalmen und sogar der zeitgenössischen jüdischen Poesie, von der sie grundsätzlich der enthusiastische Ton trennt. Und so stellt sich die Frage, ob wir hier nicht auf das

---

[11] *Hengel* setzt solche Vorstufen für die Zeit zwischen 30 und 50 n. Chr. denn auch nur hypothetisch voraus; vgl. Hymnus, 15.18-20.

[12] Schon *J. Kroll*, Die christliche Hymnodik bis zu Klemens von Alexandreia, 2. Aufl., Darmstadt 1968, 13 Anm. 4 und 14 Anm. 1, geht von der täuferischen Herkunft der Hymnen aus. Vgl. daneben v.a. *Deichgräber*, Gotteshymnus, 21; *Hengel*, Christuslied, 359.363f. Letzterer versteht die beiden seiner Meinung nach täuferischen Hymnen zwar als Ausläufer der alttestamentlichen Psalmdichtung, verneint aber jeden Bezug zum urchristlichen Christuslied. Während Deichgräber und Hengel aber wenigstens Rechenschaft darüber ablegen, warum sie Magnifikat und Benediktus nicht in ihre Untersuchung der frühchristlichen Hymnen miteinbeziehen, lassen *G. Schille*, Frühchristliche Hymnen, Berlin 1965; *K. Wengst*, Christologische Formeln und Lieder des Urchristentums, Gütersloh 1972, und *W. H. Gloer*, Homologies and Hymns in the New Testament: Form, Content and Criteria for Identification, Perspectives in Religious Studies 11 (1984), 115-132, die lukanischen Hymnen einfach kommentarlos unter den Tisch fallen. Besonders von *Gloer* hätte man eine Erklärung erwartet, da Magnifikat und Benediktus eine ganze Anzahl der von ihm, o.c., 124-129, zur Identifikation des neutestamentlichen Hymnus zusammengetragenen Kriterien, deren Gültigkeit hier nicht zu diskutieren ist, auf sich vereinen. Allein *Kennel*, Frühchristliche Hymnen?, bezieht ganz selbstverständlich das Magnifikat in seine Arbeit über die frühchristlichen Hymnen mit ein.

[13] Am meisten erstaunt dies bei *Hengel*, der (Christuslied, 402f) mit historischer Intuition den Ausgangspunkt des Christusliedes in der Jerusalemer Urgemeinde vermutet, "wo man nach den Begegnungen mit dem Auferstandenen gar nicht anders konnte . . ., als die μεγαλεῖα τοῦ θεοῦ . . . in endzeitlicher ἀγαλλίασις zu besingen" (vgl. Apg 2,11 und 46f), dabei aber ausgerechnet über den Hymnus hinwegsieht, der seine Vermutung bis in die Begrifflichkeit hinein (vgl. Lk 1,49 bzw. 1,47) bestätigt.

fehlende Bindeglied zwischen dem alttestamentlichen Psalmlied und dem neutestamentlichen Christuslied stoßen.

Die Antwort kann schon deshalb nicht negativ ausfallen, weil entgegen den Voraussetzungen von Deichgräber und Hengel das Magnifikat und das Benediktus in Kapitel III.3 dieser Arbeit eindeutig als *christliche* Hymnen bestimmt werden konnten. Damit haben wir den von Hengel nur mittels Indizien geführten Beweis dafür, daß die frühen Christen - und wahrscheinlich gelangen wir hier bis zur Urgemeinde - den Impuls zur Abfassung eigener Lieder vom alttestamentlichen Psalter empfangen haben. Magnifikat und Benediktus belegen unzweifelhaft, daß die alttestamentlichen Anspielungen auf den kommenden Davididen samt und sonders auf Christus bezogen wurden. Von seinem Kommen handeln beide Lieder.[14] Und wenn sie dabei noch ganz der alttestamentlichen Sprache und Motivik verhaftet sind und darin heutigem Empfinden jüdisch anmuten, so belegt ja gerade dies Hengels Behauptung, daß der Weg zum freien Christuslied ein *Entwicklungsprozeß* war, innerhalb dessen erst nach und nach die fortschreitende theologische Reflexion eine Öffnung für neue Ausdrucksformen bewirkte. Da wir uns mit den lukanischen Psalmen noch ganz am Anfang dieses Prozesses befinden, bleibt natürlich ein Abstand zu den übrigen neutestamentlichen Hymnen. Er zeigt sich in der ausschließlichen Einbindung der Christuserfahrung in die alttestamentliche Heilsgeschichte, die es für die urchristliche Gemeinde angesichts des messianischen Kommens Jesu ganz neu zu deuten galt, noch bevor der Leidens- und Heilsweg des Christus selbst Gegenstand gezielter Reflexion werden konnte.

Und doch bahnt sich schon zu diesem frühen Zeitpunkt der Umschwung vom Gotteshymnus zum Christushymnus an. Zwar ist das Magnifikat noch ausschließlich Gott zugewandt, dessen Heilsweg mit Israel der Lobpreis gilt, aber schon im Benediktus findet ein Wechsel der Blickrichtung statt, von Gott zu seinem Messias, dessen Heilswirken am Ende des Hymnus als *selbständige* Heilstat neben diejenige Gottes tritt[15]. Der Schritt zum reinen Hymnus auf Christus, sein Heilswerk und vor allem seinen durch Tod und Auferstehung gekennzeichneten Heilsweg ist von hier aus nicht mehr weit.

Schließlich bestätigen die Lieder auch, daß der Entstehungsort des Christushymnus die gottesdienstliche Versammlung war, die im kompositionellen Zentrum des Benediktus (V.73b-75) als heilvoller Ort der Anbetung Gottes und Vergegenwärtigung seines Erlösungshandelns erscheint. Daß dabei von Anfang an neben Tod und Auferstehung Jesu[16] auch seine Geburt als Heilsereignis

---

[14] *Deichgräbers* Annahme (Gotteshymnus, 154), daß man "erst im hellenistischen Bereich dazu übergegangen" sei, "Christus zum Gegenstand hymnischer Dichtungen zu machen", fällt hiermit dahin.

[15] Vgl. o. S. 179.

[16] S. dazu *Hengel*, Hymnus, 19f.

hymnisch reflektiert wurde, wirft neues Licht auf die christologische Entwicklung in urchristlicher Zeit[17].

Mit der Erkenntnis, daß wir in Magnifikat und Benediktus früh-, ja urchristliche Psalmdichtungen vor uns haben, in denen der Preis des Heilswirkens Gottes mit dem des Erlösungshandelns seines Christus bereits verbunden ist, fällt auch der Streit um den synkretistischen Wurzelboden des Christushymnus in sich zusammen. Die lukanischen Hymnen lassen keinen Zweifel an ihrer Verankerung in der alttestamentlich-jüdischen Tradition, die auch in den hellenistischen Gemeinden weiterwirkte. Gerade wenn man die Hochschätzung bedenkt, die in diesen Gemeinden der alttestamentliche Psalter genoß[18], verwundert es nicht, daß auch die in der Psalmentradition stehenden *neuen* Hymnen ins Griechische übertragen und im griechischsprachigen Raum verbreitet wurden, ja, auf diesem Wege überhaupt nur auf uns gekommen sind. Den Unterschied des geistigen Klimas zwischen den lukanischen Liedern und den übrigen neutestamentlichen Hymnen wird man dabei nicht übersehen dürfen. Jene beiden Hymnen jedoch ihres noch altertümlichen Charakters wegen aus dem Entwicklungsprozeß herauszulösen, hieße ihre kreative Eigenständigkeit und theologische Bedeutung unterschätzen. Steht in ihnen auch der Heilsweg des Messias noch hinter der heilsgeschichtlich-soteriologischen Bedeutung seiner Heilstat zurück, so verblaßt dafür in den späteren griechischen Hymnen mit ihrer lehrhaften Schilderung des Geschicks und Weges Christi der spezifisch judenchristliche, ganz an der Erfüllung der prophetischen Verheißung orientierte heilsgeschichtliche Gesamtrahmen, weil die Identität der hellenistischen Gemeinden mit dem Israel der Verheißung problematisch wird. Auch Lukas ringt in besonderer Weise mit der Diskontinuität des Volksbegriffs.[19] Wenn er dennoch, obwohl ihm sicherlich auch andere Christuslieder bekannt waren, ihre theologische Brückenfunktion anerkennt, sollte das auch uns davor bewahren, sie allzu rasch als unbedeutend beiseite zu schieben.

---

[17] Steht diese Erkenntnis auch der gängigen Auffassung von der Entwicklung der Christologie entgegen, so trägt sie doch der Bedeutung des alttestamentlichen Traditionsmaterials Rechnung, ohne welches eine christologische Entwicklung gar nicht stattgefunden hätte. Im Hinblick auf das alttestamentliche Schrifttum wäre es ja geradezu unerklärlich, wenn die in Kap. IV.2 besprochenen jesajanischen Geburtsweissagungen, dieser exponierte und messianisch durchtränkte Zyklus, der seinesgleichen im Alten Testament sucht, die christusbezogene Auslegung nicht in ebenso starkem Maße auf sich gezogen hätte, wie es etwa vereinzelte Psalmen oder Psalmverse konnten.

[18] Ab dem 4. Jh. n. Chr. tritt der Psalter sogar wieder ganz an die Stelle christlicher Psalmdichtung; vgl. *Hengel*, Christuslied, 369f.

[19] S. dazu u. S. 234f Anm. 25.

VII. Texterklärung

Wurde bisher der generelle Charakter des Magnifikat und Benediktus untersucht, wie ihn die Lieder durch ihre besondere Stellung im Strom der alttestamentlich-jüdischen und frühchristlichen Tradition gewinnen, so gilt es nun, nachdem die allgemeinen Voraussetzungen für das Verständnis unserer Lieder geschaffen sind, die Texte im Detail zu erfassen und sie ihrem Wortlaut nach zur Sprache zu bringen. Denn erst jetzt, nachdem wir die Stufe des urchristlichen Hörers erreicht haben, dem weder sein Umfeld noch seine religiöse Herkunft geschweige denn der Glaubensgrund seiner Tradition fraglich waren, können wir im Abschreiten der Texte auch die sprachlichen Nuancierungen und die auf der Textebene zutage tretenden Verflechtungen erfassen, die den übergreifenden Fragestellungen zum Opfer fallen mußten, die aber - und dies sei gegen den linguistischen Ansatz der Textinterpretation gesagt - nicht ans Licht treten würden, wenn man den Wurzelboden ignorierte, dem sie sich verdanken[1]. Das Benediktus kommt hierbei zunächst nur in seiner ursprünglichen, um V.70 und 76-77 reduzierten Gestalt in den Blick, da die lukanischen Einschübe im Rahmen der redaktionellen Frage nach der Funktion der Hymnen im Gesamtzusammenhang von Lk 1 ausgelegt werden müssen. Dies wird die Aufgabe des Schlußkapitels sein.

---

[1] Es ist der grundsätzliche methodische Irrtum der linguistischen Textinterpretation, dem, wie mehrfach gezeigt, unter den Auslegern der lukanischen Hymnen vor allem *Kaut*, Befreier, zum Opfer fällt, daß den an der Textoberfläche gemachten Beobachtungen absolute und vorrangige Gültigkeit zugemessen wird, ohne Rücksicht auf die Herkunft und Vorprägung bestimmter Sprachformen, ohne Rücksicht aber auch auf die Unterschiede, die zwischen der Gedankenwelt des heutigen und der des antiken Menschen bestehen.

1. Das Magnifikat

Übersetzung

V.46b	Es erhebt meine Seele den Herrn,
V.47	und es jubelt mein Geist über Gott, meinen Retter!
V.48	Denn er hat geblickt auf die Niedrigkeit seiner Magd.
	Darum siehe: Von nun an werden mich preisen alle Geschlechter!
V.49	Denn Großes hat der Mächtige an mir getan.
	Und heilig ist sein Name,
V.50	und sein Erbarmen gilt von Geschlecht zu Geschlecht denen, die ihn fürchten.
V.51	Er hat Macht bewiesen mit seinem Arm,
	er hat zerstreut diejenigen, die im Sinnen ihres Herzens hochmütig sind.
V.52	Er hat vom Thron gestürzt die Mächtigen,
	aber[2] erhoben hat er die Niedrigen.
V.53	Die Hungernden hat er mit Gutem gefüllt,
	aber die Reichen hat er leer davongeschickt.
V.54	Er hat sich Israels, seines Knechtes, angenommen, seiner Gnade gedenkend
V.55	- wie er zu unseren Vätern geredet hat -,
	seiner Gnade[3] gegenüber Abraham und seinem Samen in Ewigkeit.

V.46b.47

Mit dem jubelnden Lobpreis Gottes durch die Sängerin, deren Identität mit der Person Marias, der Messiasmutter, als erwiesen gelten kann, setzt das Magnifikat ein. Die beiden Verszeilen bilden einen synonymen Parallelismus, innerhalb dessen nach dem Vorbild des Hannaliedes ψυχή und πνεῦμα das Ich, die Person der Sängerin bezeichnen.

Daß der Marienhymnus mit dem im alttestamentlichen Gottespreis wenig gebräuchlichen Begriff μεγαλύνειν, hebr. רום pol., anhebt[4], mag zunächst verwundern; doch erweist der Textzusammenhang dieses Einleitungswort als bewußt gewählt. Denn der Auftakt des Liedes mit einem Verb, das von seiner Grundbedeutung her den Ruhm Gottes als ein Großmachen, als eine Erhebung des zu Preisenden qualifiziert, signalisiert ein theologisches Entsprechungsverhältnis, das zumindest im Griechischen auch ein semantisches ist[5]: Das Verb μεγαλύνειν weist auf V.49a (ἐποίησέν μοι μεγάλα) voraus und läßt dadurch das Lob Marias als die einzig adäquate Antwort des Menschen auf Gottes großmächtiges und großmütiges Handeln an ihm erscheinen.[6] Der Mensch

---

[2] Καί adversativum, vgl. *Bl.-Dbr.*, § 442,1a und *Ges.-K.*, § 154a.

[3] Zum Problem der Syntax von V.54f s. o. S. 15f.

[4] Vgl. aber nochmals die außerbiblischen Belege o. S. 109 Anm. 226!

[5] Im Hebräischen wäre es das nur, wenn wir für μεγαλύνειν גדל pi. setzten, was aber dem allgemeinen biblischen und außerbiblischen Gebrauch entgegenstünde; vgl. nochmals o. S. 108f.

[6] So auch *Ernst*, Lukas, 86.

steht in einem Antwortverhältnis zu Gott. Ihm kommt angesichts des unumschränkten göttlichen Heilshandelns nur die preisende Wahrnehmung desselben zu, nur die jubelnde Freude, mit der er sich dem offenbar gewordenen Heilswillen ganz unterstellt.

Gemäß dem Kontext der in V.46b und 47 zitierten Stellen Hab 3,18 und Jes 61,10[7] gilt dieser Jubel dem Kommen des endzeitlichen Erlösers, dem Kommen Jesu[8], auf dessen Namen Maria mit dem Hinweis auf den Rettergott anspielt[9] und dessen Geburt sie als die geschichtswendende Heilstat Gottes besingt. Dadurch, daß auch Maria sich als erlösungsbedürftig versteht und ihre Rettung, ihre σωτηρία, als allein durch die messianische Geburt gewirkt bekennt, die nur als Werk ihres und der Welt σωτήρ gewürdigt werden kann[10], reiht sie sich ein in den Chor der Heilsgemeinde[11], aus der sie nicht um ihrer selbst, sondern nur um ihrer heilsgeschichtlichen Rolle willen herausragt. Das in der Anrufung des σωτήρ enthaltene Bekenntnis, der Erlösung teilhaftig geworden zu sein, ist auch im Munde Marias nicht denkbar ohne seinen Bezug zur Erlösung des ganzen Volkes, wie sie zum Schluß des Hymnus noch einmal bekenntnishaft thematisiert wird.[12]

V.48a

Es folgt die Begründung des der Tradition nach eschatologischen, nun aber heilvolle Wirklichkeit gewordenen Jubels. Dabei läßt die grammatikalische Parallelität der Zeile zu V.47, die einhergeht mit der kunstvollen Verschränkung der Subjekte, das schon eingangs angedeutete Verhältnis zwischen Gott und Mensch noch deutlicher zutage treten: Dem σωτήρ steht hier die δούλη gegenüber, die darum weiß, daß ihr Dank und ihr Lob (ἀγαλλιᾶν ἐπί) dem Handeln Gottes an ihr (ἐπιβλέπειν ἐπί) immer nur nachfolgen kann.

Angesichts dieser heilvollen Souveränität Gottes kann die menschliche Existenz gar nicht anders als unter dem Vorzeichen der Niedrigkeit

---

[7] Vgl. o. S. 9.

[8] So auch *Farris*, Hymns, 118.

[9] S. o. S. 148-150.

[10] Wenn *Evans*, Saint Luke, 174, feststellt, es werde nicht gesagt, in welchem Sinne Gott sich als Marias Retter erweist, verkennt er den grundsätzlichen Sinn der Stelle, welche nicht von einer konkreten Notlage, sondern von der Erlösungsbedürftigkeit des Menschen an sich und ihrer Heilung durch den eschatologischen Akt der messianischen Sendung handelt. Dasselbe gilt für *Gaechters* Vermutung, Marjam, 78f, die Errettung setze eine konkrete Zeit des Leidens voraus.

[11] So auch *Plummer*, ICC 3, 32. - Daß Maria nach Jesu Tod und Auferstehung auch faktisch zur Gemeinde gehörte, belegt Apg 1,14; vgl. auch Joh 19,25-27.

[12] Mit *Tiede*, Luke, 55, gegen *Ernst*, Lukas, 85, der die Gnadentat Gottes an Maria, die ihre Rettung beinhaltet, vom heilsgeschichtlichen Rettungshandeln Gottes an Israel trennt.

($\tau\alpha\pi\epsilon\acute{\iota}\nu\omega\sigma\iota\varsigma$) erscheinen.[13] Daß diese Niedrigkeit Erhöhung durch Gott erfahren kann (V.49), deren höchste Marias Erwählung zur Messiasmutter ist, macht die Erkenntnis ihrer Realität und das Bekenntnis zu Gottes Souveränität zu einer um so größeren Notwendigkeit. Marias Hinweis auf ihre $\tau\alpha\pi\epsilon\acute{\iota}\nu\omega\sigma\iota\varsigma$ ist somit alles andere als unpassend.[14] Da der Ausdruck selbst ursprünglich aus Gen 29,32 herrührt und dort weder die Demutshaltung[15] noch die soziale Armut Leas[16] bezeichnet, sondern die niedrigere Stellung gegenüber ihrer Schwester, sind entsprechende Eingrenzungen des Begriffs auch im Hinblick auf Maria zu vermeiden. Die Gegenüberstellung der beiden Frauen, deren eine geradezu als Sinnbild der Fruchtbarkeit gelten kann, ist aber auch ein deutlicher Hinweis darauf, daß die Niedrigkeitsaussage der Sängerin sich keinesfalls auf eine vergangene Kinderlosigkeit beziehen kann[17]. Es ist allein die mit ihrem Menschsein gegebene Situation der Erlösungsbedürftigkeit[18], die Maria

---

[13] Ähnlich auch *Grundmann*, ThHK 3, 64f; *Fitzmyer*, AncB 28/1, 367; *Schweizer*, NTD 3, 23; *Farris*, Hymns, 119; *Wiefel*, ThHK 3, 58, und *Bovon*, EKK 3/1, 88.

[14] Gegen *Creed*, Luke, 23, der die Anwendung des Begriffs auf Maria eines fehlenden konkreten Anlasses wegen für unmöglich hält.

[15] In diesem Sinne interpretieren *Schürmann*, HThK 3/1, 74, und *Schmid*, RNT 3, 54, den Begriff im Magnifikat.

[16] So für das Magnifikat *Godet*, Lukas, 72f; *Zahn*, KNT 3, 103, und *Plummer*, ICC 3, 32.

[17] Vgl. dazu bereits o. S. 142.

[18] Dieses Verständnis der Stelle entspricht auch der von *A. Rahlfs*, עָנִי und עָנָו in den Psalmen, Göttingen 1892, 70, erhobenen Grundbedeutung der Wurzel ענה, wonach diese die "niedrige Stellung" bedeutet, "welche der Knecht [vgl. δούλη Lk 1,48!] seinem Herrn gegenüber einnimmt"; vgl. auch *H. Giesen*, Art. $\tau\alpha\pi\epsilon\acute{\iota}\nu\omega\sigma\iota\varsigma$, εως, ἡ tapeinōsis Niedrigkeit, Erniedrigung, Exegetisches Wörterbuch zum Neuen Testament, Bd. 3, Stuttgart - Berlin - Köln - Mainz 1983, Sp. 803. Die Relation ist zunächst eine neutrale, wobei *Gerstenberger*, Art. עָנָה II ʿānāh, ThWAT 6, Sp. 251, natürlich darin Recht zu geben ist, daß in dieser Relation der Stand des Niedrigen in aller Regel einen negativen Erfahrungswert enthält. Für die Adjektive עָנִי und עָנָו ergibt sich von dieser Grundbedeutung her die aus ihrem Kontext gewonnene Differenzierung einer nicht-religiösen Bedeutung für עָנִי (in Knechtsstellung befindlich) und einer religiösen für עָנָו (sich in Knechtsstellung versetzend), was die häufige Deutung von עָנִי im Sinne einer demütigen Haltung ausschließt, vgl. *Rahlfs*, o.c., 70.75.77. Es sei allerdings darauf hingewiesen, daß diese deutliche Differenzierung der Adjektive nicht von allen Forschern geteilt wird; vgl. die vorsichtige Darstellung von *R. Martin-Achard*, Art. ענה ʿnh II elend sein, THAT 2, Sp. 341-350, bes. 343 und 345. Beim Substantiv spiegelt sich diese Differenzierung wider: עֲנָוָה ist die Haltung der Demut Gott gegenüber, so in Zeph 2,3; Prov 15,33; 18,12 und 22,4, während עֳנִי von jeder moralischen Konnotation frei ist und in der Regel das tatsächliche, oftmals soziale, Elend des Menschen bezeichnet (vgl. *Martin-Achard*, o.c., 340), daneben aber auch, vor allem in den Psalmen, die durch seine Sündhaftigkeit gewirkte Niedrigkeitsstellung des Menschen vor Gott, die, wie im Magnifikat, auf das Grundverhältnis zwischen Gott und Mensch zielt; vgl. etwa Ps 25,18; 31,8 und 119,53. In Ps 31,6 und 119,54 wird dabei sogar ausdrücklich der Zusammenhang mit der Erlösungsbedürftigkeit des Menschen hergestellt. - Zur Abweisung der ethisch-moralischen Ausdeutung des *griechischen* Begriffs $\tau\alpha\pi\epsilon\iota\nu\acute{o}\varsigma$ im Sinne einer demütigen Haltung vgl. *R. Leivestad*, ΤΑΠΕΙΝΟΣ - ΤΑΠΕΙΝΟΦΡΩΝ, NT 8 (1966), 36-47, bes. 39f und 47; gegen *W. G. Grundmann*, Art. $\tau\alpha\pi\epsilon\iota\nu\acute{o}\varsigma$ κτλ., ThWNT 8, Stuttgart - Berlin - Köln - Mainz 1969, 6.

hier erkennt; und sie bekennt sie zu einem Zeitpunkt, da die Erlösungstat ihre
Person schon ergriffen hat.

V.48b

Das Thema der überbietenden Gegenüberstellung Marias und Leas wird in der
Anschlußzeile fortgeführt. Dem Niedrigkeitsbekenntnis der Sängerin gegenüber Gott folgt nun die in der Seligpreisung sich vollziehende Erhöhung ihrer
Person durch die Menschen. Sie wird in prophetischer Schau vorweggenom-
men für die Zeit, da das Erlösungswerk des von Maria geborenen Kindes aller
Welt vor Augen steht. Dabei ist die Seligpreisung Leas durch die Frauen,
γυναῖκες, in Gen 30,13 gesteigert zur Seligpreisung durch alle Geschlechter,
γενεαί, in Anlehnung an die endzeitliche Prophezeiung, die am Ende des Maleachibuches, Mal 3,12, für ganz Israel ergeht[19]. In Anbetracht dieses doppelten alttestamentlichen Bezuges gewinnt die Identifikation Marias mit Israel
oder dem Zion, dessen Personifikation Maria als "Tochter Zion" nach Meinung vieler darstellt[20], eine gewisse Berechtigung. Nicht daß Maria dabei ihre
Individualität verlöre, aber sie wird als Messiasmutter und Gegenfigur zu Lea
zur Repräsentantin des neuen, durch die Annahme des Messias konstituierten
Israel, welches das alte, durch Lea ins Leben getretene, ablöst. Wenn daher
die noch junge christliche Gemeinde den Marienlobgesang anstimmte, so tat
sie das auch in dem Selbstbewußtsein, dieses durch Maria repräsentierte neue
Israel darzustellen.

Daß innerhalb des jetzigen, lukanischen Aufrisses der Kindheitsgeschichte
Elisabeth in Lk 1,45 die erste ist, in deren Mund sich die Prophezeiung erfüllt,
sogar noch bevor sie ausgesprochen wird, dürfte kein Zufall sein, ebensowenig
wie die Tatsache, daß Lukas die Geburtssituation, in die der Hymnus ursprünglich gehört, transformiert zur einer *vor*geburtlichen Begegnung der
Frauen. Denn Elisabeth wird damit nicht nur die erste, die das sich an und
durch Maria vollziehende Heilswerk erkennt und anerkennt, sondern sie ordnet
sich mit der Seligpreisung Marias der Messiasmutter bereits zu einem Zeitpunkt unter, wo nach außen hin vom göttlichen Heilsplan noch gar nichts
sichtbar ist.[21] Krasser hätte Lukas den Bedeutungsunterschied zwischen Elisa-

---

[19] Zum Inhalt der Maleachistelle vgl. o. S. 11.26.

[20] Vgl. z.B. *Sahlin*, Messias, 164; im Anschluß an ihn *Gaston*, No Stone, 270; weiter *A.
R. C. Leany*, A Commentary on the Gospel according to Luke, 2. Aufl., London 1966, 22
(Leanys neuer, aus dem Jahre 1987 stammender Kommentar "The Gospel According to St.
Luke" war mir leider nicht zugänglich); *Forestell*, MarSt 12, 205-225, dem sich *McHugh*,
Mother, 76, anschließt; *W. Vogels*, Le Magnificat, Marie et Israël, EeT 6 (1975), 282.286,
und vor allem *R. Laurentin*, Structure et Théologie de Luc I-II, Paris 1957, 148-161 (deutsch:
Struktur und Theologie der lukanischen Kindheitsgeschichte, Stuttgart 1967, 168-181).

[21] Dazu ausführlicher u. S. 231-233.

beth und Maria gar nicht darstellen können; und es beweist einmal mehr, daß auch Lukas das Magnifikat als Marienhymnus verstanden haben wollte.

V.49a

Die anschließende Begründung der Seligpreisung verweist nun auch ausdrücklich auf das machtvolle und geschichtswendende Handeln Gottes an Maria.[22] Der Vers ist Abschluß und Höhepunkt des von Maria handelnden Teiles und schlägt in kunstvoller Weise den Bogen zurück: einmal, unter Aufnahme des Stichworts "groß", zum Hymnuseingang[23], dann aber auch zu dem syntaktisch gleichgebauten Vers 48a, dessen Geheimnis jetzt gleichsam gelüftet wird, indem das Ziel des göttlichen Blicks auf Maria, das Ziel der Erwählung der Magd vor allen anderen Frauen genannt wird: Es sind die גְדֹלוֹת, die heilsgeschichtlichen Großtaten, die Gott durch die Person Marias hindurch zum Wohle seines Volkes tut. Dabei unterscheiden sich die im Magnifikat besungenen Heilstaten, die mit der messianischen Geburt ihren Anfang nehmen, von den bisher in Israel gewirkten dadurch, daß sie die endzeitliche Vollendung und Erfüllung aller göttlichen Verheißungen darstellen und damit den Höhepunkt der göttlichen Heilsgeschichte überhaupt.

Die Schönheit der Komposition erweist sich hier auch darin, daß die beiden Begründungssätze V.48a und V.49a mit den beiden entgegengesetzten und gerade darin komplementären Begriffen "Niedrigkeit" und "Größe" die Bewegung des Heilsgeschehens nachzeichnen; nicht so, als ob das Niedrige dabei seine Stellung Gott gegenüber verlöre - Marias Selbstbezeichnung als δούλη macht dies hinlänglich deutlich -, doch so, daß es durch das Erlösungshandeln Gottes Anteil bekommt an der Größe des göttlichen Wunders. Für Maria trifft dies in einzigartiger Weise zu. Sie als einzige kann es daher auch wagen, sich als Objekt der Heilstaten Gottes darzustellen[24], allerdings auch sie nur auf der Basis der vorher erkannten Erlösungsbedürftigkeit, die sie mit ihrem Volk verbindet.

---

[22] Die auf das geschichtswendende Heilshandeln Gottes zielende Bedeutung der Wendung ποιεῖν μεγάλα ist bereits o. S. 137-141 ausführlich erörtert worden. Die ebenfalls häufig bezeugte Lesart μεγελεῖα (A, C, Θ, Ξ, Ψ, 053, f¹·¹³, M, eine Lesart, die sich auch in der zweiten Korrektur von ℵ und D durchgesetzt hat), ist als nachträgliche Angleichung an Apg 2,11 zu deuten.

[23] Vgl. dazu o. S. 195f.

[24] Vgl. nochmals o. S. 137-141 zur grammatikalischen Einzigartigkeit der Wendung ποιεῖν τινι μεγάλα.

V.49b.50

Geradezu zwangsläufig wendet sich nach einer solchen Feststellung der Blick
von der Person Marias weg und hin zu Gott. Angesichts der Gottestat, die bei
der auch für den Frommen geltenden Niedrigkeit nur als Gnadentat erfahren
werden kann, rückt die Frage nach dem Wesen Gottes in den Mittelpunkt,
das als der eigentliche Grund des erfahrenen Erlösungsgeschehens begriffen
wird[25].

Zweifellos sind die Begriffe, die für die Umschreibung des Wesens Gottes
gewählt werden, der Tradition entnommen; bei der Häufigkeit, mit der sie uns
dort begegnen, können sie schon beinahe als floskelhaft gelten[26]. Aber auch
häufig im Munde geführte Wendungen haben ihr theologisches Gewicht, dem
man mit der bloßen Feststellung ihrer Gebräuchlichkeit noch nicht gerecht
wird. Denn so geläufig das Bekenntnis zur Heiligkeit des Gottesnamens oder
der Hinweis auf das Erbarmen Gottes auch ist, die doppelte Weise, in der hier
das göttliche Wesen qualifiziert wird, ist es nicht. Ja, das Magnifikat ist der
einzige Ort, wo sich die beiden Aussagen kombiniert finden. Und diese Kombination ist bemerkenswert. Sie ist nämlich Ausdruck und Spiegel der besonderen Personhaftigkeit des Gottes Israels, und zwar gerade in ihrer Doppelheit,
die in zwei Verszeilen das erfaßt, was Individualität im allgemeinen ausmacht:
das für sich bestehende Sein und seine Öffnung nach außen[27]. Dabei ist wohl
keine Vorstellung so geeignet, das Sein Gottes in seiner alles Menschliche
übersteigenden Transzendenz zu erfassen, wie die von der Heiligkeit des Gottesnamens.[28] Denn die Heiligkeit des Gottesnamens, der zur Zeit der Abfassung der lukanischen Hymnen schon gar nicht mehr ausgesprochen werden
durfte[29], steht ja gleichsam als Schild vor der noch unbegreiflicheren Heilig-

---

[25] Ähnlich auch *Bovon*, EKK 3/1, 89.

[26] Zur Heiligkeit des Gottesnamens Vgl. Ps 99,3; 111,9; Jes 57,15; daneben Ps 103,1; Ez
20,39; 36,20-22; 39,25; Sir 47,10; SapSal 10,20; Tob 13,18 S; in Qumran in der Verbindung
שם קודשו o.ä., vgl.4Q503 15-16 3; 4Q504 1-2 recto VII 4f.10f; 3 II 10; 4; 16; 4Q511 2 I 1f
u.ö. S. dazu bereits o. S. 86. Zu Gottes immerwährendem Erbarmen vgl. Ps 89,2f; 100,5;
103,11.17; Ps 136 Refrain; PsSal 2,33; 10,3; 13,12; daneben auch PsSal 15,13.

[27] Vgl. auch *Forestell*, MarSt 12, 212.

[28] Dies gilt ungeachtet der Tatsache, daß der Name, der innerhalb der alttestamentlichen
Tradition selbst eine immer größere Transzendierung erfährt, Offenbarungscharakter hat und
die dem Menschen zugewandte Seite dieses transzendenten Gottes bezeichnet; vgl. *O. Grether*,
Name und Wort Gottes im Alten Testament, BZAW 64, Gießen, 1934, 40f, und insbesondere
H. Gese, Der Name Gottes im Alten Testament, in: H. von Stietencron (Hg.), Der Name Got-
tes, Düsseldorf 1975, 76.78f.85-87.

[29] Vgl. *Grether*, o.c., 15; *Gese*, o.c., 88f; und *D. N. Freedman - M. O'Connor*, Art. יהוה
JHWH, ThWAT 3, Stuttgart - Berlin - Köln - Mainz 1982, Sp. 534. In Qumran hilft die unterschiedliche Verwendung des Tetragramms gar, genuin essenische Schriften von älteren, durch
die Sekte nur tradierten zu unterscheiden; vgl. *Schuller*, Non-Canonical Psalms, 9.14.22f und
bes. 40f.

keit Gottes selbst. Sie zu preisen, bedeutet die höchste Anerkennung der göttlichen Freiheit und Souveränität, die in der Abfassungszeit unserer Hymnen denkbar ist.[30]

Um so eindrücklicher ist es, wenn als zweites Wesensmerkmal dieses freien und souveränen Gottes seine immerwährende erbarmende Hinwendung zu seinem Volk genannt und damit gerade dies als Akt der freien göttlichen Souveränität begriffen wird, daß Gott sich in seinen Verheißungen und seinem Bund mit Israel, auf den der Begriff ἔλεος implizit zielt[31], selbst bindet. Gott handelt gegenüber seinem Volk nicht als willkürlicher, sondern als verläßlicher, mehr noch: liebender Gott.[32] Das Magnifikat schränkt allerdings ein: dies gilt, sofern der Verheißungstreue Gottes die ehrfürchtige Glaubenstreue des Menschen entgegengebracht wird.

Letzteres ist ein für das Magnifikat nicht zu unterschätzender Aspekt: Gott ist treu, auf ewig - aber nur denjenigen gegenüber, die ihrerseits treu am Bund mit ihm festhalten. Das heißt, daß nur die Rettung eines Restes, die Rettung des wahren Israels in den Blick genommen wird.[33] Daß dabei die zur Rettung

---

[30] Nicht umsonst beginnt auch das Vaterunser mit der Heiligung des Gottesnamens (vgl. Mt 6,9; Lk 11,2).

[31] Vgl. o. S. 15 Anm. 27.

[32] Eine ähnliche Interpretation der Zeilen V.49b und 50 bietet auch *Ernst, Lukas*, 86.

[33] Vgl. auch *Horn, Glaube*, 137. - Zum Restgedanken und seiner Geschichte vgl. die noch immer grundlegende, von *H. D. Preuß* überarbeitete Arbeit *W. E. Müllers*, Die Vorstellung vom Rest im Alten Testament, Neubearbeitung der Aufl. von 1939, Neukirchen-Vluyn 1973, bes. die Zusammenfasung 93-95, daneben 85-92 zur Resthoffnung im entstehenden Judentum, das nach Müller die verstärkte neuerliche Hinwendung zu einer Resthoffnung kennzeichnet, in der der Mensch durch ein Leben in Gerechtigkeit und Gottesfurcht *selbst* die Voraussetzung zur Gewähr eines Restes schaffen kann, und zwar eines Restes *innerhalb* Israels, das durch das Kriterium der Gottesfurcht in Gerechte und Gottlose gespalten wird. Die jüngste monographische Arbeit zum Thema "Rest" ist die von *J. Hausmann*, Israels Rest. Studien zum Selbstverständnis der nachexilischen Gemeinde, Stuttgart - Berlin - Köln - Mainz 1987, die allerdings nicht über die Grenze des alttestamentlichen Schrifttums hinausgeht und daher die von *Müller-Preuß*, o.c., 95, behauptete Entwicklung zu einer synergistischen Verkürzung und Vergröberung des Restverständnisses nicht mehr aufgreift. Dies ist deshalb zu bedauern, weil hier *Hausmanns* für das ganze Alte Testament geltende Überzeugung, daß im Hinblick auf den Rest bzw. das wahre Israel die fromme Leistung des Menschen kaum Gewicht hat gegenüber der gnädigen Setzung Gottes (o.c., 206f), nicht in ihrer Gültigkeit für die spätere Zeit geprüft wird. Überhaupt ist die Literatur zur Restvorstellung im Judentum dürftig und beschränkt sich mehr oder weniger auf die Schlußabschnitte diverser Lexikonartikel zur Restvorstellung im Alten Testament generell; vgl. z.B. *E. Jenni*, Art. REMNANT, IDB 4, New York - Nashville 1963, 33; *O. Kaiser*, Art. Rest, BHH 3, Göttingen 1966, Sp. 1593; *J. Nelis*, Art. Rest Israels, BL, 2. Aufl., Einsiedeln - Zürich - Köln 1968, Sp. 1474, und, am ausführlichsten, *J. Schmid*, Art. Rest, heiliger R. II. Spätjudentum, LThK 8, Sp. 1253f; daneben auch *P. Volz*, Die Eschatologie der jüdischen Gemeinde im neutestamentlichen Zeitalter. Nach den Quellen der rabbinischen, apokalyptischen und apokryphen Literatur, Hildesheim 1966 (Nachdr. der Ausg. Tübingen 1934), 345f, und *J. Becker*, Das Heil Gottes. Heils- und Sündenbegriffe in den Qumrantexten und im Neuen Testament, Göttingen 1964, 62f. Eine systematische Fortführung der Arbeiten zum Alten Testament, die neben der Aufzählung einzelner Belegstellen für die

qualifizierende Gottesfurcht nicht allein den Glaubens- und Gesetzesgehorsam meint, sondern die Anerkenntnis der messianischen Heilstat als der letzten geschichtlichen Offenbarungstat Gottes miteinschließt, wird man aus dem Bekenntnis zur bereits vollzogenen Rettung Israels bzw. des einzelnen Frommen erschließen dürfen, das den Anfangs- und den Schlußteil des Magnifikat gleichermaßen prägt. Der Hinweis auf die Gottesfurcht bleibt an dieser Stelle nur deshalb so allgemein, weil hier, im Zentrum des Magnifikat, nicht nur auf die Ankunft des Messias angespielt wird, die es ehrfürchtig anzuerkennen gilt, sondern, im Begriff der Geschlechterfolge eingeschlossen, die *ganze* Heilsgeschichte, von ihren Anfängen bis zu ihrer eschatologischen Vollendung, im Blick ist, in deren Verlauf der Glaubensgehorsam in immer neuer Gestalt auf die Entwicklung der Offenbarungsgeschichte Gottes antworten mußte und erst am Schluß die Gestalt des Glaubens an den Messias annehmen konnte. Es spricht dabei für die frühe Entstehung des Magnifikat, daß das Lied nur von einer Spaltung Israels in ein gottesfürchtiges und ein treuloses Israel weiß, ein treuloses, das dem wahren Israel eigentlich als Nicht-Israel gegenübersteht, daß in ihm aber noch nicht die Verwerfung auch jenes Teiles Israels bedacht wird, der nach landläufigem Verständnis zwar als gottesfürchtig zu gelten hätte, sich aber durch die Verwerfung des Messias vom Erlösungsgeschehen ausschließt.[34] Um so mehr wird für den Heidenchristen Lukas diese Verschiebung des Israel-Begriffs, die einhergeht mit einer Öffnung des bislang auf das Judentum beschränkten Volksbegriffs, zu einem Problem ersten Ranges[35], was einmal mehr die Harnacksche These widerlegt, Lukas selbst habe das Magnifikat verfaßt[36].

Das Magnifikat selbst hat mit der Einsicht in das dergestalt geheimnisvolle, ferne und doch offenbare Wesen Gottes den letzten Grund des von ihm besungenen Heilsereignisses erreicht. Es sieht die Sendung des Messias, wie sie menschlicher als in seiner Geburt nicht erscheinen kann, verwurzelt in dem

---

frühjüdische Resthoffnung auch eine differenzierte theologische Erörterung derselben böte, gibt es bis heute nicht. Daher müssen sich auch die Arbeiten zur neutestamentlichen Restvorstellung mehr oder weniger auf Allgemeinplätze zur Resthoffnung der verschiedenen, zur Zeit Jesu existierenden jüdischen Gruppen stützen, die man insgesamt, dazu unter Ausblendung der verschiedenen alttestamentlichen Denkansätze, als Negativfolie der Restvorstellung Jesu gegenüberzustellen pflegt, wodurch naturgemäß ein sehr schematisches Bild entsteht. Vgl. z.B. *J. Jeremias*, Der Gedanke des "Heiligen Restes" im Spätjudentum und in der Verkündigung Jesu., ZNW 42 (1949), 184-194, und *B. F. Meyer*, Jesus and the Remnant of Israel, JBL 84 (1965), 123-130, bes. 126f.

[34] Ähnlich auch *Farris*, Hymns, 125.

[35] S. dazu u. S. 234f Anm. 25. - Ausdrücklich zu widersprechen ist hier *Bovon*, EKK 3/1, 89, der bereits den Ausdruck "denen, die ihn fürchten" in Lk 1,50 im Sinne einer Erweiterung des Blicks "über die Grenzen des jüdischen Volkes hinaus zu den Heiden" deutet, was sich kaum verträgt mit dem pointierten Bekenntnis zur Erlösung *Israels* am Schluß des Hymnus. Auch die alttestamentlich-jüdischen Vergleichsstellen, die Bovon selbst als Grundlage der Formulierung zitiert, belegen deutlich, daß es sich hier nicht um eine Erweiterung, sondern um eine Verengung des Blickwinkels handelt.

eigentlichen Wunder der Verheißungstreue des Gottes Israels, die nicht nur hier, im Herzen des Magnifikat, gepriesen wird, sondern auch im Schluß-akkord des Hymnus nochmals als der eigentliche Grund der Erlösung Israels genannt wird. Die Verse 49b und 50 des Magnifikat werden damit zur Brücke in beide Richtungen. Denn wie mit dem Hinweis auf das dem glaubenstreuen Israel geltende Erbarmen gleichsam überschriftartig das Thema der nachfol-genden Verse 51-55 anklingt, so schlägt die Nennung der γενεαί in 50 den Bogen zurück zu V.48b und unterstreicht damit den Sachverhalt, daß das den Geschlechtern geltende Erbarmen als einzig adäquate Antwort die dankbare und lobpreisende Annahme der Erbarmungstat verlangt, wie sie in V.48 die Seligpreisung des göttlichen Heilswerkzeuges darstellt.

Indem schließlich Maria sich im Angesicht Gottes in den Kreis der gottes-fürchtigen Gemeinde, der φοβούμενοι τὸν θεόν, einordnet, tritt sie als Haupt-person in den Hintergrund und lenkt dadurch den Blick auf das eigentliche Ziel der messianischen Heilstat Gottes: die Erlösung Israels. Um diese Erlösung geht es, nicht um die Erhöhung Marias, deren Zurücktreten allerdings keinen Bruch markiert, sondern der heilsgeschichtlichen Dynamik des Hymnus entspricht.

Einen Bruch zu konstatieren rechtfertigt auch nicht der Neueinsatz in V.51, der nur deshalb deutlicher als der in 49b stattfindende Perspektivenwechsel ins Auge fällt, weil die von der Heiligkeit des Gottesnamens handelnde Zeile mit καὶ an das Vorstehende angeschlossen ist, was einige Ausleger sogar als Fortführung des in V.49a beginnnenden Kausalgefüges deuten[37]. Dem steht aber nicht nur der Gesamtaufbau des Liedes entgegen[38], sondern vor allem die Logik der Gedankenentwicklung. Denn die Marienseligpreisung in V.48b durch die Heiligkeit des Gottesnamens zu begründen, ist nicht nur logisch, sondern auch theologisch sinnlos und käme einer Unterordnung des Gottesprei-ses unter den Marienpreis gleich. Daneben hätte auch der Blick auf Jes 12 hel-fen können, eine solche grammatikalische Fehlinterpretation der Zeilen zu ver-meiden[39], da die Prophetenstelle ein inneres Begründungsverhältnis zwischen V.49a und V.49b dokumentiert und damit einen Bezug von V.49b auf die preisende Erhebung von Menschen durch Menschen, wie sie in V.48b ge-schieht, unmöglich macht. Daß das zwischen V.49a und b bestehende Begrün-dungsverhältnis grammatikalisch keinen Niederschlag findet, hat zum einen den stilistischen Grund, ein drittes ὅτι bzw. כִּי zu vermeiden, es ist aber auch ein Zeichen für die tatsächliche Eigenständigkeit der von Gottes Wesen han-delnden Zeilen[40], die in nominaler Prägnanz für sich stehen und so noch deutlicher als Zentrum des ganzen Liedes hervortreten.

---

[36] *Magnificat*, 68-75, und *Lukas der Arzt*, 150-152.

[37] Vgl. z.B. *Zahn*, KNT 3, 104. Ihm ist gerade darin ausdrücklich zu widersprechen, daß die grammatikalische Selbständigkeit der Zeilen 49a und 50 den Gedankengang stören würde.

[38] Vgl. nochmals o. S. 166.

[39] S. dazu bereits o. S. 162f.

V.51

Nach dieser Ehrbezeugung gegenüber Gott als dem Spender aller Gnade wendet sich der Hymnus nun dem Empfänger des göttlichen Erbarmens zu, dem gottesfürchtigen Israel, wie es als das Gegenüber Gottes bereits in V.50 in den Blick kommt, jetzt aber in der Schilderung der ihm geltenden Heilstaten zum eigentlichen Mittelpunkt des Geschehens wird. Die vom Partikularen ins Universale gehende Gedankenentwicklung der Anfangszeilen ist jetzt allerdings umgekehrt: Während dort das persönliche Geschick der Sängerin erst nach und nach als Teil des universalen Heilsplanes Gottes sichtbar wird, setzt jetzt, im chiastischen Rückbezug auf V.49a[41], der Hymnus allgemein ein mit dem jubelnden Lobpreis der machtvollen und allumfassenden Geschichtstaten Gottes, deren ganzes Spektrum der Vers umfaßt.[42] So bezieht sich das siegreiche Einschreiten Gottes mit ausgestrecktem Arm oder mit ausgereckter Hand in der Regel auf sein in die Befreiung führendes Exodushandeln[43], während die Zerstreuung der Hochmütigen auf die Zerschlagung der Feinde Israels zielt[44], in dem hier zitierten Ψ 88 besonders auf die Zerschlagung der Feinde des von Gott inthronisierten Gesalbten. Das bedeutet, daß auch unser Vers von der eschatologischen Wende für Israel handelt, die durch die Erfüllung der davidisch-messianischen Bundesverheißung bereits Wirklichkeit geworden ist.[45]

Aber nicht nur das! Die sprachliche Analyse unseres Verses[46] hat ja gezeigt, daß mit der Anspielung auf die Herzensgesinnung in V.51b, welche die Bezugsstellen Gen 6,5 und Gen 8,21 als von Grund auf böse qualifizieren, ein universales Endgericht ins Auge gefaßt wird, das entsprechend dem Sintflutgeschehen am Anfang der Menschheitsgeschichte den Beginn der letzten Epoche, den Eintritt in das messianische Zeitalter markiert.[47] Die Herstellung des

---

[40] So auch *Plummer*, ICC 3, 32.

[41] Vgl. nochmals o. S. 167. Auch *Farris*, Hymns, 167, sieht das Entsprechungsverhältnis zwischen V.49a und V.51a, weshalb es noch mehr verwundert, warum er, da er mit dieser Beobachtung bereits den kompositorischen Kern des Magnifikat vor Augen hat, nicht das konzentrische Grundprinzip des Liedes insgesamt erkennt.

[42] Diesen grundsätzlichen Charakter verkennt *Horn*, Glaube, 142, wenn er V. 51 thematisch neben V.52f stellt im Sinne sich aneinander anschließender, gleichrangiger Gedankenkreise, denen er die Überschriften "Gesinnung" (V.51), "Macht" (V.52) und "Besitz" (V.53) gibt.

[43] Vgl. Ex 6,6; Dtn 4,34; daneben auch Apg 13,17.

[44] Vgl. auch das Benediktus, v.a. Lk 1,71.

[45] Daß *Schneider*, NTD 3, 24, ausdrücklich darauf hinweist, daß V.51 "aus einem davidisch-messianischen Psalm" stammt, und im gleichen Atemzug die messianische Bedeutung der Stelle bestreitet, belegt einmal mehr, wie wenig die neutestamentliche Forschung mit der in unseren Texten verarbeiteten Tradition und deren Bedeutung umzugehen weiß.

[46] Vgl. o. S. 112-115.

[47] Die Subtilität der Gedankenverknüpfung in V.51 als ganzem liegt in der Verbindung der auf ein Endgericht zielenden Sintflutvorstellung, die V.51b zugrunde liegt, mit der in V.51a verarbeiteten Exodustradition, die ja ihrerseits bereits das Flutmotiv in sich aufgenommen hat;

eschatologischen Heilszustandes bedarf der endgültigen Überwindung, der endgültigen Ausrottung des Bösen durch Gott.[48] Anders ist der messianische Friede nicht denkbar. Die Scheidung Israels, die bereits in V.50 im Raume stand, wird in dem hier geschilderten Gerichts- und Erlösungsgeschehen unabwendbare Realität.[49]

Ein Hauptproblem heutiger Interpretation ist natürlich die Frage, wie diese perfektisch formulierten Aussagen von der Umkehrung der geschichtlichen Verhältnisse, von denen auch die folgenden Verse handeln, zu verstehen sind. Und man ist schnell geneigt, solche Sätze, da sie der historischen Wirklichkeit nicht standhalten, entweder als Zukunftsmanifeste mit sozialer und politischer Sprengkraft zu verstehen[50] oder als eschatologische Hoffnungsaussagen, in denen die ersehnte Erfüllung aller messianischer Verheißungen auf einen späteren Zeitpunkt verlagert wird[51]. Doch wird man damit dem so unverstellt aus dem Magnifikat hervorbrechenden Endzeitjubel und der so offensichtlichen Überzeugung vom tatsächlich geschehenen Einbruch des messianischen Ereignisses in die Welt wirklich gerecht? Man muß dies mit Nachdruck verneinen, schon deshalb, weil die interpretatorische Verlagerung der im Hymnus gemachten Vergangenheitsaussagen in die Zukunft eine Mißachtung seiner grammatikalischen Struktur bedeutet, innerhalb derer sehr wohl unterschieden wird zwischen perfektischen Aussagen und futurischen, wie wir sie in V.48b finden. Daneben darf nicht vergessen werden, daß die im Magnifikat verarbeitete Tradition die nunmehr perfektischen Aussagen ausdrücklich noch im Ton der

---

vgl. hierzu nochmals Ex 6,6, wo ebenfalls der Erlösung des Volkes durch Gottes ausgereckten Arm das Strafgericht an den Feinden einhergeht, das nicht ohne Grund im Untergang derselben in den Fluten des Meeres besteht, durch welches die Israeliten hindurchgerettet werden! Daß *Ernst*, Lukas, 87, unserem Verfasser hier Inkonsequenz und Unverständlichkeit vorwirft, weil das Entsprechungswort zu "hochmütig" nicht "zerstreuen", sondern "erniedrigen" sei, spricht weniger gegen das Sprachempfinden des antiken Verfassers als gegen das theologische Einsichtsvermögen des modernen Exegeten. Auch *Klostermann*, HNT 5, 21, und *Grundmann*, ThHK 3, 65, wenden ein, daß Hochmütige nicht zersprengt werden könnten, da dieses Verb sich auf Feinde beziehe, übersehen dabei aber ebenfalls, daß radikaler als mit den in V.51b gewählten Worten die menschliche Gottesfeindschaft kaum ausgedrückt werden konnte. Dies gilt noch mehr, wenn man für Ψ 88,11, die innersemitische Auslegung berücksichtigt, innerhalb derer das Bild vom Chaosdrachen Rahab ersetzt wird durch das des menschlichen Vertreters dieser widergöttlichen Macht, das nichtsdestoweniger das generelle Sinnbild des sich Gott entgegenstellenden Bösen ist; vgl. o. S. 117f. Und schließlich steht dem modernen Sprachempfinden die Erzählung Gen 11,1-9 entgegen, die wie die Stellen Gen 6,5 und 8,21 zu Urgeschichte gehört und deren großes Thema die Zerstreuung (V.8 und 9) derer ist, deren Hochmut sich bis zum Himmel erhebt.

[48] Diese Radikalität des Gerichtsgedankens verkennt *L. Schottroff*, EvTh 38, 308, wenn sie behauptet, das Magnifikat hätte keine exklusive Heilsvorstellung und rechne nicht mit dem Unheil einer bestimmten Gruppe von Menschen, die der Gruppe von Heilsempfängern gegenüberstehe. Auch *Tiede*, Luke, 56, greift zu kurz, wenn er als einzige Konsequenz der messianischen Ankunft Jesu das Offenbarwerden der Herzensgedanken nach Lk 2,35 benennt.

[49] Nicht aufgenommen wird dabei die Erkenntnis, die den Schluß der Sintflutgeschichte, Gen 8,21, prägt, daß die böse Herzensgesinnung ein Wesensmerkmal des Menschen und damit letztlich unausrottbar ist.

Verheißung formuliert, sei es unter Anwendung futurischer Tempora, sei es mittels einer vorgeschalteten, auf den Tag Jahwes weisenden Einleitung[52]. Wie aber haben wir die historisch nicht verifizierbaren Vergangenheitsaussagen im Magnifikat dann zu verstehen?

Exkurs: Die Vergangenheitsaussagen im Magnifikat

Um die perfektische Schilderung des Heilszustandes in Lk 1,51-53 richtig zu verstehen, müssen wir ein wenig ausholen und das Problem, das eigentlich ein allgemein biblisches ist, grundsätzlich beleuchten. Denn wieder geht es darum, die absolute Gültigkeit der modernen Weltauffassung, welche die heutige Exegese bestimmt und deren Logik tatsächlich mehr als die beiden eben genannten Deutungsmöglichkeiten nicht zuläßt, zu prüfen und sie mit dem antiken Denken zu konfrontieren, dessen Eigenständigkeit in der Regel gar nicht wahrgenommen, geschweige denn gewürdigt wird[53]. Um dieser Eigenständigkeit willen müssen wir uns von einem Geschichtsbewußtsein lösen, das sich allein auf äußerliche Tatsachen gründet, und anerkennen, daß unseren antiken Verfasser ein Wahrheitsempfinden prägt, das umfassender ist als das unsere und aus anderen Quellen schöpft als allein aus der Faktizität bestimmter Ereignisse. Geschichte ist in diesem Denken weit mehr als die bloße Abfolge von Ereignissen; sie ist der Deutungsgrund und Spiegel des Verhältnisses zwischen Gott und seinem Volk. Dies führt zu einer Aufhebung der heutigen Regeln historischer Logik, ja, zu einer völlig konträren Sicht der Geschichte. Denn statt Gott am Maßstab der Geschichte zu messen, fragt der biblische Mensch nach ihrer Deutung und Beurteilung *durch* Gott. Die Wahrheit des göttlichen Handelns, das dem bliblischen Menschen die eigentliche Realität seines Daseins ist, *ist* auch die Wahrheit der Geschichte und nicht umgekehrt![54]

Nimmt man dies ernst, dann weicht das Befremden über die angebliche mangelnde Realitätswahrnehmung der Einsicht, daß kein gottesfürchtiger, in der unmittelbaren Anschauung und im unmittelbaren Bannkreis des messianischen Ereignisses und Geheimnisses stehender Jude *dem* Gott Untreue gegenüber seinen Verheißungen vorwerfen würde, der sich soeben in

---

50 Vor allem die Befreiungstheologie deutet, ja vereinnahmt die Verse in diesem Sinne; vgl. das Standardwerk von G. *Gutiérrez*, Theologie der Befreiung, übers. v. H. Goldstein, 10. Aufl., München 1992, 267; daneben *M. Wilcock*, The Saviour of the World, Leicester 1979, 36f. Die Spannweite sozio-politischer Interpretationen dokumentiert *E. Hamel*, Le Magnificat et le Renversement de Situation. Réflexion théologico-biblique, Gr. 60 (1979), 56f. Vgl. auch *Marshall*, Interpretation, 181-183.190-192.

51 So z.B. *Godet*, Lukas, 74; *Plummer*, ICC 3, 33; *Klostermann*, HNT 5, 20; *Grundmann*, ThHK 3, 65; *Rengstorf*, NTD 3, 31; *E. E. Ellis*, The Gospel of Luke, NCB, London 1974, 76, und *Horn*, Glaube, 143f, bei dem allerdings bis zum Schluß nicht klar wird, ob er die Vergangenheitsformen in V.51ff im Sinne prophetischer Perfekta oder als gnomische Aoriste deuten will. Beide Erklärungen stehen bei ihm unausgeglichen nebeneinander und erfahren auch durch die inhaltliche Klassifikation der Zeilen als "uneschatologischer Ewigkeitsaussagen" keine Erhellung.

52 Vgl. o. S. 98f.

53 Eine seltene Ausnahme ist hier H. Gese, dessen Bemühungen um ein angemessenes Verständnis des alttestamentlichen Menschen und seiner Denkweise, ja, um eine Bereicherung, wenn nicht Korrektur unseres heutigen Wahrheitsverständnisses durch eine Sichtweise der Dinge, wie sie dem modernen Menschen längst verlorengegangen sind, einzigartig sind. Vgl. *H. Gese*, Das biblische Schriftverständnis, in: Ders., Zur biblischen Theologie. Alttestamentli-

seinem ganzen Geschichtshandeln an Israel als wahrhaftig erwiesen hatte, indem er die größte und letzte seiner Verheißungen wahr gemacht und seinen Messias gesandt hatte - ein Faktum, das im Hinblick auf die Person Jesu von Nazareth ja nicht einmal dem heutigen historischen Urteil zweifelhaft ist. Angesichts der tatsächlichen Ankunft des Messias stellt sich zunächst die Frage nach der historischen Wirklichkeit jeder einzelnen messianischen Verheißung gar nicht, ja, wäre es hybrid, Gott, als zählte man ihm seine Schulden auf, Unwahrhaftigkeit vorzuwerfen, wo er das Wunder der messianischen Sendung hatte Wirklichkeit werden lassen. Das heißt nicht, daß zu einem späteren Zeitpunkt die urchristlichen Gemeinden nicht auch mit dem Problem gerungen hätten, daß bestimmte Verheißungen unerfüllt geblieben waren; aber es spielt für das Magnifikat, das ganz im Bann der messianischen Wende steht, noch keine Rolle.

Trotzdem ist damit noch nicht alles erklärt. Und es wäre zu kurz gegriffen, den perfektischen, aber historisch nicht verifizierbaren Aussagen im Magnifikat allein das Etikett eines frühchristlichen Enthusiasmus anzuheften, wenn ein starker enthusiastischer Impuls für die fragliche Zeit auch nicht zu leugnen ist. Auch dem enthusiastischsten Christen ist damals nicht entgangen, daß die Mächtigen in Gestalt der römischen Bedrücker ihre Gewalt noch nicht verloren hatten und von einer radikalen Umwälzung der geschichtlichen Gegebenheiten, wie sie im Magnifikat besungen werden, noch keine Rede sein konnte. Wenn dennoch der Sturz der Mächtigen im Rückgriff auf die Bilder der Schrift als ein Faktum[55] geschildert wird, so hängt auch dies mit der Besonderheit des biblischen Wahrheitsverständnisses zusammen, das sich in einem weiteren Punkt von dem unseren radikal unterscheidet: Es ist nicht exklusiv, sondern inklusiv. Während die moderne Welterkenntnis vorangetrieben wird durch die Falsifikation bestimmter Erkenntnisse, die im Prozeß der Wahrheitsfindung durch den "neuesten Stand der Forschung" als nichtig abgelöst werden und ein einziges Faktum mit Wahrheitsanspruch zurücklassen, entsteht biblische Welterkenntnis durch Sammlung von Einsichten und Erfahrungen, deren innerer Wahrheitsgehalt auch dann nicht preisgegeben wird, wenn sich zwischen den einzelnen Erkenntnissen logische Widersprüche auftun. Das ist überhaupt das Geheimnis des biblischen Traditionsprozesses[56], der in seinem Übergang vom Alten zum Neuen Testament vielleicht an keiner Stelle so deutlich zu greifen ist wie im Magnifikat und Benediktus. Das Alte geht im Wandel der Zeiten nicht einfach unter, sondern wird um seiner inneren Wahrheit willen in den alten Bildern und Worten weitertradiert, die dem Neuen gleichsam die Sprache leihen, aber ihrerseits von ihm her auch einen höheren Sinn empfangen.[57]

Wir brauchen uns daher nicht zu wundern, wenn das Magnifikat die Ankunft des Messias in allen ihm aus der Tradition zur Verfügung stehenden Bildern und Metaphern besingt, die

---

che Beiträge, 3. Aufl., München 1989, 9-30, und Die Frage des Weltbildes, o.c., 202-222; daneben auch Hermeneutische Grundsätze der Exegese biblischer Texte, in: Ders., Alttestamentliche Studien, Tübingen 1991, 249-265.

[54] *Gese*, Schriftverständnis, 15, redet von der "im Glauben ... *erlebte(n)* Geschichte". Vgl. auch Hermeneutische Grundsätze, 250-253. Programmatisch formuliert diesen Grundsatz auch *M. Hengel* mit Blick auf das Johannesevangelium (Die johanneische Frage. Ein Lösungsversuch, Tübingen 1993, 320): "Wir neigen alle zu sehr dazu, unser aufgeklärtes Bewußtsein und Wirklichkeitsverständnis auf antike Autoren zu übertragen. Modernen Realitätssinn darf man bei einem Jünger Jesu und christlichen Schulhaupt des ersten Jahrhunderts gewiß nicht voraussetzen. Sie lebten in einer anderen Erfahrungswelt als wir."

[55] Ein Faktum mit Ereignischarakter, das nicht einfach mit *Schmid*, RNT 3, 55, zu einer allgemeingültigen Wesensaussage über Gott gemacht werden darf.

[56] Vgl. auch hierzu *Gese*, Schriftverständnis, 16-18.22f und 29; Hermeneutische Grundsätze, 256f, und Der auszulegende Text, in: Ders., Alttestamentliche Studien, Tübingen 1991, 277, ein Aufsatz, der 270-274 auch eine Reihe von Beispielen bietet für das spannungsreiche Nebeneinander verschiedenster Traditionen in ein und demselben Textzusammenhang.

man angesichts der Tatsächlichkeit der messianischen Sendung gar nicht mehr anders als perfektisch verwenden konnte. Und es gilt anzuerkennen, daß die innere Wahrheit, die sie als Ausdruck des göttlichen Erlösungshandelns haben, nicht einfach deshalb verlorengeht, weil sich die äußeren Begleitumstände der messianischen Ankunft dem Vergleich mit den verkündigten in vielem entziehen. Es wäre nicht das erste Mal im biblischen Prozeß der Verarbeitung und Deutung von Geschichte, wenn von einem bestimmten Ereignis eine Korrektur der mit ihm verbundenen traditionellen Vorstellungen ausginge, ohne daß deren Wahrheitsanspruch in Zweifel gezogen würde. Es geht hier um das Wesen der Offenbarung, die ja nichts anderes ist als die den Rahmen des Bekannten *sprengende* Selbsterschließung Gottes! Und nichts ist besser geeignet, dies zu verdeutlichen, als das Wirken und Leiden Jesu selbst, das in der Provokation der Mächtigen und der Beschneidung ihres Herrschaftsanspruchs die messianischen Erwartungen erfüllte und sie doch in einer Weise korrigierte, die einem frommen Juden vorher kaum denkbar gewesen wäre.[58]

Bei alledem ist nicht zu vergessen, daß für die frühe Zeit, in welcher das Magnifikat vermutlich entstand, noch mit einem verstärkten Bewußtsein dafür gerechnet werden muß, daß der Umbruch, in dem man sich gerade befand, noch längst nicht abgeschlossen, sondern weiterhin offen war für das Wunder des messianischen Handelns Gottes[59], das man immer auch als geschichtliches Gerichtshandeln verstand[60].

Das Wahrheits- und Weltverständnis des biblischen Menschen läßt somit keinen Zweifel daran, daß die Aussagen in Lk 1,51 und in den folgenden Versen als Bekenntnis zur *geschehenen* Erlösungstat Gottes zu verstehen sind und nicht als in die Zukunft blickende Hoffnungsaussagen, die von Gott anderes erwarten, als was er durch die Sendung Jesu zur Erfüllung gebracht hat, und

---

[57] Ähnlich interpretiert *M. de Jonge*, The Future in the Psalms of Solomon, in: Ders., Jewish Eschatology, Early Christian Christology and the Testaments of the Twelve Patriarchs. Collected Essays, Leiden - New York - Kopenhagen - Köln 1991, 3-27 (bes. 12f), die Geschichtsaussagen in den Psalmen Salomos, die hier noch für die Zukunft gemacht werden. De Jonge betont in diesem Zusammenhang, daß im Vordergrund der von den Psalmen Salomos zum Ausdruck gebrachten eschatologischen Hoffnung die Realisierung der Gottesherrschaft steht, die zu umschreiben die aus der Tradition entlehnten Bilder dienen, ohne daß mit einer wörtlichen Erfüllung der Einzelverheißungen gerechnet würde.

[58] Vgl. auch die Ausführungen zu V.52f. Dazu *P. Stuhlmacher*, Biblische Theologie des Neuen Testaments, Bd. 1: Grundlegung. Von Jesus zu Paulus, Göttingen 1992, 53. - Wenn *L. Schottroff*, EvTh 38, 301, zwar konstatiert, daß im Magnifikat "die Geburt des Messias Jesus ... Gottes Erbarmungstat" sei und man daher die Vergangenheitsformen in V.51-53 als solche ernst nehmen müsse, dann aber doch feststellt, daß diese Vergangenheitsformen ein Geschehen beschrieben, das *nicht* stattgefunden habe und ihnen daher ein *eschatologischer* Sinn zukomme, und die beiden Feststellungen so ausgleicht, daß sie dem Magnfikat o.c., 305 jede zeitliche Reflexion abspricht, so ist dies nicht nur künstlich, weil im Widerspruch zur menschlichen Verfaßtheit des Denkens überhaupt, sondern es macht die Exegetin auch zum besten Zeugen für das oben beschriebene modernistisch-historische Wahrheitsverständnis, das die Übereinstimmung eines angekündigten Ereignisses mit seiner historischen Realisierung nur im Falle einer exakten spiegelbildlichen Abbildung anzuerkennen vermag und das die theologische Bedeutung des Erfüllungsgeschehens abhängig macht von der Detailtreue des Entsprechungsverhältnisses. Für Offenbarung im biblischen Sinne, deren historische Manifestation eine Erweiterung und eine Korrektur des menschlichen Vorstellungshorizontes bedeutet, ist hier kein Platz! Und ob die Behauptung o.c. 307f, die Heilstat Jesu hätte die Umkehrung der

dies um so mehr, als mit den Messiasanspielungen des hier zitierten Psalmes 89 ganz konkret das *Todes*geschick Jesu im Blick ist[61], das hier im Reigen mit der Anspielung auf die Rettung des Gesalbten aus dem Tod am Schluß des Magnifikat[62] als das Heilsereignis besungen wird, durch das die Macht des Bösen überwunden und besiegt *ist*.

V. 52f

Was der Sieg über die Gott feindlichen Mächte bedeutet, wird nun am Schicksal der Niedrigen erläutert, deren Niedrigkeit hier - eine Akzentverschiebung zu V.48a - deutlich eine soziale Komponente hat: Es sind die Armen und politisch Unterdrückten[63], denen durch das Kommen des Messias Erhöhung und Sättigung widerfährt, Gerechtigkeit im umfassenden Sinn. Die enge Zusammengehörigkeit dieser vom Umsturz der politischen und sozialen Verhältnisse handelnden Verse zeigt schon ihre chiastische Verklammerung, innerhalb derer Gottes Gerichtshandeln an den Mächtigen und Reichen in V.52a und 53b sein Rettungshandeln an den Armen und Hungrigen in V.52b und 53a umschließt. Ein Bild voll ungeheurer Dynamik![64]

Dennoch gilt auch für diese Zeilen das zu V.51 Ausgeführte: Ihre Wahrheit, die zunächst keine historische Wahrheit ist, erwächst aus dem zeichenhaften Charakter, welcher den der Tradition entnommenen Bildern und Motiven zur Veranschaulichung des messianischen Friedensreiches zukommt, dessen realer Anbruch dem Verfasser des Magnifikat außer Frage steht. Recht besehen geht es in diesen Versen auch gar nicht um eine Umkehrung der Verhält-

---

Geschicke in der Weise bewirkt, daß die Gesamtsumme menschlichen Lebens jetzt und in der zukünftigen Königsherrschaft für alle Menschen gleich und damit Ausdruck der göttlichen Gerechtigkeit sei, tatsächlich *Schottroffs* Anspruch (o.c., 311) gerecht wird, auf Marx' Vorwurf, Eschatologie sei Vertröstung der Armen, positiv zu antworten, ist mehr als fraglich.

[59] Ähnlich auch *Schürmann*, HThK 3/1, 75, und *Marshall*, NIC 3,84. Vgl. daneben auch *Zahn*, KNT 3, 106.

[60] Vgl. den für die Entwicklung der Christologie und Hymnologie so bedeutsamen Ps 110 (bes. V.1b); dazu M. *Hengel*, »Setze dich zu meiner Rechten!«, 108-194.

[61] S. o. S. 92.

[62] Vgl. ebenfalls o. S. 92f.

[63] Daß es sich dabei nicht um eine bestimmte soziologisch aus dem Judentum ausgrenzbare Gruppe handelt, ist bereits o. S. 99f gezeigt worden. Vgl. hierzu auch *Farris*, Hymns, 121-124. Es geht in unseren Versen um jeden in seinen Lebensmöglichkeiten in irgendeiner Weise Beeinträchtigten, dessen Rechtshelfer Gott von jeher ist. Um wieviel mehr da, wo es um die Herstellung der endzeitlichen Gerechtigkeit geht! Daß ferner mit den Begriffen "niedrig/arm" und "hungrig" durchaus nicht nur eine soziale und politische Bedrückung, nicht nur eine durch äußere Umstände geschaffene physische Entbehrung gemeint ist, sondern auch ein psychischer Mangel, zeigt besonders schön Ps 107,9, die Bezugsstelle zu V.53, die von der Sättigung der hungernden und durstenden *Seele* spricht.

[64] Daß es sich der griechischen und nicht der alttestamentlichen Tradition verdankt, behauptet *Danker*, Jesus, 44, dem man hier ebenfalls ein grundlegendes Unverständnis gegen-

nisse im Sinne eines revolutionären Umsturzes, den man gar zu gern in sie
hineinlesen möchte[65], sondern um die Schaffung einer Gerechtigkeit, die nicht
die vormals Unterdrückten zu neuen Machthabern macht, vielmehr die
menschlichen Herrschaftsstrukturen grundsätzlich relativiert, ja aufhebt[66].
Auch die Erhöhung der Niedrigen geschieht dabei nicht um ihrer selbst, sondern um des alleinigen Herrschaftsanspruchs Gottes willen, dem alle menschlichen Herrschaftsansprüche weichen müssen, ja weichen dürfen. Dieser ist
unserem Verfasser weit realer als alle äußeren politischen Verhältnisse, deren
Wandel schon immer ein Zeichen ihrer Vergänglichkeit war. Ebenso real ist
ihm die von Gott bereits vollzogene Umwertung der Verhältnisse, die im Wirken des Messias Jesus, das für ihn gar nicht so weit zurückliegen dürfte, ihren
irdischen Niederschlag gefunden hat. Jesu Sendung *war* eine Hinwendung zu
den Armen und Unterdrückten und darin eine bewußte Provokation der Mächtigen, gerade auch der Mächtigen Israels. Jesus *hat* die Reichen von sich gewiesen und die Armen erhöht, indem er vor allem sie zur Teilhabe an der Gottesherrschaft einlud.[67] Daß er dafür den Kreuzestod starb, gibt den Bildern
von dem siegreichen, die Herrschenden entmachtenden Messias eine neue
theologische Bedeutung, um die auch unser Verfasser wußte, beraubt sie aber
nicht ihres inneren Wahrheitsgehalts. Sie bleiben das Bekenntnis des Sieges
Gottes, der als Sieg nicht nur über den gottfeindlichen Menschen, sondern als
Sieg über den Tod alle Vorstellungen übersteigt, welche die Tradition vorge-
ben konnte![68]

V.54f

Mit dem Jubel über die Errettung Israels erreicht das Magnifikat seinen Höhepunkt. Hier kommt das gesamte heilsgeschichtliche Handeln Gottes an seinem

---

über dem biblischen Traditionsprozeß vorwerfen muß.

[65] Vgl. nochmals die o. S. 206 Anm. 50 genannten Exegeten; daneben *Erdmann*, Vorgeschichte, 37; *Hauck*, ThHK 3, 29 - beide in Anlehnung an *A. Jeremias*, Das Alte Testament
im Lichte des Alten Orients, 4. Aufl., Leipzig 1930, 489 Anm. 3, der hier den Begriff "Revo-
lutionsmotiv" prägt -, und *Lohfink*, Lobgesänge, 16f.

[66] Ähnlich *Ernst*, Lukas, 87; *Hamel*, Gr. 60, 76 (vgl. auch 72), und *Tiede*, Luke, 56f.
Vgl. auch *P. L. Schoonheim*, Der alttestamentliche Boden der Vokabel ὑπερήφανος Lukas I
51, NT 8 (1966), 245f. - Eine Veranschaulichung des eben erwähnten Sachverhalts bietet auch
Zeph 3,11-17, ein Text, dessen Bedeutung für Lk 1,49a o. S. 11.26 bereits erwähnt wurde,
der aber auch die anschließenden Verse mitzuprägen scheint. Denn er verbindet den Restgedanken (vgl. Lk 1,50) mit der Vorstellung von der Armut und Niedrigkeit des glaubenstreuen
Israels, aber so, daß der dem durch Armut gekennzeichneten Rest verheißene Sieg Gottes über
die Stolzen und Hochmütigen sich allein im *Übrigbleiben* derer vollzieht, die sich Gottes Willen unterstellen, nicht in ihrer sozialen und politischen Erhöhung. Die Gerechtigkeit wird dadurch geschaffen, daß die Selbstüberhöhung des Menschen an sich zunichte gemacht wird.

[67] Vgl. Lk 6,20-22.

[68] Ähnlich auch *Brown*, Birth, 363, und *Farris*, Hymns, 123. Vgl. auch *Grundmann*,

Volk in den Blick, die Geschichte der Verheißungstreue Gottes, als deren wichtigste Stationen die hier so kunstvoll ineinandergearbeiteten Stellen Mi 7,20 und Ψ 17,51[69] den Abrahams- und den Davidsbund ausweisen[70]. Der Jubel gilt der Erfüllung der mit diesen Bundesschlüssen verbundenen Verheißungen durch die Sendung des Messias Jesus, dessen Errettung aus dem Tod nach der hier zitierten Psalmstelle[71] gleichzeitig den Endpunkt der Verheißungsgeschichte bedeutet. Israel, der Knecht Gottes, *ist* erlöst, und mit ihm die Magd, die das Werkzeug dieses Erlösungsgeschehens war.[72] Indem das Magnifikat dies anerkennt und freudig besingt, ist es selbst Ausdruck der auch dem Menschen abgeforderten Bundestreue, die allein in der dankbaren Annahme der göttlichen Heilstat besteht. Sie eröffnet die Teilhabe am messianischen Reich des Friedens und der Gerechtigkeit.

Wie diese Teilhabe sich vollzieht, wird im Benediktus entfaltet, in dem das messianische Ereignis nun weniger mit Blick auf Gott als vielmehr im Hinblick auf die durch die Ankunft des Messias neugeschaffene Gemeinde bedacht wird. Um sie kreist der zweite lukanische Hymnus. Und es ist sicher kein Zufall, daß das Benediktus dort anknüpft, wo das Magnifikat endet: beim Jubel über die geschehene Erlösungstat Gottes.

ThHK 3, 65; *Wiefel*, ThHK 3, 59, und *Danker*, Jesus, 45.

[69] Vgl. o. S. 16 und 26.

[70] Zur grammatikalischen Struktur, innerhalb derer V.55a einen parenthetischen Einschub darstellt, vgl. ebenfalls o. S. 16. - Rätselhaft bleibt, wie *Horn*, Glaube, 140f, zu der Behauptung gelangt, Magnifikat und Benediktus entstammten verschiedenen Trägerkreisen, da nur das Benediktus seine Hoffnungen auf den Abrahamsbund zurückbeziehe. Daß *Horn* außerdem mit der Deklination der griechischen Substantive auf Kriegsfuß steht, dokumentiert der gesamte Abschnitt über das Magnifikat, o.c., 137-144, in dem die Kasus nur selten den syntaktischen Erfordernissen des Deutschen angeglichen werden, nicht einmal dann, wenn in einer Reihe Nominative neben Dativen und Akkusativen zu stehen kommen.

[71] S. o. S. 92f.

[72] Den inklusorischen Charakter von V.46b.47 auf der einen und V.54f auf der anderen Seite erkennt auch *Brown*, Birth, 364. Und wieder fragt man sich, warum ihn diese Einsicht nicht auf die chiastische Grundstruktur des Magnifikat geführt hat.

2. Das Benediktus

Übersetzung

V.68   Gepriesen sei[73] der Herr, der Gott Israels,
          denn heimsuchend[74] hat er Erlösung geschaffen seinem Volk
V.69   und uns ein Horn der Rettung aufgerichtet im Hause Davids, seines Knechts,
V.71   Rettung[75] vor unseren Feinden und vor der Hand aller, die uns hassen,
V.72   um die Gnadengabe an unsere Väter zu erfüllen[76]
          und seines heiligen Bundes zu gedenken,
V.73a   des Schwures[77], den er Abraham, unserem Vater, geschworen hat,
V.73b-75 daß er uns zu solchen mache[78], die, aus der Hand der Feinde gerettet, ihm
          furchtlos dienen in Aufrichtigkeit und Gerechtigkeit in seiner Gegenwart all
          unsere Tage,
V.78   wegen des gnädigen Erbarmens unseres Gottes,
          aufgrund dessen uns heimgesucht hat[79] der Sproß[80] aus der Höhe,
V.79   zu erscheinen denen, die in Dunkelheit und Todesschatten sitzen, daß er ausrichte
          unsere Füße auf den Weg des Friedens.

V.68a

Im Gegensatz zum Magnifikat beginnt das Benediktus nicht mit einem individuell gestalteten Jubelruf, sondern mit einer traditionellen Lobformel[81], deren

---

[73] Zur optativischen bzw. indikativischen Ergänzung der Kopula in den Lobsprüchen vgl.
Deichgräber, Gotteshymnus, 30-32.

[74] Den objektlosen Gebrauch von ἐπισκέπτεσθαι im Deutschen wiederzugeben, ist nicht
möglich. Um dennoch der theologischen Bedeutung dieses besonderen Wortgebrauchs Rechnung zu tragen, die durch die unterschiedliche Nuancierung hier und in V.78 ans Licht tritt
(vgl. dazu u. S. 214), muß zu einer Hilfsübersetzung gegriffen werden, da eine künstliche
Objektergänzung, wie sie gemeinhin vorgenommen wird, die Unterschiede verwischt.

[75] Die grammatikalische Konstruktion hier ist lose. Syntaktisch steht σωτηρίαν parallel zu
κέρας und hängt demnach von ἤγειρεν V.69 ab; inhaltlich ist es aber wohl eher als apposi-
tionelle Aufnahme von σωτηρίας zu verstehen, ohne daß dem Akkusativ eine besondere syntaktische Bedeutung zukäme, vgl. *Kühner-Gerth* § 412,3.

[76] Das Tun, ποιεῖν, des Bundes, der hier mit ἔλεος umschrieben ist (vgl. o. S. 15 Anm.
27), bedeutet seine Erfüllung; s. dazu auch u. S. 216f.

[77] Attractio inversa; s. o. S. 128.

[78] Zum hebräischen Hintergrund dieser Zeile, der dieser Übersetzung zugrunde liegt s. o.
S. 128f.

[79] Zur Vergangenheitsform s. o. S. 46f.

[80] Vgl. o. S. 121-127.

[81] In der lukanischen Form findet sich im Psalter die Formel in Ps 41,14; 106,48 und,
durch die - evtl. sekundäre (vgl. *Kraus*, BK.AT 15/2, 656) - Doppelung von ὁ θεός bzw.
אֱלֹהִים nur geringfügig abgewandelt, in Ps 72,18. Am häufigsten ist das kurze בָּרוּךְ יְהֹוָה, so in
Ps 28,6; 31,22; 89,53; 124,6; 135,21, das in Ps 119,12 erweitert ist zu בָּרוּךְ אַתָּה יְהֹוָה. Daneben begegnet auch בָּרוּךְ אֱלֹהִים (Ps 66,20 und 68,36) und בָּרוּךְ אֲדֹנָי, die bildhafte Ausdrucksweise בָּרוּךְ צוּרִי (Ps 18,47) bzw. בָּרוּךְ יְהֹוָה צוּרִי (Ps 144,1) und die Anwendung der Formel auf
den Gottesnamen: בָּרוּךְ שֵׁם כְּבוֹדוֹ. Die nicht-poetischen alttestamentlichen Belegstellen seien

Bedeutung in nachalttestamentlicher Zeit durch ihr häufiges Vorkommen in den verschiedensten Lied- und Gebetstexten belegt ist[82]. Sie läßt dem Gott Israels den ihm vor aller Welt gebührenden Preis zukommen und ehrt ihn als den unumschränkten Herrn und Herrscher seines Volkes, das sich mit dem Aussprechen der Lobformel bedingungslos dem göttlichen Wesen und Willen unterstellt. Auffällig ist, daß das Benediktus die ausführliche Gottesprädikation "Herr, Gott Israels", verwendet, deren Gebrauch eher der Ausnahmefall war und im außerbiblischen Schrifttum, soweit dies nachprüfbar ist, gar nicht mehr begegnet. Man wird dies als besondere Ehrbezeugung gegenüber dem Gott deuten dürfen, von dem im Folgenden so Großes, ja Unglaubliches ausgesagt werden soll. Aber es ist noch mehr. Ein Blick auf den Psalter zeigt uns nämlich, daß dort die ins Benediktus aufgenommene Langform nur in den hymnischen Schlußdoxologien am Ende der Psalmbücher verwendet wird, wo sie Bestandteil der das zweite und vierte Psalmbuch abschließenden Psalmen 72 und 106 ist, deren traditionsgeschichtliche Bedeutung für das Magnifikat und Benediktus bereits herausgestellt wurde[83]! Das heißt, daß hier im Wortlaut[84] der Lobpreis aufgenommen wird, der im alttestamentlichen Kontext als Antwort auf das geschichtsmächtige Rettungshandeln Gottes generell (Ps 106),

---

hier ausgeklammert, da in ihnen die Formel nicht im kultischen oder gottesdienstlichen Kontext erscheint, wie er für das Benediktus vorauszusetzen ist. Vgl. *Crüsemann*, Studien, 165.

[82] Vgl. z.B. Jdt 13,17; Tob 3,11; 8,5.15-17; 1.Makk 4,30; PsSal 2,37; 6,6; Dan 3,26.52-90 LXX; 1.Hen 84,2; Jub 25,15 und vor allem das Qumranschrifttum. Hier findet sich in den Hodajot die Formel ברוך אתה אדוני als Pendant zu dem noch häufigeren אודכה אדוני, vgl. 1QH X 14; XI 29; XVI 8, wahrscheinlich auch 1QH XV 8. In 1QH V 20 liegt eine Korrektur von אודכה in ברוך אתה vor. Vgl. dazu die Tabelle der gebräuchlichen Eröffnungsformeln bei *Kittel*, Hymns, 156. In der Kriegsrolle findet sich die Formel in 1QM XIII 2; XIV 4.8 und XVIII 6. Am häufigsten aber begegnet sie in den liturgischen Texten aus Höhle 4: 4Q503 1-6 III 2.6.18; 7-9 6.8; 15-16 8; 33 I+34 20; 33 II,35+36 22; 48-50 3.7; 51-55 6.12; 65 1.4; 69 2 u.ö.; 4Q504 3 II 2; 4 14.16; 6 20 u.ö.; 4Q507 2 2; 3 1; 4Q509 3 9; 4 4; 18 3 u.ö.; 4Q511 16 4 u.ö.; 4Q512 29-32 (VII) 1.5f.8.21; 1-6 (X II) 1f; 40+41 2; 42-44 (II) 3; 51-55 II 8 u.ö. Dazu *Nitzan*, Qumran Prayer, 72-80. Vgl. aber auch das 18-Bitten-Gebet, das durch die בָּרוּךְ-Formel eingeleitet wird, daneben aber auch jeden einzelnen Gebetsabschnitt mit ihr abschließt. - Es ist o. S. 187 Anm. 122 bereits darauf hingewiesen worden, daß der Unterschied zwischen dieser späteren Verwendung der Formel und der im alttestamentlichen Psalter darin liegt, daß sie jetzt nicht mehr gattungsspezifisch gebraucht wird und daher auch keine Rückschlüsse auf die Gattung oder den besonderen Charakter des Benediktus erlaubt.

[83] S. o. S. 24f.

[84] Es ist allerdings wahrscheinlich, daß im hebräischen Urtext statt des Tetragramms אֲדוֹנָי geschrieben wurde; vgl. neben dem bereits o. S. 201f zum Jahwe-Namen Ausgeführten noch *O. Eißfeld*, Art. אֲדֹנָי אָדוֹן, ThWAT 1, Stuttgart - Berlin - Köln - Mainz 1973, Sp. 76-78. Vor allem die Qumranschriften bezeugen einen solchen Gebrauch der Gottesanrede, belegen aber auch, daß das Tetragramm durchaus noch geschrieben wurde; vgl. *J. A. Fitzmyer*, The Semitic Background of the New Testament *Kyrios*-Title, in: Ders., A Wandering Aramean. Collected Aramaic Essays, Missoula 1979, 126f. Eine immer noch nicht mit Gewißheit geklärte Frage ist allerdings die nach der Herkunft des Kyrios-Titels in der LXX, dessen Abhängigkeit von der hebräischen Gottesanrede אֲדוֹנָי mancherorts bestritten wird; vgl. nochmals *Fitzmyer*, o.c., 119-127, und *Foerster*, Art. κύριος D. "Herr" im Spätjudentum., ThWNT 3, Stuttgart -

aber besonders auf die Sendung des Heilskönigs erscheint, der am Ende der
Geschichte eine ewige Zeit des Friedens und der Gerechtigkeit herauführt (Ps
72).[85] Eine solche Antwort will auch die Eingangszeile des Benediktus sein,
deren Formelhaftigkeit über ihren tieferen Sinn hinwegtäuscht. Sie ist die an-
gemessene Ehrung des Gottes, der durch die Sendung seines Heilskönigs,
durch die Sendung des Messias die Geschichtswende eingeleitet hat. Sie führt
mitten hinein in das Thema des Benediktus, das nun zur vollen Entfaltung
kommt.

V.68b

Nach der scheinbar formelhaften Einleitung gleicht die Anschlußzeile einem
Fanfarenstoß, der an der Bedeutung dessen, was nun zur Sprache kommt, keinen Zweifel läßt: Gott hat sein Volk erlöst! Er will es nicht erlösen, er wird
es nicht erlösen, er *hat* es erlöst in einem Akt personhafter Zuwendung
(ἐπισκέπτεσθαι, hebr. פקד)! Auch in diesem Hinweis auf das ἐπισκέπτεσθαι
Gottes klingt das messianische Thema wieder an. Das zeigt die Wiederaufnahme des Begriffs in V.78, wo er die Heimsuchung, den gnadenbringenden
Besuch des Messias selbst bezeichnet.[86] Daß das Verb dort in Objektverbin-
dung steht, während es im Hymnuseingang, auf Gott bezogen, absolut verwendet wird, ist sicherlich kein Zufall. Subtiler könnte man gar nicht andeuten,
daß die heimsuchende Herabkunft des Messias eine direkte irdische Begegnung
ist, während Gott auch in seinem dem Menschen zugewandten Handeln der
Transzendente bleibt. Dies gilt ungeachtet der Tatsache, daß die messianische
Vollendung des Erlösungswerkes die höchste Form der Selbstoffenbarung Gottes ist, die Offenlegung seines Willens zur Menschlichkeit, die sich im Akt der
messianischen Sendung zur Menschwerdung verdichtet. Daß Lukas sich, im
Gegensatz zu den heutigen Auslegern, der Subtilität der Ausdrucksweise im
Benediktus sehr wohl bewußt war, zeigt die Tatsache, daß er in Apg 15,14,
der einzigen Stelle, wo er ἐπισκέπτεσθαι nochmals auf Gott bezogen verwendet, dem Verb ebenfalls kein Objekt zufügt, wie es ihm in anderen Zusammenhängen selbstverständlich ist[87]. Der theologische Abstand des Benediktus
zu Lukas drückt sich allerdings darin aus, daß Lukas in der Apostelgeschichte

---

Berlin - Köln - Mainz 1938 (Nachdr. 1967), 1081f.

[85] Dieser bewußte Schriftbezug macht es auch unwahrscheinlich, daß die um den Begriff
κύριος verkürzte Lesart der Formel die ursprüngliche ist, die u.a. von P[4], W und der Mehrheit
der lateinischen Handschriften bezeugt wird. Es handelt sich bei dieser Lesart aller Wahrscheinlichkeit nach um eine ursprünglich versehentliche, durch Endungsgleichheit verursachte
Auslassung; vgl. *B. M. Metzger*, A Textual Commentary on the Greek New Testament, London - New York 1971, 131.

[86] Dieser messianische Bezug des Begriffs im Hymnus selbst spricht entschieden gegen
Marshalls Einschätzung, NIC 3, 90f, daß in V.68 unklar sei, welchen Charakter die Erlösung
habe.

von Gottes Hinwendung zu den Heiden berichtet, während der Hymnus ganz in den nationalen Grenzen Israels befangen bleibt und das Erlösungswerk allein als Gottestat an diesem besonderen Volk versteht.

V.69.71

Daß diese Gottestat in der Sendung des Messias besteht, kommt in den nun folgenden Zeilen erstmals direkt zum Ausdruck, und zwar im Bild von der Aufrichtung des davidischen Heilshornes[88]. Ungewöhnlich ist dabei die Verwendung des Verbs ἐγείρειν, hebr. קוּם hif., das in der Tradition in der Verbindung mit κέρας, hebr. קֶרֶן, nie begegnet. Gewöhnlich steht ὑψοῦν, hebr. רוּם hif.[89]. Daneben finden sich Belege, in denen vom Wachsenlassen des Horns die Rede ist, צמח hif. bzw. ἐξανατέλλειν; so in Ps 132,17, wo der Psalmist auf die Ankunft des verheißenen Davididen blickt, aber auch in der 15. Benediktion des 18-Bitten-Gebets (babylonische Rezension), der im Wortlaut engsten Parallele zu Lk 1,69, wo von Gott das eilige Aufsprossenlassen des davidischen Horns erbeten wird[90]. Diese Stellen sind deshalb so bedeutsam für das Verständnis von Lk 1,69, weil in ihnen das Bild des Hornes nicht nur symbolisch als Ausdruck der Macht verwendet wird wie bei der Rede von der Erhöhung des Horns[91], sondern weil sie auf eine ganz bestimmte Heilsgestalt zielen, deren Ankunft vom Beter erwartet wird. Ein solches personhaftes Verständnis von קֶרֶן liegt auch in V.69 des Benediktus vor[92], was nicht zuletzt aus dem Entsprechungsverhältnis von V.69 und V.78 erhellt, wo der Messias sogar ausdrücklich als Sproß betitelt wird[93]. Daß in V.69 die bildliche Ausdrucksweise "er hat aufsprossen lassen ein Horn" vermieden und statt dessen, ebenfalls nach alttestamentlichem Vorbild[94], vom Aufstehenlassen, von der Erweckung des Heilsbringers gesprochen wird, liegt sicherlich mit an der christlichen Bedeutung des Begriffs ἐγείρειν, mit dem man automatisch die Auferstehung Jesu assoziierte, die nach der Katastrophe des Kreuzes

---

[87] Vgl. Apg 6,3; 7,23 und 15,36.

[88] Wenn in der Wendung ἐν οἴκῳ Δαυὶδ παιδὸς αὐτοῦ von einem Großteil der Handschriften der Artikel vor οἴκῳ (A, R, Θ, Ψ, 053, 0130, 0135, *M*) und vor παιδός (A, C, R, Θ, Ψ, 053, 0130, 0135, f[1.13], *M*) hinzugefügt wird, so aus Gründen der Verbesserung des hebraisierenden Stils, der auf Artikel besonders dort verzichtet, wo es sich um alttestamentliche Zitate und Wendungen handelt; vgl. *Bl.-Dbr.* § 259. Zeugen der Textlesart sind für artikelloses οἴκῳ u.a. P[4], א, B, C, D, L, W, f[1.13], für artikelloses παιδός neben einigen Minuskeln א, B, D, L und *M*.

[89] Vgl. z.B. 1.Sam 2,10; Ps 89,18 und Ps 148,14.

[90] Vgl. auch hebr. Sir 51,12h nach *Vattioni*, Ecclesiastico, 279.

[91] Vgl. B. *Kedar-Kopfstein*, Art. קֶרֶן qæræn, ThWAT 7, Lieferung 1/2, Stuttgart - Berlin - Köln - Mainz 1990, Sp. 187f.

[92] Gegen *Foerster*, Art. κέρας, ThWNT 3, Stuttgart 1938 (Nachdruck 1967), 669, aber mit der großen Mehrheit der übrigen Exegeten.

[93] Vgl. o. S. 213 auf der Grundlage von S. 121-127.

das eigentliche Heilsereignis, die Rettungstat Gottes schlechthin war[95]. Nicht
von ungefähr greift das Benediktus hier auf Ps 18 zurück, der, wenn man V.3
und V.18 zusammennimmt, von der Errettung des Königs David aus der Gewalt seiner Feinde und Hasser durch Gott, das Horn des Heils, berichtet. In
der Person Jesu vereinen sich beide Aspekte: Jesus als der gerettete Davidssproß wird selbst zum Retter, da die Rettungstat an ihm auch die Angehö-
rigen des Gottesvolkes ihren Feinden entzieht, selbst dort, wo diese durch
Kreuz und Tod den Sieg davonzutragen meinen. Diese Heilserkenntnis faßt das
Benediktus wie das Magnifikat in das traditionelle Bild vom messianischen
Sieg über die Gottesfeinde. Und wie das Magnifikat verdeutlicht es damit, daß
die eschatologische Wende auch in ihrer die menschlichen Vorstellungen
sprengenden und sie relativierenden Gestalt die konsequente und barmherzige
Erfüllung der göttlichen Heilsverheißungen ist, die Gott als den sich und sei-
nem Volk ewig Treuen erweist.

V.72.73a

Diese ewige, Israel von seinem Uranfang in Abraham an geltende Bundestreue
Gottes wird der Hymnus nicht müde zu besingen. Denn jetzt, da die Verheißungsgeschichte Gottes mit Israel durch die Sendung des Messias ihr erfülltes Ende gefunden hat, tritt auch der Anfangspunkt dieser Geschichte erst in
seiner wahren Bedeutung hervor: Indem Gott den Abrahamsbund mit der Verheißung eines aus seinem Samen entstehenden Königtums besiegelte (Gen
17,6)[96], dachte er Israel, noch ehe es als Volk überhaupt bestand, die Sendung
des Endzeitkönigs zu, der, aus dem Geschlecht der Könige Israels kommend,
die Geschichte dieses Volkes ihrem heilvollen Ende zuführen würde. Diesen
Punkt tatsächlich erreicht zu haben, ist dem Verfasser des Benediktus ein
Wunder, das zu fassen er drei Anläufe braucht, drei Zeilen, die, inhaltlich
identisch[97], ein jubelnder Lobpreis des göttlichen Gnadenhandelns sind, der

---

[94] Vgl. Ri 3,9.15 und 2,16, außerdem Apg 13,22.

[95] So auch *Harnack*, Lukas der Arzt, 143; *Wink*, John, 67, und vorsichtig *Schürmann*,
HThK 3/1, 86 Anm. 32.

[96] Wenn *Schmid*, RNT 3, 61, und, im Anschluß an ihn, *Ernst*, Lukas, 96, behaupten, mit
der Erfüllung des Abrahambundes sei die Landgabe gemeint, so verfehlen sie damit den
theologisch-messianologischen Skopus der Anspielung auf die Abrahamsverheißung, abgesehen davon, daß bei ihnen gar nicht deutlich wird, welche theologische Bedeutung dem Landga-
bethema im Hymnus zukommt.

[97] Zur Synonymität der Wendungen ποιεῖν ἔλεος und μνησθῆναι διαθήκης s. o. S. 15
Anm. 27. Da ἔλεος hier wie διαθήκη nichts anderes als die Gnadengabe des Bundes meint, den
Gott mit der Sendung des Messias seiner letztgültigen Erfüllung zuführt, ist die Anschauung
abwegig, ποιεῖν ἔλεος, das man meist wörtlich mit "Erbarmen mit/an den Vätern üben"
übersetzt, meine eine aktuelle Handlung an den Vätern, die im Himmel am Schicksal ihres
Volkes teilnähmen; so *Plummer*, ICC 3, 41; *Easton*, St. Luke, 18; *Grundmann*, ThHK 3, 72;
Stöger, Lukas, 67; *Schweizer*, NTD 3, 28, und *Wiefel*, ThHK 3, 64; vorsichtig auch *Kloster-*

unerschütterlichen Selbstverpflichtung Gottes zur gnädigen und heilvollen Führung seines Volkes.

V.73b-75

Solcherart von Gott dem eschatologischen Heilszustand zugeführt, tritt das Volk in den immerwährenden[98] messianischen Frieden zwischen Gott und Mensch ein, der durch zweierlei gekennzeichnet ist: die Freiheit von feindlicher Verfolgung[99] und die Gewährleistung des uneingeschränkten Gottesdienstes.[100] Mit dieser negativen wie positiven Bestimmung der neuen Situation, in der sich die Gemeinde vorfindet, bindet der Hymnus, wo er seine Mitte erreicht, die Aussagen über die messianische Sendung im Anfangs- und Schlußteil des Liedes zusammen und weist damit dem frommen Israel seinen Platz im Zentrum des Kraftfeldes zu, das durch die heilsgeschichtliche Spannung zwischen uranfänglicher Verheißung und eschatologischer Erfüllung, zwischen Gottes messianischem Plan und der tatsächlichen Ankunft des Messias geschaffen wird.[101]

Israel steht im Mittelpunkt des gesamten göttlichen Handelns. Und dieses erreicht sein Ziel, wo alle Schranken zwischen Gott und Mensch beseitigt sind, wo das Verhältnis zwischen Gott und seiner Gemeinde so zurechtgebracht ist,

---

mann, HNT 5, 27, und *Mahrshall*, NIC 3, 92.

[98] Ob die Zeitangabe "all unsere Tage" ursprünglich im Akkusativ (so die überwiegende Mehrheit der Textzeugen: $\aleph$, A, C, D, R, Θ, Ψ, 053, 0130, 0135, 0177, f[1.13], M, Or) oder im Dativ (so u.a. P[4], B, L, W und die Minuskel 565) formuliert war, bleibt schwer zu entscheiden. Klassisch wäre der Akkusativ, der jedoch in hellenistischer Zeit immer häufiger dem Dativ Platz macht; vgl. *Bl.-Dbr.* § 201. Der Zusatz von τῆς ζωῆς hinter ἡμέραις (u.a. Γ, Θ, 053, f[1.13]) ist eindeutig sekundär und vermutlich aus Ψ 26,4 hierher übertragen worden, einem Psalm, der in seiner ganzen Länge das Thema von Lk 1,73-75 moduliert: die Gewährung der unausgesetzten und von Feinden unangefochtenen Teilhabe am gottesdienstlichen Leben vor Gottes Angesicht.

[99] Die erweiterte Lesart ἐκ χειρὸς ἐχθρῶν ἡμῶν (D, 33 u.a.) bzw. ἐκ χειρὸς τῶν ἐχθρῶν ἡμῶν (A, C, R, Θ, Ψ, 053, 0135, 0177, M) ist als Angleichung an die Ausdrucksweise in Lk 1,71 zu verstehen. Die Textlesart bieten u.a. $\aleph$, B, L, W und die Minuskelgruppen f[1] und f[13].

[100] Daß im Griechischen die Infinitive in V.72-74 durch die Setzung eines Artikels voneinander unterschieden werden, während im Hebräischen vermutlich einheitlich ל + Inf. cs. stand, liegt weniger an einer deutlich verschiedenen inhaltlichen Ausrichtung der Infinitive, deren keiner sich auf einen rein konsekutiven oder finalen Sinn festlegen läßt (vgl. auch *Bl.-Dbr.* § 391[8] und 400[10]), sondern ist ein Versuch - oder kann als solcher verstanden werden -, den Gedankenfortschritt des Liedes dadurch zu veranschaulichen, daß der heilsgeschichtliche Endpunkt des im Hymnus besungenen Geschehens sprachlich hervorgehoben wird; vgl. auch V.79. Ob diese Differenzierung der Infinitive auf Lukas zurückgeht, der in V.77 immerhin eine Vorliebe für den Infinitv mit Artikel zeigt, oder ob sie bereits das Werk des ursprünglichen Übersetzers des Hymnus ist, läßt sich nicht mehr entscheiden.

[101] Vgl. hierzu nochmals die Aufbauskizze und die dazu gehörigen Erläuterungen o. S. 178f.

daß dem unangefochtenen Gottesdienst in der immerwährenden Gegenwart Gottes nichts mehr im Wege steht.[102] Wer hier stilistisch eine plerophore Ausdrucksweise bemängeln zu müssen meint mit dem Hinweis auf die angeblich überflüssige Fortführung von λατρεύειν αὐτῷ durch ἐνώπιον αὐτοῦ[103], verkennt, daß gerade die Doppelung der Begriffe, deren zweiten man nicht als reine Ortsbestimmung mißverstehen darf[104], dieses Entsprechungsverhältnis darstellt: So wie die Gemeinde Gott mit ihrem gerechten und im Herzen lauteren Dienst entgegentritt, schenkt Gott ihr seine ungebrochene Gegenwart und Zuwendung und damit die Garantie eines Heilszustandes, den keine feindlichen Einflüsse mehr bedrohen. Daß diese Heilsgarantie zwar das Pendant zum menschlichen Vollzug eines aufrechten und frommen Gottesdienstes darstellt, aber nicht die Folge desselben ist, sondern ihm vorausgeht, zeigt die in diesen Versen aufgenommene Stelle Dt 9,5, in der uns das ungewöhnliche Begriffspaar ὁσιότης und δικαιοσύνη, hebr. צְדָקָה und יֹשֶׁר, wenn auch in umgekehrter Reihenfolge, wiederbegegnet[105]. Sie hält Israel vor Augen, daß die Gewährung der göttlichen Gabe in keiner Weise von den genannten menschlichen Tugenden abhängt[106], sondern allein aus göttlicher Gnade geschieht, allein aus Gottes Willen, sein Heilsversprechen zu halten und den Väterbund zu erfüllen. Damit knüpft der Hymnus direkt an V.72.73a an. Tiefer als hier blickt der Verfasser des Benediktus an keiner Stelle seines Liedes!

V.78a

Nach diesem Blick auf die neue eschatologische Situation der Heilsgemeinde wendet sich der Verfasser wieder dem heilsgeschichtlichen Thema zu, wobei nun die besondere Aufmerksamkeit dem Heilswerk des Messias selbst gilt.

---

[102] Der Begriff λατρεύειν, hebr. עבד, ist hier gegen *Grundmann*, ThHK 3, 72, und *Wiefel*, ThHK 3, 64, nicht in dem engen Sinne kultisch verwandt, daß er den priesterlichen Tempelgottesdienst bezeichnet. Auch im Alten Testament ist das auf Gott bezogene עבד ja nicht nur auf die kultische Verehrung beschränkt, sondern kann die "das ganze Leben umfassende religiös-ethische Haltung" des Menschen gegenüber Gott bezeichnen, die auch die Einhaltung des Bundes impliziert; vgl. *Ringgren*, Art. עָבַד 'ābad, ThWAT 5, Stuttgart - Berlin - Köln - Mainz 1986, Sp. 993, daneben auch *Strathmann*, Art. λατρεύω, λατρεία, ThWNT 4, Stuttgart - Berlin - Köln - Mainz 1942 (Nachdr. 1966), 59-61.

[103] So z.B. *Zahn*, KNT 3, 116 Anm. 83; *Klostermann*, HNT 5, 27, und *Schürmann*, HThK 3/1, 88 mit Anm. 49, die alle die Plerophorie so aufzulösen versuchen, daß sie ἐνώπιον αὐτοῦ als attributive Bestimmung von δικαιοσύνη verstehen im Sinne der vor Gott geltenden Gerechtigkeit. Dadurch wird jedoch eine lutherische Deutungskategorie auf einen Text übertragen, dem ein solches, aus einem bestimmten Sündenverständnis gespeistes Denken fremd ist.

[104] Vgl. die Übersetzung o. S. 212.

[105] Vgl. daneben nur Sap 9,3.

[106] Selbst wenn es sich um die menschlicherseits geleistete Einhaltung des Bundes handelt, wie sie der Begriff צְדָקָה, griech. δικαιοσύνη, auch impliziert. Vgl. *B. Johnson*, Art. צָדֵק ṣādaq V.1, ThWAT 6, Stuttgart - Berlin - Köln - Mainz 1989, Sp. 919-921.

Sein Kommen besingen die letzten Verse nicht nur als Höhepunkt, sondern auch als Abschluß der göttlichen Offenbarungsgeschichte, als die Rettungstat an Israel schlechthin, die der neuen eschatologischen Gemeinde für alle Zeit den Zutritt zum messianischen Reich des Friedens und der Gerechtigkeit öffnet und sichert. Aber auch wenn in diesem chiastisch auf V.68b-73a bezogenen Schlußabschnitt als Heilsbringer nicht mehr Gott, sondern der Messias erscheint, so stellt V.78a doch deutlich heraus, daß das Erlösungswerk des Messias keine vom Willen Gottes losgelöste Heilstat ist, sondern im Heilswillen Gottes gründet, der mit der Sendung des Messias seinen Israel schon in seinen Vätern gewährten Gnadenbund erfüllt. Gottes zutiefst empfundenes Erbarmen mit seinem Volk ist das Geheimnis der Erlösung. Und wenn hier mit σπλάγχνα ἐλέους, hebr. רַחֲמֵי חֶסֶד[107], ein Ausdruck gewählt ist, für den es keinen biblischen[108] und kaum außerbiblische Belege gibt[109], so dokumentiert dies die Besonderheit der göttlichen Regung, die menschlicher als mit dem Bild der bis ins Innerste gehenden Betroffenheit[110] gar nicht umschrieben werden könnte. Diese Menschlichkeit Gottes schafft, indem sie sich in der Gestalt des Messias verkörpert[111], die nicht mehr auflösbare Gemeinschaft zwischen Gott und Mensch. In dieser Gemeinschaft befreit Gott den Menschen von seiner Sündhaftigkeit, indem er ihr mit seinem Erbarmen und seiner Gnade zuvorkommt und sie überwindet. Davon wissen zumindest all die alttestamentlichen Stellen, an denen die Begriffe רַחֲמִים und חֶסֶד zwar nicht in Constructus-Verbindung stehen, aber durch ihre parallele Stellung ihre enge Zusammengehörigkeit erweisen.[112] In ihnen ist fast ausnahmslos von der menschlichen Befangenheit in Schuld und Sünde die Rede, ja von der Schuld und Untreue des ganzen Volkes, die nie aus eigener Kraft, sondern nur durch Gottes vorhergehendes und vergebendes Gnadenhandeln überwunden werden können.[113]

---

[107] Vgl. o. S. 127f.

[108] Vgl. aber die u. Anm. 112 genannten Belege für die enge Zusammengehörigkeit der beiden Begriffe.

[109] Neben den u. Anm. 113 genannten Stellen vgl. noch TSeb 7,3; 8,2.6. Dazu nochmals *Köster*, ThWNT 7, 551f, der auf die spezielle eschatologische Bedeutung der Wendung hinweist.

[110] Vgl. *H. J. Stoebe*, Art. rḥm pi. sich erbarmen, THAT 2, 3. Aufl., München - Zürich 1984, Sp. 762, der für רַחֲמִים das emotionale Element betont und im Hinblick auf den Menschen sogar von seiner "weichen Stelle" spricht.

[111] TNaph 4,5 kann sogar der Messias selbst τὸ σπλάγχνον κυρίου genannt werden - vielleicht sogar in Abhängigkeit von Lk 1,78a? Vgl. dazu auch die Beobachtungen u. S. 221 Anm. 121.

[112] Jes 63,7; Jer 16,5; Hos 2,21; Sach 7,9; Ps 25,6; 51,3; 69,17; 103,4; Klgl 3,22.

[113] Vgl. *Simian-Yofre*, Art. רחם rḥm I-IV, ThWAT 7, Lieferung 3-5, Stuttgart - Berlin - Köln - Mainz 1990, Sp. 468-470. Zum Thema grundsätzlich s. O. *Hofius*, »Rechtfertigung des Gottlosen« als Thema biblischer Theologie, in: Ders., Paulusstudien, Tübingen 1989, 121-147, bes. 133-145. Auch in Qumran, wo sich die Verbindung רחמי חסד in 1QS II 2; 4QShirShabb 403 1 I 23 und 405 3 II 15 findet (in 1QS I 22 חסדי רחמים), ist dieser Bezug der göttlichen רַחֲמִים auf die den Menschen umfangende Sündenmacht belegt; vgl. *Dahmen*, Art.

V. 78b

Diese Versöhnung zwischen Gott und Mensch zu bewerkstelligen, ist der Messias gekommen, der Heilskönig aus davidischem Geschlecht, im Bild: der Sproß Davids. Daß er aus der Höhe, ἐξ ὕψους, kommt, steht nicht im Widerspruch zu seiner irdischen davidischen Herkunft[114]. Denn schon nach alttestamentlicher Tradition gilt der Davidide als der Sohn Gottes[115], der vom Zion aus als irdischer Stellvertreter Gottes den göttlichen Willen in der Welt durchsetzt[116], eine Konzeption, in der sich im Laufe der theologiegeschichtlichen Entwicklung die zunächst nur mit der Inthronisation verbundene Vorstellung von der Gottesgeburt des Davididen zum Sohne Gottes und die von der physischen Geburt des Heilskönigs so einander annäherten, daß sie in neutestamentlicher Zeit zusammenfielen[117]. Den alttestamentlichen Wendepunkt dieser Entwicklung markiert dabei Jes 9,5f, wo erstmals die Inthronisationsaussagen mit der Ankündigung der physischen Geburt des davidischen Heilskönigs verbunden werden[118]; und das Benediktus, dessen Schlüsseltext Jes 9,1-6 ja ist[119], hat diesen Zusammenhang gewiß vor Augen, wenn es in V.78b menschliche und göttliche Herkunft des Heilsbringers in der Wendung "Sproß aus der Höhe" vereint, wobei es mit der Umschreibung "aus der Höhe" allerdings vermeidet, ein direktes göttliches, gleichsam physisches Abstammungsverhältnis festzuschreiben. Aber schon darin geht es weiter als das zeitgenössisch jüdische Schrifttum, dessen messianische Erwartungen zwar denen der lukanischen Hymnen ähneln[120], das aber göttliche und menschliche Sphäre nie

---

רחם rḥm V, o.c., Sp. 476.

[114] Gegen *Ernst*, Lukas, 97.

[115] Vgl. Ps 2,7; 89,27f; 2.Sam 7,14; vgl. auch Ps 110,3, dazu *H. Gese*, Natus ex Virgine, in: Ders.: Vom Sinai zum Zion. Alttestamentliche Beiträge zur biblischen Theologie, 3. Aufl., München 1990, 138 mit Anm. 21.

[116] Vgl. *Gese*, o.c., 134-139.

[117] O.c., 139-146.

[118] O.c., 139-142, bes. 141f.

[119] S. o. S. 145f.150.

[120] Einen historischen und systematischen Gesamtüberblick über die verschiedenen jüdischen Messiaserwartungen der zwischentestamentarischen und frühchristlichen Zeit mit umfangreichen Literaturhinweisen zu allen Gebieten bietet *Schürer*, History, Bd. 2, 488-554, und das in jüngster Zeit erschienene Werk von *J. J. Collins*, The Scepter and the Star. The Messiahs of the Dead Sea Scrolls and other Ancient Literature, New York u.a. 1995. Speziell zu Qumran vgl. noch *A. S. van der Woude*, Die messianischen Vorstellungen der Gemeinde von Qumrân, Assen 1957, bes. die Zusammenfassung 185-189. Zur Vorstellung von der Präexistenz des Messias vgl. *G. Schimanowski*, Weisheit und Messias. Die jüdischen Voraussetzungen der urchristlichen Präexistenzchristologie, Tübingen 1985. Die Präexistenz des Messias ist jedoch - gegen *A. Schlatter*, Das Evangelium des Lukas. Aus seinen Quellen erklärt, 3. Aufl., Stuttgart 1975, 177 - im Benediktus noch keineswegs im Blick, wenn Lk 1,78b sicherlich auch für eine Deutung in diesem Sinne offen war.

so direkt verknüpft.[121] Wir haben hier den frühesten neutestamentlichen Beleg für eine Entwicklung, die dann im Theologumenon von der Jungfrauengeburt zur vollen Ausgestaltung kommt.[122]

V.79

Das Erscheinen des Messias als letzter Akt der göttlichen Selbstoffenbarung, die traditionell mit der Vorstellung einer Lichterscheinung einhergeht[123], erfüllt die prophetische Weissagung Jes 9,1-6 auch darin, daß es dem im Finstern wandelnden Volk, dem im Todesschatten sitzenden Menschen das heilsame Licht der göttlichen Gegenwart bringt und den Frieden, der alle Angst und alle Not überwindet. Dieser Frieden gilt nach Ps 107, dem Danklied der Erlösten, auf das hier ebenfalls angespielt wird (vgl. V.7.10 und 14), allen Menschen, woher immer sie kommen (V.3), allen Heimatlosen, allen Hungrigen und Durstigen (V.4f) und vor allem den durch eigene Schuld in Dunkel und Finsternis Gefangenen, denen, die sich von Gott als dem wahren Lebenslicht abgewandt haben und den Ausweg aus der Verstrickung nicht mehr finden (V.10-14). Daß auch die Mitglieder der neuen Heilsgemeinde sich als ehemals dieser Sphäre der Gottesferne und Dunkelheit zugehörig verstehen, zeigt das ἡμῶν in V.79b, das die Gemeinde mit der in V.79a bezeichneten Gruppe identifiziert. Es ist die alle Menschen gleichermaßen

---

[121] Nur in TJuda 24,4 finden wir eine entsprechende Verknüpfung menschlicher und göttlicher Herkunft wie in Lk 1,78: οὗτος ὁ βλαστὸς θεοῦ ὑψίστου. Es ist wegen des umstrittenen Charakters der XII-Patriarchen-Testamente jedoch schwer zu entscheiden, ob wir es hier mit einer christlichen Wendung zu tun haben oder ob es sich dabei um einen jüdischen Beleg für die Konvergenz der oben benannten Vorstellungen handelt. Die kürzere, armenische Rezension jedenfalls weiß nichts von einem "Sproß Gottes", sondern bezieht das Bild auf Juda und seinen Nachkommen. Auffällig ist außerdem, daß hier direkt ausgesprochen ist, was in Lk 1,78b mit der Wendung "aus der Höhe" noch verhüllt ausgedrückt ist. Dies deutet auf ein zeitlich späteres Entstehungsdatum der Stelle TJuda 24,4, vielleicht sogar auf eine Abhängigkeit von Lk 1,78b. Die Ersetzung von ἀνατολή durch βλαστός wäre dabei durch die Vieldeutigkeit von ἀνατολή zu erklären, die es ja auch den modernen Exegeten schwer macht, den lukanischen Text zu verstehen. Für eine christliche Herkunft der Zeile spricht auch, daß, entgegen dem verbreiteten Irrtum der Forschung (s. o. S. 127 Anm. 320), im hebräischen Sprachbereich die Wendung צֶמַח יְהוָה als Bezeichnung für eine messianische Gestalt nicht begegnet (Jes 4,2 bezeichnet die Wendung ganz wörtlich das, was Jahwe im Land wachsen läßt; vgl. *Kaiser*, ATD 17, 93). Dem entspricht, daß in Targum und Midrasch sogar ein deutlicher Vorbehalt gegen die Aussagen von der Gottessohnschaft des Davididen überhaupt zu beobachten ist, der sich in dem Bemühen ausdrückt, die alttestamentlichen Aussagen abzuschwächen und das Sohnesverhältnis als bloßen Vergleich zu beschreiben; vgl. *O. Michel - O. Betz*, Von Gott gezeugt, in: W. Eltester (Hg.), Judentum. Urchristentum. Kirche, Festschrift für Joachim Jeremias, 2. Aufl., Berlin 1964, 5f.

[122] S. dazu ausführlicher u. S. 226-230.

[123] Vgl. o. S. 125.

umfangende Sündennot, derer sich Gott annimmt, indem er seinen Messias
schickt. Ihm zu begegnen, bedeutet die Überwindung der von Gott trennenden
Macht der Dunkelheit. Ihn zu empfangen bedeutet die Teilhabe am ewigen
Frieden Gottes, der in der Versöhnung zwischen Gott und Mensch besteht.
Und nichts als dieses Empfangen ist vom Menschen gefordert. Der Messias,
Christus, ist der Weg zum Wohnen in Gottes gütiger Gegenwart (vgl. nochmals Ps 107, 4 und 7), dem Ziel, an welchem der heilsgeschichtliche Weg
Gottes mit seinem Volk und der Lebensweg des einzelnen Menschen zusammentreffen und zusammenfallen. Diese Gemeinschaft mit Gott durch die freu-
dige Aufnahme des Messias erreicht zu haben, ist die Gemeinde des Benediktus gewiß, die ja schon im Herzen des Hymnus ihre neue eschatologische Situation des Friedens und der Gerechtigkeit besungen hatte[124]. Schöner als mit
dem Wort "Frieden" könnte das Benediktus nicht enden!

---

[124] Vgl. dazu nochmals die Aufbauanalyse o. S. 178.

VIII. Die Hymnen als Teil der lukanischen Kindheitsgeschichte

Sieben Kapitel hat es bedurft, um Magnifikat und Benediktus von allen Vorurteilen zu befreien, die über Jahrzehnte hinweg ihr Verständnis verdunkelt und den Blick für ihre theologische Bedeutung getrübt haben. Besonders verhängnisvoll hat sich dabei die Überzeugung ausgewirkt, daß vom Kontext her über den Wert von Magnifikat und Benediktus entschieden werden könne; ihre nachträgliche Einpassung in den Erzählzusammenhang schien ein Zeichen ihrer auch theologisch nachrangigen Bedeutung zu sein. Sie galten als Versatzstücke, die man um einer erzählerischen Pointe willen aus fremden Quellen eingefügt und dem Kontext durch Zusätze angepaßt hatte. Erst die traditionsgeschichtliche Analyse der Hymnen hat ans Licht gebracht, was Lukas selbst uns nie vorenthalten hat, daß nämlich die Lieder im unmittelbaren Bezug zum Geburtsgeschehen stehen und sie thematisch ihren Platz nirgendwo anders haben als in dem Zusammenhang, in dem sie uns begegnen. Kein wissenschaftliches Konstrukt eines jüdisch-täuferisch-christlichen Überlieferungsweges hat mehr Überzeugungskraft als Lukas' schlichter Hinweis darauf, daß er uns im Magnifikat ein altes Marienlied zu hören gibt und daß dieses die Antwort auf die Geburtsverheißung ist. So stehen die Hymnen vor uns als die ältesten Dokumente einer Tradition, deren erzählerische Fixierung erst das allerletzte Überlieferungsstadium darstellt. Tradition ist beständig, auch wenn sie legendarische Züge annimmt. Und sie ist ernst zu nehmen in der besonderen Weise, in der sie sich uns präsentiert.

Damit stellt sich die Aufgabe, nach den Hymnen nun auch den Erzählstoff einer neuen Betrachtung zu unterwerfen. Es kann allerdings im Rahmen dieser Arbeit nicht das Ziel sein, alle Lk 1-2 betreffenden Fragen und Probleme mit der Ausführlichkeit zu erörtern, mit der das Magnifikat und Benediktus behandelt wurden. Dies gilt besonders für die Quellendiskussion, die hier schon deshalb nicht aufgerollt werden soll, weil ein täuferischer Ursprung der lukanischen Lieder ausgeschlossen wurde. Vielmehr wird sich die folgende Erörterung auf die beiden Fragen beschränken, die aus der vorgelegten Interpretation der Hymnen unmittelbar erwachsen. Sie zeigen die Richtung an, in welcher sich der Forschung zur Kindheitsgeschichte noch neue Wege öffnen.

Die erste Frage lautet: Gewinnen wir aus dem ersten Kapitel des Lukasevangeliums Anhaltspunkte für den Weg, welchen das Geburtsmotiv von seiner zunächst hymnischen Verarbeitung im Gottesdienst der frühen palästinischen Gemeinde bis hin zur Ausbildung eines großen Erzählkranzes und seiner Fixierung durch den Hellenisten Lukas genommen hat? Die zweite: Welche Funktion haben die Hymnen an ihrem jetzigen Ort, an den Lukas sie, vielleicht als letzte Glieder seiner Gesamtkomposition, gestellt hat?

Erst die gemeinsame Beantwortung dieser beiden Fragen, die von entgegengesetzter Seite Anfangs- und Endpunkt einer theologiegeschichtlichen Entwicklung markieren, kann uns die eigentliche Bedeutung der Kindheitsüberlieferung, wie sie uns heute vorliegt, erschließen. Beide Fragen zeigen, daß die Redaktionsgeschichte nicht von der Traditionsgeschichte zu trennen ist und daß die einseitige Bevorzugung der Redaktionsgeschichte unweigerlich zu Fehlinterpretationen führt.

1. Der traditionsgeschichtliche Weg des Geburtsmotivs im Urchristentum

Entgegen der landläufigen Auffassung, daß die Beschäftigung mit der leiblichen Geburt des gottgesandten Erlösers ein spätes Stadium der Sammlung und Überlieferung jesuanischer Traditionen repräsentiere[1] und sich fremden - griechischen oder orientalischen - Einflüssen verdanke[2], hat die Interpretation von Magnifikat und Benediktus ergeben, daß das Geburtsmotiv mit zum frühesten christlichen Traditionsgut gehört[3] und seine Wurzeln allein in den alttestamentlichen Ankündigungen der Geburt eines messianischen Kindes hat. Warum die Forschung bis heute annehmen konnte, die ersten Christen hätten sich ausgerechnet mit den wenigen direkten messianischen Weissagungen des

---

[1] Vgl. z.B. *Gese*, Natus ex Virgine, 131; *Fitzmyer*, Luke the Theologian, 30f.

[2] So z.B. *H. Greßmann*, Das Weihnachts=Evangelium auf Ursprung und Geschichte untersucht, Göttingen 1914, 20-37.42-46; *E. Norden*, Die Geburt des Kindes. Geschichte einer religiösen Idee, 2. Aufl., Leipzig - Berlin 1931, bes. 76-116.162-171. Daneben auch *Dibelius*, Jungfrauensohn, 20-42, wenn dieser auch den *primären* Einfluß synkretistischer Vorstellungen auf die Ausgestaltung des Theologumenons von der Zeugung durch den Heiligen Geist bestreitet und statt dessen auf die allegorische Schriftauslegung des hellenistischen Judentums verweist, aus der dasselbe seiner Meinung nach herausgewachsen sei. Schließlich muß man den genannten Autoren auch *Zeller*, Geburtsankündigung, 60, zurechnen, der zwar die Möglichkeit in Erwägung zieht, daß die erzählerische Beschäftigung mit einer herausgehobenen Person *auch* theologische Gründe haben könne, der vor allem aber die *nicht*-christliche Herkunft der Form der "Geburtslegende" betont und damit einen von außen kommenden Impuls für die Ausbildung der Geburtserzählungen voraussetzt.

[3] Es kann in diesem Zusammenhang gar nicht oft genug betont werden, daß die christologische Entwicklung kein einliniges Geschehen war, sondern ein Prozeß, an dessen Anfang die Fülle der nunmehr erfüllten alttestamentlichen Heilsverheißungen die vielfältigsten Annäherungen an das Christusgeschehen herausforderte. Wir haben schon frühzeitig mit einem größtmöglichen Reichtum christologischer Vorstellungen zu rechnen, auch wenn uns vieles davon nur fragmentarisch erhalten ist. Die Frage nach der Geburt des Erlösers stand dabei ebenso selbstverständlich von Anfang an im Raum wie die nach seinem Tod und seiner Auferstehung.

Alten Testaments, allen voran Jes 7,14 und Jes 9,1-6, aber auch Jes 11,1-10, nicht beschäftigt und seien erst durch den Kontakt mit den Mythen ihrer Umwelt auf diese Stellen gestoßen worden, bleibt eins der großen Rätsel der Forschungsgeschichte. Man konnte sich wohl nicht vorstellen, daß die legendarisch anmutenden Geburtserzählungen sich im Kern einer äußerst diffizilen theologischen Auseinandersetzung verdanken, deren Ergebnis die bereits im Benediktus angedeutete Erkenntnis von der göttlichen Herkunft des Davidssohnes war, eine Erkenntnis, die mit einem mythologisch gespeisten Wunderglauben nicht das geringste zu tun hat. Daß diese aus Jes 7,14; 9,1-6 und 11,1-10 herausgewachsene Reflexion der messianischen Sendung und Herkunft auch zur erzählerischen Ausgestaltung drängte, liegt auf der Hand, ebenso, daß im Akt des Erzählens die Konturen dieser Reflexion klarer wurden und sich zur Vorstellung von der sog. Jungfrauengeburt bzw. der Zeugung durch den Heiligen Geist verdichteten.

Wir gelangen hier geradewegs zu Lk 1,26-38, einem Text, der nach der hymnischen Verarbeitung des jesajanischen Geburtszyklus im Magnifikat und Benediktus die zweite Stufe der an Jesaja ausgerichteten Traditionsbildung darstellen dürfte. Das zeigt schon der deutliche Bezug des Sohnesverheißungsorakels Lk 1,30-33.35 auf eben die Jesaja-Stellen, die auch die Traditionsgrundlage der Hymnen bilden. Dabei sei hier dahingestellt, ob der Wortlaut der Sohnesverheißung in seiner jetzigen Gestalt ursprünglich oder das Produkt späterer Stilisierung ist.[4] Bedeutsam ist allein der zwischen den Hymnen und dem Sohnesverheißungsorakel bestehende *Überlieferung*szusammenhang, wie er aus dem engen *Tradition*szusammenhang folgt, nur daß der Textbezug im Sohnesverheißungsorakel noch stärker auf die Geburtsverheißungen konzentriert ist als in den Liedern. Deutlich wird jetzt ausgesprochen, was im Magnifikat und Benediktus nur implizit vorausgesetzt wurde: Maria ist diejenige junge Frau, welche das messianische Königskind zur Welt bringt und mit dem von Gott gegebenen Deutenamen benennt (Jes 7,14). Das Kind ist der Sohn Davids und rechtmäßige Erbe des davidischen Thrones (Jes 9,5f). Es ist aber auch der durch den Geist und die Kraft Gottes (vgl. Jes 11,2) zum Gottessohn Erkorene und als Gottessohn Geborene. "Sohn

---

[4] Das Orakel in seiner lukanischen Gestalt, das den Hinweis auf die Jungfräulichkeit Marias voraussetzt (παρθένος, Jes 7,14 LXX) - ohne daß dieses Verständnis des Begriffs von Anfang an vorgeherrscht haben muß, vgl. *Gese*, Natus ex Virgine, 145 -, weist auf das griechischsprachige Judenchristentum, doch bedeutet dies nicht notwendigerweise eine späte traditionsgeschichtliche Weiterentwicklung, sondern kann auch als Zeichen für den regen Traditionsfluß gewertet werden, der von Anfang an zwischen den aramäisch sprechenden und den griechisch sprechenden Gemeinden bestand.

Gottes" ist damit nicht allein sein Thronname (Lk 1,32 und Jes 9,5), sondern
bezeichnet auch seine physische Existenz.[5]

Dieses gleichzeitige Bekenntnis zur Davids- und zur Gottessohnschaft Jesu
ist, wie Gese herausgestellt hat[6], höchste Offenbarungserkenntnis, das Wissen
darum, daß Gott am Ende seiner Offenbarungsgeschichte selbst in die
menschliche Welt eingegangen ist. Was bei Jesaja im Nebeneinander von physischer Geburt und Inthronisation zum Gottessohn nur angedeutet und im Benediktus schon vorsichtig zu Ende gedacht war[7], wird im Sohnesverheißungsorakel an Maria unverhüllt bekanntgemacht. Damit ist ein traditions-
geschichtlicher Schlußpunkt in dem Sinne erreicht, daß alle weiteren und späteren Ausgestaltungen des Geburtsmotivs der hier erreichten theologischen
Erkenntis nichts mehr hinzuzufügen, sondern sie bestenfalls zu erläutern
vermögen. Die Geburt Jesu ist Heilsereignis und umschließt das ganze Evangelium; und nur auf der Grundlage dieser Erkenntnis erklärt sich das Interesse
an einer auch biographischen Ausgestaltung der Geburtsumstände. Der umgekehrte Weg ist nicht denkbar![8] Dem entspricht, daß Paulus, bei dem wir angesichts der hier nachgewiesenen frühen Entstehung der Geburtstraditionen die
Kenntnis entsprechender Überlieferungen voraussetzen müssen, allein dies als
Heilserkenntnis weitergibt: "Gott sandte seinen Sohn, geboren von einer Frau"
(Gal 4,4; vgl. auch Röm 1,3f; 8,3; 9,5; Phil 2,7). Dieser Satz enthält, in christologisch weiterentwickelter Form, das ganze Geburtsevangelium[9], das im
Grunde keiner erzählerischen Ausgestaltung mehr bedurfte.

---

[5] Hierzu und zum Folgenden sei nochmals auf *Gese*, Natus ex Virgine, hingewiesen. - *O.
Michel - O. Betz*, Von Gott gezeugt, 21, übersehen bei der Auseinandersetzung mit der sog.
Jungfrauengeburt den traditionsgeschichtlichen Impuls der genannten Jesaja-Stellen und vertreten statt dessen eine über Qumran gehende Entwicklung, wie sie in 1Q28a II 11 das Theologumenon von der göttlichen Zeugung des Messias in der Gemeinschaft dokumentiere. Es deutet
bei dieser Stelle allerdings nichts darauf hin, daß sie im Hinblick auf das Geburtsgeschehen
inhaltlich über ihr alttestamentliches Vorbild Ps 2,7 hinausgeht. Die gedankliche Weiterentwicklung, die aus der Frontstellung zum Jerusalemer Kult entspringt, betrifft allein den *Ort*
der göttlichen Zeugung, der jetzt nicht mehr der Zion ist, sondern die essenische Gemeinschaft. Um zu zeigen, daß die Vorstellung von der göttlichen Zeugung Jesu nicht hellenistischen, sondern jüdischen Ursprungs ist, hätten Michel und Betz vor allem auf das Alte Testament verweisen müssen als der gemeinsamen Traditionsgrundlage der essenischen wie der neutestamentlichen Weiterentwicklung des Theologumenons, zumal ein direkter Einfluß der
qumranischen Konzeption auf die neutestamentliche auszuschließen ist.

[6] O.c., 146.

[7] Vgl. nochmals o. S. 221f.

[8] So auch *Gese*, o.c., 145, der als einziger auf die Unmöglichkeit hinweist, das Entstehen
der Geburtsgeschichte aus anderen Gründen als den genannten theologischen herzuleiten. Allein die Bedeutung, die Magnifikat und Benediktus als den frühesten Zeugnissen der entstehenden Geburtstradition zukommt, hat Gese noch nicht gesehen.

[9] Es entspräche nur wieder modernistischem Denken, wenn man die als Bekenntnisaussage
bewußt knappe Formulierung in Gal 4,4 nur deshalb nicht dem lukanischen Natus ex Virgine
an die Seite stellen wollte, weil hier nicht *explizit* auf die Jungfrauengeburt angespielt wird.
Vgl. auch *T. Zahn*, Der Brief des Paulus an die Galater, KNT 9, 3. Aufl., Leipzig - Erlangen

Nun wäre es falsch und widerspräche der Vielfalt biblischen Denkens, wollte man das Wachsen der Geburtsgeschichten als einen einlinigen Prozeß verstehen. Die Erzählung von Jesu Geburt in Bethlehem, Lk 2,1-20, beispielsweise geht im Kern auf die urchristliche Auseinandersetzung mit der Ankündigung des aus Bethlehem kommenden endzeitlichen Davididen Mi 5,1-4 zurück (vgl. Mt 2,5f), welche als direkte, von Jes 7,14 beeinflußte[10] messianische Verheißung von Anfang an in ähnlicher Weise traditionsbildend gewirkt haben wird wie der jesajanische Geburtszyklus. Die *theologische* Bewältigung der messianischen Geburt erfolgte allerdings auf dem Boden der weiterentwickelten Zionskonzeption in den jesajanischen Geburtsweissagungen. Daher müssen die frühesten uns erhaltenen Dokumente der Auseinandersetzung mit diesen Weissagungen, nämlich die beiden ersten lukanischen Hymnen und das Sohnesverheißungsorakel an Maria[11], als der Kern gelten, aus dem sich der große Erzählkranz der Kindheitserzählungen entwickeln konnte. Dabei ist einzig dies ungewiß, welch zeitlicher Abstand zwischen der Abfassung der Hymnen und der Ausgestaltung des Sohnesverheißungsorakels liegt. Allzu groß wird dieser Abstand nicht gewesen sein, denn wir beobachten in Lk 1,31-33.35 die gleiche Art der vergegenwärtigenden Verarbeitung messianischer Tradition wie im Magnifikat und Benediktus[12]: Auch in Jes 7,14 war ja die Ankündigung der

---

1922, 202, und *J. Bligh*, Galatians. A Discussion of St Paul's Epistle, HousCom 1, London 1969, 346-349. Dabei würde übersehen, daß das theologisch Entscheidende bei der sog. Jungfrauengeburt nicht die Jungfräulichkeit Marias ist, sondern die Zeugung durch den Geist, eine Vorstellung, die bei Paulus durch den Sendungsgedanken ersetzt ist, der keineswegs in Konkurrenz zur göttlichen Zeugung steht, sondern als christologische Weiterentwicklung gelten kann, da in der in Gal 4,4 angedeuteten und in Röm 8,3 deutlich ausformulierten Verbindung des Sendungs- mit dem Inkarnationsgedanken bereits die Vorstellung von der Präexistenz des Gottessohnes mitschwingt; vgl. *Hahn*, Hoheitstitel, 316, und *H. Schlier*, Der Brief an die Galater, KEK 7, 15. Aufl., Göttingen 1989, 196. Das Problem, das der paulinische Hinweis auf die Geburt Jesu in Gal 4,4 den Exegeten in der Regel bereitet, liegt in der Überzeugung von der späten Entstehung der Geburtstraditionen, die es den meisten Forschern unwahrscheinlich macht, daß Paulus auf entsprechende Überlieferungen zurückgegriffen oder sie gar in weiterentwickelter Form tradiert haben könnte. Vgl. z.B. *J. Becker*, Der Galaterbrief, NTD 8, 17. Aufl., Göttingen 1990, 49, und nochmals *Gese*, o.c., 131. Auch *M. Hengel*, Der Sohn Gottes. Die Entwicklung der Christologie und die jüdisch-hellenistische Religionsgeschichte, 2. Aufl., Tübingen 1977, 112, ist davon überzeugt, daß die Sendungs- und die Präexistenzvorstellung *vor* der Entwicklung der Geburtstraditionen ausgebildet worden sei. Dagegen zeigen Gal 4,4 und das ἐξ ὕψους aus Lk 1,78, von dem aus es nur noch ein Schritt zur Präexistenzvorstellung ist, daß die Herauslösung der Geburtsthematik aus der allgemeinen christologischen Entwicklung, die in Joh 1,1.14 ihren Höhepunkt erreicht, künstlich, ja unhistorisch ist. Daß die frühen Christen Jesu göttliche Herkunft und Sendung bedacht haben sollten, ohne das Geheimnis seiner menschlichen Geburt verstehen zu wollen, ist schlechterdings nicht vorstellbar.

[10] Vgl. *Gese*, o.c., 143f.

[11] Auch *Stuhlmacher*, Biblische Theologie, Bd. 1, 189, weist darauf hin, daß das Sohnesverheißungsorakel *"nicht als Spätbildung, sondern als frühe judenchristliche Tradition zu beurteilen"* ist.

[12] Vgl. o. S. 98f.148.

messianischen Geburt in ein solches Sohnesverheißungsorakel gefaßt, mit dem einzigen Unterschied, daß es nicht - wie sonst im Alten Testament (vgl. Gen 16,11 und Ri 13,3.5) - an die Mutter des Kindes selbst gerichtet ist. Wenn daher die frühen Christen die theologische Reflexion über die Geburt ihres Erlösers ebenfalls in die Form eines Sohnesverheißungsorakels kleideten, so einmal deswegen, weil diese Gattung wie keine andere geeignet war, die besondere Bedeutung und göttliche Legitimation des auf diese Weise Angekündigten hervorzuheben, aber insbesondere auch deshalb, weil die *Gleichheit der Form* die Verheißungstreue widerspiegelte, mit der Gott sein Volk als der ewig gleiche bis ans Ende begleitet und führt. Die endzeitliche Abbildung des Alten im Neuen ist auch hier wieder ein äußerliches Zeichen dafür, daß die Offenbarungsgeschichte Gottes mit der Sendung des Messias Jesus zu einem Schlußpunkt gekommen ist. Verheißung und Erfüllung fallen im letzten Akt der Selbstoffenbarung Gottes zusammen, wobei die endzeitliche Verdoppelung der Sohnesverheißung natürlich auch den Zweck hat, die alte Weissagung im Hinblick auf den Namen des messianischen Kindes wenn nicht zu korrigieren, so doch dadurch zu überhöhen, daß aus der Verheißung des Mitseins, die der Immanuelname Jes 7,14 verbürgt, die im Namen Jesu verborgene Zusage des vollkommenen göttlichen Heils und der endgültigen Hilfe und Rettung wird[13].

Deutlich wird in jedem Fall, daß der einzige Grund für die Ausbildung der uns vorliegenden Tradition eines Sohnesverheißungsorakels an Maria die tiefgründige theologische Auseinandersetzung mit der prophetischen Überlieferung war, nicht etwa ein Interesse an der legendarischen Inszenierung von Geburtsgeschichten. Die erste Form der "Geburtserzählung" kann, muß aber nicht mehr Elemente enthalten haben als die Sohnesverheißung an Maria, einen Hinweis auf die Geburt und das die Namengebung begleitende Loblied der Messiasmutter nach der Geburt. Ob das Benediktus in diesem Zusammenhang als Antwort der gläubigen Gemeinde auf die Verkündigung des Geburtsgeschehens fungierte, muß dahingestellt bleiben, wenn die überlieferungsgeschichtliche Rekonstruktion nicht in Spekulation ausarten soll. Daß es sich immer noch im Rahmen der Geburtsgeschichten überliefert findet, deutet jedenfalls darauf hin, daß es in irgendeiner Weise immer Bestandteil der Geburtserzählungen war, auch wenn sein Platz und seine Funktion im Erzählganzen sich gewandelt haben.

Ein letzter Beweis dafür, daß wir uns bei dem aus Jes 7,14 herausgewachsenen Sohnesverheißungsorakel in einer der ältesten Schichten der Kindheitserzählung befinden, ist die Überlieferung einer Sohnesverheißung auch durch Matthäus, nur daß in Mt 1,18-25 die Ankündigung der Geburt des Erlösers nicht an Maria, sondern an Joseph ergeht, der für Matthäus den Garanten der davidischen Abstammung darstellt (Mt 1,1-16). Dennoch haben sich auch hier alle theologisch wichtigen Elemente des lukanischen Orakels erhalten, allen

---

[13] Vgl. dazu ausführlich o. S. 148-150.

voran die Verheißung der göttlichen Herkunft des als Davidssohn geborenen Erlösers. Dies ist das Geburtsevangelium, und es steht bei Matthäus nicht von ungefähr am Anfang seines Geburtszyklus. Seinen ursprünglichen Wortlaut wird man aus den beiden uns vorliegenden Fassungen der Sohnesverheißung nicht rekonstruieren dürfen, da die erzählerischen Anfänge ins vorschriftliche Stadium zurückreichen, wo vielleicht auch verschiedene Versionen nebeneinander kursierten, und zudem die beiden Evangelisten der Szene ihren persönlichen Stempel aufgedrückt haben. Allerdings ist die lukanische Form des Orakels sicherlich darin ursprünglicher, daß die Sohnesankündigung in Einklang mit den alttestamentlichen Vorbildern an die Mutter gerichtet ist.[14]

Es verwundert nicht, daß ein solches aus Sohnesverheißungsorakel und Hymnus bestehendes Erzählgerüst zur weiteren erzählerischen Ausgestaltung drängte, zumal eine Sohnesverkündigung ja von Hause aus szenischen Charakter hat. Und jetzt erst geht die Überlieferung bei Lukas und Matthäus auseinander und macht dem Platz, was man so gern als fromme Legendenbildung bezeichnet[15]. Wie sich im einzelnen die verschiedenen Erzählstücke um den Kern angelagert haben, soll hier nicht weiter untersucht werden; und auch die Frage nach der Verknüpfung von Jesus- und Johannes-Tradition mit all ihren quellenkritischen Implikationen muß hier unbeachtet bleiben. Zu ihr sei allein dies angemerkt, daß auch die Fixierung von Geburtserzählungen durch Täuferkreise nicht aus dem vielbeschworenen Phänomen der Helden- oder Heiligenverehrung heraus erklärt werden darf, deren konstitutives Element der Verweis auf die wundersame Geburt des Verehrten angeblich ist[16], sondern einer *theologischen* Erklärung bedarf. Unterstellt man der Täufersekte ein reges schriftstellerisches Schaffen, so muß man ihr auch den regen Umgang mit den biblischen Schriften unterstellen, wie er uns für alle übrigen jüdischen Gruppierungen selbstverständlich ist. Die täuferische Auseinandersetzung mit der Geburt und Kindheit des Johannes hat unmöglich im luftleeren Raum stattgefunden, sondern muß einen theologischen Grund gehabt haben, wie ihn für christliche Kreise die Ankündigungen eines messianischen Kindes durch Jesaja darstellt. Einen solchen Grund zu finden, fällt allerdings schwer, da alle Schrifthinweise auf die *Geburt* einer Erlösergestalt sich auf das davidische Königshaus beziehen und kaum auf Johannes anwendbar waren. Auch aus den Samuelgeschichten, die ohne Zweifel ihre Spuren in den Erzählungen von der Johannes-Geburt hinterlassen haben, läßt sich kaum ein theologisches Motiv für die Entstehung täuferischer Geburtstradition herausschälen, da bereits die alttesta-

---

[14] Zur Sohnesankündigung bei Matthäus vgl. auch *Dibelius*, Jungfrauensohn, 22-24, der ebenfalls in der lukanischen Fassung die ursprünglichere Form erkennt.

[15] Vgl. z.B. *Greßmann*, Weihnachts=Evangelium, 1-6 u.ö.; *Dibelius*, o.c., 2.5.8.10.15 u.ö.; *E. W. Barnes*, The Rise of Christianity, 5. Aufl., London - New York - Toronto 1948, 68f.

[16] So z.B. *Dibelius*, o.c., 8f; *Böcher*, Johannes, 175.

mentliche Tradition Samuel ganz im Lichte des nach ihm entstehenden Königtums sah und nie als für sich bestehende Heilsgestalt, als welche Johannes innerhalb der Täufersekte angeblich fungiert hat. Dagegen konnten christliche Kreise in der Geschichte von Samuels Geburt, deren Schluß- und Höhepunkt das Hannalied mit seinem Ausblick auf den kommenden Davididen war, einen Anlaß sehen, die endzeitliche Abbildung des Alten im Neuen auch auf die Vorläufergestalt auszudehnen. Im *christlichen* Magnifikat hat das Hannalied seine traditionsbildende Kraft bereits bewiesen, und es ist durchaus wahrscheinlich, daß es von hier aus weitergewirkt und die Ausbildung weiterer Überlieferungen beeinflußt hat!

Dies alles sind wohlgemerkt nur Schneisen, die in die bislang sehr einseitig behandelte Problematik der Kindheitsgeschichten geschlagen werden können. Und sie sollen an dieser Stelle auch gar nicht mehr sein als Anregungen für eine neuerliche Zuwendung zu diesen Stoffen, deren detaillierte Analyse sie keinesfalls ersetzen.[17] Weitere Anhaltspunkte für ein neues Verständnis der

---

17 Hingewiesen sei hier noch auf die angeblich nur schwer zu widerlegende Beweiskraft, welche vor allem im Gefolge von *Dibelius*, Jungfrauensohn, der Literarkritik in der Diskussion um die Quellen in Lk 1 und 2 gemeinhin zuerkannt wird. Überzeugend wirkt dabei *Dibelius'* Beobachtung (o.c., 1-9), daß in der "Personallegende" Lk 1,5-25.57-66a keine Unterlegenheit des Täufers gegenüber Jesus festzustellen sei, woraus er schließt, daß diese Legende nicht christlichen, sondern nur täuferischen Ursprungs sein könne. So einleuchtend allerdings diese Schlußfolgerung ist, so wenig beweiskräftig sind die Argumente, mit denen Dibelius seine These von der ursprünglichen Gleichrangigkeit der beiden Hauptfiguren stützt: 1. der Hinweis auf die Bezeichnung des Täufers als μέγας (Lk 1,15), wie sie an anderer Stelle auch auf Jesus angewandt wird (Lk 1,32), 2. die Behauptung, daß ein Christ von Johannes keinen Geistbesitz aussagen könnte. Was die angeblich gleiche Betitelung von Johannes und Jesus anbelangt, so darf man diese nicht auf den in beiden Fällen verwendeten Begriff "groß" einschränken, sondern muß auch den Kontext mitheranziehen, in dem der Begriff jeweils erscheint. Und hier zeigt sich, daß "groß" eben nicht "gleich groß" bedeutet. Denn wenn Johannes μέγας ἐνώπιον [τοῦ] κυρίου und Jesus μέγας καὶ υἱὸς ὑψίστου genannt wird, dann erscheinen beide zwar als von anderen Menschen durch das Stichwort "groß" hervorgehobene Heilsgestalten, aber die Größe Jesu unterscheidet sich von der des Johannes dadurch, daß sie eine absolute, in seinem Wesen als Sohn Gottes begründete ist, während die des Johannes eine ihm von Gott zuerkannte Größe ist, die aus seiner göttlichen Beauftragung als Prophet resultiert, aber abseits von dieser nicht besteht. Auf diesen Unterschied weist auch *F. Kattenbusch*, Die Geburtsgeschichte Jesu als Haggada der Urchristologie, ThStKr 102 (1930), 466f, hin, den *Dibelius*, o.c., 3, eigenartigerweise als Gewährsmann für die von ihm entwickelte These zitiert. *Kattenbusch* meint, o.c., 464f, allein dies zu beobachten, daß im Hinblick auf das Wunder der Schwangerschaft kein gradueller Unterschied zwischen Elisabeth und Maria zu verzeichnen sei. Was aber das μέγας in Lk 1,15 anbelangt, so dürfte kein Christ Schwierigkeiten gehabt haben, dem als Vorläufer Jesu ja durchaus verehrten Johannes eine aus seinem Prophetenamt abgeleitete Größe zuzuerkennen. Ähnliches gilt von der Geisterfülltheit des Johannes, die mit den gleichen Worten in Lk 1,41 und 1,67 auch von Elisabeth und Zacharias ausgesagt wird, zwei nach Dibelius *christlichen* Stellen, was es unwahrscheinlich macht, daß ein Christ solches von Johannes nicht hätte aussagen können. Wenn daher *Dibelius*, o.c., 8, behauptet, der typisch jüdischen Legende fehlten alle christlichen Gedanken über den Täufer, so ist mit *Benoit*, NTS 3, 169.180-182, und *Wink*, John, 70, zu erwidern, daß die Darstellung des Johannes in Lk 1,5-25.57-66a nicht in Konkurrenz zu dem synoptischen Johannesbild tritt, son-

Kindheitserzählungen erhalten wir allerdings, wenn wir uns vom Endpunkt des Überlieferungsprozesses, der Erzählkomposition in der uns jetzt vorliegenden lukanischen Form, noch einmal den beiden Geburtsliedern nähern, deren besondere Funktion im Erzählganzen Licht auch auf dessen theologische Zielrichtung wirft. Wir gelangen damit zu Lukas, der sich in der Behandlung seiner Stoffe als sehr viel tiefgründiger erweist, als mancher Exeget ihm zugestehen möchte.

2. Die redaktionelle Funktion der Hymnen

Die Frage, warum Lukas die beiden Geburtslieder Magnifikat und Benediktus ihrer ursprünglichen Funktion entkleidet und sie redaktionell geradezu eigenwillig plaziert hat, ist für das Magnifikat sicherlich leichter zu beantworten als für das Benediktus, das überhaupt keinen direkten Bezug mehr zur Geburt Jesu zu haben scheint, sondern mit der des Täuferkindes verknüpft ist. Eine solche Verknüpfung ist zunächst um so unverständlicher, als die Bethlehemerzählung einen geradezu idealen Rahmen für *beide* Lieder abgegeben hätte, da hier, im Anschluß an das Loblied der Messiasmutter *nach* der Geburt ihres Kindes, das als Lobgesang der erlösten Gemeinde konzipierte Benediktus dieser seiner Funktion gemäß den ersten Zeugen der messianischen Geburt in den Mund hätte gelegt werden können. Und doch muß die durch Lukas vorgenommene Plazierung der Hymnen einen besonderen Sinn haben, wenn wir Lukas nicht mangelnde Kenntnis ihres theologischen Aussagegehalts unterstellen wollen[18].

Die erste Beobachtung, die in diesem Zusammenhang Bedeutung gewinnt, ist die, daß beide Lieder, auch wenn der jeweilige Erzählzusammenhang ein

---

dern diesem im Wesentlichen entspricht und daher ohne weiteres christlichen Ursprungs sein kann. In diese Richtung weist auch die Tatsache, daß ausgerechnet Lk 1,15-17 keine Andeutung über das enthält, was Johannes von allen anderen Heilskündern der damaligen Zeit unterscheidet: seine Tauftätigkeit. Daß Täuferjünger gerade diesen Aspekt seines Wirkens in einer Zukunftsweissagung über Johannes unterschlagen hätten, ist wenig wahrscheinlich, während das Übergehen der Taufe ganz der lukanischen Täuferdarstellung entspricht, ohne daß damit, wie *Brown*, Birth, 246f, vermutet, unbedingt nur Lukas als Verfasser der täuferischen Geburtsgeschichten in Frage käme. Zumindest läßt sich, gegen *Dibelius*, o.c., 8, die in Lk 1,15-17 zu beobachtende Bedeutungslosigkeit der Taufe nicht einfach mit dem Hinweis auf den allgemeinen Charakter von Kindheitslegenden, die sich angeblich nur auf die künftige Größe des Helden beziehen, ausräumen. Deutlich ist, daß die täuferische Quellenzuschreibung der fraglichen Stücke auf weit weniger festem Boden steht, als Dibelius dies glauben machen möchte. Und gerade das Magnifikat und das Benediktus als angeblich ebenfalls "typisch jüdische" Teilstücke der lukanischen Kindheitsgeschichte mahnen dazu, auch die gemeinhin als Täufertraditionen deklarierten Erzählungen wieder einmal auf ihre möglicherweise christliche Herkunft hin zu untersuchen. Dazu nochmals *Wink*, o.c., 72.81.

[18] Daß dies nicht möglich ist, zeigte sich bereits o. S. 97.

anderer ist, *vor* der Geburt des Erlösers erklingen. Noch *bevor* der Messias vor den Augen der Welt sichtbar wird, erklingt schon das Lob der durch ihn gewirkten Erlösungstat.

Man kann diese Vorverlegung des messianischen Jubels in die Zeit unmittelbar vor der leiblichen Geburt Jesu zunächst als Überhöhung der Ursprungssituation sehen, als schriftstellerischen Kunstgriff, mit dem Lukas die beispielhafte Anerkennung des Messias durch sein Volk Israel, wie sie im Gegensatz zum übrigen Evangelium und zur Apostelgeschichte die gesamte Kindheitsgeschichte durchzieht, ins Ideale steigert.

Aber die Plazierung der Hymnen in ihren jetzigen Kontext hat nicht nur äußerliche Bedeutung. Sie ist weit mehr die theologische Ausgestaltung der Grunderkenntnis, die sich im Natus ex Virgine ausspricht! Wurde dort, auf dem Boden der jesajanischen Prophetie, die *Geburt* des Messias in dem Sinne als Evangelium begriffen, daß sie die nicht mehr zu überbietende Einwohnung Gottes in diese Welt bedeutet, so erscheint jetzt, in zugespitzter Form, *dieses Wohnungnehmen Gottes selbst*, noch *vor* seiner leiblichen Gestaltwerdung, als Heilsbotschaft.[19] Und geradezu meisterhaft setzt Lukas diese Erkenntnis ins Szenische um. Denn er läßt die Hauptfiguren seines Kindheitsevangeliums die Einwohnung Gottes ins Irdische bereits dort erkennen, wo die Grenze des menschlich Faßbaren erreicht, ja im Grunde schon überschritten ist, nämlich am unmittelbaren Beginn der Schwangerschaft Marias, zu einem Zeitpunkt, da keiner Mutter Gewißheit über ihren Zustand möglich ist.

Führen wir uns die Szene vor Augen: Maria begibt sich, gleich nachdem sie die Verheißung, sie sei berufen, den Gottessohn zu gebären, empfangen hat, zu Elisabeth, um sich des ihr vom Engel gegebenen Zeichens zu vergewissern (Lk 1,39f). Sie geht, ohne zu wissen, ob sich die Engelsankündigung an ihr bereits erfüllt hat oder ob die Erfüllung noch aussteht. Als sie Elisabeth gegenübertritt, offenbart diese ihr die eigene Schwangerschaft und zugleich auch dies, daß sie, Maria, den Gottessohn bereits empfangen hat, daß sie bereits die Frucht in ihrem Leibe trägt, die sie zur μήτηρ τοῦ κυρίου macht (Lk 1,41-45).

Hier wird offensichtlich, daß schon der unmittelbare Beginn der Schwangerschaft Marias für Lukas nichts anderes bedeutet als die endgültige und voll-

---

19 *W. Klaiber*, Eine lukanische Fassung des sola gratia. Beobachtungen zu Lk 1,5-56, in: J. Friedrich - W. Pöhlmann - P. Stuhlmacher (Hg.), Rechtfertigung. Festschrift für Ernst Käsemann zum 70. Geburtstag, Tübingen 1976, 22, greift hier zu kurz, wenn er die theologische Verbindung zwischen dem Natus ex Virgine und dem Magnifikat "vor allem im Motiv der heilschaffenden Souveränität Gottes" sieht. Lukas geht es hier weniger um die göttliche Souveränität als vielmehr um das tiefstmögliche Verständnis des Evangeliums von der Menschwerdung Gottes. Dies gilt auch gegen *H. H. Oliver*, The Lucan Birth Stories and the Purpose of Luke-Acts, NTS 10 (1963/64), 226, der behauptet, Lukas hätte den Geburtsgeschichten selbst kein theologisches Gewicht beigemessen, sondern diese nur als Mittel verwandt, um die Hauptmotive seines Doppelwerkes einzuführen. Ähnlich auch *C. T. Davis*, The Literary Structure of Luke 1-2, in: D. J. A. Clines - D. M. Gunn - A. J. Hauser (Hg.), Art and Meaning: Rhetoric in Biblical Literature, Sheffield 1982, 227.

gültige Manifestation des Heils. Dies schon ist Evangelium, daß Gott sich in der Frucht Marias ein für allemal dem Irdischen verbunden hat, auch wenn die Geburt des Messias noch aussteht. Denn die Sendung des Gottessohnes in diese Welt ist mit dem Eintritt der Schwangerschaft ins Werk gesetzt, und die Verheißungen der Schrift sind zu diesem Zeitpunkt erfüllt, auch wenn dies alles vor den Augen der Welt noch verborgen ist. Nur Maria und Elisabeth ist zu diesem Zeitpunkt offenbar, daß Gott in dem noch ungeborenen Kind die Zeitenwende bereits heraufgeführt hat, daß die letzte und größte Erlösungstat bereits unumstößliche Realität geworden ist. Die beiden Frauen sind die ersten, denen die messianische Heilserkenntnis zuteil wird; und dieser Akt der Heilserkenntnis, der für Lukas, wie sich auch im Benediktus nochmals zeigen wird, ungleich größere Bedeutung hat als für Matthäus und Markus[20], fordert die unmittelbare Antwort des Glaubens heraus.

Damit weicht die Verwunderung über den Ort, an dem das Magnifikat als die von der Tradition überlieferte Antwort der Messiasmutter auf das Heilsereignis der messianischen Geburt erklingt. Lukas konnte es an gar keiner anderen Stelle plazieren als gerade hier, wo die Mutter des noch ungeborenen messianischen Kindes dieses bereits als ihren und der Welt Erlöser begreift und im bewußten Ergreifen der Erlösungstat in den neuen Äon eintritt. Eine Umstellung des Magnifikat würde die theologische Konzeption zerstören, die Lukas in seinem ersten Kapitel verfolgt, und die Begegnungsszene ihres Höhepunktes berauben, der in der Antwort des Glaubens auf den Heilsempfang liegt. Eine Maria, die stumm bliebe, angesichts der ihr von Elisabeth übermittelten Offenbarung ist schlichtweg undenkbar.[21] Das Heilsereignis, das in der Begegnungsszene den Charakter des Zukünftigen, den es in Lk 1,26-36 noch hatte, endgültig verliert, und die verstehende Antwort darauf gehören unabdingbar zusammen. Dies gilt um so mehr, als gerade Lukas das Problem der vom Menschen verweigerten Antwort zu einem Leitmotiv seines Evangeliums und der Apostelgeschichte macht[22] und daher kaum eine Szene gestaltet hätte, in der eine so ungeheure Botschaft wie die, welche Maria empfängt, ohne Reaktion geblieben wäre.

Auch im Hinblick auf das Lukasevangelium als Ganzes gewinnt das Magnifikat seine besondere Funktion durch seine eigentümliche Stellung ganz am

---

[20] Vgl. dazu schon o. S. 39f.

[21] So auch *Schmid*, RNT 3, 53.

[22] Programmatischen Charakter hat hier wieder die Nazareth-Perikope Lk 4,16-30, in der die Verwerfung Jesu seine Hinwendung nach Kapernaum bewirkt, ein Motiv, das, ins Universale gesteigert, in der Apostelgeschichte den Weg des Evangeliums zu den Heiden begleitet: Gleichwie Jesus in Nazareth wird auch Paulus auf seinen Missionsreisen immer wieder, meist unter Erwähnung des Sabbattages, als in den Synagogen der Juden predigend dargestellt (Apg 13,5.14.44; 14,1; 17,1-3.10; 18,4.19; 19,8); und beinahe ausnahmslos folgt die Schilderung der Ablehnung seiner Predigt durch seine ursprünglichen Glaubensgenossen, welche schließlich seine Hinwendung zu den Heiden bewirkt (Apg 13,45-51; 14,2-7; 17,5-9.13f; 18,6; 19,9).

Anfang des Weges Jesu, dessen erste Station die Begrüßung durch den ebenfalls noch ungeborenen Johannes darstellt. Es steht hier gleichsam auf der Schwelle von der Verheißung zur Erfüllung und kann dabei, als konzentrierte Zusammenfassung all dessen, was die Tradition an Erkenntnissen über den verheißenen Messias bereitstellte, selbst zum Verständnisgrund werden für das Wesen und Wirken des Messias Jesus von Nazareth, zum Schlüssel, der das Verständnis öffnet für die in die Heilszeit einmündende Verheißungsgeschichte Gottes mit seinem Volk. Daß Lukas es so versteht, zeigt nicht zuletzt die besondere Ausrichtung seines Evangeliums, in dem gerade *die* Motive betont miteinander verwoben sind, die auch das Magnifikat bestimmen: den aus dem Mund der Armen[23] erklingenden eschatologischen Jubel[24], welcher die Antwort auf die Erlösung Israels und die Erfüllung aller Verheißungen[25] ist.

---

[23] Er würde zu weit führen, hier die Behandlung des Armutsthemas durch Lukas ausführlich zu erörtern, zumal auf die umfangreiche Literatur verwiesen werden kann. Vgl. z.B. *J. Navone*, Themes of St. Luke, Rom 1970, 103-117; *L. T. Johnson*, The Literary Function of Possessions in Luke-Acts, Missoula 1977; *D. L. Mealand*, Poverty and Expectations in the Gospels, 2. Aufl., London 1981; vgl. auch *L. Goppelt*, Theologie des Neuen Testaments, hg. von J. Roloff, Göttingen 1985, (=Nachdr. der 3. Aufl. von 1978), 615-617. Zum Problem allgemein s. *M. Hengel*, Eigentum und Reichtum in der frühen Kirche. Aspekte einer frühchristlichen Sozialgeschichte, Stuttgart 1973, 31-38.

[24] S. auch dazu Navone, o.c., 68-87; außerdem *A. Valentini*, Il Magnificat e l'opera lucana, RivBib 33 (1985), 396-407.

[25] Wie sehr für Lukas die Verheißungen der Schrift den Deutungshintergrund des Christusereignisses bilden, zeigt sein diesbezüglicher Hinweis zu Beginn und am Ende des Wirkens Jesu (Lk 4,21 und 24,44). Dabei ist Lukas der einzige Evangelist, der auch die Psalmen ausdrücklich als Verheißungstexte anführt (vgl. nochmals Lk 24,44, weiter Lk 20,42; Apg 1,20; 13,33). Auch dies belegt, daß Lukas selbst keine Schwierigkeiten gehabt hat, den aus Psalmenanspielungen gewebten christologischen Hintergrund des Magnifikat zu erfassen. Zum *theologischen* Problem wird Lukas die göttliche Verheißung an Israel jedoch angesichts der Frage nach der Identität dieses Volkes. Und hier verläßt Lukas den Rahmen des Magnifikat. Denn während das Magnifikat die verheißene Erlösung Israels in Aufnahme des Restgedankens noch als die Erlösung *ganz* Israels im Sinne des *wahren* Israel besingen kann, übernimmt Lukas zwar den Gedanken des wahren Israel - vor allem in der Kindheitsgeschichte -, aber doch nur in dem Bewußtsein, daß diesem wahren Israel immer noch ein anderes Israel gegenübersteht. Dieses seinen Messias verwerfende Israel ist nicht einfach, wie im Magnifikat, ein durch Sattheit, Reichtum und Hybris gekennzeichnetes Nicht-Israel, sondern in besonderem Maße der glaubenstreue Teil des Volkes, dessen Repräsentanten die Pharisäer sind. Daß dieses fromme Israel seinen Messias verwirft, ist für Lukas ein Problem ersten Ranges. Er löst es, indem er es auf die Verheißung Gottes selbst zurückführt, derzufolge der Messias aufgrund der Verstockung seines Volkes (Apg 28,26-28; vgl. Jes 6,9f) sterben *muß* (δεῖ, Lk 13,33; 17,25; 22,37; 24,7.26), eine Verstockung, die insofern der universalen Verwirklichung des Heils dient, als sie den Weg für die endzeitliche Sammlung der Heiden ebnet, welche den Platz des abgefallenen Israel einnehmen. Sie können deshalb mit Israel zu Söhnen und Töchtern Abrahams werden, weil auch Abraham - der Besitzlose (Apg 7,5; vgl. Lk 13,16; 16,19-31; 19,9) - aus nichts als der Gnade der göttlichen Verheißung lebte, deren endzeitliche Erfüllung sich in heilsgeschichtlicher Kontinuität, aber auch in heilsgeschichtlicher Sonderung vollzieht. Vgl. *N. A. Dahl*, The Story of Abraham in Luke-Acts, in: L. E. Keck - J. L. Martyn (Hg.), Studies in Luke-Acts, Essays presented in honor of Paul Schubert, New York 1966, 152, und *Gop-*

Ob bei der besonderen Plazierung des Magnifikat Lukas auf eine ihm schon vorliegende Erzählung zurückgegriffen[26] oder ob er selbst das Verbindungsstück zwischen Täufer- und Jesuserzählung geschaffen hat[27], sei hier dahingestellt, da eine Detailuntersuchung der Heimsuchungsszene, die auch ihre sprachliche Analyse umfassen müßte, nicht die Aufgabe der vorliegenden Arbeit ist. Eine solche Untersuchung würde auch nichts an der Tatsache ändern, daß wir Lukas als *End*redaktor ernst zu nehmen haben, dessen theologisches Profil schon in der besonderen Zuordnung vorgegebener Überlieferungsstücke zur Geltung kommt. Die redaktionelle Brückenfunktion der gesamten Heimsuchungsperikope macht es jedoch wahrscheinlich, daß Lukas hier in umfassenderer Weise gestalterisch tätig war als an anderen Stellen seiner Kindheitsgeschichte. Dagegen sprechen auch nicht die angeblichen erzählerischen Unebenheiten in Lk 1,56, wo manche statt der nochmaligen Nennung Marias einen abschließenden Hinweis auf Elisabeth einfordern. Denn zum einen ist keine schriftstellerische Arbeit frei von stilistischen Brüchen, die daher rühren, daß jede Komposition stufenweise entsteht; zum anderen lassen sich genug Gründe finden, welche *für* die jetzige Form des Erzählabschlusses sprechen: Auf die namentliche Nennung Marias beispielsweise konnte Lukas an dieser Stelle auf keinen Fall verzichten, da ein subjektloses ἔμεινεν sich auf das Subjekt des Vordersatzes, d.h. auf Gott, zurückbezogen hätte und stilistisch viel problematischer gewesen wäre als die nochmalige Nennung Marias; und die Häufung von Personennamen, wie sie die Nennung *beider* Frauen mit sich gebracht hätte, erschien ihm sprachlich sicherlich weniger elegant als die durch das Personalpronomen verkürzte Ausdrucksweise, zumal er Elisabeth im nachfolgenden Vers 57 des Neueinsatzes wegen wieder namentlich nennen mußte. Wie immer man hier urteilen mag, die theologische Bedeutung, die das Magnifikat für Lukas offensichtlich hat, wird davon nicht berührt.

Wie aber steht es mit dem Benediktus? Welche Bedeutung kommt ihm innerhalb der Kindheitserzählungen zu? Und warum legt Lukas es ausgerechnet dem Täufervater Zacharias in den Mund?

---

pelt, Theologie, 620. Dennoch bleibt Lukas in seinem Ringen um die Identität Israels bewußt, daß hinsichtlich des Heils- und Verstockungshandelns Gottes an seinem Volk ein letztes, dem Verstand nicht ergründbares Geheimnis bleibt. Dies zeigt seine ideale Darstellung des wahren, seinen Messias von Anfang an empfangenden Israel in der Kindheitsgeschichte, ein Israel, das dem Willen Gottes entspräche, das aber - nach dem Heilsplan Gottes - so nie in Erscheinung tritt. Zur Forschungsdiskussion um die Einstellung des Lukas zu Israel und den Juden und die besondere Art seiner erzählerischen Darstellung vgl. *H. Merkel*, Israel im lukanischen Werk, NTS 40 (1994), 371-398.

[26] So *Bultmann*, Geschichte, 322; *Schmid*, Lukas 51; *Hahn*, Hoheitstitel, 271; *G. Lohfink*, Die Sammlung Israels. Eine Untersuchung zur lukanischen Ekklesiologie, München 1975, 19; *Laurentin*, Struktur, 23, und *M. Korn*, Die Geschichte Jesu in veränderter Zeit. Studien zur bleibenden Bedeutung Jesu im lukanischen Doppelwerk, Tübingen 1993, 36.

[27] Dies vermuten *Norden*, Geburt, 105, und *Dibelius*, Jungfrauensohn, 13f.

Eine Antwort auf diese Fragen finden wir, wenn wir uns nochmals dem V.78 zuwenden, der das Erscheinen der ἀνατολή, die Ankunft des Davidssprosses besingt, in Anspielung auf die Ankündigungen des Propheten Sacharja (3,8 und 6,12), griechisch Ζαχαρίας. Auch der Täufervater heißt Zacharias! Und wer in Lukas mehr sieht als einen Redaktor ohne theologischen Tiefgang, wird kaum daran zweifeln, daß hier dem alten Sacharja ein neuer gegenübergestellt wird, der um das verborgene Heilsereignis weiß und seine Enthüllung, das Erscheinen des schon vom Propheten erwarteten צֶמַח, ankündigt. Diese Parallelisierung bedeutet nicht, daß man notwendig an der Historizität der für den Täufervater überlieferten Namensform zweifeln müßte. Vielmehr wird der Zachariasnamen Lukas zu dieser Gegenüberstellung angeregt haben, die um so passender war, als die Schau *zweier* Heilsgestalten im Sacharjabuch, einer priesterlichen und einer königlichen (Sach 4,3.14), die Grundlage dafür bot, das Verhältnis zwischen dem Priestersohn Johannes und dem aus davidischem Geschlecht[28] stammenden Jesus zu klären. Lukas hätte dies kaum kunstvoller tun können als durch den Einbau einer Johannesprophetie in das um den Davidssproß kreisende Benediktus, einer Weissagung, welche die Möglichkeit bot, das vom alttestamentlichen Sacharja geschaute Nebeneinander der beiden gleichermaßen mit messianischer Würde ausgestatteten Heilsgestalten (vgl. nochmals Sach 4,14) dahingehend zu korrigieren, daß, der Tradition entsprechend, aus dem priesterlichen Gesalbten der nur als Vorläufer fungierende Prophet wurde, der, wenngleich auch von hohem Rang, dem Sproß seinen *messianischen* Rang nicht streitig macht. Es war dies nicht einmal eine Korrektur im Sinne einer bewußten Uminterpretation der prophetischen Texte, da bei Sacharja selbst die Aussagen widersprüchlich sind und gerade dort, wo zum erstenmal die Ankunft des Sprosses verheißen wird, nämlich in Kapitel 3, eine gewisse Vorläuferfunktion des Hohenpriesters angedeutet ist.

Die Bedeutung von Sach 3 für den Redaktionsprozeß in Lk 1 bestätigt sich, wenn wir von der Geburt des Priesterkindes und Vorläufers Johannes noch einmal zurückblicken auf die Begegnungsszene Lk 1,39-56, in der das noch

---

[28] Es ist nicht unwahrscheinlich, daß Lukas hier zum Vorreiter des vierten Evangelisten geworden ist, zumindest, wenn man der gängigen Meinung folgt, daß auch dieser einen ihm vorliegenden Hymnus auf Christus, den sog. Logoshymnus, durch kommentierende Hinweise auf den Täufer erweitert hat. Johannes spricht dabei ausdrücklich aus, was bei Lukas nur im Hintergrund mitschwingt, nämlich die Zeichen- bzw. Zeugenfunktion des Täufers (Joh 1,6-8.15), und er schiebt die Täuferpassage, wie Lukas, gerade dort ein, wo anschließend der Logos als das die Menschen erleuchtende Licht besungen wird (vgl. Lk 1,79). Das wäre besonders dann zu beachten, wenn Johannes, wie Justin (s. o. S. 126), die Messiasbezeichnung des Benediktus, ἀνατολὴ ἐξ ὕψους, mit der Vorstellung einer Lichterscheinung verbunden hätte (vgl. Joh 1,9), mit der er den Täufer - als würde er den Streit der modernen Exegeten um Lk 1,78b kennen - ausdrücklich *nicht* identifiziert (Joh 1,8). Joh 1,15 schließlich, die Selbstaussage des Täufers, zeichnet, gleichsam zusammenfassend, die *ganze* oben dargestellte Gedankenbewegung des Benediktus nach, nur daß bei Johannes der Inkarnationsgedanke schon ausdrücklich mit dem Präexistenzgedanken verknüpft ist.

ungeborene Täuferkind die Frucht Marias begrüßt, und dazu auf die dieser Szene vorausgehende Engelsankündigung. Sie nennt die Schwangerschaft Elisabeths Maria ausdrücklich als *Zeichen* für die Erfüllung der Sohnesverheißung (Lk 1,36), so wie in Sach 3,8 der Hohepriester vom Engel als *Zeichen* dafür eingesetzt wird, daß Gott den צֶמַח kommen lassen will, mit dem einzigen Unterschied, daß in der Sacharjastelle neben dem Hohenpriester auch seinen Brüdern Zeichenbedeutung zuerkannt wird. Entsprechend ist Johannes das Zeichen für die Ankunft des Davidssprosses Jesus und ist der Lobpreis Marias zu Ehren des ihr von Gott geschenkten messianischen Kindes die Bestätigung, daß sie das Zeichen empfangen und verstanden hat. Der Mariensohn gewinnt hier seine Legitimation gerade auch durch den Vorläufer, der durch seine bloße Existenz auf ihn hinweist, für ihn zeugt und ihn als den ausweist, der allein sein Volk retten kann: den Messias aus Davids Geschlecht. Es ist daher mit Blick auf die sacharjanische Prophetie nur selbstverständlich, wenn auch beim Eintritt des Vorläufers in diese Welt, wenn bei seiner Geburt, die dem Benediktus unmittelbar vorausgeht, sofort das Lob der ἀνατολὴ ἐξ ὕψους, des von Maria zu gebärenden Gottes- und Davidssohnes, erklingt, dessen Ankunft der Priestersohn selbst zeichenhaft verbürgt und dessen Geburt folgerichtig gleich im Anschluß an das Benediktus berichtet wird!

Damit verliert auch die wechselnde Tempuswahl in dem durch Lukas erweiterten Benediktus seine so oft beschworene Rätselhaftigkeit. Denn das Benediktus bildet in diesem Wechsel die stufenweise Enthüllung des Geburtsevangeliums ab, die Lukas auch erzählerisch nachvollzieht: Wenn Zacharias zunächst die Verwirklichung des messianischen Heils als ein zurückliegendes Ereignis besingt (V.68f.71), so entspricht dies der in der Begrüßungsszene gestalteten Erkenntnis, daß die heimsuchende Wohnungnahme Gottes im Irdischen den neuen Äon bereits heraufgeführt *hat*. Das Zeichen für diesen Anbruch des messianischen Zeitalters ist Johannes (V.76f), dessen Funktion Lukas hier darauf eingrenzt[29], daß er die Heilserkenntnis vermittelt, man könnte im Hinblick auf die Zeitenfolge auch sagen: die Heils*gewißheit*, die dadurch entsteht, daß die Sendung des Johannes die des messianischen Heils*bringers verbürgt*. Dessen Erscheinen steht noch aus (V.78b), ist aber von Gott schon ins Werk gesetzt und wird mit seiner von Jesaja verheißenen Geburt, auf die V.79 anspielt, heilvolle Wirklichkeit werden. Allein von der besonderen Gestalt des lukanischen Geburtsevangeliums her ist also die *jetzige*

---

[29] Daß dies auch im Rahmen einer gewissen polemischen Auseinandersetzung geschieht, wie sie Lk 3,15 andeutet und wie sie im vierten Evangelium dann deutlich zutage liegt, erscheint als möglich. Das deutlich positive Interesse des Lukas an den Täuferstoffen zeigt allerdings - zumal, wenn man ihre Entstehung in *christlichen* Kreisen vermutet (s. o. S. 231 Anm. 17) -, daß es ihm vornehmlich um eine theologische Durchdringung des messianischen Ereignisses geht, dem die Person des Vorläufers als Faktum zugehört.

Gedankenentwicklung des Benediktus verständlich, während losgelöst von ihr die logischen Spannungen nicht aufzulösen sind.

Wir sehen hier einmal mehr, wie sehr die Beschäftigung mit der Tradition und ihre theologische Durchdringung auch den redaktionellen Prozeß beeinflußt hat und wie wenig es von *unserem* theologischen Einsichtsvermögen zeugt, wenn wir Lukas für die Einarbeitung der Hymnen in ihren jetzigen Kontext kaum mehr als formale Gründe zu unterstellen wissen[30]. Wir verkennen damit, welch grundlegende theologische Bedeutung die Kapitel Lk 1 und 2, deren Gesamtaufbau hier nicht weiter zu diskutieren ist[31], für das Verständnis des lukanischen Evangeliums als Ganzes haben, das sich bewußt auf die Heilstraditionen der Schrift gründet und das Heilswerk Jesu nie anders versteht als die wunderbare Erfüllung all dessen, was Gott διὰ στόματος τῶν ἁγίων ἀπ' αἰῶνος προφητῶν αὐτοῦ (Lk 1,70) verheißen hat.

---

[30] *Lohfink*, Sammlung, 20, behauptet sogar, daß es "kein(en) einzige(n) stichhaltige(n) Grund" für die redaktionelle Einfügung der Hymnen durch Lukas gebe. Trotz ihrer Ausführlichkeit enttäuschen auch *Farris'* Ausführungen zur Bedeutung der Hymnen im Kontext des Lukasevangeliums (Hymns, 151-160). Diese erschöpft sich nach Meinung des Autors nämlich in der Aufgabe, die für das gesamte Lukasevangelium wichtigen Motive "Verheißung - Erfüllung" (o.c., 154) und "Die Wiederherstellung Israels" (o.c., 154.158) einzuführen.

[31] S. dazu *Brown*, Birth, 248-252, der die verschiedenen Gliederungsversuche ausführlich vorstellt und diskutiert. Vgl. daneben auch *H. Schürmann*, Aufbau, Eigenart und Geschichtswert der Vorgeschichte von Lukas 1-2, BiKi 21 (1966), 106-111.

Ausblick

Wir stehen am Ende der Betrachtung von Magnifikat und Benediktus, zugleich am Ende eines mühevollen Weges durch den Strom alttestamentlicher Traditionen und über das Gebirge exegetischer Publikationen. Er führte uns zu der Einsicht, daß wir die lukanischen Hymnen als Glaubenszeugnisse der frühen Christen ernstzunehmen haben, als Bekenntnisse, die der Verkündigung und Vergegenwärtigung des Geburtsevangeliums dienten. Es hat sich aber auch gezeigt, daß die biblischen Autoren keiner Belehrung über die kunstgerechte Abfassung theologischer Texte bedürfen, sondern daß wir ihre Führung bitter nötig haben, wenn wir die biblischen Überlieferungen recht verstehen wollen. Lukas war sich des Charakters und der Bedeutung der beiden von ihm überlieferten Lieder wohl bewußt, und er verstand es, ihre Botschaft durch den jeweils besonderen Platz, den er ihnen in seinem Kindheitsevangelium zuwies, noch zu vertiefen und ihr zusätzliche Leuchtkraft zu verleihen

Der neutestamentlichen Wissenschaft stellt sich mit dieser Erkenntnis eine doppelte Aufgabe. Zum einen muß sie ein neues Bild von der Entwicklung der neutestamentlichen Christologie entwerfen, das der durch die lukanischen Hymnen schon früh bezeugten Reflexion der Geburt Jesu und des darin mitschwingenden Gedankens seiner Präexistenz Rechnung trägt. Zum anderen gilt es, den Kunstsinn und theologischen Tiefsinn, der uns in den Hymnen und ihrer lukanischen Verarbeitung entgegentritt, auch in den anderen Stücken der Kindheitsgeschichte aufzuspüren und sie vom Vorwurf der frommen, naiven Legendenbildung zu befreien. Dies kann nach den literarkritischen Debatten der letzten Jahrzehnte, die mehr als die täuferische Quellenhypothese letztlich nicht hervorgebracht haben, nur auf traditionsgeschichtlichem Wege geschehen. Denn die alttestamentlichen Bezüge, von denen alle Kindheitserzählungen voll sind, wurden noch längst nicht mit der Gründlichkeit untersucht, welche zur theologischen Erfassung der Texte erforderlich wäre. Es bleibt zu hoffen, daß dabei auch Lukas wieder als ernstzunehmender Theologe hervortreten darf, der von Jesu Geburt nicht aus purer Lust am Fabulieren erzählt, sondern weil er mit dem Inkarnationsgedanken ringt, der sich automatisch mit dem Gedanken des Todes verbindet.

Die Menschwerdung Gottes schließt das Todesschicksal mit ein, wie es prägnant das johanneische σὰρξ ἐγένετο (Joh 1,14) zum Ausdruck bringt. Geburt und Tod sind voneinander nicht zu trennen. Und es hat seinen tiefen Sinn, wenn Lukas, hierin Wegbereiter des vierten Evangelisten, dem Wort vom Kreuz am Schluß seines Evangeliums den Introitus von der Menschwerdung Gottes gegenüberstellt.

Literaturverzeichnis

Quellen

1. Biblische Quellen

1.1. Altes Testament

Brooke, Alan England - McLean, Norman - Thackeray, Henry St. John (Hg.), The Old Testament in Greek According to the Text of Codex Vaticanus, Supplemented from Other Uncial Manuscripts, with a Critical Apparatus Containing the Variants of the Chief Ancient Authorities for the Text of the Septuagint, Bd. 2: The Later Historical Books, Teil 1: I and II Samuel, Cambridge 1927.

Elliger, K(arl) - Rudolph, W(ilhelm) (Hg.), Biblia Hebraica Stuttgartensia. Editio funditus renovata, 4. Aufl., Stuttgart 1990.

Rahlfs, Alfred (Hg.), Septuaginta. Id est Vetus Testamentum graece iuxta LXX interpretes, 9. Aufl., Stuttgart 1987.

Septuaginta. Vetus Testamentum Graecum, Auctoritate Academiae Gottingensis editum, Göttingen 1931-1991.

1.2. Neues Testament

Nestle, Eberhard und Erwin - Aland, Kurt, u.a. (Hg.), Novum Testamentum Graece, 27. Aufl., Stuttgart 1993.

The New Testament in Greek III: The Gospel According to St. Luke, Part One: Chapters 1-12, ed. by the American and British Committees of the International Greek New Testament Project, Oxford 1984.

1.3. Targumim

Borobio, Emiliano Martínez, Targum Jonatán de los Profetas Primeros en tradición babilónica, Bd. 2: I-II Samuel, Textos y estudios «Cardenal Cisneros» 38, Madrid 1987.

Lagarde, Paulus de (Hg.), Hagiographa Chaldaice., Osnabrück 1967 (=Nachdr. der Ausg. 1873).

Sperber, Alexander (Hg.), The Bible in Aramaic. Based on Old Manuscripts and Printed Texts, Bd. 2: The Former Prophets According to Targum Jonathan, Leiden 1959.

2. Apokryphen und Pseudepigraphen (Textausgaben - Übersetzungen - Kommentare)

2.1 Sirach

Vattioni, Francesco (Hg.), Ecclesiastico. Testo ebraico con apparato critico e versio greca, latina e siriaca, Neapel 1968.

2.2. Psalmen Salomos

Holm-Nielsen, Svend, Die Psalmen Salomos, in: Werner Georg Kümmel (Hg.), Jüdische Schriften aus hellenistisch-römischer Zeit, Bd. 4/2, Gütersloh 1977.

2.3. Gebet Manasses

Oßwald, Eva, Das Gebet Manasses, in: Werner Georg Kümmel (Hg.), Jüdische Schriften aus hellenistisch-römischer Zeit, Bd. 4/1, 2. Aufl., Gütersloh 1977, 15-27.

2.4. Die sog. syrischen Psalmen

Baars, W., Apocryphal Psalms, Vetus Testamentum Syriace iuxta simplicem syrorum versionem, hg. vom Peshiṭta Institute Leiden, Bd. 4/6, Leiden 1972.
Woude, Adam Simon van der, Die fünf syrischen Psalmen (einschließlich Psalm 151), in: Werner Georg Kümmel (Hg.), Jüdische Schriften aus hellenistisch-römischer Zeit, Bd. 4/2, 2. Aufl., Gütersloh 1977, 29-47.

2.5. Zwölf-Patriarchen-Testamente

Jonge, M(arinus) de, The Testaments of the Twelve Patriarchs. A Critical Edition of the Greek Text, Pseudepigrapha Veteris Testamenti Graece, Bd. 1/2, Leiden 1978.
Hollander, H(arm) W(outer) - Jonge, M(arinus) de, The Testament of the Twelve Patriarchs. A Commentary, Studia in Veteris Testamenti Pseudepigrapha 8, Leiden 1985.

2.6. Testament Hiobs

Brock, Sebastian P., Testamentum Iobi, Pseudepigrapha Veteris Testamenti Graece, Bd. 2, Leiden 1967, 1-59.
Schaller, Berndt, Das Testament Hiobs, Jüdische Schriften aus hellenistisch-römischer Zeit, Bd. 3/3, Gütersloh 1979.

2.7. Testament Moses

Laperrousaz, E(rnest)-M(arie), Le Testament de Moïse (généralement appelé "Assomption de Moïse"), Semitica 19, Paris 1970.

2.8. Aristeasbrief

Pelletier, André, Lettre d'Aristée à Philocrate, Sources chrétiennes 89, Paris 1962.

3. Qumran-Texte

Allegro, John M(arco), Qumrân Cave 4. I (4Q158-4Q186), Discoveries in the Judaean Desert of Jordan, Bd. 5, Oxford 1968.

Baillet, Maurice, Qumrân Grotte 4 III (4Q482-4Q520), Discoveries in the Judaean Desert, Bd. 7, Oxford 1982.

Barthélemy, D(ominique) - Milik J(oseph) T(haddée), Qumran Cave I, Discoveries in the Judaean Desert, Bd. 1, Oxford 1955.

Cross, Frank M., Jr., A New Biblical Fragment Related to the Original Hebrew Underlying the Septuagint, Bulletin of the American Schools of Oriental Research 132 (1953), 15-26.

Horgan, Maurya P., Pesharim: Qumran Interpretations of Biblical Books, The Catholic Biblical Quarterly. Monograph Series 8, Washington, D.C., 1979.

Lohse, Eduard (Hg.), Die Texte aus Qumran. Hebräisch und Deutsch. Mit masoretischer Punktation, Übersetzung, Einführung und Anmerkungen, 4. Aufl., Darmstadt 1986.

Newsom, Carol, Songs of the Sabbath Sacrifice: A Critical Edition, Harvard Semitic Studies 27, Atlanta, Georgia 1985.

Ploeg, J(ohannes) P(etrus) M(aria) van der, Un petit rouleau de psaumes apocryphes (11 QPsAp[a]), in: Gert Jeremias - Heinz-Wolfgang Kuhn - Hartmut Stegemann (Hg.), Tradition und Glaube - Das frühe Christentum in seiner Umwelt. Festgabe für Karl Georg Kuhn zum 65. Geburtstag, Göttingen 1971, 128-139.

Sanders, J(ames) A., The Psalms Scroll of Qumrân Cave 11 (*11QPs*[a]), Discoveries in the Judaean Desert of Jordan, Bd. 4, Oxford 1965.

Schuller, Eileen M., Non-Canonical Psalms from Qumran. A Pseudepigraphic Collection, Harvard Semitic Studies 28, Atlanta, Georgia 1986.

Starcky, J(ean), Psaumes apocryphes de la Grotte 4 de Qumrân (4QPs[f] VII-X), Revue Biblique 73 (1966), 353-371.

Yadin, Yigael (Hg.), The Temple Scroll, Bd. 1-3, Jerusalem 1983, 1983 und 1977.

4. Jüdische Schriftsteller

Niese, Benedictus (Hg.), Flavii Iosephi opera, Bd. 3: Antiquitatum Iudaicarum libri XI-XV, 2. Aufl., Berlin 1955.

5. Rabbinische Texte

Holtzmann, Oscar (Hg.), Die Mischna. Text, Übersetzung und ausführliche Erklärung, I. Seder. Zearim. 1. Traktat. Berakot., Gießen 1912.

Staerk, W(ilhelm), Altjüdische Liturgische Gebete, Kleine Texte für Vorlesungen und Übungen 58, 2. Aufl., Berlin 1930.

6. Altkirchliche Zeugnisse (Textausgaben - Übersetzungen - Kommentare)

6.1. Apologeten

Goodspeed, Edgar J., Die ältesten Apologeten. Text mit kurzen Einleitungen, Göttingen 1914.

6.2. Irenäus

Rousseau, Adelin, Irénée de Lyon, Contre les hérésies, livre IV, édition critique d'après les versions arménienne et latine, Sources chrétiennes 100, Bd. 1 und 2, Paris 1965.
Rousseau, Adelin - Doutreleau, Louis, Irénée de Lyon, Contre les hérésies, livre III, Bd. 2: texte et traduction, Sources chrétiennes 211, Paris 1974.

6.3. Origenes

Rauer, Max, (Hg.), Origenes Werke, Bd. 9: Die Homilien zu Lukas in der Übersetzung des Hieronymus und die griechischen Reste der Homilien und des Lukaskommentars, Die griechischen christlichen Schriftsteller der ersten Jahrhunderte, Bd. 49, Berlin 1959.

6.4. Nicetas Remesianus

Morin, G(ermain), Le *De psalmodiae bono* de l'évêque saint Niceta: rédaction primitive, d'après le ms. Vatic. 5729, Revue Bénédictine 14 (1897), 385-397.
Turner, C(uthbert) H(amilton), Niceta of Remesiana II. Introduction and Text of *De psalmodiae bono*, The Journal of Theological Studies 24 (1923), 225-252.

6.5. Pseudoclementinen

Frankenberg, Wilhelm, Die syrischen Clementinen mit griechischem Paralleltext. Eine Vorarbeit zu dem literaturgeschichtlichen Problem der Sammlung, Texte und Untersuchungen zur Geschichte der altchristlichen Literatur 48/3, Leipzig 1937.
Rehm, Bernhard, Die Pseudoklementinen II: Rekognitionen in Rufins Übersetzung, Die griechischen christlichen Schriftsteller der ersten Jahrhunderte Bd. 51, Berlin 1965.

6.6. Ephraem Syrus

Leloir, Louis, (Hg.), Saint Ephrem. Commentaire de l'évangile concordant. Version arménienne, Corpus scriptorum Christianorum orientalium, Bd. 137 und 147 = Scriptores Armeniaci, Bd. 1 (Textedition) und 2 (lat. Übersetzung), Louvain 1953 und 1954.

7. Pagane antike Literatur

Kasten, Helmut, (Hg.), C. Plini Caecili Secundi epistularum libri decem. Gaius Plinius Caecilius Secundus. Briefe, 4. Aufl., München 1979.
Sherwin-White, A(drian) N(icholas), The Letters of Pliny. A Historical and Social Commentary, 2. Aufl., Oxford 1968.

8. Andere Texte

Donner, H(erbert) - Röllig W(olfgang), Kanaanäische und aramäische Inschriften, Bd. 1 und 2, 3. Aufl., Wiesbaden 1971 und 1973.

Hilfsmittel

Bauer, Walter, Griechisch-deutsches Wörterbuch zu den Schriften des Neuen Testaments und der frühchristlichen Literatur, 6. völlig neubearbeitete Aufl., hg. von Kurt und Barbara Aland, Berlin - New York 1988.

Blass, Friedrich - Debrunner, Albert, Grammatik des neutestamentlichen Griechisch, bearb. von Friedrich Rehkopf, 17. Aufl., Göttingen 1990.

Brockelmann, Carl, Grundriss der vergleichenden Grammatik der semitischen Sprachen. In zwei Bänden., 2. Bd.: Syntax, Hildesheim 1983 (unveränd. Nachdr. der Ausg. Berlin 1913).

Brockelmann, Carl, Lexicon Syriacum, Hildesheim 1983 (Nachdr. der 2. Aufl., Halle 1928).

Charlesworth, James H., u.a., Graphic Concordance to the Dead Sea Scrolls, Tübingen - Louisville 1991.

Dalman, Gustaf H., Aramäisch-neuhebräisches Handwörterbuch zu Targum, Talmud und Midrasch. Mit Lexikon der Abbreviaturen von G. H. Händler und einem Verzeichnis der Mischna-Abschnitte, Hildesheim 1987 (2. Nachdr. der 3., unveränd. Aufl, Göttingen 1939).

Dalman, Gustaf H., Grammatik des jüdisch-palästinischen Aramäisch nach den Idiomen des palästinischen Talmud, des Onkelostargum und Prophetentargum und der Jerusalemischen Targume. Aramäische Dialektproben, Darmstadt 1978 (Nachdr. der 2. Aufl., Leipzig 1905-1927).

Denis, Albert-Marie, Concordance grecque des pseudépigraphes d'Ancien Testament, Louvain 1987.

Gesenius, Wilhelm, Hebräisches und aramäisches Handwörterbuch über das Alte Testament, Berlin - Göttingen - Heidelberg 1962 (Nachdr. der 17. Aufl. 1915).

Gesenius, Wilhelm - Kautzsch, E(mil) - Bergsträsser, G(otthelf), Hebräische Grammatik, Darmstadt 1991 (6. Nachdr. der 28. Aufl., Leipzig 1909).

Hatch, Edwin - Redpath, Henry A., A Concordance to the Septuagint and the Other Greek Versions of the Old Testament (Including the Apocryphal Books), Bd. 1-3, Graz 1975 (Nachdr. der 1897 in Oxford ersch. Ausg.).

Jastrow, Marcus, A Dictionary of the Targumim, the Talmud Babli and Yerushalmi and the Midrashic Literature, Bd. 2, New York 1950 (Nachdr. der Ausgabe 1903).

Kühner, Raphael - Gerth, Bernhard, Ausführliche Grammatik der griechischen Sprache, 2. Teil: Satzlehre, Bd. 1, Hannover 1983 (Nachdr. der 3. Aufl., Hannover - Leipzig 1898).

Kuhn, Karl Georg, Konkordanz zu den Qumrantexten, Göttingen 1960.

Levy, Jacob, Wörterbuch über die Talmudim und Midraschim, Bd. 4, Darmstadt 1963 (unveränd. Nachdr. der 2. Aufl., Berlin - Wien 1924).

Liddell, Henry George - Scott, Robert - Jones, Henry Stuart - McKenzie, Roderick, A Greek-English Lexicon, Oxford 1985 (Nachdr. der 9. Aufl. 1940).

Lindemann, Hans, Griechische Grammatik, hg. von Hans Färber, Bd. 2, München 1957.

Ridzewski, Beate, Neuhebräische Grammatik auf Grund der ältesten Handschriften und Inschriften, Heidelberger Orientalische Studien 21, Frankfurt a. M. - Bern - New York - Paris 1992.

Segert, Stanislav, Altaramäische Grammatik mit Bibliographie, Chrestomathie und Glossar, 3. Aufl., Leipzig 1986.

Stevenson, William B(arron) - Emerton, J(ohn) A(dney), Grammar of Palestinian Jewish Aramaic, 2. Aufl., Oxford 1966 (Nachdr. 1978).

Turner, Nigel, A Grammar of New Testament Greek, hg. von James Hope Moulton, Bd. 3: Syntax, Edinburgh 1963.

Kommentare

1. Zum Lukasevangelium

Bleek, Friedrich, Einleitung in die Heilige Schrift. Zweiter Theil. Einleitung in das Neue Testament, 3., von W. Mangold besorgte Aufl., Berlin 1875.

Boles, H. Leo, A Commentary on The Gospel According to Luke, Nashville, Tenn. 1977 (Nachdr. von 1940).

Bovon, François, Das Evangelium nach Lukas (Lk 1,1-9,50), Evangelisch-Katholischer Kommentar zum Neuen Testament 3/1, Zürich -Neukirchen-Vluyn 1989.

Creed, John Martin, The Gospel According to St. Luke. The Greek Text with Introduction, Notes, and Indices, London - New York 1930 (4. Nachdr. 1957).

Danker, Frederick W., Jesus and the New Age. A Commentary on St. Luke's Gospel, completely revised and expanded, Philadelphia 1988.

Delebecque, Édouard, Évangile de Luc. Texte traduit et annoté, Paris 1976.

Easton, Burton Scott, The Gospel according to St. Luke. A Critical and Exegetical Commentary, New York 1926.

Ellis, E. Earle, The Gospel of Luke, New Century Bible, London 1974.

Ernst, Josef, Das Evangelium nach Lukas. Übersetzt und erklärt, Regensburger Neues Testament, Regensburg 1977.

Evans, C(hristopher) F(rancis), Saint Luke, TPI New Testament Commentaries, London - Philadelphia 1990.

Fitzmyer, Joseph A., The Gospel According to Luke I-IX. A New Translation with Introduction and Commentary, The Anchor Bible 28/1, Garden City, New York 1981.

Godet F(rédéric Louis), Kommentar zu dem Evangelium des Lukas, deutsch bearb. von E. R. und K. Wunderlich, 2. Aufl. (nach der 3. des franz. Originals), Hannover 1890.

Grundmann, Walter, Das Evangelium nach Lukas, Theologischer Handkommentar zum Neuen Testament 3, 10. Aufl., Berlin 1984.

Hauck, Friedrich, Das Evangelium des Lukas (Synoptiker II), Theologischer Handkommentar zum Neuen Testament mit Text und Paraphrase 3, Leipzig 1934.

Holtzmann, H(einrich) J(ulius), Die Synoptiker, Hand-Commentar zum Neuen Testament. Erster Band. Erste Abtheilung, 3. Aufl., Tübingen -Leipzig 1901.

Joüon, Paul, L'Évangile de Notre-Seigneur Jésus-Christ, Verbum Salutis 5, Paris 1930.

Klostermann, Erich, Das Lukasevangelium, Handbuch zum Neuen Testament 5, 3. Aufl., Tübingen 1975 (Nachdr. der 2. Aufl. von 1929).

Leaney, A(lfred) R(obert) C(larc), A Commentary on the Gospel According to Luke, Black's New Testament Commentaries, 2. Aufl., London 1966.

Loisy, Alfred, L'Évangile selon Luc, Paris 1924.

Loisy, Alfred, Les Évangiles synoptiques, Bd. 1, Ceffonds 1907.

Marshall, I. Howard, Commentary on Luke, New International Greek Testament Commentary 3, Grand Rapids 1978, Nachdr. 1979.

Plummer, Alfred, Critical and Exegetical Commentary on the Gospel According to St. Luke, The International Critical Commentary 3, 5. Aufl., Edinburgh 1922, 8. Nachdr. 1964.

Rengstorf, Karl Heinrich, Das Evangelium nach Lukas, Das Neue Testament Deutsch 3, 17. Aufl., Göttingen 1978.

Schlatter, Adolf, Das Evangelium des Lukas. Aus seinen Quellen erklärt, 3. Aufl., Stuttgart 1975.

Schmid, Josef, Das Evangelium nach Lukas, Regensburger Neues Testament 3, 3. Aufl., Regensburg 1955.

Schneider, Gerhard, Das Evangelium nach Lukas. Kapitel 1-10, Ökumenischer Taschenbuch-Kommentar zum Neuen Testament 3/1, 3. Aufl., Gütersloh - Würzburg 1992.

Schürmann, Heinz, Das Lukasevangelium. Erster Teil. Kommentar zu Kap. 1,1-9,50, Herders Theologischer Kommentar zum Neuen Testament 3/1, 3. Aufl., Freiburg - Basel - Wien 1984.

Schweizer, Eduard, Das Evangelium nach Lukas, Das Neue Testament Deutsch 3, 19. Aufl. 2. Aufl. der neuen Fassung, Göttingen - Zürich 1986.

Stöger, Alois, Das Evangelium nach Lukas. I. Teil, Geistliche Schriftlesung. Erläuterungen zum Neuen Testament für die Geistliche Schriftlesung 3/1, 5. Aufl., Düsseldorf 1990.

Strack, Hermann L. - Billerbeck, Paul, Das Evangelium nach Markus, Lukas und Johannes und die Apostelgeschichte erläutert aus Talmud und Midrasch, Kommentar zum Neuen Testament aus Talmud und Midrasch 2, 9. Aufl., München 1983.

Thompson, G. H. P., The Gospel According to Luke in the Revised Standard Version, The New Clarendon Bible (New Testament), Oxford 1972.

Tiede, David L(enz), Luke, Augsburg Commentary on the New Testament, Minneapolis, Minnesota 1988.

Wiefel, Wolfgang, Das Evangelium nach Lukas, Theologischer Handkommentar zum Neuen Testament 3, (1. Aufl. der neuen Bearbeitung, Berlin 1988).

Zahn, Theodor, Das Evangelium des Lucas, Kommentar zum Neuen Testament 3, 3. und 4. Aufl., Leipzig 1920 (Nachdr. Wuppertal 1988).

2. Sonstige Kommentare

2.1. Zum Alten Testament

2.1.1. Samuelbücher

Hertzberg, Hans Wilhelm, Die Samuelbücher, Das Alte Testament Deutsch 10, 7. Aufl., Göttingen 1986.

Stoebe, Hans Joachim, Das erste Buch Samuelis, Kommentar zum Alten Testament 8/1, Gütersloh 1973.

2.1.2. Jesaja

Kaiser, Otto, Der Prophet Jesaja. Kapitel 1-12, Das Alte Testament Deutsch 17, 5. Aufl., Göttingen 1981.

Wildberger, Hans, Jesaja 1-12, Biblischer Kommentar. Altes Testament 10/1, 2. Aufl., Neukirchen-Vluyn 1980.

2.1.3. Jeremia

Bright, John, Jeremiah, The Anchor Bible 21, Garden City, New York 1956.

Giesebrecht, Friedrich, Das Buch Jeremia, Handkommentar zum Alten Testament, III. Abteilung, 2. Band, 1. Teil, 2. Aufl., Göttingen 1907.

Volz, Paul, Der Prophet Jeremia, Kommentar zum Alten Testament 10, 2. Aufl., Leipzig 1928.

Weiser, Artur, Das Buch Jeremia, Das Alte Testament Deutsch 20/21, 7. Aufl., Göttingen 1977.

2.1.4. Zwölf-Prophetenbuch

Wolff, Hans Walter, Dodekapropheton 2: Joel und Amos. Biblischer Kommentar. Altes Testament 14/2, 3. Aufl., Neukirchen-Vluyn 1985.

2.1.5. Psalmen

Kraus, Hans-Joachim, Psalmen, Bd. 1 und 2, Biblischer Kommentar. Altes Testament 15/1 und 15/2, 6. Aufl., Neukirchen-Vluyn 1989.

2.1.6. Daniel

Montgomery, James A., A Critical and Exegetical Commentary on the Book of Daniel, The International Critical Commentary 24, Edinburgh 1964 (Nachdr. der 1. Aufl. von 1927).
Plöger, Otto, Das Buch Daniel, Kommentar zum Alten Testament 18, Gütersloh 1965.

2.1.7. Chronik

Galling, Kurt, Die Bücher der Chronik, Esra, Nehemia, Das Alte Testament Deutsch 12, Göttingen 1954.

2.2. Zum Neuen Testament

2.2.1. Matthäusevangelium

Luz, Ulrich, Das Evangelium nach Matthäus (Mt 1-7), Evangelisch-Katholischer Kommentar zum Neuen Testament 1/1, Zürich - Einsiedeln - Köln - Neukirchen-Vluyn 1985.
Strack, Hermann L. - Billerbeck, Paul, Das Evangelium nach Matthäus erläutert aus Talmud und Midrash, Kommentar zum Neuen Testament aus Talmud und Midrasch 1, 9. Aufl., München 1986.

2.2.2. Johannesevangelium

Bauer, Walter, Das Johannesevangelium, Handbuch zum Neuen Testament 6, 3. Aufl., Tübingen 1933.

2.2.3. 1. Korintherbrief

Barrett, C(harles) K(ingsley), A Commentary on the First Epistle to the Corinthians, Black's New Testament Commentaries, 2. Aufl., London 1971.
Lang, Friedrich, Die Briefe an die Korinther, Das Neue Testament Deutsch 7, 16. Aufl. (1. Aufl. der neuen Bearbeitung), Göttingen - Zürich 1986.
Wolff, Christian, Der erste Brief des Paulus an die Korinther, zweiter Teil: Auslegung von Kapitel 8-16, Theologischer Handkommentar zum Neuen Testament 7/2, 3. Aufl., Berlin 1990.

2.2.4. Galaterbrief

Becker, Jürgen - Conzelmann, Hans - Friedrich, Gerhard, Die Briefe an die Galater, Epheser, Philipper, Kolosser, Thessalonicher und Philemon, Das Neue Testament Deutsch 8, 17. Aufl., Göttingen 1990.
Bligh, John, Galatians. A Discussion of St Paul's Epistle, Housholder Commentaries 1, London 1969.
Schlier, Heinrich, Der Brief an die Galater, Kritisch-Exegetischer Kommentar über das Neue Testament 7, 15. Aufl., Göttingen 1989.
Zahn, Theodor, Der Brief des Paulus an die Galater, Kommentar zum Neuen Testament 9, 3. Aufl., Leipzig - Erlangen 1922.

2.2.5. Offenbarung

Lohse, Eduard, Die Offenbarung des Johannes, Das Neue Testament Deutsch 11, 14. Aufl. (7. Aufl. der neuen Fassung), Göttingen - Zürich 1988.

Monographien - Aufsätze - Artikel

Auffret, Pierre, Note sur la structure littéraire de Lc I. 68-79, New Testament Studies 24 (1978), 248-258.
Aytoun, R. A., The Ten Lucan Hymns of the Nativity in their Original Language, The Journal of Theological Studies 18 (1917), 274-288.
Bachmann, Michael, Johannes der Täufer bei Lukas: Nachzügler oder Vorläufer?, in: Wilfrid Haubeck - Michael Bachmann (Hg.), Wort in der Zeit. Neutestamentliche Studien. Festgabe für Karl Heinrich Rengstorf zum 75. Geburtstag, Leiden 1980, 124-155.
Bammel, Ernst, Art. πτωχός B und C, Theologisches Wörterbuch zum Neuen Testament, Bd. 6, Stuttgart 1959 (Nachdr. Stuttgart 1965), 888-902.
Bardenhewer, Otto, Ist Elisabeth die Sängerin des Magnificat?, Biblische Studien, Freiburg, Br., Bd. 6 (1901), 187-200.
Bardtke, Hans, Considérations sur les cantiques de Qumrân, Revue Biblique 63 (1956), 220-233.
Barnes, Ernest William, The Rise of Christianity, 5. Aufl., London - New York - Toronto 1948.
Becker, Jürgen, Das Heil Gottes. Heils- und Sündenbegriffe in den Qumrantexten und im Neuen Testament, Göttingen 1964.
Benko, Stephen, The Magnificat. A History of Controversy, Journal of Biblical Literature 86 (1967), 263-275.
Benoit, Pierre, L'enfance de Jean-Baptiste selon Luc 1, New Testament Studies 3 (1956/57), 169-194.
Berger, Klaus, Formgeschichte des Neuen Testaments, Heidelberg 1984.
Bernard, J(ohn) H(enry), The Magnificat, The Expositor, 7. Serie 3 (1907), 193-206.
Bertram, Georg, Art. ὑψόω, ὑπερυψόω, Theologisches Wörterbuch zum Neuen Testament, Bd. 8, Stuttgart - Köln - Mainz 1969, 604-611.
Beyer, Klaus, Althebräische Syntax in Prosa und Poesie, in: Gert Jeremias - Heinz Wolfgang Kuhn - Hartmut Stegemann (Hg.), Tradition und Glaube. Das frühe Christentum in seiner Umwelt, Festgabe für Karl Georg Kuhn zum 65. Geburtstag, Göttingen 1971, 76-96.
Black, Matthew, An Aramaic Approach to the Gospels and Acts, 3. Aufl., Oxford 1967.
Böcher, Otto, Art. Johannes der Täufer, Theologische Realenzyklopädie, Bd. 17, Berlin - New York 1988, 172-181.

Böcher, Otto, Lukas und Johannes der Täufer, Studien zum Neuen Testament und seiner Umwelt (SNTU), Serie A, Band 4, Linz 1979, 27-44.

Bover, Ioseph M., "MARIAE" nomen in cantico Zachariae, Verbum Domini 4 (1924), 133f.

Box, George Herbert, The Gospel Narratives of the Nativity and the Alleged Influence of Heathen Ideas, Zeitschrift für die neutestamentliche Wissenschaft und die Kunde des Urchristentums 6 (1905), 80-101.

Box, George Herbert, The Virgin Birth of Jesus, London 1916.

Braun, F(rançois) M(arie), L'arrière-fond judaïque et la Communauté de l'Alliance, Revue Biblique 62 (1955), 5-44.

Braun, Herbert, Qumran und das Neue Testament, Bd. 1, Tübingen 1966.

Brown, Raymond E(dward), The Birth of the Messiah. A Commentary on the Infancy Narratives in Matthew and Luke, Garden City, New York 1977.

Bultmann, Rudolf, Die Geschichte der synoptischen Tradition, 9. Aufl., Göttingen 1979.

Bultmann, Rudolf, Art. ἔλεος, ἐλεέω, Theologisches Wörterbuch zum Neuen Testament, Bd. 2, Stuttgart 1935 (Nachdr. Stuttgart 1967), 474-482.

Burger, Christoph, Jesus als Davidssohn. Eine traditionsgeschichtliche Untersuchung, Göttingen 1970.

Burkitt, F(rancis) C(rawford), Who spoke the Magnificat?, The Journal of Theological Studies 7 (1906), 220-227.

Carmignac, J(ean), Étude sur les procédés poétiques des hymnes, Revue de Qumran 2 (1959/60), 515-532.

Charlesworth, James H., Jewish Hymns, Odes, and Prayers (ca. 167 B.C.E. - 135 C.E.), in: Robert A. Kraft - George W. E. Nickelsburg (Hg.), Early Judaism and its modern Interpreters, Atlanta 1986, 411-436.

Charlesworth, James H., A Prolegomenon to a New Study of the Jewish Background of the Hymns and Prayers in the New Testament, Journal of Jewish Studies 33 (1982), 265-285.

Collins, John J., The Scepter and the Star. The Messiahs of the Dead Sea Scrolls and other Ancient Literature, New York - London - Toronto - Sydney - Aukland 1995.

Conrady, Ludwig, Die Quelle der kanonischen Kindheitsgeschichte Jesus'., Göttingen 1900.

Crüsemann, Frank, Studien zur Formgeschichte von Hymnus und Danklied in Israel, Wissenschaftliche Monographien zum Alten und Neuen Testament 32, Neukirchen-Vluyn 1969.

Dahl, Nils A., The Story of Abraham in Luke-Acts, in: Leander E. Keck - J. Louis Martyn (Hg.), Studies in Luke-Acts. Essays presented in honor of Paul Schubert, New York 1966, 139-158.

Dahmen, (U.), Art. רחם rḥm V, Theologisches Wörterbuch zum Alten Testament, Bd. 7, Lieferung 3-5, Stuttgart - Berlin - Köln - Mainz 1990, Sp. 476-477.

Dalman, Gustaf, Die Worte Jesu, mit Berücksichtigung des nachkanonischen jüdischen Schrifttums und der aramäischen Sprache, Darmstadt 1965 (Nachdr. der 2. Aufl., Leipzig 1930).

Daniélou, Jean, Les manuscrits de la mer Morte et les origines du christianisme, 2. Aufl., Paris 1974.

Daube, David, The New Testament and Rabbinic Judaism, Jordan Lectures 1952, London 1956.

Davies, J(ohn) G(ordon), The Ascription of the Magnificat to Mary, The Journal of Theological Studies 15 (1964), 307f.

Davis, Charles Thomas, The Literary Structure of Luke 1-2, in: David J. A. Clines - David M. Gunn - Alan J. Hauser (Hg.), Art and Meaning: Rhetoric in Biblical Literature, Journal for the Study of the Old Testament. Supplement Series 19, Sheffield 1982, 215-229.

Deichgräber, Reinhard, Gotteshymnus und Christushymnus in der frühen Christenheit. Untersuchungen zu Form, Sprache und Stil der frühchristlichen Hymnen, Göttingen 1967.

Delitzsch, Franz, Die vier Evangelien ins Hebräische übersetzt (1877-1890-1902). Introduction par Jean Carmignac. Kritischer Apparat der zwölf Auflagen von Hubert Klein, Traductions hébraïques des Evangiles rassemblées par Jean Carmignac 4, Brépols 1984.

Delorme, Jean, Le magnificat: La forme et le sens, in: La vie de la Parole. De l'Ancien au Nouveau Testament. Etudes d'exégèse et d'herméneutique bibliques offertes à Pierre Grelot, hg. v. Department des Etudes Bibliques de l'Institut Catholique de Paris, Paris 1987, 175-194.

Desplanque, Christophe, Le Cantique d'Anne: un dossier à rouvrir, Hokhma 23 (1983), 30-48.

Dibelius, Martin, Jungfrauensohn und Krippenkind. Untersuchungen zur Geburtsgeschichte Jesu im Lukas-Evangelium, in: G. Bornkamm (Hg.), Botschaft und Geschichte. Gesammelte Aufsätze von Martin Dibelius, Bd. 1: Zur Evangelienforschung, Tübingen 1953, 1-78 (Sitzungsberichte der Heidelberger Akademie der Wissenschaften, Phil. hist. Klasse, Abh. 4, 1932).

Dibelius, Martin, Die urchristliche Überlieferung von Johannes dem Täufer, Forschungen zur Religion und Literatur des Alten und Neuen Testaments 15, Göttingen 1911.

Dibelius, Martin, Zur Formgeschichte des Neuen Testaments (außerhalb der Evangelien), Theologische Rundschau N.F. 3 (1931), 207-242.

Dombrowski Hopkins, Denise, The Qumran Community and 1 Q Hodayot: A Reassessment, Revue de Qumrân 10 (1981) 333-364.

Drury, John, Tradition and Design in Luke's Gospel. A Study in Early Christian Historiography, London 1976.

Durand A(lfred), L'origin du Magnificat, Revue Biblique 7 (1898), 74-77.

Eißfeld, (Otto), Art. אֲדֹנָי אָדוֹן, Theologisches Wörterbuch zum Alten Testament, Bd. 1, Stuttgart - Berlin - Köln - Mainz 1973, Sp. 62-78.

Emmet, C. W., "Should the Magnificat be Ascribed to Elisabeth?", The Expositor, 7. Serie 8 (1909), 521-529.

Erdmann, Gottfried, Die Vorgeschichten des Lukas= und Matthäus=Evangeliums und Vergils vierte Ekloge, Forschungen zur Religion und Literatur des Alten und Neuen Testaments N.F. 30, Göttingen 1932.

Farris, Stephen, The Hymns of Luke's Infancy Narratives. Their Origin, Meaning and Significance, Journal for the Study of the New Testament. Supplement Series 9, Sheffield 1985.

Fitzmyer, Joseph A., The Aramaic Background of the Philippians 2:6-11, The Catholic Biblical Quarterly 50 (1988), 470-483.

Fitzmyer, Joseph A., Luke the Theologian. Aspects of His Teaching, New York/Mahwah 1989.

Fitzmyer, Joseph A., The Semitic Background of the New Testament *Kyrios*-Title, in: Ders., A Wandering Aramean. Collected Aramaic Essays. Society of Biblical Literature. Monograph Series 25, Missoula 1979, 115-142.

Flood, Edmund, The Magnificat and the Benedictus, Clergy Review 51 (1966), 205-210.

Flusser, David, The Magnificat, the Benedictus and the War Scroll, in: Ders., Judaism and the Origins of Christianity, Jerusalem 1988, 126-149.

Flusser, D(avid), Psalms, Hymns and Prayers, in: Michael E. Stone (Hg.), Jewish Writings of the Second Temple Period. Apocrypha, Pseudepigrapha, Qumran Sectarian Writings, Philo, Josephus, Philadelphia 1984, 551-577.

Foerster, (Werner), Art. κέρας, Theologisches Wörterbuch zum Neuen Testament, Bd. 3, Stuttgart 1938 (Nachdr. Stuttgart 1967), 668-671.

Foerster, (Werner), Art. κύριος D. "Herr" im Spätjudentum., Theologisches Wörterbuch zum Neuen Testament, Bd. 3, Stuttgart - Berlin - Köln - Mainz 1938 (Nachdr. 1967), 1081-1085.

Forestell, James T., Old Testament Background of the Magnifikat, Marian Studies 12 (1961), 205-244.

Freedmann, (David N.) - O'Connor, (P.), Art. יהוה JHWH, Theologisches Wörterbuch zum Alten Testament, Bd. 3, Stuttgart - Berlin - Köln - Mainz 1982, Sp. 533-554.

Gaechter, Paul, Maria im Erdenleben. Neutestamentliche Marienstudien, 3. Aufl., Innsbruck - Wien - München 1955.

Gaechter, Paul, Marjam, die Mutter Jesu, 2. Aufl., Einsiedeln 1981.

Gaston, Lloyd, No Stone on Another. Studies in the Significance of the Fall of Jerusalem in the Synoptic Gospels, Supplements to Novum Testamentum 23, Leiden 1970.

Gerstenberger, (Erhard S.), עָנָה II 'ānāh, Theologisches Wörterbuch zum Alten Testament, Bd. 6, Stuttgart -Berlin - Köln 1989, Sp. 247-270.

Gese, Hartmut, Der auszulegende Text, in: Ders., Alttestamentliche Vorträge, Tübingen 1991, 266-282.

Gese, Hartmut, Das biblische Schriftverständnis, in: Ders., Zur biblischen Theologie. Alttestamentliche Vorträge, 3. Aufl., Tübingen 1989, 9-30.

Gese, Hartmut, Der Davidsbund und die Zionserwählung, in: Ders., Vom Sinai zum Zion. Alttestamentliche Beiträge zur biblischen Theologie, Beiträge zur evangelischen Theologie 64, 3. Aufl., München 1990, 113-129.

Gese, Hartmut, Die Entstehung der Büchereinteilung des Psalters, in: Ders., Vom Sinai zum Zion. Alttestamentliche Beiträge zur biblischen Theologie, Beiträge zur evangelischen Theologie 64, 3. Aufl., München 1990, 153-167.

Gese, Hartmut, Die Frage des Weltbildes, in: Ders., Zur biblischen Theologie. Alttestamentliche Vorträge, 3. Aufl., Tübingen 1989, 202-222.

Gese, Hartmut, Hermeneutische Grundsätze der Exegese biblischer Texte, in: Ders., Alttestamentliche Studien, Tübingen 1991, 249-265.

Gese, Hartmut, Der Johannesprolog, in: Ders., Zur biblischen Theologie. Alttestamentliche Vorträge, 3. Aufl., Tübingen 1989, 152-201.

Gese, Hartmut, Der Messias, in: Ders., Zur biblischen Theologie. Alttestamentliche Vorträge, 3. Aufl., Tübingen 1989, 128-151.

Gese, Hartmut, Der Name Gottes im Alten Testament, in: Heinrich von Stietencron (Hg.), Der Name Gottes, Düsseldorf 1975.

Gese, Hartmut, Natus ex Virgine, in: Ders., Vom Sinai zum Zion. Alttestamentliche Beiträge zur biblischen Theologie, Beiträge zur evangelischen Theologie 64, 3. Aufl., München 1990, 130-146.

Giesen, H(einz), Art. ταπείνωσις, εως, ἡ tapeinōsis, Niedrigkeit, Erniedrigung, Exegetisches Wörterbuch zum Neuen Testament, Bd. 3, Stuttgart - Berlin - Köln - Mainz 1983, Sp. 801-804.

Gloer, W. Hulitt, Homologies and Hymns in the New Testament: Form, Content and Criteria for Identification, Perspectives in Religious Studies 11 (1984), 115-132.

Gnilka, Joachim, Der Hymnus des Zacharias, Biblische Zeitschrift N.F. 6 (1962), 215-238.

Gomá Civit, Isidoro, El Magnificat. Cántico de la Salvación, Biblioteca de autores cristianos, ed. minor, Bd. 65, Madrid 1982.

Goppelt, Leonhard, Theologie des Neuen Testaments, hg. von Jürgen Roloff, Göttingen 1985 (Nachdr. der 3. Aufl. von 1978).

Goulder, M. D. - Sanderson, M. L., St. Luke's Genesis, The Journal of Theological Studies N. F. 8 (1957), 12-30.

Grelot, Pierre, Deux notes critiques sur Philippiens 2,6-11, Biblica 54 (1973), 169-186.

Grelot P(ierre) - Rochais, G(érard), Psaumes, hymnes et cantiques chrétiens, in: P. Grelot u.a., La Liturgie dans le Nouveau Testament, Introduction à la Bible. Édition nouvelles 9, Paris 1991, 239-293.

Greßmann, Hugo, Das Weihnachts=Evangelium auf Ursprung und Geschichte untersucht, Göttingen 1914.

Grether, Oskar, Name und Wort Gottes im Alten Testament, Zeitschrift für die Alttestamentliche Wissenschaft. Beiheft 64, Gießen 1934.

Groß, W(alter), Verbform und Funktion. wayyiqtol für die Gegenwart? Ein Beitrag zur Syntax poetischer althebräischer Texte, Münchener Universitätsschriften. Fachbereich Kath. Theologie, Arbeiten zu Text und Sprache im Alten Testament 1, St. Ottilien 1976.

Grossouw, W., The Dead Sea Scrolls and the New Testament. A Preliminary Survey (III-V), Studia Catholica 27 (1952), 1-8.

Grundmann (Walter), ταπεινός, ταπεινόω, ταπείνωσις, ταπεινόφρων, ταπεινοφροσύνη, Theologisches Wörterbuch zum Neuen Testament, Bd. 8, Stuttgart - Berlin - Köln - Mainz 1969, 1-27.

Gryglewicz, Feliks, Die Herkunft der Hymnen des Kindheitsevangeliums des Lucas, New Testament Studies 21 (1975), 265-273.

Gunkel, Hermann, Die Lieder in der Kindheitsgeschichte Jesu bei Lukas, in: Festgabe für A. von Harnack zum siebzigsten Geburtstag, dargebracht von Fachgenossen und Freunden, Tübingen 1921, 43-60.

Gunkel, Hermann - Begrich, Joachim, Einleitung in die Psalmen. Die Gattungen der religiösen Lyrik Israels, 4. Aufl., Göttingen 1985.

Gutiérrez, Gustavo, Theologie der Befreiung, übers. v. Horst Goldstein, 10. Aufl., Mainz 1992.

Hahn, Ferdinand, Christologische Hoheitstitel. Ihre Geschichte im frühen Christentum, 5. erw. Aufl., Göttingen 1995.

Hahn, Ferdinand, Art. Gottesdienst III. Neues Testament, Theologische Realenzyklopädie 14, Berlin - New York 1985, 28-39.

Hahn, Ferdinand, Der urchristliche Gottesdienst, Stuttgarter Bibelstudien 41, Stuttgart 1970.

Hamel, Edouard, Le Magnificat et le Renversement des Situations. Réflexion théologico-biblique, Gregorianum 60 (1979), 55-84.

Harnack, Adolf (von), Lukas der Arzt. Der Verfasser des dritten Evangeliums und der Apostelgeschichte, Beiträge zur Einleitung in das Neue Testament 1, Leipzig 1906.

Harnack, Adolf von, Das Magnificat der Elisabeth (Luk. 1,46-55) nebst einigen Bemerkungen zu Luk. 1 und 2, in: Studien zur Geschichte des Neuen Testaments und der Alten Kirche I, Arbeiten zur Kirchengeschichte 19, Berlin 1931, 62-85 (Sitzungsberichte der Kgl. Preussischen Akademie der Wissenschaften zu Berlin 27 (1900), 538-566).

Haupt, Paul, Magnificat and Benedictus, The American Journal of Philology 40 (1919), 64-75.

Hausmann, Jutta, Israels Rest. Studien zum Selbstverständnis der nachexilischen Gemeinde, Beiträge zur Wissenschaft vom Alten und Neuen Testament 124, Stuttgart - Berlin - Köln - Mainz 1987.

Hengel, Martin, Das Christuslied im frühesten Gottesdienst, in: Weisheit Gottes - Weisheit der Welt, Festschrift für Joseph Kardinal Ratzinger zum 60. Geburtstag, Bd. 1, St. Ottilien, 1987, 357-404.

Hengel, Martin, Eigentum und Reichtum in der frühen Kirche. Aspekte einer frühchristlichen Sozialgeschichte, Stuttgart 1973.

Hengel, Martin, Der Historiker Lukas und die Geographie Palästinas, Zeitschrift des Deutschen Palästina-Vereins 99 (1983), 147-183.

Hengel, Martin, Hymnus und Christologie, in: Wilfrid Haubeck - Michael Bachmann (Hg.), Wort in der Zeit. Neutestamentliche Studien, Festschrift für Karl Heinrich Rengstorf, Leiden 1980, 1-23.

Hengel, Martin, Die johanneische Frage. Ein Lösungsversuch, Wissenschaftliche Untersuchungen zum Neuen Testament 67, Tübingen 1993.

Hengel, Martin, »Setze dich zu meiner Rechten!« Die Inthronisation Christi zur Rechten Gottes und Psalm 110, in: Marc Philonenko (Hg.), Le Trône de Dieu, Wissenschaftliche Untersuchungen zum Neuen Testament 69, Tübingen 1993, 108-194.

Hengel, Martin, Der Sohn Gottes. Die Entstehung der Christologie und die jüdisch-hellenistische Religionsgeschichte, 2. Aufl., Tübingen 1977.

Hengel, Martin, Die Zeloten. Untersuchungen zur jüdischen Freiheitsbewegung in der Zeit von Herodes I. bis 70 n. Chr., 2. Aufl., Leiden - Köln 1976.

Hilgenfeld, A(dolf), Die Geburts- und Kindheitsgeschichte Jesu Luc. I,5-II,52., Zeitschrift für wissenschaftliche Theologie 44 (1901), 177-235.

Hillmann, Johannes, Die Kindheitsgeschichte Jesu nach Lucas. Kritisch untersucht, Jahrbücher für protestantische Theologie 17 (1891), 192-261.

Hofius, Otfried, Der Christushymnus Philipper 2,6-11, Wissenschaftliche Untersuchungen zum Neuen Testament 17, 2. Aufl., Tübingen 1991.

Hofius, Otfried, »Rechtfertigung des Gottlosen« als Thema biblischer Theologie, in: Ders., Paulusstudien, Wissenschaftliche Untersuchungen zum Neuen Testament 51, 121-147.

Holm-Nielsen, Svend, Erwägungen zu dem Verhältnis zwischen den Hodajot und den Psalmen Salomos, in: Siegfried Wagner (Hg.), Bibel und Qumran. Beiträge zur Erforschung der Beziehungen zwischen Bibel- und Qumranwissenschaft. Hans Bardtke zum 22. 9. 1966, Berlin 1968, 112-131.

Holm-Nielsen, Svend, Hodayot. Psalms from Qumran, Acta Theologica Danica 2, Aarhus 1960.

Holm-Nielsen, Svend, Religiöse Poesie des Spätjudentums, in: Hildegard Temporini - Wolfgang Haase (Hg.), Aufstieg und Niedergang der Römischen Welt. Geschichte und Kultur Roms im Spiegel der neueren Forschung II: Principat, Bd. 19.1, Berlin - New York 1979, 152-186.

Horgan, Maurya P. - Kobelski, Paul J., The Hodayot (1QH) and New Testament Poetry, in: Dies. (Hg.), To Touch the Text. Biblical and Related Studies in Honor of Joseph A. Fitzmyer, S.J., New York 1989, 179-193.

Horn, Friedrich Wilhelm, Glaube und Handeln in der Theologie des Lukas, Göttinger theologische Arbeiten 26, 2. Aufl., Göttingen 1986.

Hunzinger, Claus-Hunno, Fragmente einer älteren Fassung des Buches Milḥamā aus Höhle 4 von Qumran, Zeitschrift für die alttestamentliche Wissenschaft 69 (1957), 131-151.

Irigoin, Jean, La composition rythmique des cantiques de Luc, Revue Biblique 98 (1991), 5-50.

Jacoby, Adolf, ΑΝΑΤΟΛΗ ΕΞ ΥΨΟΤΣ, Zeitschrift für die neutestamentliche Wissenschaft und die Kunde der älteren Kirche 20 (1921), 205-214.

Jansen, H. Ludin, Die spätjüdische Psalmendichtung. Ihr Entstehungskreis und ihr »Sitz im Leben«. Eine literaturgeschichtlich-soziologische Untersuchung, Skrifter utgitt av Det Norske Videnskaps-Akademi i Oslo, 2. Hist.-filos. Klasse 1937. No. 3, Oslo 1937.

Jenni, Ernst, Die hebräischen Präpositionen, Band 1: Die Präposition Beth, Stuttgart.- Berlin - Köln 1992.

Jenni, Ernst, Art. Judithbuch, Die Religion in Geschichte und Gegenwart. Handwörterbuch für Theologie und Religionswissenschaft, Bd. 3, 3. Aufl., Tübingen 1959, Sp. 1000f.

Jenni, Ernst, Art. REMNANT, The Interpreter's Dictionary of the Bible, Bd. 4, New York - Nashville 1963, 32f.

Jenni, Ernst, Art. גָּדוֹל *gādōl* groß, Theologisches Handwörterbuch zum Alten Testament, Bd. 1, 4. Aufl., München - Zürich 1984, Sp. 402-409.

Jeremias, Alfred, Das Alte Testament im Lichte des Alten Orients, 4. Aufl., Leipzig 1930.

Jeremias, Gert, Der Lehrer der Gerechtigkeit, Göttingen 1963.

Jeremias, Joachim, Der Gedanke des "Heiligen Restes" im Spätjudentum und in der Verkündigung Jesu., Zeitschrift für die neutestamentliche Wissenschaft und die Kunde der älteren Kirche 42 (1949), 184-194.

Jeremias, Joachim, Die Sprache des Lukasevangeliums. Redaktion und Tradition im Nicht-Markusstoff des dritten Evangeliums, Göttingen 1980.

Jörns, Klaus-Peter, Proklamation und Akklamation. Die antiphonische Grundordnung des frühchristlichen Gottesdienstes nach der Johannesoffenbarung, in: H. Becker - R. Kaczynski (Hg.), Liturgie und Dichtung. Ein interdisziplinäres Kompendium, St. Ottilien 1983, 187-208.

Johnson, Bo, Hebräisches Perfekt und Imperfekt mit vorangehendem *wᵉ*, Coniectanea Biblica. Old Testament Series 13, Lund 1979.

Johnson, B., Art. צָדַק *ṣādaq* II-VII, Theologisches Wörterbuch zum Alten Testament, Bd. 6, Stuttgart - Berlin - Köln - Mainz 1989, Sp. 903-924.

Johnson, Luke Timothy, The Literary Function of Possessions in Luke-Acts, Missoula 1977.

Jones, Douglas, The Background and Character of the Lukan Psalms, The Journal of Theological Studies N.F. 19 (1968), 19-50.

Jonge, Marinus de, The Expectation of the Future in the Psalms of Solomon, in: Ders., Jewish Eschatology, Early Christian Christology and the Testaments of the Twelve Patriarchs. Collected Essays, Supplements to Novum Testamentum 63, Leiden - New York - Kopenhagen - Köln 1991, 3-27.

Käsemann, Ernst, Kritische Analyse von Phil 2,5-11, in: Ders., Exegetische Versuche und Besinnungen, Bd. 1, 6. Aufl., Göttingen 1970, 51-95.

Käsemann, Ernst, Eine urchristliche Taufliturgie, in: Ders., Exegetische Versuche und Besinnungen, Bd. 1, 6. Aufl., Göttingen 1970, 34-51.

Kaiser, O(tto), Art. Rest, Biblisch-historisches Handwörterbuch, Bd. 3, Göttingen 1966, Sp. 1592-1593.

Karrer, Martin, Der Gesalbte. Die Grundlagen des Christustitels, Forschungen zur Religion und Literatur des Alten und Neuen Testaments 151, Göttingen 1991.

Kattenbusch, Ferd(inand), Die Geburtsgeschichte Jesu als Haggada der Urchristologie, Theologische Studien und Kritiken 102 (1930), 454-474.

Kaut, Thomas, Befreier und befreites Volk. Traditions- und redaktionsgeschichtliche Untersuchung zu Magnifikat und Benediktus im Kontext der vorlukanischen Kindheitsgeschichte, Bonner Biblische Beiträge 77, Frankfurt 1990.

Kedar-Kopfstein, B., Art. קֶרֶן qæræn, Theologisches Wörterbuch zum Alten Testament, Bd. 7, Lieferung 1/2, Stuttgart - Berlin - Köln - Mainz 1990, Sp. 181-189.

Kennel, Gunter, Frühchristliche Hymnen? Gattungskritische Studien zur Frage nach den Liedern der frühen Christenheit, Wissenschaftliche Monographien zum Alten und Neuen Testament 71, Neukirchen-Vluyn 1995.

Kittel, Bonnie Pedrotti, The Hymns of Qumran. Translation and Commentary, Society of Biblical Literature. Dissertation Series 50, Ann Arbor, Michigan 1981.

Klaiber, Walter, Eine lukanische Fassung des sola gratia. Beobachtungen zu Lk 1,5-56, in: Johannes Friedrich - Wolfgang Pöhlmann - Peter Stuhlmacher (Hg.), Rechtfertigung, Festschrift für Ernst Käsemann zum 70. Geburtstag, Tübingen 1976, 211-228.

Klepper, Jochen, Unter dem Schatten deiner Flügel. Aus den Tagebüchern der Jahre 1932-1942, Stuttgart 1983 (1. Aufl. 1956).

Knox, Wilfred L(aurence), The Sources of the Synoptic Gospels, Bd. 2: St Luke & St. Matthew, Cambridge 1957.

Koch, Klaus, Das apokalyptische Lied der Profetin Hanna. 1 Sam 2,1-10 im Targum, in: Wolfgang Zwickel (Hg.), Biblische Welten, Festschrift für Martin Metzger zu seinem 65. Geburtstag, Orbis Biblicus et Orientalis 123, Freiburg, Schweiz - Göttingen 1993, 61-82.

Köster, (Helmut), Art. σπλάγχνος, πολύσπλαγχνος, ἄσπλαγχνος, Theologisches Wörterbuch zum Neuen Testament, Bd. 7, Stuttgart 1966, 548-559.

Köstlin, H(einrich) A(dolf), Das Magnificat Lc I,46-55. Lobgesang der Maria oder der Elisabeth?, Zeitschrift für die neutestamentliche Wissenschaft und die Kunde des Urchristentums 3 (1902), 142-145.

Korn, Manfred, Die Geschichte Jesu in veränderter Zeit. Studien zur bleibenden Bedeutung Jesu im lukanischen Doppelwerk, Wissenschaftliche Untersuchungen zum Neuen Testament, 2. Reihe 51, Tübingen 1993.

Kraft, Charles F., Poetic Structure in the Qumran Thanksgiving Psalms, Biblical Research 2 (1957), 1-18.

Kroll, Josef, Die christliche Hymnodik bis zu Klemens von Alexandreia, 2. Aufl., Darmstadt 1968.

Kutscher, Eduard Yechezkiel, A History of the Hebrew Language, Jerusalem - Leiden 1982.

Ladeuze, P., De l'origine du Magnificat et de son attribution dans le troisième Évangile a Marie ou a Élisabeth, Revue d'Histoire ecclésiastique 4 (1903), 623-644.

Lambertz, Maximilian, Sprachliches aus Septuaginta und Neuem Testament, Wissenschaftliche Zeitschrift der Universität Leipzig 1952/53, Heft 3, 79-87.

Lattke, Michael, Hymnus. Materialien zu einer Geschichte der antiken Hymnologie, Novum Testamentum et Orbis Antiquus 19, Freiburg, Schweiz -Göttingen 1991.

Laurentin, René, Structure et Théologie de Luc I-II, Études Bibliques 46, Paris 1957 (deutsch: Struktur und Theologie der lukanischen Kindheitsgeschichte, Stuttgart 1967).

Laurentin, René, Traces d'allusions étymologiques en Luc 1-2, Biblica 37 (1956), 435-456.

Laurentin, René, Traces d'allusions étymologiques en Luc 1-2 (II), Biblica 38 (1957), 1-23.

Le Déaut, R(oger), Miryam, sœur de Moïse, et Marie, mère du Messie, Biblica 45 (1964), 198-219.

L'Heureux, Conrad E., The Biblical Sources of the "Apostrophe to Zion", The Catholic Biblical Quarterly 29 (1967), 60-74.

Leivestad, Ragnar, ΤΑΠΕΙΝΟΣ - ΤΑΠΕΙΝΟΦΡΩΝ, Novum Testamentum 8 (1966), 36-47.

Lepin, M(arius), Le "Magnificat". Doit-il être attribué a Marie ou a Élisabeth?, L'université catholique N.F. 39 (1902), 213-242.

Lepin, M(arius), L'origin du "Magnificat". Réponse aux nouvelles observations de M. Loisy, L'université catholique N.F. 43 (1903), 290-296.

Lichtenberger, Hermann, Täufergemeinden und frühchristliche Täuferpolemik im letzten Drittel des 1.Jahrhunderts, Zeitschrift für Theologie und Kirche 84 (1987), 36-57.

Lindeskog, Gösta, Johannes der Täufer. Einige Randbemerkungen zum heutigen Stand der Forschung, Annual of the Swedish Theological Institute 12, Leiden 1983, 55-83.

Lohfink, Gerhard, Die Sammlung Israels. Eine Untersuchung zur lukanischen Ekklesiologie, Studien zum Alten und Neuen Testament 39, München 1975.

Lohfink, Norbert, Lobgesänge der Armen. Studien zum Magnifikat, den Hodajot von Qumran und einigen späten Psalmen. Mit einem Anhang: Hodajot-Bibliographie 1948-1989 von Ulrich Dahmen, Stuttgarter Bibelstudien 143, Stuttgart 1990.

Loisy, Alfred, Chronique biblique (I), Revue d'histoire et de littérature religieuses 6 (1901), 278-287.

Loisy, Alfred, Chronique biblique (V-VI), Revue d'histoire et de littérature religieuses 8 (1903), 287-303.

Loisy, Alfred (unter dem Pseudonym François Jacobé), L'origin du *Magnificat*, Revue d'histoire et de littérature religieuses 2 (1897), 424-432.

Machen, J(ohn) Gresham, The Virgin Birth of Christ, Grand Rapids, Michigan 1980 (7. Nachdr. der 1. Aufl. von 1930).

Mann, C(hristopher) S(tephen), The Historicity of the Birth Narratives, in: Ders., Historicity and Chronology in the New Testament, London 1965, 46-58.

Marmorstein, A(rthur), The Old Rabbinic Doctrine of God. I. The Names & Attributes of God, Jews' College Publications 10, Oxford - London 1927.

Marshall, Howard, The Interpretation of the Magnificat: Luke 1:46-55, in: Claus Bussmann - Walter Radl (Hg.), Der Treue Gottes trauen. Beiträge zum Werk des Lukas. Für Gerhard Schneider, Freiburg - Basel - Wien 1991, 181-196.

Martin, R(alph) P., Carmen Christi. Philippians ii. 5-11 in Recent Interpretation and in the Setting of Early Christian Worship, Society for New Testament Studies. Monograph Series 4, Cambridge 1967.

Martin, R(aymond) A., Some Syntactical Criteria of Translation Greek, Vetus Testamentum 10 (1960), 295-310.

Martin, R(aymond) A., Syntactical Evidence of Semitic Sources in Greek Documents, Septuagint and Cognate Studies 3, Missoula 1974.

Martin-Achard, R(obert), ענה 'nh II elend sein, Theologisches Handwörterbuch zum Alten Testament, Bd. 2, München 1984, Sp. 341-350.

McHugh, John, The Mother of Jesus in the New Testament, London 1975.

Mealand, D. L., Poverty and Expectations in the Gospels, 2. Aufl., London 1981.

Merkel, Helmut, Israel im lukanischen Werk, New Testament Studies 40 (1994), 371-398.

Meshorer, Ya'akov, Jewish Coins of the Second Temple Period, übers. von I. H. Levine, Tel-Aviv 1967.

Metzger, Bruce M., A Textual Commentary on the Greek New Testament. A Companion Volume to the United Bible Societies' Greek New Testament, London - New York 1971.

Meyer, Ben F., Jesus and the Remnant of Israel, Journal of Biblical Literature 84 (1965), 123-130.

Meynet, Roland, Dieu donne son Nom à Jésus. Analyse rhétorique de Lc 1,26-56 et de 1 Sam 2,1-10, Biblica 66 (1985), 39-72.

Michel, Otto - Betz, Otto, Von Gott gezeugt, in: Walther Eltester (Hg.), Judentum. Urchristentum. Kirche, Festschrift für Joachim Jeremias, 2. Aufl., Berlin 1964, 3-23.

Minear, Paul S., Luke's Use of the Birth Stories, in: Leander E. Keck - J. Louis Martyn (Hg.), Studies in Luke-Acts. Essays Presented in Honor of Paul Schubert, Nashville - New York 1966, 111-130.

Mínguez, Dionisio, Poética generativa del Magnificat, Biblica 61 (1980), 55-77.

Morawe, Günter, Aufbau und Abgrenzung der Loblieder von Qumrân. Studien zur gattungsgeschichtlichen Einordnung der Hodajôth, Theologische Arbeiten 16, Berlin 1961.

Morin, G(ermain), Deux passages inédits du De psalmodiae bono de Saint Niceta (IVe-Ve siècle), Revue Biblique 6 (1897), 282-288.

Mosis, (Rudolf), Art. גָּדַל II, Theologisches Wörterbuch zum Alten Testament, Bd. 1, Stuttgart - Berlin - Köln - Mainz 1973, Sp. 928-944.

Mowinckel, Sigmund, The Psalms in Israel's Worship, übers. von D. R. Ap-Thomas, Bd. 2, Oxford 1962.

Müller, Werner E. - Preuß, Horst Dietrich, Die Vorstellung vom Rest im Alten Testament, Neubearbeitung der Ausgabe von 1939, Neukirchen-Vluyn 1973.

Navone, John, Themes of St. Luke, Rom 1970.

Nelis, J(ohannes), Art. Rest Israels, Bibel-Lexikon, hg. v. H. Haag, 2. Aufl., Einsiedeln - Zürich - Köln 1968, Sp. 1473-1475.

Neuhaus, Günther O., Studien zu den poetischen Stücken im 1. Makkabäerbuch, Forschung zur Bibel 12, Würzburg 1974.

Nitzan, Bilhah, Qumran Prayer and Religious Poetry, übers. von Jonathan Chipman, Studies on the Texts of the Desert of Judah 12, Leiden - New York - Köln 1994.

Nötscher, Friedrich, Zur theologischen Terminologie der Qumran-Texte, Bonner Biblische Beiträge 10, Bonn 1956.

Norden, Eduard, Die Geburt des Kindes. Geschichte einer religiösen Idee, Studien der Bibliothek Warburg, 3., unveränderter Abdruck der 1. Aufl. von 1924, Stuttgart 1958.

Noth, Martin, Die israelitischen Personennamen im Rahmen der gemeinsemitischen Namengebung, Beiträge zur Wissenschaft vom Alten und Neuen Testament 46, Stuttgart 1928.

Oliver, H. H., The Lucan Birth Stories and the Purpose of Luke Acts, New Testament Studies 10 (1963/64), 202-226.

Percy, Ernst, Die Botschaft Jesu. Eine traditionskritische und exegetische Untersuchung, Lunds Universitets Årsskrift Avd. 1, Bd. 49/5, Lund 1953.

Pool, D. de Sola, The Old Jewish - Aramaic Prayer. The Kaddish, Leipzig 1909.

Preul, Reiner, Theologische Zugänge zum Magnificat, in: Unsere Bibel, Jahrbuch des Evangelischen Bundes 35, Göttingen 1992, 43-64.

Preuß, (Horst Dietrich), Art. נוּחַ nûaḥ מְנוּחָה menûḥah, Theologisches Wörterbuch zum Alten Testament, Bd. 5, Stuttgart - Berlin - Köln -Mainz 1986, Sp. 297-307.

Rad, Gerhard von, Theologie des Alten Testaments, Bd. 1: Die Theologie der geschichtlichen Überlieferung Israels, 9. Aufl., München 1987.

Rahlfs, Alfred, עָנִי und עָנָו in den Psalmen, Göttingen 1892.

Raible, Wolfgang, Was sind Gattungen?, Poetica 12 (1980), 320-349.

Ramaroson, Leonardus, Ad structuram cantici "Magnificat", Verbum Domini 45 (1967), 30-46.

Rehm, Martin, Der königliche Messias im Licht der Immanuel-Weissagungen des Buches Jesaja, Eichstätter Studien N.F. 1, Kevelaer 1968.

Reicke, Bo, Die Verkündigung des Täufers nach Lukas, Studien zum Neuen Testament und seiner Umwelt (SNTU), Serie A, Bd. 1, Linz 1976, 50-61.

Resch, Alfred, Das Kindheitsevangelium nach Lucas und Matthäus unter Herbeiziehung der aussercanonischen Paralleltexte quellenkritisch untersucht, Leipzig 1897.

Richter, Wolfgang, Exegese als Literaturwissenschaft. Entwurf einer alttestamentlichen Literaturtheorie und Methodologie, Göttingen 1971.

Ringgren, Helmer, Luke's Use of the Old Testament, Harvard Theological Review 79 (1986), 227-235.

Ringgren, Helmer, Art. עָבַד *'abaḏ* II, Theologisches Wörterbuch zum Alten Testament, Bd. 5, Stuttgart - Berlin - Köln - Mainz 1986, Sp. 988-994.

Robinson, J(ohn) A(rthur) T(homas), Elijah, John and Jesus: An Essay in Detection, New Testament Studies 4 (1957/58), 263-281.

Rousseau, François, Les structures du Benedictus (Luc 1.68-79), New Testament Studies 32 (1986), 268-282.

Rüger, Hans Peter, ΝΑΖΑΡΕΘ / ΝΑΖΑΡΑ ΝΑΖΑΡΗΝΟΣ / ΝΑΖΩΡΑΙΟΣ, Zeitschrift für die neutestamentliche Wissenschaft und die Kunde der älteren Kirche 72 (1981), 257-263.

RütersWörden, (Udo), Art. רָהַב *rāhab*, Theologisches Wörterbuch zum Alten Testament 7, Stuttgart 1990, Sp. 372-378.

Sahlin, Harald, Der Messias und das Gottesvolk. Studien zur protolukanischen Theologie, Acta Seminarii Neotestamentici Upsaliensis 12, Uppsala 1945.

Salzmann, Jorg Christian, Lehren und Ermahnen. Zur Geschichte des christlichen Wortgottesdienstes in den ersten drei Jahrhunderten, Wissenschaftliche Untersuchungen zum Neuen Testament, 2. Reihe 59, Tübingen 1994.

Sanders, Jack T., The New Testament Christological Hymns. Their Historical Religious Background, Society for New Testament Studies. Monograph Series 15, Cambridge 1971.

Schille, Gottfried, Frühchristliche Hymnen, Berlin 1965.

Schimanowski, Gottfried, Weisheit und Messias. Die jüdischen Voraussetzungen der urchristlichen Präexistenzchristologie, Wissenschaftliche Untersuchungen zum Neuen Testament, 2. Reihe 17, Tübingen 1985.

Schmid Jos(ef), Art. Rest, heiliger R. II. Spätjudentum, Lexikon für Theologie und Kirche, Bd. 8, 2. Aufl., Freiburg 1963, Sp. 1253f.

Schnackenburg, Rudolf, Das Magnificat, seine Spiritualität und Theologie, Geist und Leben. Zeitschrift für Aszese und Mystik 38 (1965), 342-357.

Schoonheim, P. L., Der alttestamentliche Boden der Vokabel ὑπερήφανος Lukas I 51, Novum Testamentum 8 (1966), 234-246.

Schottroff, Luise, Das Magnificat und die älteste Tradition über Jesus von Nazareth, Evangelische Theologie 38 (1978), 289-313.

Schüngel-Straumann, Helen, Rûaḥ bewegt die Welt. Gottes schöpferische Lebenskraft in der Krisenzeit des Exils, Stuttgarter Bibelstudien 151, Stuttgart 1992.

Schürer, Emil, The History of the Jewish People in the Age of Jesus Christ (175 B.C.-A.D. 135), A New English Version, Revised and Edited by Geza Vermes - Fergus Millar - Martin Goodman, Bd. 3/1, Edinburgh 1986.

Schürmann, Heinz, Aufbau, Eigenart und Geschichtswert der Vorgeschichte von Lukas 1-2, Bibel und Kirche 21 (1966), 106-111.

Schweizer, Eduard, Zum Aufbau von Lukas 1 und 2, in: Dikran Y. Hadidian (Hg.), Intergerini Parietis Septum (Eph. 2:14). Essays presented to Markus Barth on his Sixty-fifth Birthday, Pittsburgh Theological Monograph Series 33, Pittsburgh 1981, 309-335.

Schwemer, Anna Maria, Gott als König und seine Königsherrschaft in den Sabbatliedern aus Qumran, in: Martin Hengel - Anna Maria Schwemer (Hg.), Königsherrschaft Gottes und himmlischer Kult im Judentum, Urchristentum und in der hellenistischen Welt, Tübingen 1991.

Simian-Yofre, (H.), Art. רחם *rḥm* I-IV, Theologisches Wörterbuch zum Alten Testament, Bd. 7, Lieferung 3-5, Stuttgart - Berlin - Köln - Mainz 1990, Sp. 460-476.

Sint, Josef A., Die Eschatologie des Täufers, die Täufergruppen und die Polemik der Evangelien, in: Kurt Schubert (Hg.), Vom Messias zum Christus. Die Fülle der Zeit in religionsgeschichtlicher und theologischer Sicht, Wien - Freiburg - Basel 1964, 55-163.

Soden, W. von, Der Genuswechsel bei rûaḥ und das grammatische Geschlecht in den semitischen Sprachen, Zeitschrift für Althebraistik 5 (1992) 57-63.

Sparks, H(edley) F(rederick) D(avis), The Semitisms of St. Luke's Gospel, The Journal of Theological Studies 44 (1943), 129-138.

Spitta, Friedrich, Die chronologischen Notizen und die Hymnen in Lc 1 u. 2., Zeitschrift für die neutestamentliche Wissenschaft und die Kunde der älteren Kirche 7 (1906), 281-317.

Spitta, Friedrich, Das Magnificat ein Psalm der Maria und nicht der Elisabeth, in: W. Nowack (Hg.), Theologische Abhandlungen. Eine Festgabe zum 17. Mai 1902 für Heinrich Julius Holtzmann, Tübingen - Leipzig 1902, 61-94.

Staerk W(ilhelm), Soter. Die biblische Erlösererwartung als religionsgeschichtliches Problem. Eine biblisch-theologische Untersuchung. 1. Teil: Der biblische Christus, Beiträge zur Förderung christlicher Theologie, 2. Reihe 31, Gütersloh 1933.

Steck, Odil Hannes, Israel und das gewaltsame Geschick der Propheten. Untersuchungen zur Überlieferung des deuteronomistischen Geschichtsbildes im Alten Testament, Spätjudentum und Urchristentum, Wissenschaftliche Monographien zum Alten und Neuen Testament 23, Neukirchen-Vluyn 1967.

Stoebe, Hans Joachim, Die Bedeutung des Wortes *ḥäsäd* im Alten Testament, Vetus Testamentum 2 (1952), 244-254.

Strack, Hermann - Billerbeck, Paul, Kommentar zum Neuen Testament aus Talmud und Midrasch, Bd. 4/1: Exkurse zu einzelnen Stellen des Neuen Testaments. Abhandlungen zur neutestamentlichen Theologie und Archäologie, Erster Teil, 8. Aufl., München 1986.

Strathmann (Hermann), Art. λατρεύω, λατρεία, Theologisches Wörterbuch zum Neuen Testament, Bd. 4, Stuttgart - Berlin - Köln - Mainz 1942 (Nachdr. 1966), 58-66.

Strecker, Georg, Das Judenchristentum in den Pseudoklementinen, Texte und Untersuchungen zur Geschichte der altchristlichen Literatur 70, 2. Aufl., Berlin 1981.

Stuhlmacher, Peter, Biblische Theologie des Neuen Testaments, Bd. 1: Grundlegung. Von Jesus zu Paulus, Göttingen 1992.

Stuhlmacher, Peter, Vom Verstehen des Neuen Testaments. Eine Hermeneutik, Grundrisse zum Neuen Testament, Das Neue Testament Deutsch. Ergänzungsreihe, Bd. 6, 2. Aufl., Göttingen 1986.

Die täglichen Losungen und Lehrtexte der Brüdergemeine für das Jahr 1936, 206. Ausgabe, Gnadau 1936.

Tannehill, Robert C., The Magnificat as Poem, Journal of Biblical Literature 93 (1974), 263-275.

Teicher, J. L., The Teaching of the Pre-Pauline Church in the Dead Sea Scrolls - V, The Journal of Theological Studies 4 (1953), 93-103.

Thiering, Barbara, The Poetic Forms of the Hodayot, The Journal of Semitic Studies 8 (1963), 189-209.

Thomas, Joseph, Le Mouvement Baptiste en Palestine et Syrie (150 av. J.-C. - 300 ap. J.-C.), Universitas Catholica Lovaniensis Ser. II, Bd. 28, Gembloux 1935.

Thornton, Claus-Jürgen, Der Zeuge des Zeugen. Lukas als Historiker der Paulusreisen, Wissenschaftliche Untersuchungen zum Neuen Testament 56, Tübingen 1991.

Torrey, Charles Cutler, Our Translated Gospels. Some of the Evidence, New York - London 1936.

Turner, Nigel, The Relation of Luke I and II to Hebraic Sources and to the Rest of Luke-Acts, New Testament Studies 2 (1955/56), 100-109.

Valentini, Alberto, Il Magnificat e l'opera lucana, Rivista Biblica 33 (1985), 395-423.

Vanhoye, Albert, Structure du 'Benedictus', New Testament Studies 12 (1965/66), 382-389.

Vielhauer, Philipp, Das Benedictus des Zacharias (Lk 1,68-79), in: Ders., Aufsätze zum Neuen Testament, Bd. 1, München 1965, 28-46 (Zeitschrift für Theologie und Kirche 49 (1952), 255-272).

Vielhauer, Philipp, Art. Johannes, der Täufer, Die Religion in Geschichte und Gegenwart, Bd. 3, 3. Aufl., Tübingen 1959, Sp. 804-808.

Völter, D(aniel), Die Apokalypse des Zacharias im Evangelium des Lucas., Theologisch Tijdschrift 30 (1896), 244-269.

Völter, D(aniel), Die evangelischen Erzählungen von der Geburt und Kindheit Jesu kritisch untersucht, Straßburg 1911.

Vogels, Walter, Le Magnificat, Marie et Israël, Église et Théologie 6 (1975), 279-296.

Vogt, E(rnst), De nominis Mariae etymologia, Verbum Domini 26 (1948), 163-168.

Volz, Paul, Die Eschatologie der jüdischen Gemeinde im neutestamentlichen Zeitalter. Nach den Quellen der rabbinischen, apokalyptischen und apokryphen Literatur, Hildesheim 1966 (Nachdr. der Ausg. Tübingen 1934).

Watson, Wilfred G. E., Classical Hebrew Poetry. A Guide to its Techniques, Journal for the Study of the Old Testament. Supplement Series 26, Sheffield 1984.

Weippert, Helga, Schöpfung und Heil in Jer 45, in: Rainer Albertz - Friedemann W. Golka - Jürgen Kegler (Hg.), Schöpfung und Befreiung, Festschrift für Claus Westermann zum 80. Geburtstag, Stuttgart 1989, 92-103.

Wengst, Klaus, Christologische Formeln und Lieder des Urchristentums, Studien zum Neuen Testament 7, Gütersloh 1972.

Westermann, Claus, Lob und Klage in den Psalmen, 6. erw. Aufl. von: Das Loben Gottes in den Psalmen, Göttingen 1983.

Wilcock, M. The Saviour of the World, Leicester 1979.

Willi, Thomas, Die Chronik als Auslegung. Untersuchungen zur literarischen Gestaltung der historischen Überlieferung Israels, Göttingen 1972.

Wilson, R(obert) M(a)cL(achlan), Some Recent Studies in the Lucan Infancy Narratives, in: Kurt Aland - F. L. Cross - Jean Daniélou - Harald Riesenfeld - W. C. van Unnik (Hg.), Studia Evangelica. Papers presented to the International Congress on "The Four Gospels in 1957" Held at Christ Church, Oxford 1957, Texte und Untersuchungen zur Geschichte der altchristlichen Literatur 73, Berlin 1959, 235-253.

Wink, Walter, John the Baptist in the Gospel Tradition, Society for New Testament Studies. Monograph Series 7, Cambridge 1968.

Winter, Paul, Lukanische Miszellen, Zeitschrift für die neutestamentliche Wissenschaft und die Kunde der älteren Kirche 49 (1958), 65-77.

Winter, Paul, Magnificat and Benedictus - Maccabaean Psalms?, Bulletin of the John Rylands Library 37 (1954/55), 328-347.

Winter, Paul, Some Observations on the Language in the Birth and Infancy Stories of the Third Gospel, New Testament Studies 1 (1954/55), 110-121.

Winter, Paul, On Luke and Lucan Sources. A Reply to the Reverend N. Turner., Zeitschrift für die neutestamentliche Wissenschaft und die Kunde der älteren Kirche 47 (1956), 217-249.

Winter, Paul, Two Notes On Luke I, II With Regard To The Theory Of 'Imitation Hebraisms'., Studia Theologica 7 (1953), 158-165.

Woude, A(dam) S(imon) van der, Die messianischen Vorstellungen der Gemeinde von Qumrân, Studia Semitica Neerlandica 3, Assen 1957.

Zeller, Dieter, Geburtsankündigung und Geburtsverkündigung. Formgeschichtliche Untersuchung im Blick auf Mt 1f, Lk 1f, in: Klaus Berger u.a. (Hg.), Studien und Texte zur Formgeschichte, Texte und Arbeiten zum neutestamentlichen Zeitalter 7, Tübingen - Basel 1992, 59-134.

Zimmerli, Walther, Grundriß der alttestamentlichen Theologie, Theologische Wissenschaft 3,1, 6. Aufl., Stuttgart - Berlin - Köln - Mainz 1989.

Zmijewski, Josef, Maria im Neuen Testament, in: Wolfgang Haase - Hildegard Temporini (Hg.), Aufstieg und Niedergang der Römischen Welt (ANRW). Geschichte und Kultur Roms im Spiegel der neueren Forschung II: Principat, Bd. 26.1, Berlin - New York 1992, 596-716.

Zobel, H.-J., Art. חֶסֶד *hæsæd*, Theologisches Wörterbuch zum Alten Testament, Bd. 3, Stuttgart - Berlin - Köln - Mainz 1982, Sp. 48-71.

Zorell, F(ranz), «Magnificat»., Verbum Domini 2 (1922), 194-198.

Zorell, F(ranz), Das Magnificat ein Kunstwerk hebräischer oder aramäischer Poesie?, Zeitschrift für Katholische Theologie 29 (1905), 754-758.

Stellenregister

I. Altes Testament

Genesis

4,1	149
6,5	113f,204f
8,21	113f,204f
9,15f	15
9,15f LXX	128
11,1-9	205
12,3	30
15,18	74
16,11	228
17	74
17,6	30
17,16	30
21,23	89
24,12	89
24,14	89
24,49	89
26,3	31,89,129
29,32	9f,21,25,27,58,149, 188
30,12f	148
30,13	10,21,25,27,58,188, 198
47,29	89
49,15	139
50,24	129

Exodus

2,10	149
2,24	15,25,31
2,24 LXX	128
3,5	129
4,31	31
6,5	15
6,6	204f
15,1-19	142
15,2	109
15,17	140
20,8 LXX	128

Leviticus

26,42	31

Numeri

24,17	121,123f

Deuteronomium

1,8	129
1,35	129
4,34	204
6,10	129
6,18	129
7,8	89,129
7,9	15
7,12	15,129
7,13	129
7,14	89
8,17	111f
9,5	31,72f,218
10,17	11
10,21	11,137
12,9	139

Josua

2,14	89

Richter

2,16	216
3,9	216
3,15	216
13,3.5	228

1. Samuel

1,11	9f,21
1,20	149
2,1-10	17,21-23,29,69,96
2,1	9,21,110
2,2	12,21
2,7f	13f,21
2,10	21,87,215
4,3	88

II. Apokryphen und Pseudepigraphen des Alten Testaments

Zwölf-Patriarchen-Testamente

T. Simeon
7,1	75,125

T. Levi
2,10	75
16,5	129
18,8	115

T. Sebulon
7,3	89,127
8,2	89,127
8,6	127
9,8	75

T. Dan
5,10	125

T. Naphtali
8,2	125

T. Gad
8,1	125

T. Joseph
8,1	75
18,2	75
19,6	125

Testament Hiobs
43,4-17	79

Testament Moses
10,1-10	80

Jubiläen
25,15	

Syrische Psalmen
I (=Ps 151)	82
II (=Ps 154)	80,82
II 17-20	80
III (=Ps 155)	82
IV (=Ps 152)	80
V (=Ps 153)	79

III. Qumranisches Schrifttum

1Q34^bis
2+1 4	87
3 II 5	87f

1Q45
1 2	75

1QpHab
XII 3	100
XII 6	100
XII 10	100

1QH (Loblieder)
I 30	83
I 31f	89
I 33f	83
I 34	82
II 8	88
II 10	88
II 11	88
II 12	88
II 14	88
II 15	88
II 16	88
II 21	88
II 22	88
II 24	82,88
II 28	88
II 30	82
II 31	88
II 32	75,88,100
II 34	88,100
II 35	75
II 36	83,88
III 19	75
III 21	83
III 22	83
III 23	83
III 25f	88
III 25	100
III 38	88
IV 7	88
IV 8	82
IV 9f	88
IV 10	88
IV 16	88
IV 19	88
IV 20	88
IV 23	82
IV 24	88
IV 25	88
IV 27f	82
IV 29	82

IV 32	82,89		X 30	83
IV 34	88		XI 6	82
IV 35	88		XI 9f	83
IV 36f	89		XI 25	82
IV 38	88		XI 28	83
IV 39	88		XI 29f	89
V 7	88		XI 29	87,213
V 8	88		XI 32f	87
V 9	88		XII 3	82
V 13	100		XII 25f	89
V 14	100		XIV 12	88
V 15	82		XIV 14	88
V 16	100		XIV 19	88
V 17	88		XIV 21f	88
V 18	100		XIV 23	83
V 21	100		XIV 24	87
V 22	100		XV 8	213
V 23	88f		XV 15	82,141
V 25	82,88,141		XV 16	89
V 33	89		XV 17	88
VI 5	88		XV 18	88
VI 9	89		XVI 7	83,88
VI 11	83		XVI 8	87,213
VI 19	83		XVI 12f	83
VI 20	88,213		XVI 15	88
VI 29f	88		XVI 18	83
VI 30	88		XVII 12	87
VI 35	88		XVII 14	83
VII 11	88		XVII 20	75,82
VII 12	83		XVII 21	88
VII 14f	89		XVIII 7	83
VII 18	89		XVIII 9	88
VII 22f	87		XVIII 14	89,100
VII 26-33	170		XVIII 29	89
VII 27	89		XVIII 30	89
VII 30	89			
VII 34	88		**1QM (Kriegsrolle)**	
VII 35	89		I 12	75
VIII 7f	89		II 4	87
IX 7	83		II 15	87
IX 16	82		VI 6	111
IX 21	87		X-XIV	82
IX 25	87		X 1f	88
IX 26	89		X 4	88
IX 37	82		X 6	87
X 3	82		X 8-XII 16	82
X 14	87,89,213		X 8	88
X 15	83		XI 3	87
X 16	89		XI 4	89
X 21	83,89		XI 5	111

V. Jüdische Schriftsteller

Autorenregister

Sachregister

- Jesu 192,196
Kreuz 39,215f,239
Kreuzestod 97,210
Kreuzigung 47
Krieg/Kriegsgeschehen 69f,85
Kriegslied 70
Kriegsrolle 82f,85,88f,111,213
Kult/Kultus 185,226
Kyrios-Titel 213

Land 73-75,139,221
Landgabe 75,216
Landgabeverheißung 74
Landnahme 72-74
Landnahmeverheißung 73
Lea 9f,20,25,27,58,142-144,148f,197f
Lea-Söhne 142 s.a. Geburt der Lea-
    Söhne
Legende 230
Legendenbildung 229,239
Lehrer der Gerechtigkeit 89
Leiden
- Jesu 208
- Marias 196
Leidensankündigung 39
Leidensweg s. Christi Leidensweg
Lesung 188
Licht 83,121f,124-126,145,221,236
Lichterscheinung 126,145,221,236
Lichtglanz 122
Lichtmetaphorik/-symbolik 125
Liturg 77,150
Liturgie 68
Lob 196,232,237
Lobformel 212f
Lobgesang 231
Loblied 133,228,231
Lobpreis/Preis 11f,14,17,19f,27,33,59,64,
    69,78,80,86,90,95,97-99,109,111,137,
    141,143,145f,150f,163-167,171,177,180,
    184,192f,195,204,213,216,237
Logos 236
Logoshymnus 236
Lügendeuter 88
Lügenpropheten 88
lukanisch
- Ergänzung 40
- Evangelium s. Lukasevangelium
- Floskel 52
- Komposition 57

- Redaktion/Endredaktion 38f,41,95
- Redaktionsschicht 42,48
- Sprache 56
- Täuferdarstellung 39
Lukanismus 52,56,61
Lukas 2,7,39-41,43,46,48,50,56f,61,63,97,
    108,119,121,131,143,157,193,198f,202,
    214,217,223f,229,231-239
Lukasevangelium 4,38f,41,45,51,57f,73,
    101,131,143,223,232-234,237-239
Lysias 69

Macht/Mächte
- der Dunkelheit 222
- des Bösen 209
- gottfeindliche 11,209,215
Machthaber 167,210
Mächtige 207-210
Männer des Trugs 88
Märtyrertod (des Täufers) 92
Magd 10,199,211
Makkabäer 72
Makkabäerbücher 66,71
Makkabäerkämpfe 70
Makkabäerzeit 68-72
makkabäische Erhebung 69
Maleachibuch 26,198
Manasse 81
Maria 1,55,57,61,70,95,130,142f,148,150,
    163,165-169,180,195-200,203,225-228,
    230,232-234,237
Marienhymnus/-lied/-lobgesang/-lob-
    preis 2,55,70,104,135,143,148,150,162,
    195,198f,203,223
Marienname 130
Marienseligpreisung 203
Mariensohn 142,237
Marientradition/marianische Tradition
    143,148
Marienzuschreibung (des Magnifikat) 96
Markus 38,40,57,233
Matthäus 38,40,57,228f,233
Meer 205
Meerwunder 32
Mehrungsverheißung 30,74
Mensch 15,39-41,88f,92,111,114,117,125,
    133,140f,165,167,172,180,195-198,200f,
    203,205,209f,214,217f,220-222,230,233,
    236
- alttestamentlicher 206

Register der griechischen und hebräischen Begriffe

Wissenschaftliche Untersuchungen zum Neuen Testament

Alphabetische Übersicht der ersten und zweiten Reihe

Anderson, Paul N.: The Christology of the Fourth Gospel. 1996. *Band II/78.*

Appold, Mark L.: The Oneness Motif in the Fourth Gospel. 1976. *Band II/1.*

Arnold, Clinton E.: The Colossian Syncretism. 1995. *Band II/77.*

Avemarie, Friedrich und *Hermann Lichtenberger* (Hrsg.): Bund und Tora. 1996. *Band 92.*

Bachmann, Michael: Sünder oder Übertreter. 1992. *Band 59.*

Baker, William R.: Personal Speech-Ethics in the Epistle of James. 1995. *Band II/68.*

Bammel, Ernst: Judaica. Band I 1986. *Band 37* – Band II 1996. *Band 91.*

Bauernfeind, Otto: Kommentar und Studien zur Apostelgeschichte. 1980. *Band 22.*

Bayer, Hans Friedrich: Jesus' Predictions of Vindication and Resurrection. 1986. *Band II/20.*

Bell, Richard H.: Provoked to Jealousy. 1994. *Band II/63.*

Betz, Otto: Jesus, der Messias Israels. 1987. *Band 42.*

– Jesus, der Herr der Kirche. 1990. *Band 52.*

Beyschlag, Karlmann: Simon Magus und die christliche Gnosis. 1974. *Band 16.*

Bittner, Wolfgang J.: Jesu Zeichen im Johannesevangelium. 1987. *Band II/26.*

Bjerkelund, Carl J.: Tauta Egeneto. 1987. *Band 40.*

Blackburn, Barry Lee: Theios Aner and the Markan Miracle Traditions. 1991. *Band II/40.*

Bockmuehl, Markus N. A.: Revelation and Mystery in Ancient Judaism and Pauline Christianity. 1990. *Band II/36.*

Böhlig, Alexander: Gnosis und Synkretismus. Teil 1 1989. *Band 47* –Teil 2 1989. *Band 48.*

Böttrich, Christfried: Weltweisheit – Menschheitsethik – Urkult. 1992. *Band II/50.*

Büchli, Jörg: Der Poimandres – ein paganisiertes Evangelium. 1987. *Band II/27.*

Bühner, Jan A.: Der Gesandte und sein Weg im 4.Evangelium. 1977. *Band II/2.*

Burchard, Christoph: Untersuchungen zu Joseph und Aseneth. 1965. *Band 8.*

Cancik, Hubert (Hrsg.): Markus-Philologie. 1984. *Band 33.*

Capes, David B.: Old Testament Yaweh Texts in Paul's Christology. 1992. *Band II/47.*

Caragounis, Chrys C.: The Son of Man. 1986. *Band 38.*

– siehe *Fridrichsen, Anton.*

Carleton Paget, James: The Epistle of Barnabas. 1994. *Band II/64.*

Crump, David: Jesus the Intercessor. 1992. *Band II/49.*

Deines, Roland: Jüdische Steingefäße und pharisäische Frömmigkeit. 1993. *Band II/52.*

Dobbeler, Axel von: Glaube als Teilhabe. 1987. *Band II/22.*

Dunn, James D. G. (Hrsg.): Jews and Christians. 1992. *Band 66.*

– Paul and the Mosaic Law. 1996. *Band 89.*

Ebertz, Michael N.: Das Charisma des Gekreuzigten. 1987. *Band 45.*

Eckstein, Hans-Joachim: Der Begriff Syneidesis bei Paulus. 1983. *Band II/10.*

– Verheißung und Gesetz. 1996. *Band 86.*

Ego, Beate: Im Himmel wie auf Erden. 1989. *Band II/34.*

Ellis, E. Earle: Prophecy and Hermeneutic in Early Christianity. 1978. *Band 18.*

– The Old Testament in Early Christianity. 1991. *Band 54.*

Ennulat, Andreas: Die ›Minor Agreements‹. 1994. *Band II/62.*

Ensor, Peter W.: Paul and His ›Works‹. 1996. *Band II/85.*

Feldmeier, Reinhard: Die Krisis des Gottessohnes. 1987. *Band II/21.*

– Die Christen als Fremde. 1992. *Band 64.*

Feldmeier, Reinhard und *Ulrich Heckel* (Hrsg.): Die Heiden. 1994. *Band 70.*

Forbes, Christopher Brian: Prophecy and Inspired Speech in Early Christianity and its Hellenistic Environment. 1995. *Band II/75.*

Fornberg, Tord: siehe *Fridrichsen, Anton.*

Fossum, Jarl E.: The Name of God and the Angel of the Lord. 1985. *Band 36.*

Frenschkowski, Marco: Offenbarung und Epiphanie. Band 1 1995. *Band II/79* – Band 2 1996. *Band II/80.*
Frey, Jörg: Eugen Drewermann und die biblische Exegese. 1995. *Band II/71.*
Fridrichsen, Anton: Exegetical Writings. Hrsg. von C. C. Caragounis und T. Fornberg. 1994. *Band 76.*
Garlington, Don B.: ›The Obedience of Faith‹. 1991. *Band II/38.*
– Faith, Obedience, and Perseverance. 1994. *Band 79.*
Garnet, Paul: Salvation and Atonement in the Qumran Scrolls. 1977. *Band II/3.*
Gräßer, Erich: Der Alte Bund im Neuen. 1985. *Band 35.*
Green, Joel B.: The Death of Jesus. 1988. *Band II/33.*
Gundry Volf, Judith M.: Paul and Perseverance. 1990. *Band II/37.*
Hafemann, Scott J.: Suffering and the Spirit. 1986. *Band II/19.*
– Paul, Moses, and the History of Israel. 1995. *Band 81.*
Heckel, Theo K.: Der Innere Mensch. 1993. *Band II/53.*
Heckel, Ulrich: Kraft in Schwachheit. 1993. *Band II/56.*
– siehe *Feldmeier, Reinhard.*
– siehe *Hengel, Martin.*
Heiligenthal, Roman: Werke als Zeichen. 1983. *Band II/9.*
Hemer, Colin J.: The Book of Acts in the Setting of Hellenistic History. 1989. *Band 49.*
Hengel, Martin: Judentum und Hellenismus. 1969, ³1988. *Band 10.*
– Die johanneische Frage. 1993. *Band 67.*
– Judaica et Hellenistica. Band 1. 1996. *Band 90.*
Hengel, Martin und *Ulrich Heckel* (Hrsg.): Paulus und das antike Judentum. 1991. *Band 58.*
Hengel, Martin und *Hermut Löhr* (Hrsg.): Schriftauslegung im antiken Judentum und im Urchristentum. 1994. *Band 73.*
Hengel, Martin und *Anna Maria Schwemer* (Hrsg.): Königsherrschaft Gottes und himmlischer Kult. 1991. *Band 55.*
– Die Septuaginta. 1994. *Band 72.*
Herrenbrück, Fritz: Jesus und die Zöllner. 1990. *Band II/41.*
Hoegen-Rohls, Christina: Der nachösterliche Johannes. 1996. *Band II/84.*
Hofius, Otfried: Katapausis. 1970. *Band 11.*
– Der Vorhang vor dem Thron Gottes. 1972. *Band 14.*
– Der Christushymnus Philipper 2,6–11. 1976, ²1991. *Band 17.*
– Paulusstudien. 1989, ²1994. *Band 51.*
Hofius, Otfried und *Kammler, Hans-Christian*: Johannesstudien. 1996. *Band 88.*
Holtz, Traugott: Geschichte und Theologie des Urchristentums. 1991. *Band 57.*
Hommel, Hildebrecht: Sebasmata. Band 1 1983. *Band 31* – Band 2 1984. *Band 32.*
Hvlavik, Reidar: The Struggle of Scripture and Convenant. 1996. *Band II/82.*
Kähler, Christoph: Jesu Gleichnisse als Poesie und Therapie. 1995. *Band 78.*
Kammler, Hans-Christian: siehe *Hofius, Otfried.*
Kamlah, Ehrhard: Die Form der katalogischen Paränese im Neuen Testament. 1964. *Band 7.*
Kim, Seyoon: The Origin of Paul's Gospel. 1981, ²1984. *Band II/4.*
– »The ›Son of Man‹« as the Son of God. 1983. *Band 30.*
Kleinknecht, Karl Th.: Der leidende Gerechtfertigte. 1984, ²1988. *Band II/13.*
Klinghardt, Matthias: Gesetz und Volk Gottes. 1988. *Band II/32.*
Köhler, Wolf-Dietrich: Rezeption des Matthäusevangeliums in der Zeit vor Irenäus. 1987. *Band II/24.*
Korn, Manfred: Die Geschichte Jesu in veränderter Zeit. 1993. *Band II/51.*
Koskenniemi, Erkki: Apollonios von Tyana in der neutestamentlichen Exegese. 1994. *Band II/61.*
Kraus, Wolfgang: Das Volk Gottes. 1996. *Band 85.*
Kuhn, Karl G.: Achtzehngebet und Vaterunser und der Reim. 1950. *Band 1.*
Lampe, Peter: Die stadtrömischen Christen in den ersten beiden Jahrhunderten. 1987, ²1989. *Band II/18.*

Lau, Andrew: Manifest in Flesh. 1996. *Band II/86.*

Lichtenberger, Hermann: siehe *Avemarie, Friedrich.*

Lieu, Samuel N. C.: Manichaeism in the Later Roman Empire and Medieval China. ²1992. *Band 63.*

Löhr, Hermut: siehe *Hengel, Martin.*

Löhr, Winrich Alfried: Basilides und seine Schule. 1995. *Band 83.*

Maier, Gerhard: Mensch und freier Wille. 1971. *Band 12.*

– Die Johannesoffenbarung und die Kirche. 1981. *Band 25.*

Markschies, Christoph: Valentinus Gnosticus? 1992. *Band 65.*

Marshall, Peter: Enmity in Corinth: Social Conventions in Paul's Relations with the Corinthians. 1987. *Band II/23.*

Meade, David G.: Pseudonymity and Canon. 1986. *Band 39.*

Meadors, Edward P.: Jesus the Messianic Herald of Salvation. 1995. *Band II/72.*

Meißner, Stefan: Die Heimholung des Ketzers. 1996. *Band II/87.*

Mell, Ulrich: Die »anderen« Winzer. 1994. *Band 77.*

Mengel, Berthold: Studien zum Philipperbrief. 1982. *Band II/8.*

Merkel, Helmut: Die Widersprüche zwischen den Evangelien. 1971. *Band 13.*

Merklein, Helmut: Studien zu Jesus und Paulus. 1987. *Band 43.*

Metzler, Karin: Der griechische Begriff des Verzeihens. 1991. *Band II/44.*

Metzner, Rainer: Die Rezeption des Matthäusevangeliums im 1. Petrusbrief. 1995. *Band II/74.*

Mittmann-Richert, Ulrike: Magnifikat und Benediktus. 1996. *Band II/90.*

Niebuhr, Karl-Wilhelm: Gesetz und Paränese. 1987. *Band II/28.*

– Heidenapostel aus Israel. 1992. *Band 62.*

Nissen, Andreas: Gott und der Nächste im antiken Judentum. 1974. *Band 15.*

Noormann, Rolf: Irenäus als Paulusinterpret. 1994. *Band II/66.*

Obermann, Andreas: Die christologische Erfüllung der Schrift im Johannesevangelium. 1996. *Band II/83.*

Okure, Teresa: The Johannine Approach to Mission. 1988. *Band II/31.*

Park, Eung Chun: The Mission Discourse in Matthew's Interpretation. 1995. *Band II/81.*

Philonenko, Marc (Hrsg.): Le Trône de Dieu. 1993. *Band 69.*

Pilhofer, Peter: Presbyteron Kreitton. 1990. *Band II/39.*

– Philippi. Band 1 1995. *Band 87.*

Pöhlmann, Wolfgang: Der Verlorene Sohn und das Haus. 1993. *Band 68.*

Probst, Hermann: Paulus und der Brief. 1991. *Band II/45.*

Räisänen, Heikki: Paul and the Law. 1983, ²1987. *Band 29.*

Rehkopf, Friedrich: Die lukanische Sonderquelle. 1959. *Band 5.*

Rein, Matthias: Die Heilung des Blindgeborenen (Joh 9). 1995. *Band II/73.*

Reinmuth, Eckart: Pseudo-Philo und Lukas. 1994. *Band 74.*

Reiser, Marius: Syntax und Stil des Markusevangeliums. 1984. *Band II/11.*

Richards, E. Randolph: The Secretary in the Letters of Paul. 1991. *Band II/42.*

Riesner, Rainer: Jesus als Lehrer. 1981, ³1988. *Band II/7.*

– Die Frühzeit des Apostels Paulus. 1994. *Band 71.*

Rissi, Mathias: Die Theologie des Hebräerbriefs. 1987. *Band 41.*

Röhser, Günter: Metaphorik und Personifikation der Sünde. 1987. *Band II/25.*

Rose, Christian: Die Wolke der Zeugen. 1994. *Band II/60.*

Rüger, Hans Peter: Die Weisheitsschrift aus der Kairoer Geniza. 1991. *Band 53.*

Sänger, Dieter: Antikes Judentum und die Mysterien. 1980. *Band II/5.*

– Die Verkündigung des Gekreuzigten und Israel. 1994. *Band 75.*

Salzmann, Jorg Christian: Lehren und Ermahnen. 1994. *Band II/59.*

Sandnes, Karl Olav: Paul – One of the Prophets? 1991. *Band II/43.*

Sato, Migaku: Q und Prophetie. 1988. *Band II/29.*

Schaper, Joachim: Eschatology in the Greek Psalter. 1995. *Band II/76.*

Schimanowski, Gottfried: Weisheit und Messias. 1985. *Band II/17.*

Schlichting, Günter: Ein jüdisches Leben Jesu. 1982. *Band 24.*

Schnabel, Eckhard J.: Law and Wisdom from Ben Sira to Paul. 1985. *Band II/16.*

Schutter, William L.: Hermeneutic and Composition in I Peter. 1989. *Band II/30.*

Schwartz, Daniel R.: Studies in the Jewish Background of Christianity. 1992. *Band 60.*

Schwemer, Anna Maria: siehe *Hengel, Martin*

Scott, James M.: Adoption as Sons of God. 1992. *Band II/48.*

– Paul and the Nations. 1995. *Band 84.*

Siegert, Folker: Drei hellenistisch-jüdische Predigten. Teil I 1980. *Band 20* – Teil II 1992. *Band 61.*

– Nag-Hammadi-Register. 1982. *Band 26.*

– Argumentation bei Paulus. 1985. *Band 34.*

– Philon von Alexandrien. 1988. *Band 46.*

Simon, Marcel: Le christianisme antique et son contexte religieux I/II. 1981. *Band 23.*

Snodgrass, Klyne: The Parable of the Wicked Tenants. 1983. *Band 27.*

Söding, Thomas: siehe *Thüsing, Wilhelm.*

Sommer, Urs: Die Passionsgeschichte des Markusevangeliums. 1993. *Band II/58.*

Spangenberg, Volker: Herrlichkeit des Neuen Bundes. 1993. *Band II/55.*

Speyer, Wolfgang: Frühes Christentum im antiken Strahlungsfeld. 1989. *Band 50.*

Stadelmann, Helge: Ben Sira als Schriftgelehrter. 1980. *Band II/6.*

Strobel, August: Die Stunde der Wahrheit. 1980. *Band 21.*

Stuckenbruck, Loren T.: Angel Veneration and Christology. 1995. *Band II/70.*

Stuhlmacher, Peter (Hrsg.): Das Evangelium und die Evangelien. 1983. *Band 28.*

Sung, Chong-Hyon: Vergebung der Sünden. 1993. *Band II/57.*

Tajra, Harry W.: The Trial of St. Paul. 1989. *Band II/35.*

– The Martyrdom of St.Paul. 1994. *Band II/67.*

Theißen, Gerd: Studien zur Soziologie des Urchristentums. 1979, [3]1989. *Band 19.*

Thornton, Claus-Jürgen: Der Zeuge des Zeugen. 1991. *Band 56.*

Thüsing, Wilhelm: Studien zur neutestamentlichen Theologie. Hrsg. von Thomas Söding. 1995. *Band 82.*

Twelftree, Graham H.: Jesus the Exorcist. 1993. *Band II/54.*

Visotzky, Burton L.: Fathers of the World. 1995. *Band 80.*

Wagener, Ulrike: Die Ordnung des »Hauses Gottes«. 1994. *Band II/65.*

Wedderburn, A.J.M.: Baptism and Resurrection. 1987. *Band 44.*

Wegner, Uwe: Der Hauptmann von Kafarnaum. 1985. *Band II/14.*

Welck, Christian: Erzählte ›Zeichen‹. 1994. *Band II/69.*

Wilson, Walter T.: Love without Pretense. 1991. *Band II/46.*

Zimmermann, Alfred E.: Die urchristlichen Lehrer. 1984, [2]1988. *Band II/12.*

Einen Gesamtkatalog erhalten Sie gern vom Verlag
Mohr Siebeck, Postfach 2040, D-72010 Tübingen.

DATE DUE

DEC 15 2007			
			Printed in USA